Bomber
des Zweiten Weltkriegs

David Donald (Hrsg.)

Bechtermünz Verlag

Einführung

Dieses Buch bringt uns eine Vielzahl der bedeutendsten Bomber des 20. Jahrhunderts näher. Es sind 23 Typen an der Zahl, und jedes dieser Flugzeuge hat sich in den Jahren 1939 bis 1945 als hervorragend erwiesen. Zu diesen besonderen Maschinen gehören z. B. die leichten deutschen Bomber des Blitzkriegs wie die Junkers Ju 87 und die Heinkel He 111, aber auch die schweren Flugzeuge der alliierten Bomberflotten in Europa und im Fernen Osten wie die Lancaster oder die B 29 Superfortress.

Die Geschichte jedes vorgestellten Bombers enthüllt faszinierende Details. Jeder Eintrag enthält Listen aller produzierten Varianten und ausführliche Tabellen mit einer kompletten Aufschlüsselung der Spezifikationen eines jeden Bombers, einschließlich der Leistung, den Abmessungen und der Bewaffnung.

Mehr als 130 s/w-Fotos, viele im Krieg entstandene Farbfotos und mehr als 150 farbige Zeichnungen zeigen jedes Flugzeug in seinen verschiedenen Formen, mit den Abzeichen der jeweiligen Staffel, den Markierungen fremder Luftwaffen, die jene Bomber benutzten, und den Farben von Spezialausführungen. Jede Maschine wird auch in einer detaillierten und kommentierten Zeichnung gezeigt, die sowohl die Gestaltung wie die arbeitenden Teile im Inneren offenlegt.

Für jeden, der sich für die militärische und technische Seite der Luftfahrtgeschichte interessiert, ist so ein faszinierendes und unentbehrliches Handbuch entstanden.

Originaltitel: Bombers of World War II
Deutsche Erstausgabe
Weltbild Verlag GmbH, Augsburg 1998
© by Orbis Publishing Ltd (1998)
© by Aerospace Publishing Ltd (1998)
Umschlaggestaltung: Erwin Wollenschläger, Augsburg
Printed in the Czech Republic
ISBN 3-8289-5316-6

Inhalt

Junkers Ju 88	6
Tupolew Tu-2	16
Curtis SB2C Helldiver	24
Boeing B29 Superfortress	30
Heinkel He 115	38
Fairey Swordfish	46
Douglas SBD Dauntless	52
Lockheed Hudson	60
Avro Lancaster	68
Heinkel He 111	76
Savoia-Marchetti S.M.79	84
Short Sunderland	92
Vickers Wellington	100
Mitsubishi G4M „Betty"	108
De Havilland Mosquito	114
Bristol Blenheim	123
Petjalkow Pe-2	133
Junkers Ju 87 Stuka	141
Handley Page Halifax	149
Avro Anson	157
Focke-Wulf Condor	165
B-24 Liberator	172
Heinkel He 177 Greif	183
Index	191

Junkers Ju 88

Die Ju 88 war das vielseitigste Kriegsflugzeug aller Zeiten, mit Ausnahme vielleicht der britischen Mosquito. Das speziell als Schnellbomber konzipierte Muster erwies sich als ideal für praktisch jede weitere Einsatzart. Die Ju 88 wurde daher in größerer Stückzahl produziert als alle anderen Bomber der Luftwaffe zusammen.

Abgesehen vom Kurvenkampf ist während des Zweiten Weltkriegs kaum eine militärische Verwendung denkbar, für die die Junkers Ju 88 nicht adaptiert wurde. Sie war ursprünglich nur zur Bombardierung aus dem Horizontal- und Sturzflug vorgesehen, doch hinzu kamen Einsätze als Langstrecken-Begleitjäger, Nachtjäger, Störflugzeug, Panzerjäger und Schiffsbekämpfungsflugzeug, Abwehr alliierter Seeaufklärer, U-Jagd, Abwurf von Versorgungsgütern, Zielschlepp, Ausbildung, Transport, Aufklärung, Seezielbekämpfung mit Torpedos, Luftnahunterstützung, Pfadfinder-Leitfunktionen und Angriff als unbemanntes Flugzeug. Direkt aus der Ju 88 entwickelte man die Ju 188 und die Ju 388, während die Ju 288 eine Neukonstruktion war. Von der Ju 88 entstanden über 100 Versuchs- und Entwicklungsflugzeuge, rund zehnmal mehr als von manchem modernen Muster.

Um Vielseitigkeit ging es zu Beginn des Programms am wenigsten. 1935 bezweifelte das Reichsluftfahrtministerium (RLM) sogar die Eignung der Maschine als Kampfzerstörer, der sich als Bomber, schwerer Zerstörer und Aufklärer verwenden ließ. Statt dessen stellte das RLM eine Forderung für einen einfachen Schnellbomber auf, der in der Lage wäre, 500 km/h schnell zu fliegen und bis zu 800 kg Bomben zu tragen. Junkers setzte voll und ganz auf Erfolg. Obwohl sich das Unternehmen bereits von der berühmten Wellblechhaut abgewandt und zahlreiche Maschinen mit glatter Außenhaut produziert hatte, stellte es noch zwei amerikanische Konstrukteure ein, die in den USA zu den Pionieren einer fortschrittlichen Bauweise mit selbsttragender Haut zählten. In den ersten drei Monaten des Jahres 1936 wurden zwei Vorschläge eingereicht, die Ju 85 mit Doppelseitenleitwerk und die Ju 88 mit einem einzelnen, weit hinter den Höhenrudern montierten Seitenruder. Als Konkurrenten traten die Henschel Hs 127 und die Messerschmitt Bf 162 auf, die man beide bis Ende 1937 aus verschiedenen Gründen verwarf.

Junkers-Testpilot Kindermann führte die Ju 88 V1 (Versuchsmaschine 1) mit der Zulassung D-AQEN am 21. Dezember 1936 von Dessau aus zum Jungfernflug. Den britischen Nachrichtendiensten entging der neue Typ ebenso wie 1939 die Focke-Wulf Fw 190. Die Ju 88 V1 stürzte zwar zu Beginn ihrer Hochgeschwindigkeitserprobung ab, aber bis dahin hatte sie schon die grundsolide Konstruktion und das in ihr steckende Potential nachgewiesen. Auch die Ju 88 V2 hatte DB-600Aa-Motoren mit den auffälligen Ringkühlern, doch die Ju 88 V3 erhielt Junkers Jumo 211A aus dem eigenen Hause und zudem die komplette Einsatzausrüstung mit einem angehobenen Kabinendach, einem Maschinengewehr auf dem Rumpfrücken, einem starr montierten, vorwärtsfeuernden Maschinengewehr und einer internen Bombenlast von 500 kg, die per Visier in einer Kuppel unter dem Bug abgeworfen wurde. Die Ju 88 V4 führte die vertraute, viersitzige Besatzungskabine mit dem mit 20 Flachglasscheiben verglasten Bug, der an ein Facettenauge erinnerte, und einer Bauchgondel mit einem nach hin-

Der viersitzige Bomber Junkers Ju 88A-4 war eine der am stärksten vertretenen Versionen der Ju 88 und das Ausgangsprodukt für viele andere Varianten. Die abgebildeten Ju 88A-4 flogen Mitte 1942 bei der III./LG 1. Das Lehrgeschwader 1 war im Mittelmeerraum stationiert.

Junkers Ju 88

Die Garbenhocken auf diesem Bild der Ju 88 V1 (erster Prototyp) sind schwer erklärbar, denn ihre Flugperiode reichte nur von Dezember 1936 bis zum Frühling des nächsten Jahres. Man beachte die auf die obere Heckwaffe ausgerichtete Filmkamera und die separaten Ölkühler unter den DB 600-Motoren.

Der Kompaß wird kompensiert. Diese Aufnahme vom Juni 1939 zeigt vermutlich die erste Ju 88A-1, die in Bernburg produziert wurde. Typische Merkmale sind die hochbeinigen Hauptfahrwerksbaugruppen mit den großen Rädern, die Dreiblatt-VDM-Propeller und die kurzen Tragflächen, deren Querruder bis an die Randbögen reichen.

ten feuernden Maschinengewehr. Der letzte reine Prototyp war die auf minimalen Luftwiderstand ausgelegte Ju 88 V5 (D-ATYU), die im April 1938 erstmals flog. Am 9. März 1939 stellte die Maschine mit einer Nutzlast von 2000 kg den aufsehenerregenden Weltrekord von 517 km/h über eine Strecke von 1000 km (Rundkurs) auf. Die Lorbeeren erntete allein Chefkonstrukteur Ernst Zindel – die Amerikaner wurden nicht einmal erwähnt.

Die Ju 88 V6, die im Juni 1938 vom Boden abhob, unterschied sich in einem wesentlichen Punkt von den Vorläufern. Bis dahin hatten die Prototypen ein Hauptfahrwerk im amerikanischen Stil mit doppelten Ölstoßdämpfern und elektrischem Einziehmechanismus. Ab der V6 erhielten die Ju 88 jedoch ein stabiles Fahrwerk mit langen Einzelbeinen, bei denen die Stöße durch eine Ringfeder-Baugruppe absorbiert wurden. Diese bestand aus hochgespannten Stahlringen mit trapezförmigem Profil, die sich unter Druckbelastung radial ausdehnten. Ein Springen der Maschine wurde durch die Reibung der Ringe beim Spreizvorgang verhindert. Das Fahrwerk zog hydraulisch ein, und die Räder führten dabei eine Drehung um 90° aus, so daß sie flach im hinteren Teil der Gondeln ruhten. Die Räder waren außergewöhnlich groß und mit Niederdruckreifen versehen, mit denen die Ju 88 V1 auch noch bei doppeltem Gewicht auf Schlamm und Sand hätte starten können. Die Gondeln hatte man gleichzeitig schlanker gestaltet und den Luftwiderstand gemindert. Dieses Fahrwerk wurde später noch verbessert, aber für 1940 war es eine hervorragende technische Leistung.

Die Prototypen der späteren Kriegsjahre führten große Sturzflugbremsgatter unter den Außenflächen und vier Schlösser für SC500-Bomben unter den Innenflächen ein. Gewöhnlich wurden diese Stationen jedoch nur zur Beladung mit SC100-Bomben genutzt, da die beiden vergrößerten internen Bombenschächte 28 SC50 aufnehmen konnten. Die Gesamtbombenlast von 1800 kg war bereits eindrucksvoll genug, aber bei der Erprobung in Dessau und Tarnewitz gab man das Vorserienmodell Ju 88A-0 für Überlasteinsätze mit vier extern getragenen SC500 frei, die die gesamte Bombenlast auf 2400 kg steigerten. Gleichzeitig traten bei der Ju 88 aufgrund der Überladung Probleme mit dem Fahrwerk auf, und es bestand die Gefahr, daß die Flügelholme versagten. Alle Schwachstellen wurden zwar beseitigt, doch die Besatzungen des Erprobungskommandos 88 hatten im Frühjahr 1939 viele „haarige" Situationen zu meistern, als sie die Nullserie Ju 88A unter Einsatzbedingungen erprobten. Selbst die Serienflugzeuge Ju 88A-1, die im August 1939 bei der Luftwaffe eintrafen, mußten behutsam geflogen werden, und Kunstflug war grundsätzlich verboten.

Als Antrieb hatte die Ju 88A-1 mit dem 883 kW (1200 PS) starken Jumo 211B-1 eine Version des klassischen zweireihig hängenden Zwölfzylinder-Motors (A-Form) mit Direkteinspritzung von Junkers. In mehreren Prototypen und bei der Ju 88A-0 trieben diese Motoren einen Vierblatt-Propeller an. Der Standardpropeller fast aller anschließend gebauten Serienversionen hatte jedoch nur drei Blätter mit großer Profilsehne, die mit Einführung der stärkeren Motoren Jumo 213 und BMW 801 noch vergrößert wurde. Von Anfang an handelte es sich dabei um vollautomatische Verstellpropeller mit Alkohol-Enteisung. Normalerweise war der obere Gitterteil des eng anliegenden Ringkühlers, den alle flüssigkeitsgekühlten Ju 88 aufwiesen, der Ölkühler, dessen Luftstrom durch ringförmige Kühlerklappen reguliert wurde. Wie bei vielen deutschen Flugzeugen dieser Zeit hingen die Motoren an zwei mächtigen geschmiedeten Elektron-Trägern (eine Magnesiumlegierung) mit unteren Druckklammern, die alle an vier gummigelagerten Halterungen vorn am Brandschott befestigt waren. Die Motorgondeln fielen daher ungewöhnlich lang aus, so daß die Ju 88 allgemein „die Dreifinger" genannt wurden.

Wie fast alle Maschinen der Luftwaffe hatte man die Ju 88 als Flugzeug für den taktischen Einsatz mit kurzer Reichweite konzipiert. Normalerweise faßten die Tanks zwischen den Holmen beiderseits der Motorzellen nur 1677 Liter Kraftstoff, doch bei vielen Versionen wie bei den meisten Bombern wurden in den Bombenschächten Zusatztanks installiert, die die Gesamtmenge auf 3575 Liter anhoben. Vom Ansatz aus wiesen die Tragflächen eine deutliche V-Stellung auf, und die gesamte Hinterkante nahmen Junkers' patentierte Doppelflügel ein, die, zur Landung abgesenkt, den Auftrieb durch Vergrößerung der Tragflächenwölbung erhöhten. Die äußeren Teile dienten zugleich als Querruder und waren wie die anderen Steuerflächen mit Stoff bespannt. Die Tragflächen wurden mit Warmluft enteist, während dies am weit vorn montierten Höhenleitwerk der meisten Versionen pneumatische Enteisungsmatten bewirkten.

Die Kabine war recht eng und nicht sonderlich praktisch ausgelegt. Der Pilot saß hoch links oben und führte die Maschine mit einem unförmigen Knüppel, der zwei Griffe an einer Speiche hatte. Beim Sturzflugangriff, der gewöhnlich mit einem Bahnneigungswinkel von 60° ausgeführt wurde, blickte er durch ein vom Kabinendach heruntergeklapptes Visier. Beim horizontalen Bombenwurf bediente sich der rechts unten untergebrachte Bombenschütze eines Bugvisiers. In manchen Versionen saß er auch höher und fungierte als zweiter Pilot. Links dahinter befand sich der Bordmechaniker, der die obere hintere Waffe bediente, und rechts neben ihm der Bordfunker (und später auch der Radarbeobachter), der für das untere hintere MG zuständig war. Die Plätze des Piloten und des Technikers sowie die untere hintere MG-Position waren gepanzert. Schon 1938 stand fest, daß die Ju 88 über ein enormes Kampfpotential verfügte und die Dornier Do 17 oder die Heinkel He 111 bei weitem übertraf. Die Produktion der Serienmaschinen war weiträumig verteilt. Die Zentrale in Dessau spielte bei der Fertigung kaum eine Rolle. Der Bau der Rümpfe wurde an Aschersleben, der der Tragflächen an Halberstadt, der der Leitwerke an Leopoldshall und die Endmontage sowie Erprobung an Bernburg vergeben. Weitere Werke, die man in das Produktionsprogramm einbezog, waren Arado in Brandenburg-Neuendorf, Dornier in Wismar, Heinkel in Oranienburg, Henschel in Berlin-Schönefeld und Volkswagen in Wolfsburg. 1944 lieferten noch etliche andere Werke Einzelteile oder komplette Flugzeuge, darunter ATG in Leipzig-Mockau, Siebel in Halle sowie Fabrikationsstätten in der Tschechoslowakei und Frankreich.

Eine frühe Ju 88A beim Warmlaufen der Motoren auf einem Grasflugplatz. Als Bomber konnte das Muster eine beachtliche Bombenlast bei guter Geschwindigkeit mitführen. Dieses Exemplar ist mit schweren Bomben an Trägern unter den Innenflächen beladen.

1939 lief die Produktion jedoch schwerfällig mit nur einer Ju 88 pro Woche an, und bei Kriegsausbruch war die I/KG 25 mit einer Bombenmischung von Ju 88A-1 und Ju 88A-0 ausgerüstet. Am 22. September 1939 wurde die Gruppe in I/KG 30 umbenannt und entwickelte sich in den folgenden Kriegsjahren zu einem vielgerühmten Ju-88-Bomberverband. Vier Tage später flog die Gruppe den ersten größeren Einsatz gegen die British Home Fleet, die schwereren Schäden hauptsächlich nur dadurch entging, daß die SC500-Bomben nicht detonierten. Am 9. Oktober wurden die beiden ersten Ju 88A-1 abgeschossen, darunter die Maschine des Gruppenkommandeurs. Im September 1940 baute man zur Verbesserung der Abwehrbewaffnung in der hinteren oberen Position hastig vier MG 15 ein, die sich kugelgelagert einzeln von Hand richten ließen und deren Magazine mit 75 Schuß nach drei Sekunden Dauerfeuer gewechselt werden mußten! Für die Ju 88 gab es mindestens 40 verschiedene Bewaffnungsarten, aber die meisten späteren Bomber (außer der Ju 88S) waren mit den leichten, schnellfeuernden 7,92-mm-MG 81, häufig paarweise und kombiniert mit 13-mm-MG 131, ausgerüstet.

Ab Mitte 1940 beruhten alle Serienbomber Ju 88A auf der Grundversion Ju 88A-4 mit größerer Spannweite, die bessere Flugeigenschaften, keinerlei strukturelle Einschränkungen und stärkere Motoren in Form des Jumo 211J hatte. In die neuen Flächen waren Querruder mit Metallhaut eingesetzt. Mehr als die Hälfte der gesamten Ju 88-Produktion bestand aus Varianten der A-Serie, die später für jede nur denkbare Einsatzart verwendet wurden, darunter als Schul- und Segelschleppflugzeuge, als Passagier- und Frachttransporter (letztere

Junkers Ju 88

Diese restaurierte Ju 88R-1 auf dem RAF-Fliegerhorst St. Athan ist eine von nur drei Ju 88, die heute noch existieren. Sie verdankt ihr Überleben der Entscheidung ihrer Besatzung vom NJG 3, sich freiwillig in Feindeshand zu begeben. Die Maschine landete am 9. Mai 1943 in Dyce (Aberdeen).

„Mistel"-Schulung 1, eine Kombination von Ju 88A-4 und Bf 109F-4. Das Prinzip aller „Mistel"-Variationen beruhte auf dem im Schwerpunktbereich aufgesattelten Jäger. Beim Ausklinken fiel die leichte Heckstütze auf die Rückengabel der unbemannten fliegenden Bombe. Später wurden sämtliche Streben massiver ausgeführt.

auch für sperriges Stückgut am geschweißten Dobbas-Rohrrahmen zwischen den inneren Bombenschlössern) sowie als unbemannte Flugbomben im Rahmen der Operation „Mistel".

Die Ju 88B hatte eine größere und stromlinienförmigere Besatzungskabine. Der Typ wurde 1936 vorgeschlagen, aber durch verschiedene Faktoren wie durch triebwerksseitige Verzögerungen aufgehalten. Dies führte schließlich zur Ju 188 mit spitzen Flächenenden an einem weiter gespannten Tragwerk, Rückendrehturm und vergrößertem Leitwerk. Die Ju 88C war ein weiterer frühzeitig eingereichter Vorschlag, diesmal für einen Zerstörer. Auch die Entwicklung dieses Typs verzögerte sich, aber etwa bei Kriegsausbruch wurde die Ju 88 V7 mit einer 20-mm-Kanone MG FF und drei MG 17, die alle nach vorn durch den Bug feuerten, zur Ju 88C-1 umgebaut. Obwohl es dafür keine offizielle Anforderung gab, durfte Junkers 1940 einige Ju 88A-1 in Ju 88C-2 mit unverglastem Bug und derselben Kanonenbewaffnung umgestalten. Hinzu kamen zehn SC50 im hinteren Bombenschacht, während in den vorderen ein Tank eingebaut wurde. Ab Mitte 1940 ließ die wachsende Zahl britischer Bombenangriffe bei Dunkelheit den Bedarf an Nachtjägern steigen, und schließlich wurden über 3200 C-Serienmaschinen fast ausschließlich für diese Aufgabe ausgeliefert. Die Hauptversionen waren die Ju 88C-6b und C-6c mit Jumo-Motoren. Ab Ende 1942 rüstete man sie mit dem Radargerät Lichtenstein BC oder Lichtenstein C-1 beziehungsweise (Anfang 1944) Lichtenstein SN-2 sowie vielen anderen Sensoren wie etwa dem FuG 227 Flensburg oder dem FuG 350 Naxos Z aus. Ersteres peilte das britische Heckwarnradar „Monica" an (das zum Schutz der schweren RAF-Bomber installiert war), und letzteres sprach auf die H_2S-Radargeräte britischer Jäger an. Ab 1943 wurde die sogenannte „schräge Musik" mit zwei 20-mm-Kanonen so in den Rumpf eingebaut, daß sie schräg hoch nach vorn feuerten und, auf die ungeschützte Unterseite der schweren RAF-Nachtbomber gerichtet, verheerende Auswirkungen erzielten. Ende 1941 hatte das MG 151 das MG FF als 20-mm-Waffe weitgehend ersetzt, und es gab viele Variationen in der Bewaffnung.

Die Junkers Ju 88D war ein Fernaufklärer, der teilweise Bombenschlösser unter den Flächen aufwies und wie andere Ju 88 mit verglastem Bug bei mehreren Luftstreitkräften der Achsenmächte, darunter auch Rumänien und Ungarn, flog. Die nächste Version in alphabetischer Reihenfolge war die Ju 88G, die allerdings erst Mitte 1943 er-

Varianten der Junkers Ju 88

Baureihe Ju 88A: viersitziger Bomber; Ju 88A-1 hatte eine Spannweite von 18,37 m und zwei Reihenmotoren Jumo 211B-1 mit je 883 kW (1200 PS); Ju 88A-2 hatte 211G-1-Motoren und Starthilfsraketen; Ju 88A-3 war ein Trainer zur Typeneinweisung mit Doppelsteuer; Ju 88A-4 hatte 20,00 m Spannweite und Jumo 211J-1 oder J-2 mit je 986 kW (1340 PS); Ju 88A-5 glich der A-4, hatte jedoch Ballonabweiser und Kabelschneider; Ju 88A-6 glich der A-5, hatte jedoch Ballonabweiser und Kabelschneider; Ju 88A-6/U war ohne Abweisergeschirr modifiziert mit drei Sitzen, Höhentwiel-Radar, 211J-Motoren und Abwurftanks; Ju 88A-7 entsprach der A-5, hatte jedoch 211H-Motoren und Doppelsteuer; Ju 88A-8 war ein Dreisitzer mit 211F-Motoren und Kabelschneider; Ju 88A-9 war die Tropenversion der A-1 mit Sandfiltern, Überlebensausrüstung, Sonnenblenden etc.; Ju 88A-10 war die Tropenversion der A-5; Ju 88A-11 war die Tropenversion der A-4; Ju 88A-12 war eine zur Schulung umgebaute Ju 88A-4 ohne Bewaffnung, Anbauwanne und Sturzflugbremsen; Ju 88A-13 war eine Ju 88A-4 mit zusätzlicher Panzerung zur Luftnahunterstützung, 16 vorwärtsfeuernden MG und Splitterbomben; Ju 88A-14 war eine verbesserte Ju 88A-4 mit vielen Detailänderungen, oft mit einer 20-mm-Kanone in der Bugwanne zur Schiffsbekämpfung; Ju 88A-15 hatte drei Sitze und eine interne Bombenlast von 3000 kg im holzerweiterten Schacht; Ju 88A-16 war eine unbewaffnete A-14 mit Doppelsteuer; Ju 88A-17 war zum Torpedoträger für zwei LT F5b umgebaute Ju 88A-4

Baureihe Ju 88B: viersitziger Bomber mit vergrößerter, stromlinienförmiger Besatzungskabine; verschiedene Prototypen mit BMW-Motoren führten zur Ju 188; zehn Ju 88B-0 wurden als Einsatzaufklärer verwendet

Baureihe Ju 88C: dreisitziger schwerer Jäger und Nachtjäger; Ju 88C-1 beruhte auf der Ju 88A-1 mit vorwärtsfeuerndem MG FF, Kaliber 20 mm, und drei MG 17, Kaliber 7,92 mm; Ju 88C-2 war gleich, hatte jedoch einen neuen, unverglasten Bug; Ju 88C-3 hatte BMW-801-Motoren, aber diese wurden für die FW 190 reserviert; Ju 88C-4 war ein neugebauter Nachtjäger auf der Basis der Ju 88A-4 mit zwei zusätzlichen MG FF in einer versetzt montierten Gondel und mit Vorrichtungen für zwölf MG 81 in Behältern unter den Flächen; Ju 88C-5 hatte BMW-801D-2-Motoren mit 1251 kW (1700 PS); Ju 88C-6 war die Hauptversion mit 211J-Motoren und verschiedenen MG; Ju 88C-6b hatte Radar und das neue Kurzwellenfunkgerät; Ju 88C-6c hatte das Radargerät SN-2 und später weitere Sensoren, einige mit oben feuernde MG; später nach oben feuernde MG; Ju 88C-7a hatte im vorderen Bombenschacht zwei MG FF anstelle von Bomben; Ju 88C-7b glich der C-7a, jedoch mit externen Bombenhalterungen; Ju 88C-7c hatte BMW-Motoren und ein oder mehrere MG im Bug

Baureihe Ju 88D: viersitziger Aufklärer; Ju 88D-0 hatte Jumo-211B-1-Motoren, große Klimaanlage und keine externen Bombenhalterungen; Ju 88D-1 wurde nicht gebaut; Ju 88D-2 hatte 211B, 211G oder 211H, externe Bomben oder Abwurftanks; Ju 88D-3 war die Tropenversion der D-1; Ju 88D-4 war die Tropenversion der D-2; Ju 88D-5 hatten serienmäßig drei gefächert angeordnete Kamerasätze

Baureihe Ju 88G: Nachtjäger; Ju 88G-1 beruhte auf der Ju 88C-6c, hatte jedoch das Leitwerk der Ju 188, BMW-801D-Motoren, vier MG 151 in Bauchposition, SN-2-Radar und andere Sensoren (s. Blatt mit Dreiseitenansicht), die Belastung der Besatzung derart erhöhten, daß ein vierter Mann benötigt wurde; Ju 88G-2/3/5 wurden nicht gebaut; Ju 88G-4 hatte geringfügige Änderungen; Ju 88G-6a hatte BMW-801G-Motoren, normalerweise SN-2-Heckradarwarnantenne und (wie viele G-1 und G-4) „schräge Musik"; Ju 88G-6b hatte FuG 350 Naxos Z im Kabinendach; Ju 88G-6c hatte Jumo 213A mit je 1288 kW (1750 PS) und „schräge Musik" unmittelbar hinter der Kanzel; Ju 88G-7 hatte hochverdichtete 213E-Motoren mit sehr breiten Dreiseitenflattern; Ju 88G-7a hatte abgewinkelte SN-2-Antennenanlagen; Ju 88G-7b hatte SN-3 oder FuG 218 Neptun; Ju 88G-7c hatte das Zentimeterwellenradargerät FuG 240 Berlin; Spitzengeschwindigkeit 674 km/h

Baureihe Ju 88H: Langstreckenversion mit gestrecktem Rumpf; Ju 88H-1 war ein dreisitziger Aufklärer; Ju 88H-2 war ein dreisitziger Zerstörer mit sechs vorwärtsfeuernden MG 151; Ju 88H-3 war nochmals verlängert, hatte Jumo-213A-12-Motoren mit je 1649 kW (2240 PS) und extrem große Reichweite; Ju 88H-4 glich der H-3 mit großem Überwachungsradar im Bug und zwei Abwurftanks

Baureihe Ju 88P: Panzerjägerversion; Ju 88P-1 war ein Zwei- oder Dreisitzer auf der Basis der A-4 mit einer 7,5-cm-PaK 40 (Prototyp mit KwK 39), vom Piloten mit Hilfe eines MG 81 gerichtet und manuell mit zwei Schuß pro Feuerstoß geladen; Ju 88P-2 hatte die Zwillingskanone BK 3,7 in großer Waffenwanne; Ju 88P-3 entsprach der P-2 mit stärkerem Panzerschutz; Ju 88P-4 war mit einer einzelnen BK 5 bewaffnet

Baureihe Ju 88S: dreisitziger Schnellbomber auf der Basis der A-4, jedoch ohne Gondel, mit glattem Bug und stärkeren Motoren; Ju 88S-0 hatte BMW-801D-Motoren, ein einzelnes 13-mm-MG im Rückenturm und nur noch 14 SD65 im vorderen Bombenschacht; Ju 88S-1 hatte BMW-801G-Motoren und GM-1-Einspritzung, konnte zwei SD1000 extern mitführen; Ju 88S-2 hatte BMW-801TJ-Ladermotoren und einen riesigen hölzernen Bombenschacht wie die A-15; Ju 88S-3 hatte 1649 kW (2240 PS) starke Jumo-213A-Motoren mit GM-1

Baureihe Ju 88T: dreisitzige Aufklärervariante der Ju 88S; Ju 88T-1 beruhte auf der S-1, wobei beide Bombenschächte zur Aufnahme von Kraftstoff- oder Stickstoffoxydbehältern genutzt wurden; Ju 88T-3 beruhte auf der S-3 und konnte ohne Abwurftanks 660 km/h erreichen

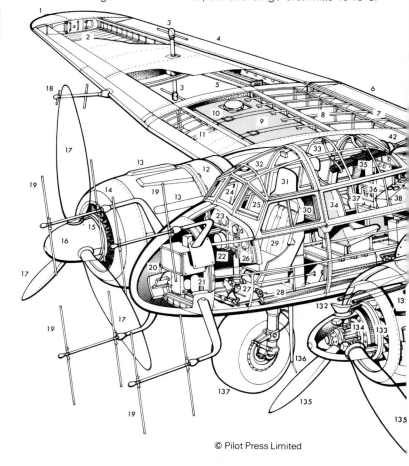

© Pilot Press Limited

Die „schräge Musik" in Form eines MG 151 ist bei diesem Nachtjäger Ju 88G-6b der I/NJG 101, der Ende 1944 in Ingolstadt stationiert war, in der Rumpfmitte zu sehen. Die Antennengruppen an Bug und Heck gehören zum Heckwarngerät SN-2 (nicht immer installiert), und die Kuppel auf dem Kanzeldach bildet das Gehäuse des FuG 350 Naxos Z.

Dieser dreisitzige Schnellbomber Ju 88S-1 mit der standardmäßigen Nachttarnung von 1944 gehörte in den letzten Kriegsmonaten zur I/KG 66 in Dedelsdorf und absolvierte von dort aus Soloeinsätze gegen England mit Schwerpunkt Kanalhäfen. Gegen Ende der Operation „Steinbock" mit Vergeltungsschlägen gegen englische Städte flogen S-1 mit Y-Gerät Leitstrahleinsätze.

Aufriß-Erläuterung zur Junkers Ju 88G-1

1 Positionslicht (steuerbord)
2 Profil der Außenfläche
3 Radarempfangsantenne FuG 227 Flensburg
4 Querruder (steuerbord)
5 Seilzüge der Quersteuerung
6 Landeklappen (steuerbord)
7 Verkleidungsstreifen der Landeklappe
8 Flügelrippen
9 äußerer Kraftstofftank (415 Liter)
10 Tankdeckel
11 Struktur der Vorderkante
12 Ringauspuff
13 Zylinderkopfverkleidungen
14 verstellbarer Motorhaubenring
15 Zwölfblatt-Kühlventilator
16 Propellernabe
17 hölzerner Verstellpropeller VS 111
18 Radarantenne an der Nasenkante
19 Antennengruppe des Abfangradargeräts FuG 220 Lichtenstein SN-2
20 Bugkonus
21 vorderes Panzerschott
22 Kreiselkompaß
23 Instrumentenbrett
24 Panzerglas-Windschutzscheiben
25 Klappsitz
26 Steuersäule
27 Seitenruderpedal/Bremszylinder
28 Steuerseile
29 gepanzerter Pilotensitz
30 Schiebefenster
31 Kopfstütze
32 abwerfbarer Teil des Kabinendachs
33 MG-Stütze
34 Sitz des Bordfunkers/Schützen
35 Rheinmetall Borsig MG 131 (13-mm-Maschinengewehr)
36 Funkausrüstung (FuG 10P HF, FuG 16ZY VHF, FuG 25 IFF)
37 Munitionsmagazin (500 Schuß, Kaliber 13 mm)
38 Anzeigegerät für FuG 220 Lichtenstein SN-2
39 Anzeigegerät für FuG 227 Flensburg
40 Steuerverbindungen
41 Schott
42 gepanzerte MG-Halterung
43 Antennenmast
44 Tankdeckel
45 Peitschenantenne
46 vorderer Rumpftreibstofftank (480 Liter)
47 Rumpflängsnaht
50 hinterer Rumpftreibstofftank (1045 Liter)
51 Durchstieg
52 Schott
53 Zugangklappe zu den Steuerseilzügen
54 Rumpfstringer
55 oberer Längsgurt
56 Wartungsgang
57 Steuerverbindung
58 Rumpflängsnaht
59 Rumpfspanten mit Z-Profil
60 Kasten für Rettungsschlauchboot
61 Kraftstoffbe- und Entlüftungsrohr
62 Mutterkompaß
63 kugelförmige Sauerstoffflaschen
64 Akku
65 durchgehender Teil des Höhenleitwerks
66 Höhenflosse (steuerbord)
67 Höhenruderausgleich
68 Antenne
69 Höhenruder (steuerbord)
70 Hilfsruder
71 Anschluß des vorderen Seitenleitwerksholms/Rumpf
72 Seitenflossenaufbau
73 Seitenruderbetätigung
74 Ruderholm
75 Seitenrudergewichtsausgleich
76 oberes Ruderlager
77 obere Trimmklappe
78 Handloch
79 Ruderaufbau
80 Anschluß hinterer Seitenleitwerksholm/Rumpf
81 untere Trimmklappe
82 Heckpositionslicht
83 Höhenrudertrimmklappe
84 Höhenruder (backbord)
85 Höhenruderausgleich
86 Höhenruderbetätigung
87 beheizte Nasenkante
88 Heckstoßfänger/Tanklüftung
89 Spornradklappen
90 Spornrad-Einziehmechanismus
91 Stoßdämpferstrebe
92 Schmutzfänger
93 Spornrad
94 Zugangsklappe
95 Stabantenne
96 Peilantenne
97 unterer Längsgurt
98 Gondelverkleidung
99 Landeklappe (backbord)
100 Anschluß Mittelflügel/Außenflügel
101 Seilzüge der Quersteuerung
102 Trimmklappe (nur backbord)
103 Querruderscharniere
104 Hinterholm
105 Querruder (backbord)
106 Positionslicht (backbord)
107 Antenne des Funkhöhenmessers FuG 101a
108 Aufbau der Tragfläche
109 Radarantenne
110 Vorderholm
111 Pitotsonde
112 Landescheinwerfer
113 ...res Schott des Hauptradschachts
114 äußerer Kraftstofftank (backbord, 415 Liter)
115 Waffenwanne (backbord versetzt)
116 Kugelgelenkanschlüsse Rumpf/Tragfläche
117 innerer Kraftstofftank (backbord, 425 Liter)
118 Munitionsmagazine für MG 151 (200 Schuß pro Rohr)
119 Mauser MG 151/20 (vier)
120 Hauptfahrwerks-Einziehgabel
121 Hauptfahrwerksdrehgelenk
122 Schachtklappenzylinder
123 Hauptradklappe (hinterer Teil)
124 Hauptradklappe (vorderer Teil)
125 Fahrwerksstützstrebe
126 Hauptrad (backbord)
127 Hauptfahrwerksbein
128 unteres Segment des Ringauspuffs
129 Auspuffstutzen (intern)
130 luftgekühlter Sternmotor BMW 801D (vereinfacht dargestellt)
131 ringförmiger Schmierölbehälter
132 Kanonenmündungen (5° abwärts gerichtet)
133 Zwölfblatt-Kühlventilator
134 Propellerregelung
135 hölzerner Verstellpropeller VS 111
136 Antenne des FuG 16ZY
137 Hauptrad (steuerbord)

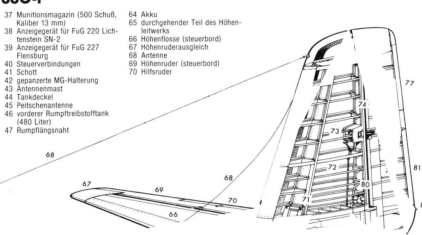

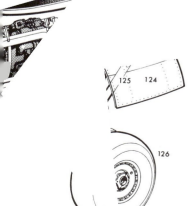

Junkers Ju 88

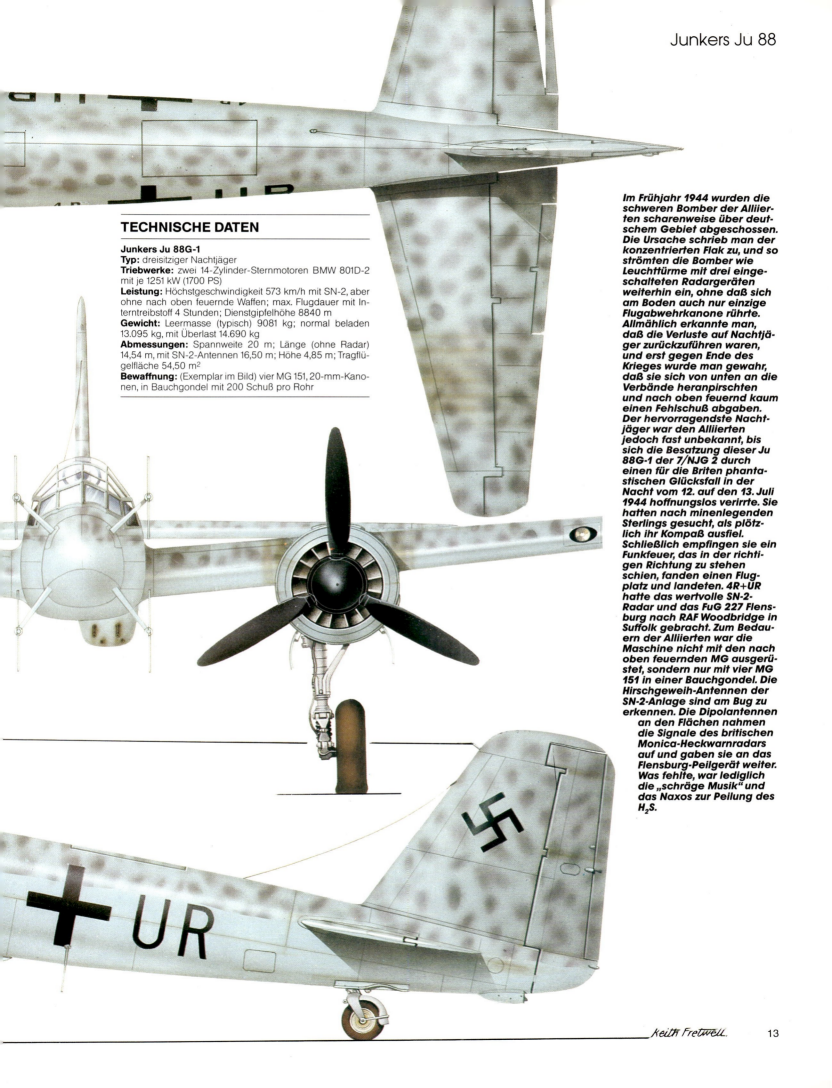

TECHNISCHE DATEN

Junkers Ju 88G-1
Typ: dreisitziger Nachtjäger
Triebwerke: zwei 14-Zylinder-Sternmotoren BMW 801D-2 mit je 1251 kW (1700 PS)
Leistung: Höchstgeschwindigkeit 573 km/h mit SN-2, aber ohne nach oben feuernde Waffen; max. Flugdauer mit Interntreibstoff 4 Stunden; Dienstgipfelhöhe 8840 m
Gewicht: Leermasse (typisch) 9081 kg; normal beladen 13.095 kg, mit Überlast 14.690 kg
Abmessungen: Spannweite 20 m; Länge (ohne Radar) 14,54 m, mit SN-2-Antennen 16,50 m; Höhe 4,85 m; Tragflügelfläche 54,50 m²
Bewaffnung: (Exemplar im Bild) vier MG 151, 20-mm-Kanonen, in Bauchgondel mit 200 Schuß pro Rohr

Im Frühjahr 1944 wurden die schweren Bomber der Alliierten scharenweise über deutschem Gebiet abgeschossen. Die Ursache schrieb man der konzentrierten Flak zu, und so strömten die Bomber wie Leuchttürme mit drei eingeschalteten Radargeräten weiterhin ein, ohne daß sich am Boden auch nur einzige Flugabwehrkanone rührte. Allmählich erkannte man, daß die Verluste auf Nachtjäger zurückzuführen waren, und erst gegen Ende des Krieges wurde man gewahr, daß sie sich von unten an die Verbände heranpirschten und nach oben feuernd kaum einen Fehlschuß abgaben. Der hervorragendste Nachtjäger war den Alliierten jedoch fast unbekannt, bis sich die Besatzung dieser Ju 88G-1 der 7/NJG 2 durch einen für die Briten phantastischen Glücksfall in der Nacht vom 12. auf den 13. Juli 1944 hoffnungslos verirrte. Sie hatten nach minenlegenden Sterlings gesucht, als plötzlich ihr Kompaß ausfiel. Schließlich empfingen sie ein Funkfeuer, das in der richtigen Richtung zu stehen schien, fanden einen Flugplatz und landeten. 4R+UR hatte das wertvolle SN-2-Radar und das FuG 227 Flensburg nach RAF Woodbridge in Suffolk gebracht. Zum Bedauern der Alliierten war die Maschine nicht mit den nach oben feuernden MG ausgerüstet, sondern nur mit vier MG 151 in einer Bauchgondel. Die Hirschgeweih-Antennen der SN-2-Anlage sind am Bug zu erkennen. Die Dipolantennen an den Flächen nahmen die Signale des britischen Monica-Heckwarnradars auf und gaben sie an das Flensburg-Peilgerät weiter. Was fehlte, war lediglich die „schräge Musik" und das Naxos zur Peilung des H_2S.

Junkers Ju 88

Am selben Tag, als Finnland die Seiten wechselte (4. September 1944), stellte das Freie Frankreich die Groupe FFI Dor auf und ließ alle verfügbaren Ju 88 einsatzklar machen, um sie gegen deutsche Widerstandsnester zu verwenden.

Am Bug dieser Ju 88A-14 prangt das Knochenhand-Wappen, wie es die Bf 110 der I/ZG1 (Zerstörergeschwader 1) verwendeten. Man nimmt an, daß diese Maschine zum Stab II/ZG 1 gehörte, der im Frühling 1944 in Mamaia, Rumänien, stationiert war. Die ähnliche Ju 88A-4 rüstete gleichzeitig drei Bomberstaffeln der rumänischen Luftstreitkräfte aus.

schien. Zu diesem Zeitpunkt erlitten die überbeanspruchten Nachtjäger der C-Serie schwere Verluste, verursacht durch eine Verschlechterung der Langsamflugeigenschaften. Eine Ju 88R-2 erhielt das große Leitwerk der Ju 188 und wurde damit zur Ju 88 V58. Die geänderte Bewaffnung bestand aus sechs MG 151, von denen zwei im Winkel von –3° nach unten rechts aus dem Bug ragten. Die übrigen vier MG waren aus einem Kasten links unter dem Rumpf um –5° abwärts gerichtet. Zur Abwehr nach hinten oben diente ein MG 131.

Bei der Ju 88G entfielen die beiden Steuerbord-MG, da sie den Piloten blendeten, und bei den meisten Exemplaren wurden die Waffenwanne und zwei nach oben feuernde MG 151 installiert. Die lange maximale Flugdauer, die hervorragende Leistung und die reichhaltige elektronische Ausstattung machten die Maschinen der G-Serie zu extrem wirkungsvollen Kampfflugzeugen, die den schweren RAF-Bombern vernichtende Schläge erteilten und für die Alliierten eine ernste Bedrohung dargestellt hätten, wenn sie früher erschienen wären. Die Ju 88G stand jedoch erst ab Mitte 1944 in größeren Stückzahlen zur Verfügung, als die Produktionsleistung bereits nachließ. Bis zum Zusammenbruch konnten daher nur rund 800 Exemplare gefertigt werden. Die letzten Versionen hatten flüssigkeitsgekühlte Motoren und Zentimeterwellen-Radargeräte.

Die Ju 88H war ursprünglich eine Ultralangstrecken-Aufklärerversion mit einem 17,65 m langen Rumpf. Die Ju 88H-1 wies das Höhentwiel-Radargerät auf, während die Ju 88H-2 eine äußerst schlagkräftige Batterie von sechs MG 151 besaß, die gegen Flugzeuge oder über dem Atlantik gegen Schiffe eingesetzt wurden. Die Ju 88H-4 war auf 20,38 m gestreckt, kam aber nur als das untere Radarträgerelement der Führungsmaschine zur Verwendung, eines Langstrecken-Pfadfinders, der ein zusätzliches Fahrwerk hatte und als „Doppelreiter" eine Fw 190A-8 zum eigenen Schutz mit sich trug.

Von den verschiedenen Ju 88 der P-Serie mit Kanonen zur Panzer- oder Bomberbekämpfung wurden nur einige Dutzend ausgeliefert. Verwandt mit diesem Typ war ein Versuchsflugzeug, Ju 88N oder Ju 88Nbwe, das einen sechsrohrigen, für den Einsatz von 21-cm- und 28-cm-Granaten abgewandelten Nebelwerfer 42 des Heeres besaß.

Die Ju 88R-1 war ein Nachtjäger der Baureihe Ju 88C-6b mit BMW-801MA-Motoren, während die Ju 88R-2 den BMW 801D erhielt. Ab Anfang 1943 wurde diese Serie parallel zur C-Serie gebaut und etwa ein Jahr später von der G-Serie abgelöst.

Von der Ende 1942 entwickelten Ju 88 V93 stammte die S-Serie ab. Sie entsprang der dringenden Notwendigkeit, die Bombergrundversion schneller zu machen, um die Chance des Piloten zu erhöhen, von einem Tageseinsatz zurückzukehren. Die V93 wurde von BMW-801D-Motoren angetrieben, erhielt zur Verringerung des Luftwiderstands einen glatt verglasten Bug, und es entfielen die Waffenträger unter den Flächen. Die meisten Serienmaschinen hatten Motoren, die ihre Höhenleistung noch steigerten, und man entfernte die Bauchgondel sowie den größten Teil der Panzerung, um etwas mehr Leistung zu gewinnen. Sowohl mit Jumo- als auch mit BMW-Triebwerken betrug die Höchstgeschwindigkeit 612 km/h, lag damit aber immer noch unter der des späteren Nachtjägers Ju 88G. Parallel dazu wurden in kleineren Stückzahlen Aufklärer der T-Serie gefertigt.

Unter den Begriff „Mistel" fielen mehr oder weniger abgeflogene Ju 88, die man zu unbemannten fliegenden Bomben umbaute. Dabei ersetzte man den Bug durch einen extrem großen Gefechtskopf, der üblicherweise aus einer 3800 kg schweren Hohlladung bestand. Ein Pilot in einer Bf 109 oder Fw 190, die oberhalb der Ju 88 an Streben getragen wurde, flog die Maschine zu ihrem Ziel und zog seitlich weg, sobald sie darauf zustürzte. Ab 1945 wandelte man die Ju 88G-10 und Ju 88H-4 schon auf der Fertigungsstraße zu „Misteln" um. Zählt man sie zu den 355 „Jägern", die 1945 gebaut wurden, beläuft sich die Gesamtproduktion der Ju 88 auf 14.780 Exemplare, darunter 104 Versuchsmaschinen.

Gegenüber: Das Besatzungsmitglied einer Ju 88 nach der Rückkehr von einem „weiteren erfolgreichen Feindflug", laut Propaganda. Die gelben Propellerhauben verweisen auf die Ostfront.

Die erste Nachtjägerversion mit Bordradar war die Ju 88C-6b. Die Empfangsantennen für das FuG 202 Lichtenstein BC befanden sich am Tragwerk. Diese Ju 88CC-6b weist außerdem weiter hinten Flächendipole für das FuG 227 Flensburg auf, mit dem die Heckradarwarngeräte der RAF-Flugzeuge angepeilt wurden.

Die Baureihe Ju 88P wirkte ungeschlacht und erwies sich als verwundbar, auch wenn sie gegen das Feuer bodengestützter Abwehrwaffen gut geschützt war. Dieses Exemplar war eine Ju 88P-3 mit zwei Schnellfeuerkanonen BK 3,7 (Flak 38) in einem großen Anbaukasten, der nach backbord versetzt unter dem Rumpf saß.

Tupolew Tu-2

Sicher wurde nur selten ein berühmtes Flugzeugmuster im Gefängnis entworfen. Genau dies aber ist Andrej Tupolews begabtem Konstruktionsteam in der Hoffnung auf Entlassung gelungen, als es den Bomber Tu-2 für Stalins Luftstreitkräfte schuf. Trotz ihrer Komplexität, die die Produktion erheblich verzögerte, stieß die Tu-2 bei den russischen Verbänden, die das Glück hatten, einige Exemplare zu erhalten, auf Begeisterung. Bei Kriegsende gehörte sie nicht nur zu den effektivsten Kampfflugzeugen im Besitz der sowjetischen Streitkräfte, sondern war auch einer der versionenreichsten Typen in der Luftfahrzeuggeschichte.

Andrej Nikolajewitsch Tupolew, der am 10. November 1888 geboren wurde, war bis zu seinem Tod am 23. Dezember 1972 der wichtigste Konstrukteur sowjetischer Luftfahrzeuge. Sein OKB (Versuchs- und Konstruktionsbüro) schuf eine größere Zahl unterschiedlicher Flugzeugtypen als jede andere einzelne Organisation dieser Branche.

Die düstere Zeit, die er, wie viele andere bedeutende Russen, im Gefängnis verbringen mußte, umschrieb er lachend mit den Worten „als ich gefilterte Luft atmete". Er konnte es sich nicht erlauben, den Eindruck zu erwecken, er halte seine Verurteilung für ungerechtfertigt. Während seiner Haftzeit konstruierte er eines der besten taktischen Kampfflugzeuge dieser Epoche. Wäre Tupolew ein freier Mann gewesen, hätte dieses Muster viel schneller gebaut werden können, und die Tu-2 wäre nicht erst 1944, sondern etwa zwei Jahre früher in die Hände der sowjetischen Frontfliegerregimenter gelangt.

Im Unterschied zu vielen anderen inhaftierten sowjetischen Konstrukteuren hatte man Tupolew nie irgendeines Fehlers bei seiner Arbeit bezichtigt. Er war ein Opfer des stalinistischen Terrors, der seit Mitte der dreißiger Jahre in der Sowjetunion herrschte, doch gehörte zu seinem Glück nicht zu denen, durch die sich Stalin bedroht fühlte. Es gibt sogar eine Theorie, nach der man viele Konstrukteure nur deshalb ins Gefängnis warf, um die Effizienz der Luftfahrzeugindustrie zu steigern und die Opfer zu zwingen, sich noch mehr anzustrengen. Tatsächlich aber wurde die Arbeit dadurch nur behindert und die schon laufenden Programme unterbrochen. Schließlich erkannte man, daß es einiger Planung bedurfte, um die inhaftierten Techniker sinnvoll einzusetzen, insofern bei der eingeschränkten Bewegungsfreiheit der Mitarbeiter eine funktionierende Teamarbeit nur schwer möglich war.

Man hatte Tupolew vorgeworfen, „Deutschland insgeheim und auf verräterische Weise Konstruktionspläne für die Messerschmitt Bf 110 zugespielt" zu haben. Diese Beschuldigung war zwar völlig aus der Luft gegriffen, da Tupolew derartige Pläne nie besessen hatte, doch vernünftige Argumente galten damals nicht viel. So wurde ein anderer Konstrukteur, K. A. Kalinin, erwiesenermaßen fälschlich der Spionage für Deutschland beschuldigt und dennoch hingerichtet. Im Oktober 1936 wurde Tupolew in seiner Moskauer Wohnung verhaftet, möglicherweise, weil ein politischer Rivale einen „Beweis" fingiert hatte. Tupolew war seit 1931 Chefingenieur der GUAP (Staatliche Abteilung für Luftfahrt), und unter Stalins Regime mußte jeder, der sich zu hoch hinaus wagte, damit rechnen, daß ihn das den Kopf kosten könnte.

Berühmte Kollegen

Tupolew wurde zwar mehrfach verhört, aber es fand nicht einmal ein Schauprozeß statt; schließlich durfte immerhin seine Frau zu ihm in die Zelle ziehen. Dann erhielt er ein Reißbrett mit der knappen Weisung, einen Schnellbomber zu konstruieren, der besser sein sollte als die am 21. Dezember 1936 erstmals geflogene Junkers Ju 88. Da sich Tupolew im Gefängnis befand, wußte er nicht viel über das deutsche Flugzeug, geschweige denn, wie er es übertreffen könnte. Dennoch machte er sich 1937, als man ihn nach Butjrkij verlegte, ernsthaft ans Werk.

Bis 1938 hatte man innerhalb des ZKB-29, dem nach Menschinski (vormals OGPU-Chef) benannten Gefängnis für Flugzeugkonstrukteure, diverse Konstruktionsbrigaden gebildet und als Leiter dieser Gruppen weitere Konstrukteure verhaftet. Zwei von ihnen waren Tupolews wichtigste Mitarbeiter: Petljakow, den man der Brigade KB-100 zuteilte und anwies, die Samoljet (Flugzeug) 100 zu entwerfen, die schließlich die Pe-2 ergab, und Mjassischtschew, der zur Brigade KB-102 kam und schließlich die DVB-102 hervorbrachte. Tupolew soll-

Diese ANT-58 war das erste Flugzeug der Tupolew-Serie Tu-2. Nach etlichen Verzögerungen, für die Tupolew hauptsächlich die Motoren verantwortlich machte, verlief der Jungfernflug am 29. Januar 1941 überaus gut. Gut zu erkennen sind die Sturzflug-Bremsgatter im Stil der Ju 88 an der Flügelunterseite. Die Bauchseite des Hinterrumpfs bildet noch eine gleichförmige Linie.

Diese ANT-60, eine der 1942 geflogenen 103V-Vorserienmaschinen, zeigt bereits die höheren Seitenflossen der Serienversion und in etwa die endgültige Bugverglasung und Abwehrbewaffnung. Die Sturzflugbremsen und die Original-Randbögen der Tragflächen sind erhalten geblieben. Die glatter geformten Motorgehäuse gingen auf frühe Serienflugzeuge über.

Tupolev Tu-2

Diese Tu-2S, hier im Sommer- oder Herbstanstrich, gehörte zu den 1944 ausgelieferten Kampfbombern. Merkwürdigerweise zeigen beide Seitenansichten die endgültigen Motorgehäuse mit den kleinen Ventilnoppen und eine vom Standard abweichende Bewaffnung im Kabinenheck.

Diese Tu-2S mit der typischen handgemalten Flugzeugnummer und dem üblichen Schrägstreifen am Seitenleitwerk gehörte vermutlich zu einem Fliegerregiment an der Kalinin-Front. Abgesehen von anderen kleineren Änderungen, wichen die Dreier-Bullaugen beidseitig am Hinterrumpf gegen Ende des Krieges einem großen Einzelfenster.

te die Leitung von KB-103 übernehmen und die Samoljet 103 schaffen (eine andere Bezeichnung für die ANT-58). Bis Mitte 1938 arbeitete ein komplettes inhaftiertes Team unter Tupolew und erzielte nun echte Fortschritte.

Die Zielvorgabe war eindeutig: das bestmögliche zweimotorige Jagdflugzeug für taktische Erdkampfeinsätze zu schaffen, das zur Bombardierung im Sturzflug tauglich sein mußte. Die Eignung für andere Aufgaben, wie zum Einsatz von Torpedos, zur Aufklärung und „Schturmowik" (Panzerbekämpfung), konnte nachträglich eingebracht werden. Tupolew besaß bereits einen reichhaltigen Erfahrungsschatz auf dem Gebiet moderner Schalenbauweise, bei der die Außenhaut zur Festigkeit der Zelle betrug. Durch die widersinnige Aufteilung der Konstrukteure im Gefängnis, war er jedoch von Petljakow, seinem Fachmann für die Konstruktion von Tragflügeln, praktisch abgeschnitten, und das einzige Kommunikationssystem enthielt so viele Sicherheitskontrollen, daß allein die Beantwortung von Fragen oft einen ganzen Monat in Anspruch nahm. So kam es, daß er die ANT-58 nur mit dem ihm direkt unterstellten Team konstruierte. Der Bau von Modellen oder die Durchführung von Windkanaltests warf dabei große Probleme auf, da die zuständigen Leute oft kilometerweit voneinander entfernt waren.

Vorläufer der Tu-2

Tupolews großes Serienprojekt war die SB-2 (ANT-40) mit einer Spannweite von 20 m, zwei 750-PS-Motoren und einem Gewicht von rund 6000 kg gewesen. Petljakow arbeitete an einem etwas kleineren Muster mit 1000-PS-Motoren und einer Gesamtmasse von über 7000 kg, Mjassischtschew an der mächtigen Nr. 102 mit einer Spannweite von 25 m, Motoren der Klasse 2000 PS bis 2500 PS und einem Gewicht von nahezu 18.000 kg. Tupolew hielt sich bei dem neuen Entwurf mit einer Spannweite von 19 m, 1400-PS-Motoren und einem Gewicht von 11.000 kg in der Mitte zwischen Petljakows und Mjassischtschews Modellen. Dank der hervorragenden Kolbenmotoren, deren Nennleistung von 1030 kW (1400 PS) sich noch steigern ließ, konnte er das Muster für ein Leistungsvermögen auslegen, das weit über dem der Ju 88 lag.

Der Entwurf des Flugzeugs 103 beziehungsweise der ANT-58 wurde schließlich am 1. März 1940 genehmigt, kurz vor dem Ende des Winterkriegs gegen Finnland, ebenso der Bau eines Prototyps, den die KB-103-Versuchswerkstätten erstaunlich zügig, wenn auch noch ohne Motoren, bis zum 3. Oktober desselben Jahres fertigstellten. Die Konstruktion organisierten S. P. Koroljew, später der führende Kopf hinter den gigantischen Interkontinentalraketen- und Raumfahrtprogrammen, und der gebürtige Italiener R. L. Bartini, der einst selbst einem OKB vorgestanden hatte.

Radikale Neuerungen fanden sich an diesem Entwurf eines Mitteldeckers sauberen Zuschnitts mit einem geräumigen Bombenschacht unter den Tragflächen nicht. Das mehrholmige Tragwerk bestand aus einem Mittelstück und Außenflügeln, deren Tiefe nach außen hin gleichmäßig abnahm. Die Außenflächen wiesen ähnlich wie bei der Ju 88 Sturzflug-Bremsgatter mit elektrischem Schraubwindenantrieb auf. Der Pilot war in einer vollständig verglasten Kanzel auf der Mittellinie untergebracht, und für die beiden nach vorn aus den Flügelwurzeln feuernden SchVAK-20-mm-Kanonen stand ihm ein optisches Visier zur Verfügung. Hinter ihm saß der Navigator mit Blickrichtung

Der größte und schwerste Vertreter der gesamten Serie war die Tu-8 (ANT-69), ein ausgezeichneter Fernbomber. Dieses Mitglied der langnasigen und weiter gespannten Gattung führte eine neukonzipierte Abwehrbewaffnung mit fünf B-20-Kanonen und große Ausgucks am Hinterrumpf ein. Versionen mit dem flüssigkeitsgekühlten AM-42 und Dieselmotor ACh-39BF kamen nicht in die Luft.

Tupolew Tu-2

nach vorn vor einem kleinen Kartentisch, und zum Bombenabwurf aus dem Horizontalflug mußte er sich am Flugzeugführer vorbei auf eine Liege im halbverglasten Bug schieben. Der Funker befand sich, von den vorderen Besatzungsmitgliedern getrennt, in einer Zelle hinter den Tragflächen. Er war zugleich für zwei zur Abwehr nach hinten gerichtete SchKAS-7,62-mm-Maschinengewehre und ein weiteres SchKAS-Maschinengewehrpaar unter dem Bauch zuständig, das mit Hilfe eines Periskops ausgerichtet wurde. Die 1400-PS-Triebwerke, riesige Mikulin-V-12-Motoren AM-37, lagen in Gehäusen mit Kühlern an der Unterseite, die zugehörigen Ölkühler befanden sich in den Tragflächen. Die Spaltklappen, das Fahrgestell und die Bombenschachtklappen wurden hydraulisch betätigt, das Seitenleitwerk war geteilt, und andere wesentliche Konstruktionsmerkmale bestanden in einem Verstellpropeller mit gleicher Drehzahl und selbstversiegelnden Tanks für über 2000 Liter Kraftstoff. Das Gesamtgewicht des projektierten Flugzeugs betrug 10.992 kg.

Flugzeug 103

Flugzeug 103, das bis auf die weißen Unterseiten dunkelgrün gestrichen war, wartete bis 1941 auf seine Motoren und kam erst am 29. Januar mit M. A. Njuchtikow am Steuer in die Luft, der von Chefingenieur V. A. Miruz unterstützt wurde. Die Maschine erwies sich als in allen Belangen hervorragend, und die Werkserprobung beim GAZ-156 (das dem ZKB-29 zugeteilte Werk auf dem Moskauer Flugfeld) war schon am 28. April abgeschlossen. Die NII-Prüfung begann im Juni, als auch der deutsche Einmarsch in Rußland stattfand. Später wurde das ZKB-29 nach GAZ-166 in Omsk evakuiert. Als Flugzeug 103 Ende 1941 noch einmal zum GAZ-156 zurückflog, entstand ein Brand im rechten Motor. Njuchtikow sprang mit dem Fallschirm ab, aber Ingenieur Akopjan verunglückte tödlich.

Am 18. Mai 1941 hoben Njuchtikow und Miruz im Flugzeug 103U oder ANT-59 ab. Diese Maschine hatte einen längeren Hinterrumpf mit einem Bauchgefechtsstand für ein viertes Besatzungsmitglied, das ein einzelnes SchKAS-Maschinengewehr bediente. Dem Navigator, der im Rücken des Piloten mit Blickrichtung zum Heck saß, standen SchKAS-Zwillings-MGs zur Feuerunterstützung des vom Funker besetzten MG-Paars zur Verfügung. Zu einem ganzen Bündel weiterer Änderungen gehörten größere Seitenflossen und Ruder, mächtigere Propeller mit Staulufteinläufen in den Hauben sowie Roste für zehn RS-82-Raketen unter den Flügeln. Das erstklassige Jagdflugzeug wurde zur sofortigen Serienproduktion empfohlen und hätte sicher trotz des verspäteten Konstruktionsstadiums noch entscheidend in viele Luftkämpfe eingegriffen. Die Evakuierung nach Omsk und der unzuverlässige AM-37 warfen es jedoch noch weiter zurück. Tupolew untersuchte den AM-39F mit einer Nennleistung von 1376 kW (1870 PS), kam aber zu dem Schluß, daß ihm mit Schwezows ausgezeichnetem Sternmotor M-82 (dem späteren ASch-82) mit einer Ausgangsleistung von 1089 kW (1480 PS) besser gedient sei. Wenn auch 1500 neue Zeichnungen unter schwierigsten Umständen angefertigt werden mußten, befand sich das Flugzeug dennoch schon am 1. November 1941 erneut in der Luft.

Gegen Kriegsende wurden mehrere Tu-2 auf der Fertigungsstrecke zu Tu-2Sch (Schturmowik – „Panzerknacker") in verschiedenen Ausführungen modifiziert. Die Tu-2 auf diesem Foto hat man stets als eines dieser Schlachtflugzeuge interpretiert, doch die einzelne 57-mm-Panzerabwehrkanone scheint eher auf die RSchR zu verweisen. Alle diese Maschinen waren Zweisitzer.

Aufriß-Erläuterung zur Tupolew Tu-2

1 demontierbarer Randbogen
2 Steuerbord-Positionsleuchte
3 innen gewellte Flügelhaut
4 Außenquerruder (steuerbord)
5 Aufbau der Tragfläche
6 Längsversteifung der Flügelhaut
7 Raketenroste/Bombengehänge (fünf pro Seite)
8 doppelte Landescheinwerfer
9 Innenquerruder (steuerbord)
10 hinterer Flügelholm
11 äußere Tankgruppe
12 innere Tankgruppe
13 Hauptholm
14 Landeklappe
15 Motorgondelheck
16 Hauptfahrwerksschachtklappen
17 Hauptradschacht
18 durchgehender Flügelholm
19 Bremsseil
20 Ölfederbein
21 Knickgelenk
22 Brandschott
23 Schmierölbehälter
24 Motorträger
25 Auspuffstutzen
26 Abgassammelring
27 Feuerlöscher
28 Kühlerabluftjalousie
29 Ölkühler
30 Ölkühler-Lufteinlauf
31 abnehmbare Motorhaubenbleche
32 metallener Dreiblatt-Verstellpropeller AV-5-157A
33 Vergaserlufteintritt
34 Motorhaubenring zur Verringerung des Stirnwiderstands
35 Kühlluftklappen
36 Propellernabe
37 Anlasserklaue
38 Propellerwelle
39 Getriebegehäuse
40 UBT-12,7-mm-Maschinengewehr des Navigators/Bombenschützen
41 starre SchVAK-20-mm-Kanone (steuerbord)
42 Munitionsbehälter
43 Sitz des Navigators/Bombenschützen
44 Rückenpanzer des Piloten
45 Flugzeugführerkanzeldach (nach unten aufklappbare Seitenelemente und nach oben öffnendes Kabinendach)
46 Antennenmast
47 zweiteilige Frontscheibe
48 Instrumententafel und linke Seitenkonsole
49 Steuersäule
50 Seitenruderpedale
51 Vierfeld-Zugangsluke
52 seitliche Bugverglasung
53 Bombenvisier-Planscheibe
54 Propellerhaube (backbord)
55 Schwezow M-82FN (ASch-82FN), luftgekühlter 14-Zylinder-Doppelsternmotor
56 Abgasrohrbündel
57 Motorhauben-Schnellverschlüsse
58 Auspuffrohr
59 Ölkühler-Lufteinlauf
60 25-kg-Splitterbombe
61 Backbord-Hauptrad
62 Federbeinschere
63 Radschachtklappen
64 Abgasklappe
65 auf der Mittellinie angeschlagene Bombenschachtklappen
66 Bombenfrontschäkel

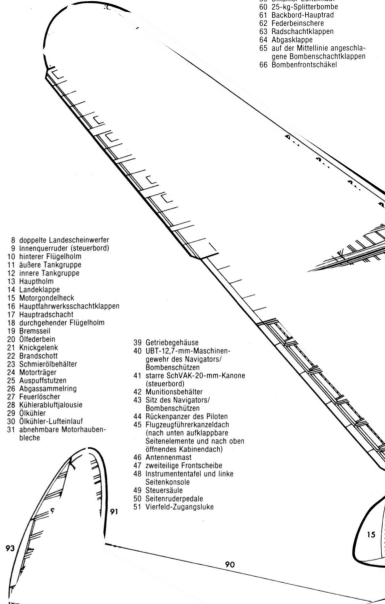

Suchois UTB, auch UTB-2 genannt, war ein Besatzungstrainer, der auf der einfacheren und leichteren Zelle der Tu-2 basierte, aber schwächere Motoren hatte. Etwa 100 von mehr als 500 gebauten Exemplaren gingen an die neuaufgestellte polnische Luftwaffe. Die Abbildung zeigt eine der polnischen UTB-2 im Standard-Farbmuster, dunkelgrün und metallsilbern, der Nachkriegszeit.

67 1000-kg-Sprengbombe
68 Wartungsklappe
69 rechtes Hauptrad
70 Radgabel
71 Bombenschacht-Heckschott
72 Funkerstation
73 verglaster Rückenteil
74 UBT-12,7-mm-Maschinengewehr
75 hintere Rumpfstruktur
76 Steuerseilführung
77 Stabantenne
78 Liege des Bauchschützen
79 hinterer Einstieg
80 Zielperiskop des Bauchschützen
81 Munitionskasten
82 Beobachtungsfenster
83 Bodenverglasung
84 UBT-12,7-mm-Maschinengewehr
85 einziehbares Heckrad
86 Spornradklappen
87 Einziehmechanik
88 Heckpositionsleuchte
89 Aufbau des Höhenleitwerks
90 Antenne
91 Steuerbord-Seitenflosse
92 Seitenruderholm
93 Hilfsruder
94 Seitenruder (steuerbord)

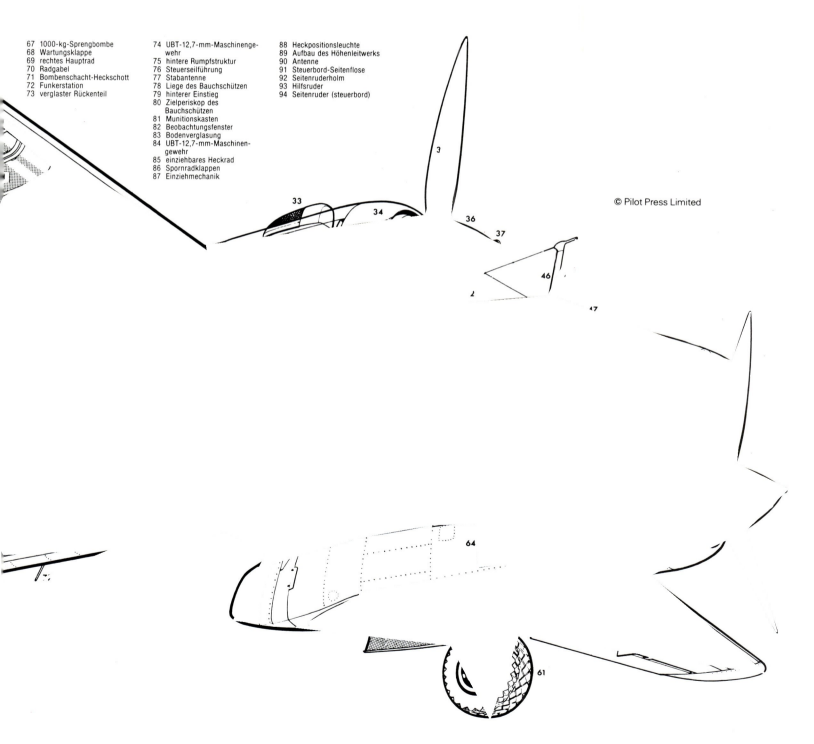

© Pilot Press Limited

Tupolew Tu-2

1949/50 wurden etwa 100 Standardbomber Tu-2S an China übergeben, wo sie den Kern offensiver Luftstreitkräfte der Volksrepublik bildeten. Fast alle diese Bomber (mindestens 75) kamen im Koreakrieg zum Einsatz, allerdings ohne rechte Wirkung, und mehrere Exemplare wurden abgeschossen.

Danach kam der Serienprototyp Flugzeug 103V an die Reihe, der am 15. Dezember 1941 mit dem Piloten Vasjakin seinen Jungfernflug absolvierte und zur großmaßstäblichen Serienfertigung soweit wie möglich vereinfacht war.

Teure Aufschübe

Anfang 1942 wurde die Entwicklung mit Flugzeug 103S beziehungsweise ANT-61 fortgesetzt. Es ist fraglich, ob die vielen Änderungen die Verzögerung der Serienproduktion um mindestens zwei Jahre tatsächlich rechtfertigen. In der Zwischenzeit stellte man ein Großserienprogramm auf, und Anfang November 1942 wurden die ersten drei Maschinen an die Kalinin-Front geschickt und von der 3. Luftarmee so begeistert aufgenommen, daß sie sofort um weitere Exemplare dieses eindrucksvollen Musters bat.

Allgemein gilt Flugzeug 100716 als die erste echte Serienmaschine, obwohl es etliche Nummern hinter Flugzeug 103S (Nr. 100308, allerdings nicht konsequent durchnumeriert) rangiert. Die Dienstbezeichnung Tu-2 fiel dem Muster im Januar 1943 zu. Es vollbrachte derartige Glanzleistungen, daß man ihm nicht nur das Kürzel Tu-2 zubilligte, sondern den Konstrukteur und seine Mitarbeiter schließlich auch auf freien Fuß setzte, was sich sofort positiv auf die Effizienz dieses Programms auswirkte. Im Juni 1943 dekorierte man Tupolew mit seinem ersten Stalin-Orden.

Die seriengefertigten Tu-2 hatten andere Propeller, keine Raketenroste, einen einfacher verglasten Bug, demontierbare Flächenenden sowie zahlreiche Modifikationen in bezug auf Panzerung und sekundäre Bordsysteme. Die vorwärtsfeuernden Kanonen wurden häufig wirkungsvoll eingesetzt. Vielen deutschen Jägern sprang die Tu-2 förmlich in den Nacken, da sie wie die meisten sowjetischen Frontflugzeuge fast immer mit Höchstgeschwindigkeit flog. Die maximale Bombenlast, die ausschließlich im Hauptwaffenschacht untergebracht war, betrug 3000 kg. Als größter Sprengkörper konnte die 1000 kg schwere FAB-1000 mitgeführt werden.

Später Einsatz

Viele kleinere Modifikationen flossen weiterhin ein, wie etwa schlankere Motorgehäuse mit 28 kleinen Ausbuchtungen für die Ventile, einzelne Bullaugen am Hinterrumpf und zahlreiche Variationen der Motorlufteinläufe, der Abgasanlage und des Ölkühlers. Eine weitere Verzögerung brachte die Einstellung der Produktion im GAZ-166 und die Rückverlagerung der Fertigungsstrecke ins GAZ-156 mit sich. So dauerte es bis zum Frühjahr 1944, ehe der Gegner mit der Tu-2 konfrontiert war. Bis zum Ende des Krieges in Europa hatten nur 1111 Exemplare die Frontverbände erreicht. Die Fertigung setzte sich jedoch bis 1948 fort, und 2527 Tupolew Tu-2, ausschließlich der zahlreichen Varianten, wurden ausgeliefert.

Dieser frühe Serienbomber Tu-2S gehört einem kleinen Baulos an, das mit langgestreckten Lufteinläufen auf den Motorhauben gefertigt wurde. Auch die Auspuffanlage ist anders gestaltet, ähnlich wie beim Lawotschkin-Jäger La-5 und ohne die beidseitig hervortretenden Auspuffrohre.

Die ANT-63P trug die Dienstbezeichnung Tu-1, die insofern befremdlich ist, als es sich um ein schweres Jagdflugzeug handelte. Das auf der ANT-68 beruhende Muster hatte noch stärkere AM-43V-Motoren, deren Leistung von 1535 kW (1950 PS) Vierblatt-Propeller umsetzten, und konnte trotz seiner außerordentlich schweren Bewaffnung auf 641 km/h beschleunigen. Für den Krieg kam der Typ zu spät, und so blieb es bei dem Prototyp.

Varianten der Tupolew Tu-2

ANT-58: erster Prototyp, auch **Samoljet 103, Tu-58** und **FB** (frontovoi bombardirowschtschik – Frontbomber) genannt; zwei AM-37-Motoren, dreiköpfige Besatzung und Geschwindigkeit von 635 km/h

ANT-59: verbesserter Prototyp, auch **Samoljet 103U** genannt; zuerst mit AM-37-Motoren, später ASch-82; vierköpfige Besatzung und viele weitere Änderungen

ANT-60: für die Serienfertigung vereinfachter Musterbomber, auch **Samoljet 103V** genannt

ANT-61: bewegliche UBT-Maschinengewehre, Motortyp ASch-82FNV; neben vielen anderen Modifikationen Wegfall der Sturzflugbremsen

ANT-61: Hauptserie; insgesamt 2527 **Tu-2S**

ANT-61: modifizierte Prototypen Tu-M mit ASch-83-Motoren je 1398 kW (1900 PS) und paddelförmigen Vierblatt-Propellern (einige mit geschweißten Hohlstahlblättern).

ANT-62: Tu-2D (dalnji – fern); Langstreckenversion mit Tu-2D, weiter gespannten Außenflügeln, stark erweiterten Flügeltanks, weiter gespanntem Höhenleitwerk und anderen Änderungen; dieser strategische Bomber hatte eine längere Flugzeugnase, die dem Navigator viel mehr Platz als bisher im Kanzelheck bot; das neue Cockpit nahm zwei Flugzeugführer nebeneinander auf; Spannweite 22,06 m, Gesamtmasse 13.340 kg und Geschwindigkeit in Einsatzhöhe 531 km/h

Tu-2/104: erster durch Bordradar allwettertauglicher Abfangjäger der Sowjetunion; neuer Vorderrumpf, nur für einen Jagdpiloten und einen Radarbeobachter bestimmt; zwei 23-mm-Kanonen in Wannen an der Unterseite; von A. D. Pereljet und Ingenieur L. L. Kerber am 18. Juli 1944 geflogen

ANT-63: auch **Tu-2SDB** bezeichnet; zwei sehr unterschiedliche SDB-Prototypen (schneller Tagbomber); ein Zweisitzer mit flüssigkeitsgekühlten V-12-Motoren AM-39 und ein Dreisitzer mit AM-39F je 1376 kW (1870 PS), neuem Hauptfahrwerk, dessen Einzelbeine die Räder an inneren Halbgabeln aufnahmen, und zahlreichen anderen Modifikationen; Höchstgeschwindigkeit 645 km/h

Tu-2 Parawan: zwei Flugzeuge, erprobt mit einer riesigen, freitragend am Bug montierten 6-m-Sonde; diese Lanze trug Kabel, die zu den mit Schneidvorrichtungen bestückten Flächenenden gespannt waren; durchdrangen im Herbst 1944 mit Erfolg Ballonsperren

Tu-2/18/11: Prototyp, möglicherweise mit Vorrichtungen für zusätzlichen Auftrieb ausgerüstet (keinerlei Informationen außer numerischen Werten für Kurzstreckenstart/Kurzstreckenlandung)

Tu-2SCH: 1944 geflogene Schlachtflugzeug-Version (Schturmowik); umfangreiche Bewaffnung zur Bekämpfung von Panzertruppen und Infanterie mit Granatwerfer PPSch-300 (300 Schuß); spätere Maschinen (1946) waren zweisitzig und mit zwei SchVAK-20-mm-Kanonen, 37-mm-Kanonen NS-37 und 45-mm-Kanonen NS-45 bewaffnet

Tu-2K: auf Katapult verweisende Bezeichnung; zwei Prototypen, 1944 mit Schleudersitzen erprobt

Tu-2G: auf Gruzovoi (Fracht) verweisende Bezeichnung; mehrere modifizierte Flugzeuge zum Transport sperriger Frachtstücke, etwa extern untergeschlungene Panzerspähwagen GAZ-67b, und von Versorgungsgütern als Fallschirmlasten

Tu-2N: einzelnes Serienflugzeug als fliegender Prüfstand für ein importiertes Rolls-Royce-Strahltriebwerk Nene 1 in einer Gondel unter dem Vorderrumpf; Kerosintank im Bombenschacht; umfassende Instrumentierung

ANT-68: Tupolew-Bomber der zweiten Generation; **Tu-10** mit flüssigkeitsgekühlten Motoren für eine Zelle, die von gleicher Größe wie bei der Tu-2, aber verstärkt war; Prototyp mit AM-39FN-2 je 1362 kW (1850 PS) flog ab 19. Mai 1945; kleine Bauserie (schätzungsweise 50), nach dem Krieg mit 1472 kW (2000 PS) starken AM-42 produziert; irrtümlich Tu-4 bezeichnet (bereits an Kopie der Boeing B-29 vergeben)

Tu-2T: diverse Torpedobomber-Prototypen; ersten beiden Exemplare 1944 von der Fertigungsstraße abgezweigt und zur Beladung mit je einem Torpedo 45-36-AN unter den Flächenwurzeln modifiziert; zweites Exemplar erhielt Bombenschachttanks und hatte mit Torpedos eine Reichweite von 3800 km

UTB: in hohem Maß vereinfachtes, von P. O. Suchoi zur Ausbildung von Besatzungen konstruiertes Flugzeug; ASch-21-Motoren je 379 kW (700 PS) in kürzeren Gehäusen und Zweiblatt-Propeller, Doppelsteuer für nebeneinander sitzende Piloten, doppelte Navigatorenplätze mit Blickrichtung zum Heck, neuer Laufsteg zur Funker/Bordschützen-Station (kein Bauch-Gefechtsstand) und externe Gehänge für Übungsbomben; 1947 mindestens 5000 Exemplare ausgeliefert, davon 100 für Polen

ANT-67: von der Tu-2D abgeleiteter Fernbomber mit Tscharomski-Dieselmotoren ATSch-39BF je 1398 kW (1900 PS), fünf Sitzen und langsamlaufenden Querrudern (standardmäßig bei allen Versionen mit großer Spannweite)

ANT-62T: Torpedo-Version der Serie mit großer Spannweite; Erstflug am 2. Januar 1947

ANT-63P: ungerade Zahl in der Typkennung **Tu-1** wurde gewählt, weil es sich um einen schweren Jäger handelte; dreisitziger Langstrecken-Begleitjäger mit der Möglichkeit zur Einrüstung eines Bordradars; Zelle der Tu-10 (ANT-68) mit AM-43V-Motoren, deren Leistung von 1435 kW (1950 PS) Vierblatt-Propeller umsetzten

Tu-2R, Tu-2F und Tu-6: alles Bezeichnungen reiner Aufklärungsversionen; die ersten Exemplare entstanden 1943 durch Umrüstung; Standardausführung ab 1944 war die ANT-64 (Tu-2F) mit weit gespanntem Flugwerk und Navigatorstation im Bug wie bei der Tu-62; mindestens ein Exemplar 1947 mit gigantischem Kartenbild-Radargerät nachgerüstet

Tu-2RSchR: Einzelexemplar mit 57-mm-Kanone RSchR in der vorderen Rumpfwanne, aus der eine mächtige Mündungsbremse nach vorn heraustrat; zweiköpfige Besatzung; Funker/Navigator mußte die Kanone nachladen

ANT-65: Dienstbezeichnung **Tu-2DB:** Weiterentwicklung des Fernbombers mit modernisierter Zelle der weit gespannten Kategorie und 1619 kW (2200 PS) starken Turbolader-Motoren AM-44TK; angesichts des Gesamtgewichts von 16.450 kg erreichte die Tu-2DB mit 578 km/h eine ausgezeichnete Geschwindigkeit

ANT-69: abschließende Entwicklung dieses ausgezeichneten Musters galt wiederum einem Fernbomber, doch weder Tupolew noch die VVS waren noch an dieser **Tu-8** interessiert, da die viel größere Tu-4 in Aussicht stand; zwei ASch-82FN-Motoren je 1362 kW (1850 PS), fünf Sitze, 4500-kg-Bombenlast und neue Abwehrbewaffnung mit fünf neuartigen B-20-Kanonen und Visierstationen im Heck; Erstflug im Dezember 1946

Als Bomber kam die Tu-2 erst ab 1944 zum Einsatz, war aber seit 1941 an jedem sowjetischen Feldzug beteiligt, einschließlich der Operationen in der Mandschurei im Jahre 1945.

Tupolew Tu-2

TECHNISCHE DATEN

Tupolew Tu-2S
Typ: mittelschwerer Bomber
Triebwerke: zwei 14-Zylinder-Sternmotoren Schwezow ASch-82FN je 1362 kW (1850 PS)
Leistung: Höchstgeschwindigkeit mit kompletter Last in mittlerer Höhe 550 km/h; Dienstgipfelhöhe 9500 m; Reichweite mit 2500 kg Bomben 1400 km
Gewicht: Leermasse (Flugzeuge von 1943) 7474 kg; höchstzulässige Masse 11.360 kg
Abmessungen: Spannweite 18,86 m; Länge 13,80 m; Höhe 4,55 m; Tragflügelfläche 48,80 m²
Bewaffnung: zwei SchVAK-20-mm-Kanonen mit 100 Schuß pro Rohr in den Flächenansätzen, drei einzelne UBT-12,7-mm-Maschinengewehre mit 250 Schuß pro Waffe, gerichtet von drei Besatzungsmitgliedern im Heck, und eine Standardbombenlast von 3000 kg oder eine Überlast von 4000 kg

„Sie flog wie ein Jäger, und waren die Bomben abgeworfen, konnte sie es mit den besten unter ihnen aufnehmen", lobte ein ehemaliger Tu-2S-Pilot sein Muster, das beim fliegenden und technischen Personal gleichermaßen beliebt war. Die effektive Abwehrbewaffnung, die Fähigkeit, Treffer zu verkraften, und das für einen mittleren Bomber hohe Maß an Wendigkeit sorgten für den anhaltenden Erfolg dieses Typs im Zweiten Weltkrieg. Die abgebildete Tu-2S zeigt Ventilnoppen am Motorgehäuse, vergrößerte Vergaserlufteinläufe und verkürzte Auspuffrohre. Nach dem Krieg wurde die Entwicklung dieses Musters fortgeführt, um das Potential des Grundentwurfs in unterschiedlicher Form auszuschöpfen.

Curtiss SB2C Helldiver

Für ein trägergestütztes Flugzeug war die Helldiver zu ihrer Zeit sehr groß. Bei Curtiss betrachtete man sie als eines der bedeutendsten Projekte des Krieges und ließ ihr die modernste Technik zukommen. Sie litt jedoch unter strukturellen Mängeln, und ihre Konstruktion war nicht ausgereift, so daß sie nie, wie geplant, ihre Vorgängerin SBD ablösen konnte.

Die Curtiss SB2C, eines der wenigen Mitglieder einer langen und stolzen Geschichte von Curtiss-Sturzkampfbombern, die den Namen Helldiver trugen, sollte eigentlich eine große Kriegsgewinnerin werden und die alte SBD ersetzen. Im Unterschied zur Konkurrentin von Douglas, einer Konstruktion von Ed Heinemann, der unter John K. Northrop arbeitete, hatte die Curtiss einen starken Zweireihenmotor, einen internen Waffenschacht sowie eine große Menge an Treibstoff und neuem Gerät, alles auf engem Raum zusammengepackt. Nach Pearl Harbour stand sie im Brennpunkt eines gewaltigen Produktionsprogramms mit dem Ziel, die Japaner aus dem Pazifik zu bomben. Das einzige, was an dieser Vorgabe nicht stimmte, war das Flugzeug selbst. Die Piloten der US Navy waren einstimmig der Ansicht, die alte SBD sei viel besser, die daher auch weiterhin in vorderster Front im Einsatz blieb.

Die andere in Massenproduktion gefertigte Curtiss des Zweiten Weltkriegs war die SO3C Seamew. Es dürfte wohl kaum einen weiteren Fall geben, in dem, wie hier, zwei wenig geglückte Flugzeuge nacheinander in großen Serien gebaut wurden. Diese Erfahrung spielte eine wichtige Rolle beim Niedergang der einst so herausragenden Namen Curtiss und Wright unmittelbar nach dem Krieg, und zugelassen hatten dies die Großabnehmer US Army und US Navy.

Die Seamew wurde von einem Konstruktionsteam unter dem renommierten Chefingenieur Don R. Berlin geschaffen und die SB2C von einer neugebildeten Gruppe unter Raymond C. Blaylock. Wie die Bezeichnung erkennen läßt, hatte man die SB2C als Scout Bomber (Aufklärer-Bomber) geplant, der von Flugzeugträgern aus operieren sollte. Die Spezifizierung von 1938 war äußerst detailliert und ließ wenig Spielraum. Es mußte ein freitragender Eindecker in Schalenbauweise mit nach oben gewinkelter Tragfläche sein, um darunter einen Waffenschacht einrichten zu können. Dieser sollte keinen Torpedo, sondern eine 454-kg-Bombe zusammen mit einer breiten Palette sonstiger Waffen aufnehmen und mußte sich hydraulisch öffnen und schließen lassen. Ferner verlangte man Tandemsitze für zwei Mann Besatzung, sehr viel Treibstoff (es wurden verschiedene Reichweiten und Einsatzradien vorgegeben), dazu umfassendes Funk- und sonstiges Gerät einschließlich einer schweren Kamera im hinteren Cockpit. Eine verstärkte Struktur sollte Sturzkampfeinsätze ermöglichen, und zudem mußte die Maschine flugzeugträgertauglich sein, also hochklappbare Flügel sowie Katapult- und Fanghaken aufweisen. Als Motor war der 14-Zylinder-Cyclone R-2600 von Wright vorgeschrieben.

Angesichts all dieser Vorgaben konnte es nicht ausbleiben, daß der Prototyp XSB2C-1 stark seinem Konkurrenten Brewster XSB2A-1 Buccaneer glich. Nur war diese Brewster Buccaneer, falls überhaupt möglich, noch unausgereifter als die Curtiss. Die US Navy setzte allerdings so großes Vertrauen in das in Buffalo beheimatete Werk, daß sie einen Auftrag für 200 SB2C-1 erteilte, noch bevor der Prototyp seinen Erstflug (am 18. Dezember 1940) absolviert hatte. Das Musterflugzeug, die Auftrags-Nr.1758, war am 15. Mai 1939 geordert worden, und die große Produktionsbestellung folgte am 29. November 1940. So hatte Curtiss an der Schwelle des neuen Jahres 1941 einen einzigen Prototyp, der ab und zu einen Flug absolvierte und auf dessen bloße Existenz hin 14.000 Arbeiter für ein völlig neu und in Eile zu errichtendes Werk (später NAA, heute Rockwell) in Columbus, Ohio, eingestellt wurden. Geplant waren auch zwei weitere gigantische Produktionsprogramme bei Canadian Car & Foundry (CCF) in Fort Williams und bei Fairchild Aircraft in Montreal-Longeuil. Curtiss gab bekannt, die Helldiver sei „der schlagkräftigste Sturzkampfbomber der Welt, mit der doppelten

Eine Curtiss SB2C-3 Helldiver im scharfen Landeanflug auf ihren Flugzeugträger im Pazifik. Sie hat bereits die Landeposition eingenommen, und der Fanghaken ist ausgefahren. Die Flugzeuge auf dem Deck sind Grumman TBF Avenger und F6F Hellcat, die zusammen mit den Helldiver die härtesten Kämpfe im Pazifik fochten.

Curtiss SB2C Helldiver

Im Juli und im August 1943 wurde die US-Kennung der Flugzeuge durch einen roten Rand ergänzt. Diesen Anstrich erhielten Tausende von Maschinen. Zu ihnen gehörte auch diese SB2C-1, die ab November 1943 bei der Staffel VB-17 auf dem Flugzeugträger USS Bunker Hill stationiert war und Einsätze gegen Rabaul flog.

Diese SB2C-3 trägt den Tarnanstrich der mittleren Kriegszeit, der dem heutigen Jäger-Tarnmuster ähnelt. Sie gehörte zur VB-3 und flog im Februar 1945 Unterstützungseinsätze für die Invasion auf Iwo Jima der Task Force 58 vom Flugzeugträger USS Yorktown (VC-10) aus. Sie ist mit dem Unterrumpfradar APG-4 ausgerüstet.

Bombenladung, der doppelten Feuerkraft, mindestens 100 Stundenmeilen höherer Geschwindigkeit und 600 Meilen größerer Reichweite als bei jedem anderen vergleichbaren Flugzeug der Gegenwart". Und fügte hinzu: „Wir bauen davon 1000 Exemplare und mehr bei einer Produktionsrate von 80 pro Monat."

Bei aller Zuversicht übersah man die Tatsache, daß die SB2C voller Probleme steckte. Dazu gehörten die üblichen Anzeichen von Unausgereiftheit, die allerdings nahezu alle wichtigen Funktionen betrafen und besonders den Motor R-2600-8 sowie den Dreiblattpropeller von Curtiss Electric mit einen Durchmesser von 3,66 m. Schwerwiegender waren die aerodynamischen Mängel, die strukturelle Schwäche, allgemein schlechte Steuerbarkeit, erschreckend mangelhafte Stabilität (speziell bei Gieren und Steigen) sowie unannehmbare Überzieheigenschaften nach sich zogen. Seltsamerweise blieben alle Serienmaschinen identisch mit dem Prototyp, und es fiel nicht einmal auf, daß man das Leitwerk hatte vergrößern müssen.

Zu den Merkmalen der XSB2C-1 gehörte eine große Tragfläche, deren gesamte Widerstandsverteilung an der Hinterkante stattfand. Dort befanden sich auch große Klappen, die sich bis in die unteren und oberen Bereiche spreizten, wo sie sich noch einmal in Innenbord- und Außenbordsektionen der manuell aufklappbaren äußeren Tragflächen teilten. Beim Normalflug schlossen sich die oberen Klappenbereiche hydraulisch und bildeten so die obere Flügelfläche. Der untere Teil funktionierte als normale Spreizklappe. Für Sturzflüge wurden die oberen Klappen mit dem Selektorhebel aktiviert, und die Hydraulik öffnete beide Klappen oben und unten voll. Dies begrenzte den Sturzflug auf 354 km/h, ließ aber das Leitwerk so heftig flattern, daß der Pilot einen Strukturbruch fürchten mußte (der sich in der Tat häufig ereignete, wenn auch nicht unbedingt infolge des Flatterns). Die Querruder, die bei den meisten Versionen größere Profilsehnen hatten als die Klappen, waren insofern ungewöhnlich, als sie oben eine Aluminiumhaut und unten eine Stoffbespannung aufwiesen. Auf einer Linie mit den Querrudern befanden sich auf der Flügelvorderkante große Vorflügel, deren Kabelzüge mit dem Fahrwerk gekoppelt waren und sich bei deren Ein- und Ausfahren öffneten. Dies zumindest machte bei niedrigen Geschwindigkeiten das Steuern einigermaßen akzeptabel. Die US Navy nahm diese trägen Querruder hin, die Engländer aber lehnten sie 1944, nach vier Jahren stetiger Verbesserungen, ab.

Zu allem Unglück stürzte der Prototyp, Auftrags-Nr. 1758, bereits am 8. Februar 1941 ab. Ursache war ein Motorversagen beim Landeanflug. Wie viele Flugzeuge der damaligen Zeit hatte die SB2C schwere Trimmängel im Zusammenwirken mit den Klappen, den Sturzflugbremsen, beim Verlangsamen oder bei Veränderungen der Motorleistung. Bei diesem Flugzeug lag die umgesetzte Leistung an der Grenze dessen, was die meisten Piloten mit dem Steuerknüppel noch halten konnten. Sehr hohe Reibungen in den Steuerkreisen halfen auch nicht, so daß es nicht verwunderte, wenn bei einem Motorleistungsabfall die Steuerkontrolle verlorenging. Das Werk war angesichts des gigantischen Produktionsprogramms jedoch gezwungen, die Flugtests fortzusetzen, so daß man die 1758 schnellstens neu bauen mußte. Fast alle Teile wurden verändert, die Rumpflänge wuchs um 30 cm, das Leitwerk vergrößerte sich um fast 30 Prozent, und zahlreiche Formen wandelten sich leicht. Die mangelhafte Stabilität erzwang den teuren Einbau eines Autopilotsystems. Die Berichte aus Europa zogen den Einbau schußsicherer Treibstoff-Rumpf- und -Innenflügeltanks nach sich, ebenso eine Teilpanzerung und den Ersatz der beiden nach vorne feuernden 12,7-mm-MGs über der Motorhaube durch vier dieser Geschütze in den Tragflächen. Das hintere Cockpit wurde neu gestaltet mit beiklappbarer Abdeckung, um dem Bordschützen/Beobachter mit seinem 12,7-mm-MG ein größeres Schußfeld zu bieten. Später tauschte man dieses MG durch ein 7,62-mm-Zwillings-MG aus, das jeweils mit nicht weniger als 2000 Schuß bevorratet war und sich hydraulisch über einen Ring bewegen ließ. Unter den Flügeln wurden Aufhängevorrichtungen für Bomben bis zu 147 kg angebracht. Diese und alle anderen Änderungen erfolgten nicht auf einmal, doch die meisten waren zumindest auf dem Papier genehmigt, als der Prototyp ab dem 20. Oktober 1941 die Flugtests wieder aufnahm.

Das Produktionsprogramm war derart groß, daß es zwar Dutzende andere aus jener Zeit in den USA übertraf, aber zugleich ernsthaft ins Hintertreffen geriet. Curtiss hatte den Auslieferungsbeginn für Dezember 1941 zugesagt, doch zu dieser Zeit waren noch nicht einmal die Montagebänder installiert. Es kam noch schlimmer, als am 21. Dezem-

Die Aufnahme zeigt den Prototyp der XSB2C-1 (Nr. 1758) bei einem Testflug mit einem der zahlreichen verschiedenen Vorkriegs-Farbmuster der US Navy und den nationalen Vorkriegs-Emblemen. Konstruktionsprobleme verzögerten die Indienststellung bis Ende 1943.

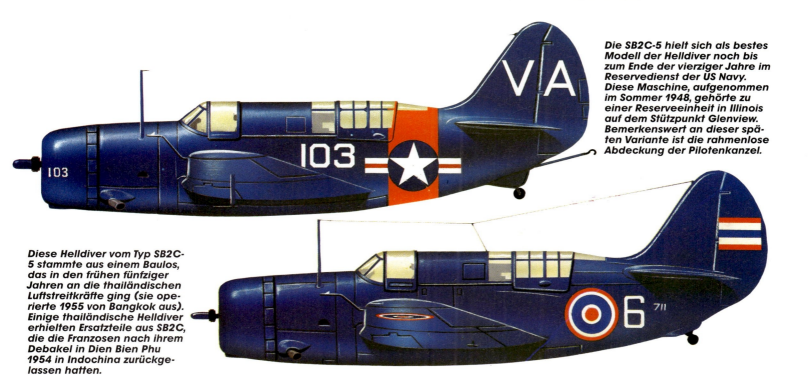

Die SB2C-5 hielt sich als bestes Modell der Helldiver noch bis zum Ende der vierziger Jahre im Reservedienst der US Navy. Diese Maschine, aufgenommen im Sommer 1948, gehörte zu einer Reserveeinheit in Illinois auf dem Stützpunkt Glenview. Bemerkenswert an dieser späten Variante ist die rahmenlose Abdeckung der Pilotenkanzel.

Diese Helldiver vom Typ SB2C-5 stammte aus einem Baulos, das in den frühen fünfziger Jahren an die thailändischen Luftstreitkräfte ging (sie operierte 1955 von Bangkok aus). Einige thailändische Helldiver erhielten Ersatzteile aus SB2C, die die Franzosen nach ihrem Debakel in Dien Bien Phu 1954 in Indochina zurückgelassen hatten.

ber 1941 auch der zweite Prototyp bei einem Sturzflugtest mitten in der Luft auseinanderbrach. Der Pilot B. T. Hulse konnte noch rechtzeitig mit dem Fallschirm aussteigen. Damals lagen bereits weitere Änderungsforderungen vor, und die US Army Air Force hatte weitere 900 Helldiver als A-25 Shrike geordert, ohne Flugzeugträgerausstattung, mit pneumatischen Heckrädern und mit vielen anderen Modifikationen. Man arbeitete rund um die Uhr, um das Programm zu beschleunigen, und schließlich war im Juni 1942 in Port Columbus die erste Serien-SB2C-1 fertiggestellt. Die US Navy nahm aber sehr wohl wahr, daß zehn Tage zuvor bereits die weitaus bessere Grumman TBF Avenger in Dienst gegangen war, obwohl man mit ihr fast zwei Jahre später begonnen hatte als mit der problembehafteten SB2C.

Hastige Tests mit den ersten sechs Serienmaschinen ließen erkennen, daß sie noch schlechter waren als der Prototyp. Das Gewicht hatte sich erheblich erhöht (von 3230 auf 4635 kg), nicht aber die Motorleistung, so daß man das Flugzeug auf dem Stützpunkt Anacostia als „extrem träge" bezeichnete. Zu dieser Zeit lief die Produktion jedoch längst auf Hochtouren, und um einen politischen Skandal zu vermeiden, mußte man einige Maschinen ausliefern. So erhielt die Angriffsstaffel VS-9 der US Navy im Dezember 1942 der ersten SB2C-1. Ein politischer Skandal wurde dennoch unvermeidbar. Es herrschte Krieg, und es schien so viele mangelhafte oder verzögerte Programme zu geben, daß das Truman-Komitee des Nationalen Verteidigungsprogramms eingerichtet wurde, um die Vorgänge zu überprüfen. Es lieferte einen niederschmetternden Bericht über die SB2C und sorgte unter anderem dafür, daß die A-25 an andere Abnehmer weitergeleitet wurden, wenn auch viele zumindest kurzzeitig in den US-Farben flogen.

In der folgenden Zeit durchlief die Produktion der SB2C alle Varianten, die separat aufgelistet sind. Lediglich die Anfangsorder über 200 Exemplare betraf das eigentliche Modell SB2C-1, und diese Maschinen blieben für Schulungsaufgaben in den USA. Die SB2C-1A, die 1943 erschien, war die nicht für Marinezwecke ausgestattete A-25A nach der Überstellung zum US Marine Corps, wo viele, noch immer dunkelolivgrün gestrichen, zum Kampfeinsatz kamen. Die SB2C-1C führte verschiedene Waffenverbesserungen ein, einschließlich der wahlweisen Entfernung der Bombenluken zugunsten eines Torpedos unter dem Rumpf. Von dieser Option scheint jedoch nur wenig Gebrauch gemacht worden zu sein. Die wichtigste Änderung der SB2C-1C war der Ersatz der vier Tragflächen-MGs durch zwei 20-mm-Bordkanonen, jede mit 400 Schuß, zugeführt von oben aus den Flügeln. Direkt vor diesen Magazinen befanden sich 170-Liter-Zusatztanks. Bei voller Ladung blieb die SB2C-1C das erste Modell, das zum Kampfeinsatz kam, war jedoch in vielerlei Hinsicht der alten SBD unterlegen, die sich viel angenehmer und sicherer fliegen ließ.

Den ersten Einsatz flog eine Bomberstaffel, die VB-17, vom Flugzeugträger USS Bunker Hill aus. Den zweiten Angriff führten die SB2C am 11. November 1943 gegen den großen japanischen Stützpunkt Rabaul auf Neuguinea durch. Sie trugen den damals üblichen Anstrich in Marineblau und Weiß, wenn auch die neuen Flugzeuge zu jener Zeit bereits in glänzendem Mitternachtsblau lackiert waren, gewöhnlich mit einer gut sichtbaren dreistelligen Nummer an der Bugnase.

Eine willkommene kleine Steigerung der Flugleistung brachte der SB2C-3 der Einbau des stärkeren Motors R-2600-20, dessen größere Leistung ein verbesserter Vierblattpropeller Curtiss Electric mit Ansatzmanschetten aufnahm. Gegen Ende des Krieges wurde es üblich, die Propellerhaube zu entfernen, was häufig auf Einheitsebene geschah.

Diese XSB2C-2, Nr. 00005, war das einzige Helldiver-Seeflugzeug, eine Umrüstung der fünften Serienmaschine SB2C-1 mit zwei Edo-Schwimmern und einer Bauchflosse. Sie flog erstmals im September 1942, brachte es aber niemals zur Einsatzreife. Die geplante Fertigung von 287 SB2C-2 (Nr. 03862-04148) wurde gestrichen, noch bevor eine einzige in Produktion gegangen war.

Eine Aufstellung von Helldiver RA-25 A der US Army, die als Transporter und Zielschleppmaschinen dienten oder auch einfach „den Elementen überlassen" wurden. Man beachte die nur flüchtig übermalten Kennzeichen und Embleme, das Seitenruder mit Tarnfärbung (vermutlich ein Ersatzteil) und das mit Kreide aufgemalte „BOX" auf den Motorhauben einiger Flugzeuge.

Curtiss SB2C Helldiver

Diese SB2C-5 mit dem auf der Flosse aufgemalten „S2C-5" war eines der ersten Kampfflugzeuge der italienischen Marinavia nach dem Krieg. Sie gehörte zur Gruppo Antisom 86 (antisommergibili = U-Boot-Bekämpfer), deren Emblem sich ebenfalls auf der Flosse befindet. Ungewöhnlich ist die Heckradaufhängung, und diese Maschinen hatten auch keine Haken.

Zwar war die Helldiver 1944, als die SB2C-3 erschien, inzwischen voll im Dienst etabliert und im Kampfeinsatz zumindest brauchbar, doch Abstürze, Auseinanderbrechen im Flug und Unfälle beim Landen auf den Flugzeugträgern blieben an der Tagesordnung. Für die Flieger der US Navy blieb dieses Flugzeug ein „tückisches Biest", doch es gab auch Piloten, die sich allmählich an den Typ gewöhnt hatten und dieses Urteil für unfair hielten.

Wie bei den meisten Kriegsprogrammen wurde die Produktion zur Sintflut, nachdem der Hauptteil des härteren Kampfes vorüber war, und die SB2C-4, die erst im Sommer 1944 herauskam, stellte die am zahlreichsten produzierte Version dar. Aus Pilotensicht bestand die wesentliche Neuerung dieser Variante in der Perforierung sowohl der oberen wie der unteren Klappen, die dadurch wie ein Sieb aussahen. Dies hatte praktisch keine Auswirkung auf den Luftwiderstand beim Sturzflug, doch es verringerte ein wenig das starke Leitwerksflattern, das, wie viele Piloten bemängelten, das Erkennen des Ziels und den genauen Sturzflug verhinderte. Immerhin hatte diese Version durch die Flügelverstärkung eine erheblich höhere Stabilität, und sie konnte zwei abwerfbare Tanks sowie zwei 227-kg-Bomben oder acht 127-mm-Raketengeschosse mitführen.

Bei Curtiss war man sich der Mängel und Unvollkommenheiten der SB2C nur allzu bewußt, und viele Jahre nach dem Krieg äußerte der Firmenpräsident, Guy Vaughan, sie sei „eines der größten Kriegskreuze" gewesen, „die wir zu tragen hatten". Don Berlin verließ das Werk 1942 und wechselte zu Fisher Body and Blaylock, wo er vermutlich mit dem leitenden Ingenieur G. A. Page jun. zusammenarbeitete und die sehr viel bessere SB3C (A-40 der US Army) entwarf. Diese SB3C war ein Einsitzer und sollte mit einem R-3350 als Antrieb eine Geschwindigkeit von 571 km/h erreichen, selbst wenn sie zwei Torpedos oder eine schwere interne Bombenlast mitführte. Leider wurden bereits die beiden Prototypen gestrichen.

Nach dem Krieg verschwanden die Helldiver keineswegs von heute auf morgen. Einige Maschinen blieben bis mindestens 1947 weiter bei der Reserve der US Navy und bei diversen Testeinheiten im Dienst und wurden oft auch als Schleppziele verwendet. Andere gingen zur französischen Aéronavale, zur Marine Italiens und Portugals sowie zu den Luftstreitkräften Griechenlands und Thailands. Helldiver im Dienste Frankreichs spielten sogar eine wichtige Rolle im Indochinakrieg, der bekanntlich erst 1954 mit der französischen Niederlage endete. Dafür allerdings kann man die SB2C wohl kaum verantwortlich machen.

Diese JW117 war die Helldiver Mk I, die beim Aeroplane & Armament Experimental Establishment in Boscombe, England, im Oktober 1944 zu Boden- und Luftfotografieerprobungen diente. Den größten Teil dieser Tests führte der renommierte Testpilot Lieutenant-Commander E. M. „Winkle" Brown durch. Er gab jedoch ein negatives Urteil ab.

Aufriß-Erläuterung der Curtiss SB2C-4 Helldiver

1 Vierblatt-Konstantgeschwindigkeitspropeller Curtiss Electric
2 Propellerhaube
3 Propellernabenmechanismus
4 Propellerhaubenabschlußplatte
5 Propelleruntersetzungsgetriebe
6 Vergaseransaugstutzen
7 Ansaugleitung
8 Warmluftfilter
9 Motorhaubenring
10 Ölkühleransaugstutzen
11 Motorhaube
12 Sternmotor R-2600-20 Wright Cyclone 14
13 Kühlungsabluft
14 Abgassammler
15 Auspuffrohrverkleidung
16 Ölkühlung
17 Motorhilfsgetriebe
18 Hydraulikdruckakkumulator
19 Einstiegstritt
20 Kabinenheizung
21 Motoröltank (94,6 l)
22 Motorhalterungsstrebe
23 Hydraulikflüssigkeitstank
24 feuersicheres Motorschott
25 Antennenmast
26 Flügelaufklappscharniere (steuerbord)
27 Flügelaufklapphydraulik
28 Bordkanonenkamera
29 Raketengeschosse (11,43 cm)
30 Vorderkantenvorflügel (steuerbord, offen)
31 Vorflügelrollschienen
32 Vorflügelzüge
33 Navigationslicht (steuerbord)
34 Formationslicht
35 Querruder (steuerbord)
36 Querruderverkleidung (Aluminium)
37 Querrudersteuerungsmechanismus
38 Sturzflugbremse (steuerbord, offen)
39 Windschutzscheibe
40 kugelsichere innere Windschutzscheibe
41 Spiegelreflexvisier
42 Armaturenabdeckung
43 Cockpitrahmenleisten
44 Enteisungsflüssigkeitstank
45 Armaturen
46 ausziehbarer Pilotenkartentisch
47 Seitenruderpedale
48 Steuerknüppel
49 Cockpitboden
50 Gashebel
51 Pilotensitz
52 Sauerstoffflasche
53 Sicherheitsgurte
54 gepanzerte Sitzlehne
55 Kopfstütze
56 Pilotenschiebekanzel
57 Takelagenstrebe
58 aufgeklappte Flügel
59 starre Brücke zwischen beiden Sitzen
60 Tankeinfüllstutzen
61 Rumpftreibstofftank (416 l)
62 Hauptlängsholm
63 Handgriff
64 Rumpfrahmen und Stringerkonstruktion
65 Autopilotsteuerungen
66 Kanzelschiebeschiene
67 Antenneneingang

68 Funkgeräte
69 Rettungsschlauchboot
70 Niedrigwurfbombenradar APG-4
71 Bordschützenschiebekanzel (vorwärts)
72 Bordschützenlafettenring
73 Bordschützensitz
74 Fußraste
75 Munitionsboxen
76 Panzerplatte
77 Windableiter
78 Zwillings-MG, Kaliber 7,62 mm
79 einziehbare Kabinenhaubenverkleidung
80 MG-Halterung
81 Seitenverkleidung
82 oberes Formationslicht
83 Flossenansatzausrundung
84 Höhenflosse (steuerbord)
85 Wartungshandgriff
86 stoffbespanntes Höhenruder
87 ferngesteuerter Kompaßgeber
88 Seitenleitwerksonstruktion
89 Antennenkabel
90 Hintersteven

91 Seitenruderkonstruktion
92 Stoffbespannung
93 Trimmklappe
94 Ausgleichsruder
95 Höhenrudertrimmklappe
96 Höhenruderkonstruktion
97 Höhenflossenkonstruktion
98 Höhenflossenholmansatz
99 Fanghaken
100 Fanghakenstoßdämpfer
101 Leitwerksnavigationslicht
102 Heckradbeinstrebe
103 Hartgummiheckrad
104 Heckradverkleidung
105 Rumpfheckrahmen
106 Höhenflossensteuerzüge
107 Hebestange
108 Bordschützenkabinenboden
109 Tragflächenansatzausrundung
110 Bombenschachtende
111 Heckholmhauptfixierung
112 Flügelsteg
113 obere Sturzflugbremse
114 hinteres Holmscharnier
115 Hinterkantenspreizklappen
116 Ausgleichsruder
117 Querruderscharniersteuerung
118 Querrudertrimmklappe
119 untere Stoffverkleidung

120 Flügelrippenkonstruktion
121 Flügelendenkonstruktion
122 Navigationslicht (backbord)
123 Pitotrohr
124 automatischer Vorderkantenvorflügel (gekoppelt mit dem Fahrwerk)
125 Vorflügelrippen
126 Vorflügelsteuerzüge
127 Hauptholm
128 Vorderkantenbugrippen
129 227-kg-Bombe
130 Raketengeschosse (11,43 cm)
131 abwerfbarer Tank (219,5 l)
132 Flügelaufklappschiene
133 Fahrwerksluke
134 Abstandsstrebe
135 Fahrwerksrad (backbord)
136 Stoßdämpferbeinstrebe
137 Bordkanone, Kaliber 20 mm
138 Bordkanonenlaufverkleidung
139 Fahrwerkseinklapphalterung
140 Flügelaufklappholmscharnier
141 Bordkanonenmunition
142 Zusatztank (170 l)
143 Tankeinfüllstutzen
144 Haupttank Mitte (397,5 l)
145 Vorderholmansatz
146 Fahrwerkskammer
147 einziehbarer Katapultleinenstropp
148 Anfluglicht
149 Bombenluken (offen)
150 Bombenlukenhydraulik
151 Auslegeregler
152 H-Typ-Bombenausleger
153 454-kg-Bombe

Varianten der SB2C Helldiver

XSB2C-1: einziger Prototyp (Nr. 1758) mit dem Motor R-2600-8, mehrmals neugebaut oder modifiziert
SB2C-1: erste Serienversion; insgesamt 200 Exemplare, erster Block mit den Seriennummern nach dem System von 1940 (00001-00200)
SB2C-1A: Bezeichnung für die A-25A, später auch für 410 A-25A der USAAF verwendet, die an das US Marine Corps gingen
A-25A Shrike: US-Army-Version der SB2C-1 mit verschiedenen Änderungen; insgesamt 900 Exemplare, davon 410 an das US Marine Corps, 270 an die US Navy und zehn an die RAAF
SBF-1: 50 von Fairchild gebaute SB2C-1
SBW-1: 38 von CCF gebaute SB2C-1
SBW-1B: 28 von CCF im Rahmen des Leih- und Pachtvertrags für England gebaute SB2C-1, davon 26 ausgeliefert (s. u.)
Helldiver Mk I: 26 SBW-1B (s. o.) für die Fleet Air Arm, ausgeliefert als JW100/125, die meisten an die Staffel 1820, aber dort für den Kampfeinsatz abgelehnt
SB2C-1C: erste Version mit 20-mm-Tragflächenbordkanonen, insgesamt 778 Exemplare
XSB2C-2: eine Maschine (00005) mit Edo-Schwimmern, getestet im September 1942, geplant als Aufklärer/Bomber

SB2C-3: verbessertes Modell mit dem R-2600-20 (1417 kW/1926 PS) und Vierblattpropeller sowie von Anfang an mit dem automatischen Niedrigwurf-Bombensystem APG-4 (nachträglich auch in viele andere Versionen eingebaut); insgesamt 1112 Exemplare
SBF-3: 150 von Fairchild gebaute SB2C-3
SBW-3: 413 von CCF gebaute SB2C-3
SB2C-3E: mit dem 3-cm-Radar APS-4 ausgerüstete SB2C-3; mehr als 180 Exemplare
SB2C-4: Unterflügelaufhängungen für zwei 500-kg-Bomben oder acht 127-mm-Raketengeschosse, perforierte Flügelklappen/Sturzflugbremsen und Ausrüstungsänderungen; insgesamt 2045 Exemplare
SB2C-4E: mit Radar APS-4 ausgerüstete SB2C-4
SBF-4E: 100 von Fairchild gebaute SB2C-4E
SBW-4E: 270 von CCF gebaute SB2C-4E
SB2C-5: verbessertes Modell mit größerer interner Treibstoffkapazität und anderen kleineren Änderungen; ab Februar 1945 970 Exemplare gebaut (ab Nr. 83128), weitere 2500 geplant, aber storniert
SBW-5: 85 von CCF gebaute SB2C-5, weitere 165 geplant, aber storniert
XSB2C-6: zwei komplett umgebaute SB2C-3 (Nr. 18620, 18621) mit längerem Rumpf, höherer Treibstoffkapazität und zwei Double Wasp R-2800-28 von Pratt & Whitney (1566 kW/2129 PS)

© Pilot Press Limited

Boeing
B-29 Superfortress

Kein anderes Flugzeug vereinte in sich jemals so viele technologische Neuerungen wie die B-29, die für bestimmte strategische Operationen entworfen wurde. Aus ihr gingen später der Stratocruiser-Airliner mit Doppelrumpf und das Tank- und Transportflugzeug KC-97 hervor. Sie bildete auch das Fundament für die Erfolgsserie der Boeing-Linienflugzeuge, und die Sowjetunion baute auf ihr den gesamten Stamm schwerer Tupolew-Flugzeuge auf.

Eine detaillierte Analyse des Schwenkflügelbombers „Black Jack" aus den achtziger Jahren würde möglicherweise Entwurfsmerkmale aufdecken, die ebenfalls auf die B-29 zurückzuführen sind. Die B-29 Superfortress aber nahm bereits im Oktober 1938 ihren Anfang, mehr als drei Jahre vor dem Eintritt der Vereinigten Staaten in den Zweiten Weltkrieg. General Oscar Westover, Stabschef des US Army Air Corps, hatte einen Leistungskatalog für einen neuen Superbomber als Nachfolger der B-17 aufgestellt, für die der Kongreß damals keine Mittel mehr bewilligen wollte. Trotz der absolut negativen Reaktion des US-Verteidigungsministeriums kämpfte General Oliver Echols, der für die Beschaffung zuständig war, unermüdlich weiter für den Superbomber. Rückendeckung gab ihm „Hap" Arnold, Westovers Nachfolger im Amt. Die Forderungen hinsichtlich Geschwindigkeit (628 km/h), Reichweite (8582 km) und Waffenlast (900 kg) waren überwältigend, und um in großer Höhe sehr schnell fliegen zu können, mußte der Bomber druckbelüftet werden.

Die Boeing Airplane Company in Seattle hatte im Gegensatz zu allen anderen Flugzeugherstellern zwar Erfahrung im Bau von druckbelüfteten Großflugzeugen, aber es schien einfach unmöglich, die widersprüchlichen Faktoren in Einklang zu bringen. Fast das ganze

Dave's Dream wurde als B-29-40-MO mit der Seriennummer 44-27354 gebaut und ist hier unter Führung von Major W.P. Swancutt auf dem Flug am 1. Juli 1946 zum Bikini Atoll abgebildet. Dort warf das modifizierte Flugzeug die erste Atombombe nach dem Krieg ab. Sie wurde nach dem Bombardier Dave Semple genannt, der in einer B-29 ums Leben kam.

Jahr 1939 hindurch arbeitete man an einer Lösung mit flüssigkeitsgekühlten Triebwerken, die in die Tragflächen eingebettet waren. Der vor kurzem eingestellte George Schairer gab jedoch zu bedenken, daß im Hinblick auf den Luftwiderstand ein möglichst kleines Tragwerk ohne integrierte Motoren der bessere Lösungsansatz sei. (So entstand eine Grundphilosophie, die zum scharfen Kontrast zwischen der Boeing B-47 und den britischen V-Bombern führte und bis zur heutigen Boeing 757 und 767 anhält). Wie kann man einen Rumpf, der enorme Bombenschachtklappen enthält, mit Druck beaufschlagen? Die Antwort auf diese Frage waren kolossale Bombenschächte ohne Drucksystem und ein luftdichter Tunnel, der die vordere und hintere Druckkabine miteinander verband. Chefkonstrukteur Wellwood Beall ließ es sich nicht nehmen, im Januar 1940 als erster durch den Modelltunnel zu kriechen.

Bis März 1940 waren die Anforderungen gestiegen und umfaßten nun eine Bombenlast von insgesamt 7258 kg für Kurzstreckeneinsätze, angetriebene Waffenstände und erhöhten Selbstschutz wie Panzerung und kugelsichere Treibstofftanks. Das Gewicht war bereits stufenweise von 21.773 kg auf 38.556 kg geklettert, und die neuen Leistungspositionen summierten die Betriebsmasse auf beängstigende 54.500 kg. Bei einer Tragflügelfläche von nur 161,55 m^2 erreichte die Tragflächenbelastung einen Wert von 336,90 kg/m^2, fast doppelt soviel, wie 1940 als akzeptabel galt. Testpilot Eddie Allen war schon froh, daß die Boeing Modell 345 überhaupt flugfähig sein würde, wenn sie das mächtigste, jemals konstruierte Landeklappensystem erhielt. Mit diesem System sollte die Start- und Landegeschwindigkeit auf rund

Boeing B-29 Superfortress

260 km/h reduziert werden, die damit immer noch doppelt so hoch lag wie bei der B-17 und Supermarine Spitfire.

Mittelzuweisung vom USAAC

Als die britischen Expeditionstruppen aus Dünkirchen evakuiert wurden, erhielt der neue überschwere Bomber die Bezeichnung B-29. Im August stellte das USAAC Mittel für den Bau von zwei (später drei) Prototypen bereit. Die Fertigung lief mit Hochdruck an, aber niemandem war klar, wie man das Vereisen von Waffen und Propellern in Höhen oberhalb 9145 m, wie Boeing sie möglich hielt, verhindern sollte. Die enorme Tragflächenbelastung stellte die Konstrukteure vor eine riesige Herausforderung, doch der Einsatz von vier gewaltigen Wright-R-3350-Duplex-Cyclone-Sternmotoren, die jeder mit zwei der besten Turbolader von General Electric ausgestattet waren und Hamilton-Standard-Vierblatt-Propeller mit einem Durchmesser von 5,05 m antrieben, brachte die erforderliche Vortriebsleistung.

Hinter dem Bugabschnitt waren zwei gigantische Bombenschächte eingerichtet, und ein elektrisches Wurffolgesteuergerät sorgte dafür, daß die Bomben abwechselnd im vorderen und hinteren Schacht freigegeben wurden, um den Schwerpunktbereich zu erhalten. Ein Ringspantverband zwischen den beiden Schächten bildete den strukturellen Kern des Flugzeugs und, integriert mit dem Hauptflügelkasten, die stärkste Flugzeugbaugruppe, die man jemals konstruiert hatte. An den Tragflächen waren vier riesige Motorgondeln befestigt, die, wie Schairer nachwies, weniger Luftwiderstand erzeugten als in ein größeres Tragwerk eingebettete Triebwerke. Man hatte anfangs ein Vierfach-Hauptfahrwerk untersucht, doch die Ingenieure fanden eine Möglichkeit, weniger komplizierte Hauptfahrwerksgruppen mit zwei Rädern in den inneren Motorgondeln unterzubringen. Elektrisch betätigte Fowlerklappen erhöhten die tragende Fläche um 21 Prozent und begegneten einer Flächenbelastung, die im September 1940 351,1 kg/m^2 erreicht hatte und bis zum ersten Kampfeinsatz auf erschreckende 396 kg/m^2 ansteigen sollte.

Hinter dem Tragwerk befand sich die hintere Druckkabine mit drei Visierstationen für die beiden oberen und unteren Waffenstände, die jeweils 12,7-mm-Zwillingsmaschinengewehre bargen. Das elektrische Feuerleitgerät war normalerweise so eingestellt, daß der obere Schütze einen oder beide Rückentürme, die beiden Flankenschützen den unteren Heckturm und der Bombardier den Waffenturm unter dem Vorderrumpf kontrollierte. Die Kontrolle konnte aber umgangen oder variabel geschaltet werden, falls Bordschützen im Einsatz ausfielen. Im äußersten Ende des Rumpfes befand sich ein bemannter Heckstand mit zwei 12,7-mm-MG und einer 20-mm-Kanone.

Dies ist eine der seltenen Aufnahmen der 1949-1951 durchgeführten „Parasiten-Flüge", die herausfinden sollten, ob ein Bomber Jagdflugzeuge über größere Entfernungen mitnehmen konnte. Die ETB-29A-60 (Nr. 44-662093) schleppte die beiden F-84D-1 Thunderjets 48-641 und 48-661 an den Endflächen mit.

Aufriß-Erläuterung zur Boeing B-29 Superfortress

1. Außentemperaturfühler
2. Bugverglasung
3. Bombenvisier-Planscheibe
4. Bombenvisiere
5. Windschutzscheiben
6. vorderes Kanonenvisier
7. Sitz des Bombenschützen
8. Instrumentenkonsole
9. Steuersäule
10. Sitz des Kopiloten
11. Sitz des Piloten
12. Seitenkonsole
13. Heizkanal
14. Bugfahrwerksfederbein
15. Bugradsteuerung
16. Zwillingsbugräder
17. Einziehstreben
18. Bugfahrwerksschachtklappen
19. Unterflur-Steuerseilführungen
20. Rückenpanzer des Piloten
21. Station des Bordingenieurs
22. vorderer Rückenturm mit vier 12,7-mm-Maschinengewehren
23. Station des Bordfunkers
24. Kartentisch
25. Instrumentengestell des Navigators
26. Feuerlöscher
27. vorderer unterer Waffenturm mit zwei 12,7-mm-Maschinengewehren
28. Bauchantenne
29. Sitz des Navigators
30. zentrale Hydraulikstation
31. Leiter
32. hinterer Druckspant der Frontkabine
33. Panzerschott
34. Drucktunnel zwischen vorderer und hinterer Kabine
35. Astrokuppel
36. vordere Bombengestelle
37. Bombenwinde
38. Laufsteg
39. Bombengestell-Montageschiene
40. Kriechgang im druckbelüfteten Tunnel

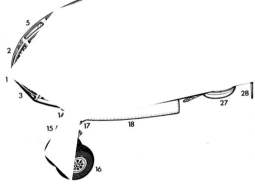

Varianten der Boeing B-29

XB-29: Boeing-Modell-345-Prototypen (41-002, 41-003 und 41-18335)
YB-29: Erprobungsflugzeuge mit Bewaffnung (41-36954/36967); insgesamt 14 Exemplare
B-29: Hauptserienversion, von BW (Boeing Wichita), BA (Bell Airplane) und MO (Martin Omaha) gefertigt; insgesamt 1620 BW, 357 BA und 204 MO
B-29A: Spannweite 43,36 m, R-3350-57 oder -59 Motoren und vorderer Rückenturm mit vier Maschinengewehren; insgesamt 1119 Exemplare von Boeing Renton (BN)
F-13A: Umrüstungen zu strategischen Aufklärungsflugzeugen mit reichhaltiger Kamerainstallation und Langstreckentanks; insgesamt 117 Exemplare
RB-29A: neue Bezeichnung für die F-13A ab 1948
TB-29A: zur Besatzungsausbildung umgerüstete B-29A
ETB-29A: eine zum Koppelflug mit F-84 Düsenjägern umgerüstete TB-29A (44-662093)
B-29B: R-3350-51 Motoren, keine Abwehrwaffen außer Heckturm; 311 Flugzeuge von Bell (BA)
EB-29B: umgebaute B-29B (44-84111) für Trapezstart des Parasiten-Düsenjägers XF-85 Goblin
B-29D: ehemalige XB-44 oder spätere B-50
XB-29E: Versuchsträger eines anderen elektronischen Abwehrwaffen-Feuerleitgeräts
B-29F: sechs für den Einsatz in der Arktis umgerüstete Flugzeuge
XB-29G: Umrüstung (44-84043) für experimentelle Turbojets unter dem Bombenschacht
XB-29H: für unterschiedliche Abwehrbewaffnung umgerüstete B-29A
YB-29J: sechs zur Prüfung ziviler R-3350-Motoren umgerüstete Flugzeuge
RB-29J: zwei zu Multisensor-Aufklärungsflugzeugen umgerüstete YB-29J; auch FB-29J bezeichnet
YKB-29J: zwei für Tests des Boeing Flying Boom Luftbetankungssystems umgebaute YB-29J
CB-29K: Umrüstungen zu militärischen Frachtflugzeugen
B-29L: Erstbezeichnung der B-29MR
KB-29M: aus einem Hauptänderungsprogramm hervorgegangene Lufttanker (92) zur Schlauchbetankung nach britischem Verfahren
B-29MR: zur Schlauchkopplung umgerüstete Empfängerflugzeuge
KB-29P: 116 mit Boeing Flying Boom modifizierte Lufttanker für das SAC
YKB-29T: Umrüstung einer KB-29M (45-21734) zum Lufttanker mit drei Koppelschläuchen
DB-29: diverse Umrüstungen zu Zieldrohnen und Drohnenleitflugzeugen

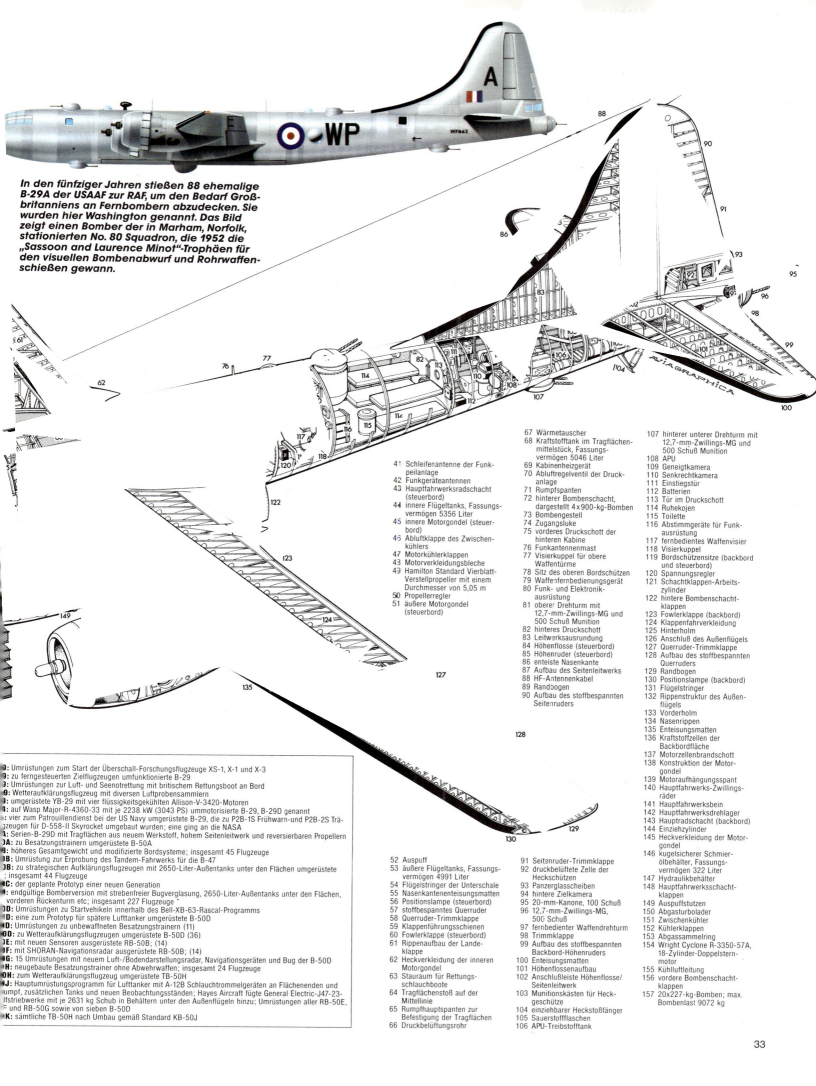

In den fünfziger Jahren stießen 88 ehemalige B-29A der USAAF zur RAF, um den Bedarf Großbritanniens an Fernbombern abzudecken. Sie wurden hier Washington genannt. Das Bild zeigt einen Bomber der in Marham, Norfolk, stationierten No. 80 Squadron, die 1952 die „Sassoon and Laurence Minot"-Trophäen für den visuellen Bombenabwurf und Rohrwaffenschießen gewann.

9: Umrüstungen zum Start der Überschall-Forschungsflugzeuge XS-1, X-1 und X-3
9: zu ferngesteuerten Zielflugzeugen umfunktionierte B-29
9: Umrüstungen zur Luft- und Seenotrettung mit britischem Rettungsboot an Bord
9: Wetteraufklärungsflugzeug mit diversen Luftprobensammlern
1: umgerüstete YB-29 mit vier flüssigkeitsgekühlten Allison-V-3420-Motoren
1: auf Wasp Major-R-4360-33 mit je 2238 kW (3043 PS) ummotorisierte B-29, B-29D genannt
 : vier zum Patrouillendienst bei der US Navy umgerüstete B-29, die zu P2B-1S Frühwarn- und P2B-2S Trägerzeugen für D-558-II Skyrocket umgebaut wurden; eine ging an die NASA
A: Serien-B-29D mit Tragflächen aus neuem Werkstoff, hohem Seitenleitwerk und reversierbaren Propellern
0A: zu Besatzungstrainern umgerüstete B-50A
B: höheres Gesamtgewicht und modifizierte Bordsysteme; insgesamt 45 Flugzeuge
0B: Umrüstung zur Erprobung des Tandem-Fahrwerks für die B-47
0B: zu strategischen Aufklärungsflugzeugen mit 2650-Liter-Außentanks unter den Flächen umgerüstete ; insgesamt 44 Flugzeuge
0C: der geplante Prototyp einer neuen Generation
C: endgültige Bomberversion mit strebenfreier Bugverglasung, 2650-Liter-Außentanks unter den Flächen, vorderem Rückenturm etc; insgesamt 227 Flugzeuge
0D: Umrüstungen zu Startvehikeln innerhalb des Bell-XB-63-Rascal-Programms
D: eine zum Prototyp für spätere Lufttanker umgerüstete B-50D
D: Umrüstungen zu unbewaffneten Besatzungstrainern (11)
0D: zu Wetteraufklärungsflugzeugen umgerüstete B-50D (36)
0E: mit neuen Sensoren ausgerüstete B-50A
0F: mit SHORAN-Navigationsradar ausgerüstete RB-50B; (14)
G: 15 Umrüstungen mit neuem Luft-/Bodendarstellungsradar, Navigationsgeräten und Bug der B-50D
H: neugebaute Besatzungstrainer ohne Abwehrwaffen; insgesamt 24 Flugzeuge
0H: zum Wetteraufklärungsflugzeug umgerüstete TB-50H
0J: Hauptumrüstungsprogramm für Lufttanker mit A-12B Schlauchtrommelgeräten an Flächenenden und umpf, zusätzlichen Tanks und neuen Beobachtungsständen; Hayes Aircraft fügte General Electric-J47-23-lfstriebwerke mit je 2631 kg Schub in Behältern unter den Außenflügeln hinzu; Umrüstungen aller RB-50E, und RB-50G sowie von sieben B-50D
K: sämtliche TB-50H nach Umbau gemäß Standard KB-50J

41 Schleifenantenne der Funkpeilanlage
42 Funkgeräteantennen
43 Hauptfahrwerksradschacht (steuerbord)
44 innere Flügeltanks, Fassungsvermögen 5356 Liter
45 innere Motorgondel (steuerbord)
46 Abluftklappe des Zwischenkühlers
47 Motorkühlerklappen
48 Motorverkleidungsbleche
49 Hamilton Standard Vierblatt-Verstellpropeller mit einem Durchmesser von 5,05 m
50 Propellerregler
51 äußere Motorgondel (steuerbord)
52 Auspuff
53 äußere Flügeltanks, Fassungsvermögen 4991 Liter
54 Flügelstringer der Unterschale
55 Nasenkantenenteisungsmatten
56 Positionslampe (steuerbord)
57 stoffbespanntes Querruder
58 Querruder-Trimmklappe
59 Klappenführungsschienen
60 Fowlerklappe (steuerbord)
61 Rippenaufbau der Landeklappe
62 Heckverkleidung der inneren Motorgondel
63 Stauraum für Rettungsschlauchboote
64 Tragflächenstoß auf der Mittellinie
65 Rumpfhauptspanten zur Befestigung der Tragflächen
66 Druckbelüftungsrohr
67 Wärmetauscher
68 Kraftstofftank im Tragflächenmittelstück, Fassungsvermögen 5046 Liter
69 Kabinenheizgerät
70 Abluftregelventil der Druckanlage
71 Rumpfspanten
72 hinterer Bombenschacht, dargestellt 4 x 900-kg-Bomben
73 Bombengestell
74 Zugangsluke
75 vorderes Druckschott der hinteren Kabine
76 Funkantennenmast
77 Visierkuppel für obere Waffentürme
78 Sitz des oberen Bordschützen
79 Waffenfernbedienungsgerät
80 Funk- und Elektronikausrüstung
81 oberer Drehturm mit 12,7-mm-Zwillings-MG und 500 Schuß Munition
82 hinteres Druckschott
83 Leitwerksausrundung
84 Höhenflosse (steuerbord)
85 Höhenruder (steuerbord)
86 enteiste Nasenkante
87 Aufbau des Seitenleitwerks
88 HF-Antennenkabel
89 Randbogen
90 Aufbau des stoffbespannten Seitenruders
91 Seitenruder-Trimmklappe
92 druckbelüftete Zelle der Heckschützen
93 Panzerglasscheiben
94 hintere Zielkamera
95 20-mm-Kanone, 100 Schuß
96 12,7-mm-Zwillings-MG, 500 Schuß
97 fernbedienter Waffendrehturm
98 Trimmklappe
99 Aufbau des stoffbespannten Backbord-Höhenruders
100 Enteisungsmatten
101 Höhenflossenaufbau
102 Anschlußleiste Höhenflosse/Seitenleitwerk
103 Munitionskästen für Heckgeschütze
104 einziehbarer Heckstoßfänger
105 Sauerstofflaschen
106 APU-Treibstofftank
107 hinterer unterer Drehturm mit 12,7-mm-Zwillings-MG und 500 Schuß Munition
108 APU
109 Geneigtkamera
110 Senkrechtkamera
111 Einstiegstür
112 Batterien
113 Tür im Druckschott
114 Ruhekojen
115 Toilette
116 Abstimmgeräte für Funkausrüstung
117 fernbedientes Waffenvisier
118 Visierkuppel
119 Bordschützensitze (backbord und steuerbord)
120 Spannungsregler
121 Schachtklappen-Arbeitszylinder
122 hintere Bombenschachtklappen
123 Fowlerklappe (backbord)
124 Klappenfahrverkleidung
125 Hinterholm
126 Anschluß des Außenflügels
127 Querruder-Trimmklappe
128 Aufbau des stoffbespannten Querruders
129 Randbogen
130 Positionslampe (backbord)
131 Flügelstringer
132 Rippenstruktur des Außenflügels
133 Vorderholm
134 Nasenrippen
135 Enteisungsmatten
136 Kraftstoffzellen der Backbordfläche
137 Motorzellenbrandschott
138 Konstruktion der Motorgondel
139 Motoraufhängungsspant
140 Hauptfahrwerks-Zwillingsräder
141 Hauptfahrwerksbein
142 Hauptfahrwerksdrehlager
143 Hauptradschacht (backbord)
144 Einziehzylinder
145 Heckverkleidung der Motorgondel
146 kugelsicherer Schmierölbehälter, Fassungsvermögen 322 Liter
147 Hydraulikbehälter
148 Hauptfahrwerksschachtklappen
149 Auspuffstutzen
150 Abgasturbolader
151 Zwischenkühler
152 Kühlerklappen
153 Abgassammelring
154 Wright Cyclone R-3350-57A, 18-Zylinder-Doppelsternmotor
155 Kühlluftleitung
156 vordere Bombenschachtklappen
157 20x227-kg-Bomben; max. Bombenlast 9072 kg

33

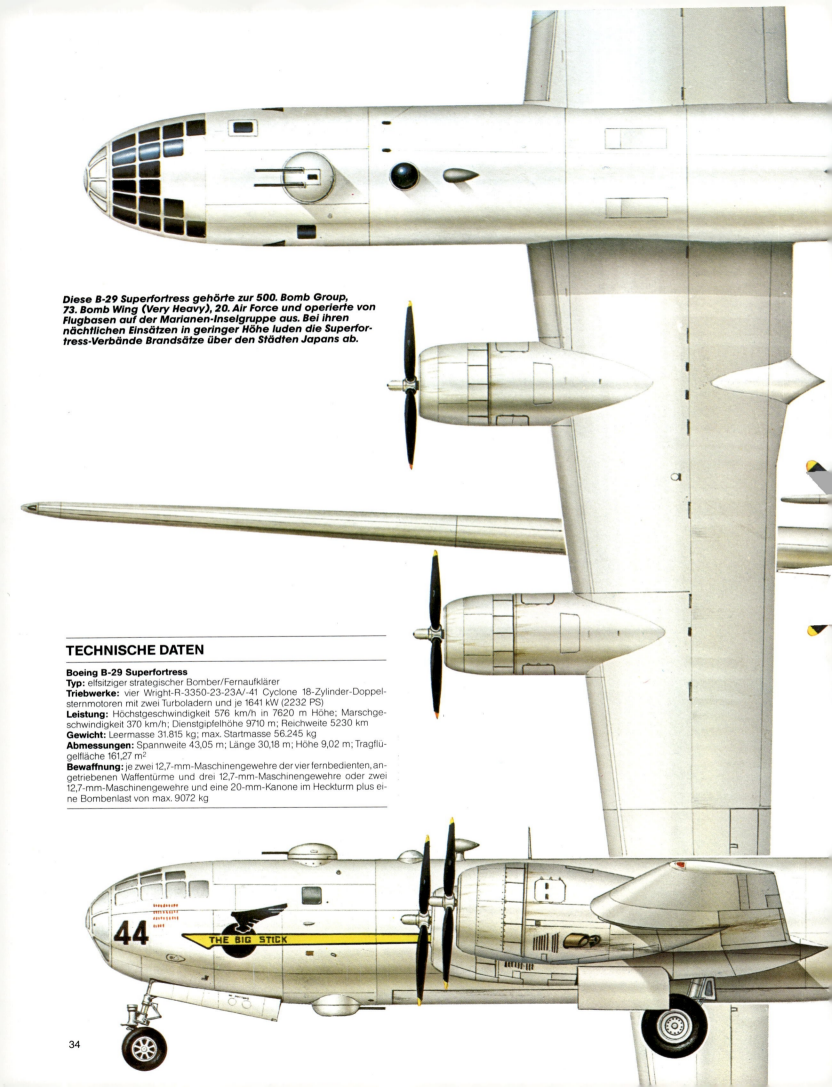

Diese B-29 Superfortress gehörte zur 500. Bomb Group, 73. Bomb Wing (Very Heavy), 20. Air Force und operierte von Flugbasen auf der Marianen-Inselgruppe aus. Bei ihren nächtlichen Einsätzen in geringer Höhe luden die Superfortress-Verbände Brandsätze über den Städten Japans ab.

TECHNISCHE DATEN

Boeing B-29 Superfortress
Typ: elfsitziger strategischer Bomber/Fernaufklärer
Triebwerke: vier Wright-R-3350-23-23A/-41 Cyclone 18-Zylinder-Doppelsternmotoren mit zwei Turboladern und je 1641 kW (2232 PS)
Leistung: Höchstgeschwindigkeit 576 km/h in 7620 m Höhe; Marschgeschwindigkeit 370 km/h; Dienstgipfelhöhe 9710 m; Reichweite 5230 km
Gewicht: Leermasse 31.815 kg; max. Startmasse 56.245 kg
Abmessungen: Spannweite 43,05 m; Länge 30,18 m; Höhe 9,02 m; Tragflügelfläche 161,27 m²
Bewaffnung: je zwei 12,7-mm-Maschinengewehre der vier fernbedienten, angetriebenen Waffentürme und drei 12,7-mm-Maschinengewehre oder zwei 12,7-mm-Maschinengewehre und eine 20-mm-Kanone im Heckturm plus eine Bombenlast von max. 9072 kg

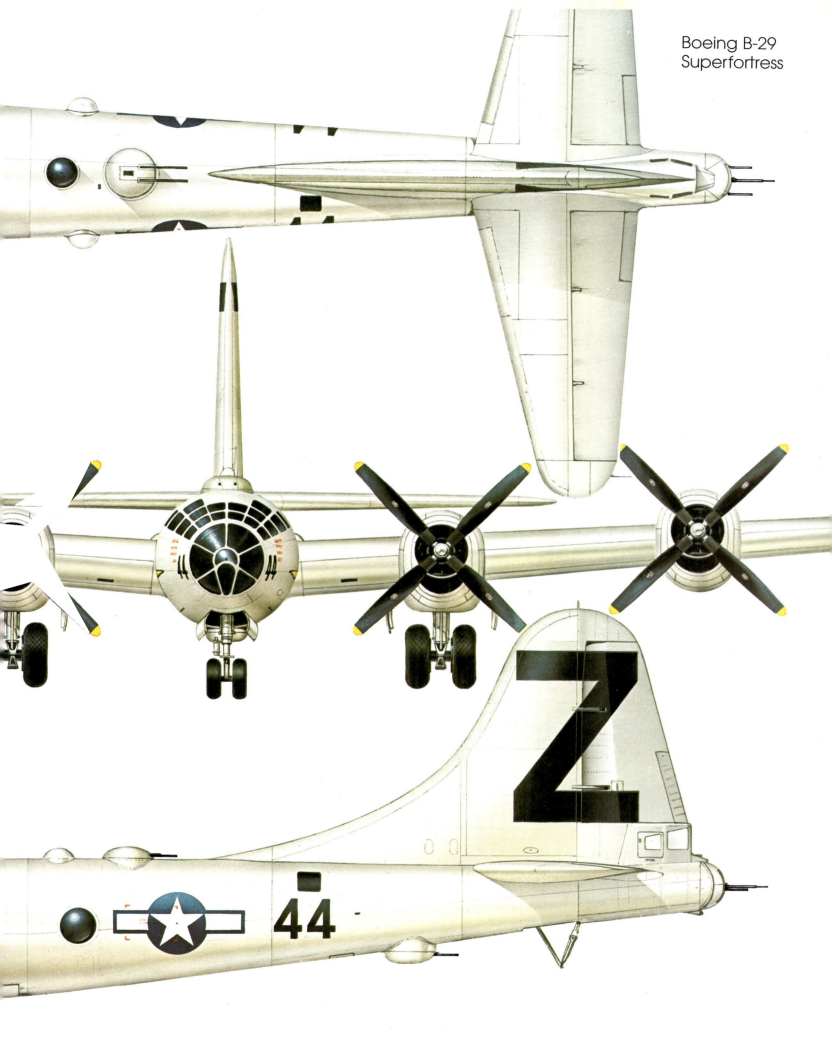
Boeing B-29 Superfortress

Boeing B-29 Superfortress

Zusammen mit Consolidated C-87 und anderen modifizierten B-24 wurde die B-29 mit Hochdruck als Tanker in Dienst gestellt, um den für die Einsätze über Japan benötigten Sprit zu den Stützpunkten der B-29 nach China zu schaffen. Viele Stratofortresses, wie diese B-29-1-BW mit der Seriennummer 42-6242 der 486. BG, wurden auf Dauer zu Tankern modifiziert.

Doch noch vor der Produktion dieses Waffenturms sollten mehr als 2000 B-29 fertiggestellt werden. Unmittelbar nach dem Überfall auf Pearl Harbor zogen die Vereinigten Staaten ein gewaltiges Herstellungsprogramm auf, mit dem die Errichtung etlicher riesiger Fabrikationsanlagen einherging. In mehr als 60 neuen Werken wurden die Hauptbaugruppen produziert, und die gewaltigen Motorzellen, jede so groß wie eine P-47, kamen von einem neuen Werk in Cleveland, das die Fisher Body Division von General Motors betrieb. Die Endmontage lief in drei der größten Gebäuden der Welt ab: bei Boeing in Wichita, Martin in Omaha und Bell in Marietta (heute Sitz der Lockheed Georgia Company). Später kam noch eine Fertigungsstraße im Boeing-Werk Renton hinzu. Die gesamte Organisation stand bereits, bevor die olivgrüne XB-29 (41-002) am 21. Dezember 1942 ihren Jungfernflug absolvierte. Danach aber war klar, daß die B-29 wirklich erfolgreich sein würde. Eine der an der B-29-Produktion beteiligten Firmen hielt Boeings Werte doch für viel zu optimistisch und das gesamte Programm für einen schweren Fehler. Überragende Bedeutung verlieh der B-29, inzwischen auf den Beinamen Superfortress getauft, 1942 die Tatsache, daß dies das einzige Muster mit der nötigen Reichweite für Angriffe gegen Japan war.

Die Feststellung, daß die guten Ergebnisse des Flugzeugs 41-002 Erleichterung schafften, wäre eine Untertreibung. Bevor diese Maschine vom Erdboden abhob, hatte das B-29-Programm drei Milliarden Dollar verschlungen. Gleichzeitig kämpfte man gegen technische Pannen an, die sich schwierig beheben ließen und sich vervielfachten. Nicht wenige darunter, wie brennende Motoren und sich lösende Luftschrauben, waren zudem überaus gefährlich. So kam es, daß die Prototypen nach drei Monaten Flugerprobung erst 31 von 180 geplanten Flugstunden geleistet hatten.

Die Superfortress, die zunächst vom Band tröpfelten und dann strömten, blieben so komplex, daß beim Militär sie keiner völlig verstand. Alle Maschinen passierten ein Modifikationszentrum in Salina, Kansas. Hier konnten 600 Spezialisten in „The Battle of Kansas" 9900 Fehler der ersten 175 Exemplare beheben, die die neu aufgestellte 20. Bomb Wing dringend benötigte. Das Heer an Fachkräften und das immense Industriepotential der USA räumten alle Hindernisse aus dem Weg. So sammelten die B-29 rasch Stunden, und ihre verwirrten Besatzungen lernten allmählich, das Muster zu beherrschen. Vor allem aber gewannen sie Erfahrung, wie man die B-29 mit einer schweren Bombenlast an die veröffentlichte Reichweite heranführen konnte. Zwischen Januar und März 1944 verbesserte sich das Verhältnis „Luftmeilen pro Pfund Treibstoff" um 100 Prozent, und die komplexen Bordsysteme wurden zunehmend verläßlicher in der Eiseskälte von 10.000 m Höhe.

Am 5. Juni 1944 erfolgte der erste Kriegseinsatz von Kharagpur in Indien nach Bangkok. Das schlimmste Problem war ein unerwarteter Tropensturm. Am 15. Juni 1944 begann der erste von zahlreichen Luftangriffen gegen Japan, von Chengtu (einem der vielen frischgeplanten Flugfelder in China) aus gegen das Yawata-Stahlwerk. Die speziell geschaffene 20. Air Force gewann an Stärke, und im Oktober 1944 trafen die ersten B-29 auf neuausgelegten Rollbahnen auf den Marianen-Inseln Tinian, Saipan und Guam ein, die man soeben erobert hatte. Der Verfügungsbestand wuchs rasch, als die B-29 und B-29A mit 30 cm größerer Spannweite und dem vorderen Waffenturm mit vier Kanonen aus den mächtigen Produktionsstätten rollten. Bell lieferte 311 B-29B, die, von allen Waffen außer denen im Heck befreit, beträchtlich leichter und weniger kompliziert waren. Das Ungleichgewicht zwischen den überschweren Bombern und leichten Jägern hatte die B-29B möglich gemacht, und viele Superfortresses erfuhren eine ähnliche Behandlung im Felde.

Darüber hinaus hatte der Befehlshaber des XXI. Bomber Command, Generalmajor Curtis LeMay, die kühne Entscheidung getroffen, Tokio bei Nacht aus geringer Höhe mit Brandsätzen zu bombardieren. Für diese Maßnahme gab es vielerlei Gründe, doch den Ausschlag gaben die viel größeren Bombenlasten und die Möglichkeit, Zielfehler aufgrund von Strahlströmen zu vermeiden. Dieses Einsatzverfahren, das völlig im Widerspruch zum Konzept der Tagbomberverbände in großer Höhe stand, verursachte grauenvolle Feuerstürme. Tausende von Menschen wurden durch den Luftangriff getötet oder verletzt. Es waren deutlich mehr als die 75.000 Opfer der 20-KT-Atombombe „Little Boy" in Hiroshima, abgeworfen von Colonel Paul Tibbets B-29 Enola Gay am 6. August 1945, oder die 35.000, die bei der Detonation der 20-KT-Atombombe „Fat Man", abgeworfen von der Bock's Car am 9. August, in Nagasaki ums Leben kamen. Fünf Tage später war der Krieg zu Ende.

Die allererste Superfortress war die XB-29 (Nr. 41-001), die 1939-40 entworfen wurde und am 21. September 1942 erstmals flog. Die olivgrün und grau gestrichene Maschine hatte Dreiblatt-Propeller, keinerlei Abwehrbewaffnung und zahlreiche Einzelheiten, die später geändert wurden. Doch das Grundflugwerk war mit dem des Serienbombers B-29 fast identisch.

Modifizierte Versionen

Nur die wagemutige Entscheidung, noch vor dem Erstflug das größte gemeinschaftliche Flugzeugbauprogramm zahlreicher Firmen zu organisieren, ermöglichte es, daß die B-29 einen so großen Beitrag zum Zweiten Weltkrieg leisten konnte. Zum Zeitpunkt der Kapitulation Japans (VJ-Day) befanden sich mehr als 2000 Bomber in den Einsatzverbänden. Wenige Tage später wurden zwar 5000 Flugzeuge gestrichen, doch die Fertigung lief erst im Mai 1946 aus. Bis dahin waren 3960 B-29 gebaut.

Hunderte wurden für verschiedene Aufgaben modifiziert, und zahlreiche andere starteten eine neue Karriere als Such- und Rettungsflugzeuge, als Testträger für Strahltriebwerke und als Lufttanker. 1942 hatte Boeing mit den Arbeiten für das Modell 367 begonnen, eine Transportversion mit Doppelrumpf durch eine viel größere obere Rumpfröhre. Die erste Versuchsmaschine XC-97 flog am 15. November 1944. Etliche verbesserte Bomberversionen entfielen, aber die B-29D mit neuen Triebwerken entging dem Rotstift und wurde die B-50.

Aus der Flotte von rund 4000 B-29 wurden sehr viele Exemplare nach dem Krieg für zahllose Aufgaben verwendet. Die B-29A-70BN mit der Seriennummer 44-62260 flog im letzten Jahr des Koreakrieges Geheimeinsätze über der Mandschurei.

Ein wesentliches Merkmal der Abwehrbewaffnung der B-29 war die Verwendung fernbedienter Waffentürme, die der Bordschütze in der hinteren Kabine per Periskop richtete. Der abgebildete Bomber mit BTO (Bombing Through Overcast) war für die letzten massiven Luftangriffe gegen Japan auf Tinian stationiert.

Eine B-29A (42-093845) flog Anfang 1944 als XB-44 mit 28-Zylinder-Sternmotoren vom Typ Pratt & Whitney-R-4360-Wasp-Major. Diese Triebwerke mit je 2238 kW (3043 PS) brachten eine so deutliche Verbesserung, daß weitere Änderungsmaßnahmen ergriffen wurden. So konstruierte man ein neues Tragwerk aus dem Werkstoff 75ST, der nicht nur eine wesentlich höhere Festigkeit bot, sondern das Gewicht auch um 295 kg minderte. Hinzu kamen ein höheres Seitenleitwerk, eine Vielzahl neuer Bordsysteme und reversierbare Luftschrauben. Im Juli 1945 nahm man die Serienfertigung der B-29D in Renton auf. Mit heruntergefahrener Rate wurde die Produktion des Bombers mit der neuen Bezeichnung B-50 fortgeführt. Die erste von insgesamt 79 seriengefertigten B-50A rollte schließlich im Juni 1947 aus der Werkshalle, gefolgt von 45 verstärkten B-50B (die man bis auf ein Exemplar alle zu unbewaffneten Aufklärungsflugzeugen RB-50B mit 2650-Liter-Außentanks unter den Flächen umbaute), 222 B-50D und 24 TB-50H Trainer für Bomberbesatzungen.

In den fünfziger Jahren flogen weiterhin Hunderte B-29, die fast alle für unterschiedliche Rollen modifiziert waren. Dies traf nicht auf 88 Standard-B-29 zu, die der Royal Air Force übergeben wurden und als Boeing Washington bei No. 15, 35, 44, 57, 90, 115 und 207 Squadron des Bomber Command flogen. Bei der USAF dienten nach wie vor KB-50J mit Zusatzstrahltriebwerken unter den Flächen zur Luftbetankung, bis das letzte Paar 1963 in Vietnam ausschied. Dies bedeutete aber nicht das wirkliche Ende der Geschichte dieses Musters.

1943 hatte Josef Stalin vergeblich versucht, in den Besitz der B-29 zu kommen. So blieb nur die Konstruktion einer Nachbildung, wenngleich kleiner und ohne die komplexe Bewaffnung. Am 29. Juli 1944 mußte eine B-29 nach dem Feindflug in der Sowjetunion nahe Wladiwostok notlanden. Später kamen noch zwei weitere Exemplare hinzu, (darunter die General H.H. Arnold Special, der 175. Bomber auf der Wichita-Montagestrecke, den sich der Stabschef der USAAF persönlich ausgesucht hatte). Innerhalb weniger Wochen waren alle drei B-29 sorgfältig in Einzelteile zerlegt. In einer beispiellosen Aktion studierten russische Techniker jedes einzelne Teil der B-29, so daß sie eigene Konstruktionspläne anlegen, Werkstoff-Leistungsblätter erarbeiten, Fertigungstoleranzen bestimmen und Produktionsverfahren festlegen konnten. Das mächtige Tupolew-Konstruktionsbüro versuchte, den Werdegang durch den Erwerb von Reifen und Bremsen in den USA abzukürzen. Diese Kaufbemühungen scheiterten zwar, aber sie untermauerten alle kursierenden Gerüchte über sowjetische Aktivitäten.

Zunächst baute das Tupolew-Konstruktionsbüro mit den Transportmustern Tu-70 und Tu-75 wesentlich einfachere Flugzeuge. Beide waren mit dem kompletten Tragwerk und zahlreichen anderen Baugruppen der „erbeuteten" B-29 ausgestattet. Die erste Tu-70 flog am 27. November 1946. Am 3. August 1947, dem Tag der Luftfahrt, dröhnten drei sowjetische Nachbildungen der B-29, bei der VVS (sowjetische Luftstreitkräfte) Tu-4 genannt, über Moskau. Ihnen sollten mehr als 300 Serienbomber folgen. Wie vier Jahre zuvor bei der B-29 war das Testprogramm der Tu-4 im Zeitraum 1947–1949 durch eine Fülle von Problemen gekennzeichnet. Zuletzt reifte die Tu-4 aber doch aus und bildete nicht nur den Kern der strategischen, nuklear bewaffneten Bomberkräfte, sondern legte auch den Grundstock für weitaus antriebs- und leistungsstärkere Versionen wie die Tu-80 und die Tu-85, die den höchsten Entwicklungsstand kolbengetriebener Bomber aller Zeiten repräsentierten. Ein nicht unerhebliches Maß an B-29-Technologie floß in die Tu-88 (Tu-16 „Badger") und in die Tu-95 (Tu-20 „Bear") ein, und bestimmte Merkmale finden sich selbst noch im Entwurf der heutigen Tu-22M „Backfire" wieder.

Abgebildet hier ist der erste Test einer KB-50D mit drei Tankstationen in der Nähe von Eglin AFB im Jahre 1956. Der Lufttanker mit der Nummer 48-123, eine ehemalige B-50D-105, erhielt später Starthilfstriebwerke in Behältern unter den Tragflächen und wurde damit zur KB-50J. Die Empfänger waren TAC F-100C vom Foster AFB.

Die Tupolew Tu-4, äußerlich identisch mit der B-29, zeigte sich in der Öffentlichkeit erstmals am sowjetischen Tag der Luftfahrt von 1947, abgehalten in Tuschino, Moskau. Diese Aufnahme des Originalflugzeugs entstand 1983 in Monino, kurz bevor diese Einrichtung für den allgemeinen Besucherverkehr gesperrt wurde.

Heinkel He 115

Nur wenige Monate nach ihrem Erstflug im Jahre 1938 hatte die He 115 bereits acht Geschwindigkeitsrekorde aufgestellt. Ihre für ein Seeflugzeug damaliger Zeit außergewöhnlichen Flugleistungen machten sie zur ersten Wahl für die Seeflieger der neugegründeten deutschen Luftwaffe. Schon ein Jahr später zog sie als Aufklärer und Torpedobomber in den Krieg, galt aber dennoch bald als veraltet.

Der Zweite Weltkrieg war der letzte Konflikt, in dem Seeflugzeuge mit zwei Schwimmern eine bedeutende Rolle spielten. Unter den Dutzenden von Einsatztypen stellte die He 115 das größte und leistungsstärkste Seeflugzeug dar, das in ansehnlicher Zahl betrieben wurde. Die Tatsache, daß sie nicht nur in Deutschland, sondern auch in Norwegen, Schweden und Finnland sowie bei der britischen Luftwaffe diente, macht ihre Geschichte besonders interessant.

Dabei war die He 115, wie viele ihrer Zeitgenossen, im Grunde von Anfang an überholt. Als Mehrzweckflugzeug für Aufklärung und Bombenwurf konzipiert, erwies sie sich stets als zu langsam und hatte eine zu schwache Abwehrbewaffnung, um sich gegen Jäger behaupten zu können. Dieses Manko erkannte allerdings noch niemand, als 1935 ein Nachfolgemuster-Wettbewerb für das überalterte See-Mehrzweckflugzeug He 59 ausgeschrieben wurde. Nach mehrmonatiger Vergleichsprüfung konnte sich Heinkel mit seiner He 115 gegen die Ha 140 der Hamburger Flugzeugbau GmbH durchsetzen und erhielt Anfang 1938 den Auftrag, einen Serienprototyp und zehn Vorserienflugzeuge (He 115 A-0) für die Luftwaffe zu bauen. Bis Kriegsende wurden insgesamt 138 Maschinen des Typs He 115 seriengefertigt, davon 76 Exemplare bei der Weser-Flugzeugbau.

Die erste Versuchsmaschine, die He 115 V-1, flog erstmals im August 1937. Sie hatte einen Ganzmetallrumpf mit ovalem Querschnitt, konstruiert in konventioneller Schalenbauweise, und war ausgelegt als freitragender Mitteldecker mit rechteckigem Mittelstück, außen stark spitz zulaufenden Trapezflügeln und zum Rumpf hin abgestrebtem Höhenleitwerk. Als Antrieb dienten zwei BMW 132 K (Weiterentwicklung des seit 1928 bei BMW lizenzgefertigten Pratt & Whitney Hornet) mit je 706 kW (960 PS). Die einstufigen Ganzmetall-Schwimmer waren mittels Stielen und Spanndrähten (später zwei Streben) gegen den Rumpf abgestützt. Das zweiholmige, zweigeteilte Ganzmetall-Tragwerk besaß langgestreckte Querruder mit geteilten Hilfsrudern sowie zweiteilige Wölbungsklappen zwischen Querruder und Rumpf. Die Höhenflosse war starr angeordnet, und alle Ruder wiesen Ausgleichsgewichte auf. Der Rumpf nahm eine dreiköpfige Besatzung auf, und das durch eine Schiebehaube abgedeckte Cockpit des Piloten lag oberhalb der

Diese He 115 B in einer Bucht an Norwegens Küste zeigt das charakteristische Tragwerk, das an die frühe He 70 erinnert. Vor allem bei rauher See erwies der Typ sich als widerstandsfähig gegenüber Kampfbeschädigungen. Er war schnell, und seine Handhabung auf dem Wasser und in der Luft waren hervorragend.

Heinkel He 115

Die erste Versuchsmaschine He 115 V-1 wurde 1938 für Geschwindigkeitsrekorde umgebaut. Sie erhielt einen stromlinienförmig verkleideten Rumpfbogen und eine erweiterte Tankkapazität. In dieser Ausführung stellte die Maschine am 20. März 1938 acht Weltrekorde für zweimotorige Schwimmerflugzeuge auf.

Flügelvorderkante. Im verglasten Rumpfbug saß der Beobachter, der auch ein nach vorne gerichtetes MG 15 (A-Stand) beziehungsweise das Bombenzielgerät bediente und über Pedale leichte Kurskorrekturen vornehmen konnte. Oberhalb der Flügelhinterkante befand sich das Cockpit des Funkers, der zur Abwehr nach hinten ein MG 15 (B-Stand) hatte. Unterhalb der Tragflächen war der Rumpf des Flugzeugs als Waffenschacht für einen Torpedo (800 kg) oder drei SC250-Bomben (je 250 kg) eingerichtet.

Alles in allem bewährte sich die He 115 als außerordentlich starke, leicht zu handhabende Maschine ohne nennenswerte Mängel. Im März 1938, nachdem die Seeflieger bereits 115 He 15 übernommen hatten, ließ Heinkel die V-1 für Geschwindigkeitsrekorde umrüsten. Der Rumpfbug und der größte Teil des Cockpits erhielten eine stromlinienförmige Sperrholzverkleidung, und B-Stand, Bombenklappen sowie die vom Schwimmer zum Rumpf führende Einstiegsleiter entfielen, um die Aerodynamik zu verbessern. Außerdem baute man neue Propeller ein, und die Treibstoffkapazität wurde vergrößert. Am 20. März startete die modifizierte V-1 zweimal zum Rekordflug, wobei sie über Rundstrecken von bis zu 2000 km mit Nutzlasten von bis zu 2000 kg eine Durchschnittsgeschwindigkeit von 328,62 km/h erreichte. Inzwischen hatten zwei weitere Prototypen ihre Erstflüge absolviert, und die V-3 entsprach bereits weitgehend der Serienmaschine. Ihre Außenflügel zeigten an der Vorderkante eine stärkere und an der Hinterkante eine geringere Zuspitzung, und man hatte den Bug gestreckt, aerodynamisch günstiger gestaltet und in der Spitze ein MG in einer Kugellafette eingerichtet. Die Piloten- und Funkercockpits waren miteinander verbunden und bildeten eine langgestreckte Glaskanzel. Dem Funker stand zudem eine einfache Notsteuerung (Steuerknüppel und Seitenruderpedale) zur Verfügung, damit er die Maschine bei Ausfall des Piloten zurückfliegen konnte.

Dank guter Verbindungen nach Skandinavien schloß Ernst Heinkel 1938 gleich zwei Exportgeschäfte ab: Norwegen bestellte sechs und Schweden zwölf He 115. Im folgenden Jahr baute Heinkel 34 He 115 der Versionen A-1 und A-3 für die deutsche Luftwaffe. Die beiden Muster unterschieden sich lediglich durch eine geänderte Funkeinrichtung. Die 18 Maschinen für Norwegen und Schweden erhielten die Exportbezeichnung A-2 und hoben sich von den He 115 der deutschen Luftwaffe nur im Hinblick auf die Funk- und Bombenzielanlage sowie die Bewaffnung ab. Die Norweger bestückten ihre Maschinen mit Browning, die Schweden mit M22-MGs. Die A-1 war fast identisch mit der V-3, besaß jedoch zusätzlich zwei R2-Bombenschlösser für ein

Die Rekordflüge seiner V-1 brachten Heinkel den ersten Exportauftrag von Norwegen, das im August 1938 für seine Marineflieger sechs He 115 A-2 erwarb. Drei dieser Maschinen und eine erbeutete deutsche He 115 entkamen 1940 nach Großbritannien, wo sie von der RAF für Sonderaufgaben umgerüstet wurden.

weiteres Paar SC250-Bomben. Mit Kriegsausbruch begann die Einführung bei 1./KüFlGr 106, doch schon Ende 1939 mußte das Werk Rostock-Marienehe die Produktion nach Auslieferung der 62. Maschine wieder einstellen. Bei diesen 62 He 115 handelte es sich um zehn seriengefertigte Exemplare A-0, 18 Exportmuster A-2 sowie 34 A-1 und A-3 für die deutschen Seeflieger.

Alle folgenden He 115 baute „Weser" in Einswarden. Nach den ersten zehn Maschinen der neuen Vorserie B-0 mit vergrößerter Tankkapazität wurde die Serienfertigung auf die Serie B-1 umgestellt. Dank verschiedener Rüstsätze erweiterte sich das Einsatzspektrum der Maschine ganz erheblich. So konnte sie beispielsweise Aufklärungskameras, SC- oder SD-Bomben (500 kg) oder zwei Luftminen vom Typ LMA III (500 kg) oder eine LMB III (920 kg) mitführen. Die letzten 18 Maschinen der B-Serie wurden zu Beginn der Operation „Weserübung" (Deckname für den Angriff auf Norwegen und Dänemark Anfang April 1940) als He 115 B-2 ausgeliefert. Sie verfügten über Schwimmer mit verstärktem Boden und einer Stahlkante (ähnlich wie bei einem Schlittschuh), so daß sie auch von Eisflächen oder von schneebedeckten Pisten operieren konnten. Diese „Eisschwimmer" bewährten sich im Einsatz, auch wenn sie auf eisbedeckten Flächen manchmal festfroren und die Piloten ihre Maschinen dann durch Öffnen und Schließen der Drosselklappen vorsichtig „freischaukeln" mußten.

Die Serienfertigung bei „Weser" endete mit verschiedenen Mustern der C-Serie. Längst hatte man erkennen müssen, daß die Abwehrbewaffnung für die beim Marschflug mit rund 270 km/h operierende He 115 zu schwach war. Schon Anfang 1940 wurde daher die V-5 mit einem beweglich im Bug lafettierten und manuell zu bedienenden MG-FF, Kaliber 20 mm, erprobt. Man sollte meinen, eine zweite, im Funkercockpit lafettierte Waffe dieses Kalibers hätte das Problem lösen können, doch weit gefehlt! Statt dessen erhielten die C-1 ein buglafettiertes MG 151 (Kaliber 15 mm) sowie zwei MG 17 (Kaliber 7,92 mm), die, starr nach hinten feuernd, auf der Flügeloberseite im Auslauf der Motorgondeln eingebaut wurden. Das in Flugrichtung feuernde MG-FF war

Ende 1939 stellte Heinkel die Serienfertigung der He 115 im Werk Rostock-Marienehe ein und verlagerte die Produktionseinrichtungen zur Weser-Flugzeugbau nach Einswarden. Neues Serienmodell war die He 115 B mit strukturellen Verstärkungen, überarbeitetem Tragwerk und größerer Tankkapazität.

Eine He 115 B-2 der 1./KüFlGr 406 im norwegischen Winter. Zur Tarnung in verschneiter Umgebung wurde der übliche Fleckenanstrich mit weißer Leimfarbe überzogen. Man beachte die Markierungen versenkter Schiffe auf der Seitenflosse.

Die He 115 C-1 „K6+PH" diente 1942 bei der in Sörreisa bei Tromsö stationierten 1./KüFlGr 406. Von ihrem norwegischen Stützpunkt aus griff diese Einheit alliierte PQ-Konvois an, die Kriegsmaterial für die Sowjets von Großbritannien und Island über das Nordmeer nach Murmansk und Archangelsk transportierten.

Eine He 115 C-1 der 3./KüFlGr 106 (Kennung M2) mit dem ursprünglich im Bug lafettierten MG 151, Kaliber 15 mm. Da die Maschinen nachts in britischen Gewässern Minen legten, verdeckte man die hellgrauen Unterseiten, die Hoheitszeichen und die weißen Kennbuchstaben eilig mit einem schwarzen Tarnanstrich.

eine Hochgeschwindigkeitswaffe (mittlere Schußzahl 530 Schuß/min) mit außerordentlicher Präzision. Sollte sie jedoch wirksam zum Einsatz kommen, mußte das große Schwimmerflugzeug wie ein Jäger geflogen werden. Als Abwehrwaffe war das MG-FF so gut wie nutzlos. Nicht anders stand es um die starr nach hinten gerichteten MG 17, denn jeder feindliche Jäger, der von ihnen wußte, konnte ihnen leicht ausweichen. Die C-2 besaß Eisschwimmer, die C-3 war ein Minenleger und die C-4 ein speziell für Einsätze in der Arktis ausgerüsteter Torpedobomber ohne Bugbewaffnung.

1942 wurde bei fast allen noch verbliebenen He 115 das im Funkercockpit lafettierte MG 15 durch ein MG 81Z (Z für Zwillingswaffe) ersetzt. Das MG 81 war sauber konstruiert, und mit seiner ungewöhnlich hohen Feuergeschwindigkeit von 1600 Schuß/min verbesserte es die Abwehrfähigkeit der He 115 ganz erheblich. Einige He 115, wenn nicht sogar die meisten, wurden mit dem MG 151/20, Kaliber 20 mm, nachgerüstet. Zusammen mit ihrem Magazin war diese Bordkanone in einer Waffenwanne unter der linken Bugseite lafettiert, so daß sie die He 115 beim Feuern merklich nach links unten zog. Das ursprünglich im Bug lafettierte MG 15 wurde beibehalten.

Durch das Gewicht der zunehmend größeren Tanks, der schwereren Waffen und Ausrüstungen war die Leistungsfähigkeit der He 115 immer mehr gesunken. Schon 1939 hatte Heinkel eine He 115 mit sehr viel stärkeren Motoren empfohlen, und er verwirklichte diese Variante, als 1940 ein ehemaliges Luftwaffenflugzeug der B-Serie zwecks umfassender Modifizierung nach Rostock-Marienehe zurückkehrte. Um größere Motoren und höhere Startmassen verkraften zu können, wurde das Flugwerk punktuell verstärkt, und man baute zwei 14-Zylinder-Sternmotoren BMW 801A mit 1176 kW (1600 PS) ein, die ganz ähnlich aufgehängt waren wie die Motoren der ersten Do 217E. Der Rumpf wurde für eine vierköpfige Besatzung umgerüstet und die Bewaffnung verstärkt (ein MG 151/20 unter dem Bug links, ein MG 81 in einer Kugellafette im Bug, je ein MG 81Z nach rückwärts gerichtet im B-Stand und

Anfang 1940 lief die B-Reihe aus, und es folgte die verbesserte He 115 C-1, die über ein zusätzliches 15-mm-MG unter dem Bug und zwei nach rückwärts feuernde MG 17 in den Motorgondeln verfügte. 1942/43 erhielten einige C-1 die Bordkanone MG 151/20, die in einer Waffenwanne unter dem Bug angebracht war (Foto).

Heinkel He 115

Außer von Norwegen wurde die He 115 nur noch von Schweden importiert, das 1939 zwölf He 115 A-2 erhielt. Sie wurden von F2 Roslagens Flygflottilj als Aufklärer in den schwedischen Küstengewässern eingesetzt.

in Unterrumpfposition). Trotz des Gewichtsanstiegs auf 12.640 kg konnte Heinkel die Höchstgeschwindigkeit von 250 km/h auf 380 km/h, die maximale Reichweite von 2800 km auf 3100 km und die Dienstgipfelhöhe von 5165 m auf 7100 m steigern. Letztlich blieb es jedoch beim Umbau dieser einen Maschine, die als He 115 D-0 später bei der Küstenfliegerstaffel flog.

Von Anfang an war die He 115 für ihre Robustheit, Zuverlässigkeit und Vielseitigkeit bekannt. Im Verlauf der Invasion Norwegens kam sie im April/Mai 1940 sowohl bei den deutschen Seefliegern als auch bei den norwegischen Marinefliegern intensiv zum Einsatz. Eine norwegische Besatzung flüchtete mit ihrer He 115 nach Finnland, wo die Maschine instand gesetzt, von der finnischen Luftwaffe (Ilmavoimat) übernommen und 1943 durch zwei von Deutschland gelieferte He 115 C verstärkt wurde. In Norwegen erbeuteten die Deutschen eine He 115 A-2, verloren aber zwei He 115 B-1 an die Norweger, denen es gelang, vier He 115 nach Schottland in Sicherheit zu bringen. Dort flogen sie als BV184 bis BV187 bei der britischen Luftwaffe, bis sie entweder im Einsatz verlorengingen oder wegen fehlender Ersatzteile ausgemustert werden mußten. Die Briten bauten alle diese Beutemaschinen um, ersetzten große Teile der Glaskanzel durch Metallplanken und trafen Vorkehrungen für den Einbau britischer Waffensysteme. BV185 und BV187 wurden für Sonderaufgaben modifiziert und erhielten vier Browning-MGs in den Flügelvorderkanten, während weitere vier nach rückwärts gerichtet waren. Im Oktober 1941 überführte man BV185 über Gibraltar nach Malta. Von dort aus unternahm sie, versehen mit deutschen Hoheitskennzeichen, bei Tag und Nacht zahlreiche Flüge nach Nordafrika, um alliierte Agenten im von Deutschen besetzten Gebiet abzuholen beziehungsweise abzusetzen. Auf der deutschen Seite blieben He 115 noch bis 1944 im Dienst, kamen aber nur im Rahmen von Unterstützungsaufgaben zum Einsatz.

Kurz bevor deutsche Truppen Dänemark und Norwegen besetzten, erhielt Weser-Flugzeugbau Anweisung, He 115 für Einsätze in Schnee und Eis umzurüsten. Noch vor Beginn des Angriffs wurden 18 He 115 B-2 ausgeliefert, deren „Eisschwimmer" über einen verstärkten Boden und eine kufenförmige Stahlkante verfügten.

Aufriß-Erläuterung zur Heinkel He 115 B

1 MG 15 Kaliber 7,92 mm (A-Stand)
2 Visier
3 Verglasung der Kugellafette
4 Abführung leerer Geschoßhülsen
5 Bugring
6 Einstieg-/Notausstiegklappe
7 Bugverglasung
8 Bomben-/Torpedozielgerät
9 Waffenwahlkonsole
10 Handgriff
11 Kniepolster des Bombenschützen
12 untere Bugverglasung
13 Klappsitz für den Bombenschützen/Navigator
14 zweiter Gashebel
15 zweite Steuersäule
16 Instrumententafel
17 Frontscheibe der Bugraumkanzel
18 feste Verglasung
19 elektrische Schalttafel
20 Batterien
21 Cockpit-/Bugeinstieg
22 Rauchschwimmer
23 vordere Klappen des Waffenschachtes
24 Rumpfspant
25 Cockpitboden
26 Seitenruderpedale
27 Gashebel
28 Steuersäule
29 Instrumententafel
30 Frontscheibe
31 Öltankposition in Motorgondel (steuerbord)
32 Motorträger
33 Kühlluftklappen
34 9-Zylinder-Sternmotor BMW 132 K (steuerbord)
35 Motorhaubenring
36 Propellernabe
37 Propellerhaube
38 VDM-Dreiblatt-Propeller (Durchmesser 3,30 m)
39 Motorgondel-Wartungsklappe mit Scharnier

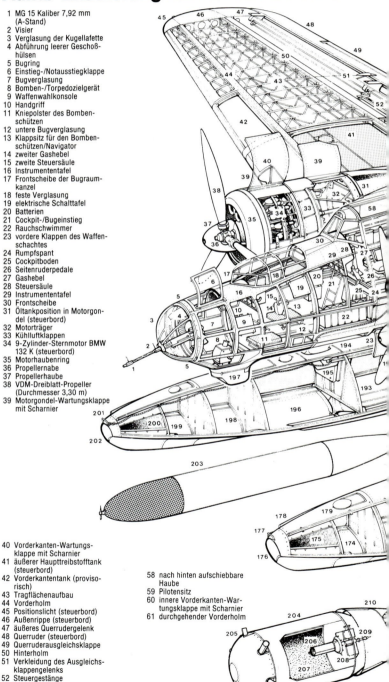

40 Vorderkanten-Wartungsklappe mit Scharnier
41 äußerer Haupttreibstofftank (steuerbord)
42 Vorderkantentank (provisorisch)
43 Tragflächenaufbau
44 Vorderholm
45 Positionslicht (steuerbord)
46 Außenrippe (steuerbord)
47 äußeres Querrudergelenk
48 Querruder (steuerbord)
49 Querruderausgleichsklappe
50 Hinterholm
51 Verkleidung des Ausgleichsklappengelenks
52 Steuergestänge
53 äußere Klappensektion
54 Querruderprofil
55 Klappe (steuerbord)
56 Haubenklappe
57 feste Haubensektion
58 nach hinten aufschiebbare Haube
59 Pilotensitz
60 innere Vorderkanten-Wartungsklappe mit Scharnier
61 durchgehender Vorderholm

Diese in Sörreisa bei Tromsö in Nordnorwegen stationierte He 115 B-1 gehörte zur 1. Staffel der Küstenfliegergruppe 406. Sie nahm am 2. Juli 1942 an einem Torpedoangriff teil, bei dem die Maschine ihres Staffelkapitäns abgeschossen wurde. Ende 1942 war 1./KüFlGr 406 als einziger He 115-Verband in der Arktis stationiert, wo sie noch bis mindestens Mai 1944 alliierte Schiffe mit Torpedos angriff.

62 Rumpf/Holm-Hauptspant
63 Vorderholm
64 innerer Haupttreibstofftank (backbord)
65 Tankverschlußdeckel
66 mittlerer Rumpfschacht
67 Funkgerät
68 Antennenmast
69 Kennlicht auf Cockpitdach
70 durchgehender Hinterholm
71 Position des Funkers
72 Stauraum für Leuchtpatronen
73 Öffnung für Signalpatrone

81 Trittfläche
82 Stauraum für Rettungsboot
83 innere Klappensektion (backbord)
84 Hinterkantenklappe
85 Einstiegsleiter für Besatzung (back- und steuerbord)
86 Leiterhalterungen

120 Höhenleitwerksstützstrebe (backbord)
121 Höhenflossen-Vorderholm
122 Vertäuring
123 Verkleidung Stützstrebe/Rumpf
124 hinterer Rumpfhauptspant
125 untere Rumpfbeplankung

150 Verbindungsstiel Schwimmer/Motorgondel
151 hintere Waffenschachtklappen
152 achtere Verbindung Schwimmerstreben/Rumpfspant
153 vordere Verbindung Schwimmerstreben/Rumpfspant
154 Motorgondel (backbord)
155 Vorderkanten-Wartungsplattform mit Scharnier
156 Vorderkantentank (provisorisch)
157 Schwimmerstrebe
158 Verkleidung der Stiel- und Strebenbefestigung
159 Stützspant
160 Schwimmerbeplankung
161 Schwimmerkiel
162 wasserdichte Zellen

188 Motorhaubenring
189 Propellerhaube
190 VDM-Dreiblatt-Propeller
191 Handgriff
192 starre Stahlkanten an Schwimmerunterseite
193 innere Stützspanten
194 Verkleidung der vorderen Stiel- und Strebenbefestigung
195 Verzurrbeschläge
196 Gleitboden
197 Verkleidung des Bombenzielgerätes
198 Schotten
199 wasserdichte Stauräume
200 korkgefüllter Bugstauraum
201 Vertäuring/Stahlklüse
202 verstärkte Bugkappe
203 Torpedo LTF 5/6
204 Magnetmine
205 Schlingerausgleich
206 Detonator
207 Sprengladung
208 Nadel-/Kontaktmechanismus
209 Ausgleichsmagnet
210 abwerfbares hinteres Gehäuse
211 Fallschirm (gefaltet)
212 Akustikmine
213 Sprengladung
214 Detonator
215 Verankerungsbänder
216 Batterie
217 Kontaktmechanismus
218 Schallempfänger

98 Höhenruder-Massenausgleich (steuerbord)
99 Höhenflossenholm
100 Antenne
101 äußeres Höhenrudergelenk
102 Höhenruderhilfsklappe
103 Antennenbefestigung
104 oberes Seitenrudergelenk
105 Seitenflossenaufbau
106 Vorderholm
107 Seitenruder-Massenausgleich
108 Höhenleitwerksstützstrebe (steuerbord)
109 hintere Höhenleitwerksbefestigung (backbord)
110 Verkleidung des Hilfsrudergelenks
111 Seitenruder
112 oberes Hilfsruder
113 unteres Hilfsruder
114 Höhenruderhilfsklappe
115 oberer Höhenruder-Massenausgleich (backbord)
116 Verkleidung des Hilfsrudergelenks
117 Höhenruder (backbord)
118 äußeres Höhenrudergelenk
119 unterer Höhenruder-Massenausgleich (backbord)

126 Trennstelle Tragfläche/Rumpf
127 Rippenanschluß des äußeren Tragflächenfeldes
128 äußere Klappensektion (backbord)
129 Querruder-Steuergestänge
130 Hinterholm
131 Verkleidung des Ausgleichsklappengelenks
132 Querruderausgleichsklappe
133 äußeres Gelenk
134 Querruder (backbord)
135 Randbogen (backbord)
136 Positionslicht (backbord)
137 äußere Rippe
138 Tragflächenstruktur
139 Vorderholm
140 Staurohr
141 Flügelvorderkante
142 Landescheinwerfer
143 Schwimmersektion
144 Schwimmer-Achtersteven
145 Vertäubeschlag
146 Holmsektion
147 Befestigung Einstiegsleiter/Schwimmer
148 äußerer Haupttreibstofftank (backbord)
149 Tankverschlußdeckel

163 Schotten
164 Handgriff
165 Schwimmerstufe
166 Schwimmerlängsverstrebung
167 Stufenschott
168 innere Stützspanten
169 starre Stahlkanten
170 Hauptschott
171 Verzurrbeschläge
172 Gleitboden
173 Schotten
174 wasserdichter Bugstauraum
175 korkgefüllter Bugstauraum
176 verstärkte Bugkappe
177 Vertäuring
178 obere Straken
179 Zugangskappen
180 Propeller-Warntafel
181 Verkleidung der vorderen Stiel- und Strebenbefestigung
182 vorderer Stützstiel Schwimmer/Motorgondel
183 vorderer Stützstiel Schwimmer/Motorgondel
184 Tritt
185 Lufteinlauf in Stielverkleidung
186 Gondelwartungsplattform mit Scharnier
187 Plattformstützstreben

74 Drehsitz für den Funker/Bordschützen
75 Cockpitsüllrand
76 feste Haubensektion
77 Haubenklappe (Bordschütze)
78 MG 15, Kaliber 7,92 mm (B-Stand)
79 Lagerung für Munitionsmagazin (1500 Schuß)
80 Cockpitwarmluft

87 Handgriffe
88 Rumpfspant
89 Rumpfrückenbeplankung
90 Rumpfaufbau in Halbschalenbauweise
91 Steuerzugführung
92 Fernkompaß
93 Stringer
94 hinterer Rumpfspant
95 vordere Höhenleitwerksbefestigung (backbord)
96 Seitenflossennase
97 Höhenflosse (steuerbord)

43

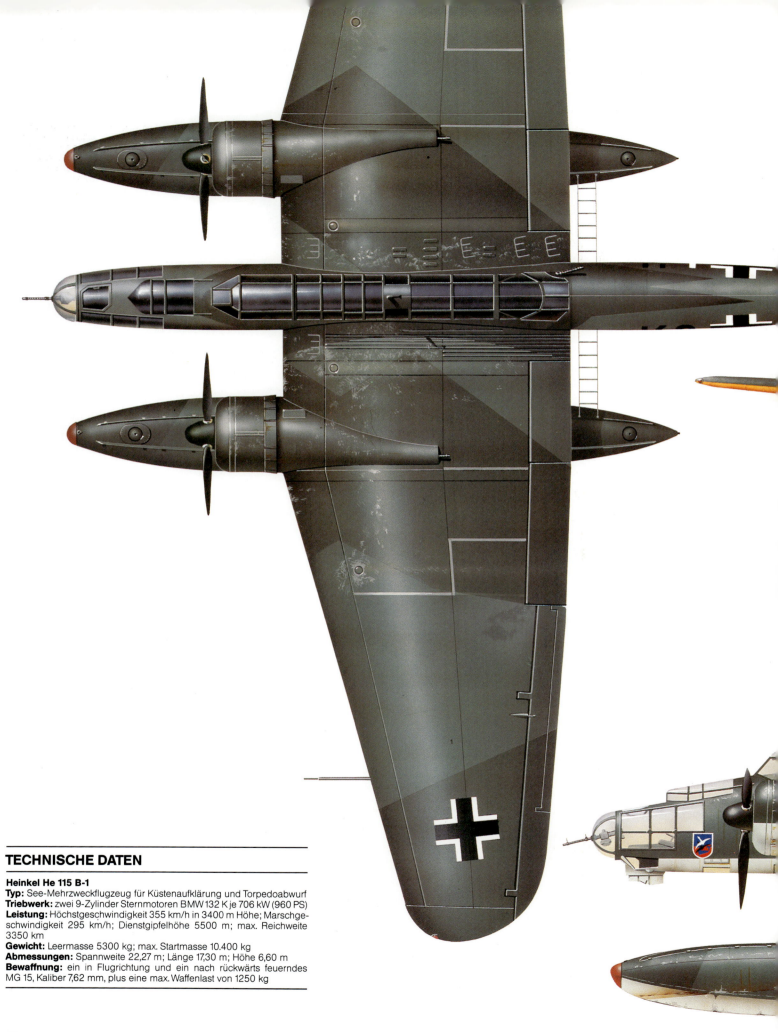

TECHNISCHE DATEN

Heinkel He 115 B-1
Typ: See-Mehrzweckflugzeug für Küstenaufklärung und Torpedoabwurf
Triebwerk: zwei 9-Zylinder Sternmotoren BMW 132 K je 706 kW (960 PS)
Leistung: Höchstgeschwindigkeit 355 km/h in 3400 m Höhe; Marschgeschwindigkeit 295 km/h; Dienstgipfelhöhe 5500 m; max. Reichweite 3350 km
Gewicht: Leermasse 5300 kg; max. Startmasse 10.400 kg
Abmessungen: Spannweite 22,27 m; Länge 17,30 m; Höhe 6,60 m
Bewaffnung: ein in Flugrichtung und ein nach rückwärts feuerndes MG 15, Kaliber 7,62 mm, plus eine max. Waffenlast von 1250 kg

Heinkel He 115

Verglichen mit der He 115 A-1 von 1938 hatte die im folgenden Jahr gebaute B-1 eine um 65 Prozent vergrößerte Tankkapazität. Die daraus resultierende Reichweitensteigerung und strukturelle Verstärkungen ermöglichten eine größere Waffenlast. Schon kurz nach Kriegsausbruch legten He 115 B-1 Magnetminen in britischen Gewässern, da sie als erste deutsche Flugzeuge diese Waffe mitführen konnten.

Fairey Swordfish

Die „Swordfish" wirkte zwar schon beim Erstflug wie ein Anachronismus, überlebte aber trotz ihrer Verletzlichkeit den Zweiten Weltkrieg und zerstörte sogar eine größere Tonnage an feindlichen Schiffen als jeder andere Torpedo-Bomber der Alliierten. Berühmt wurde sie durch den kühnen Angriff auf die italienische Flotte bei Taranto.

Die Swordfish entwickelte sich aus einem Angebot, das die Fairey Aviation Company Anfang der dreißiger Jahre auf die Ausschreibung S.9/30 des britischen Luftfahrtministeriums für einen Torpedo-Seeaufklärer einreichte. Der Prototyp TSR I, angetrieben von einem luftgekühlten Neun-Zylinder-Sternmotor Bristol Pegasus IIM mit 474 kW (635 PS), flog erstmals am 21. März 1933. Die Leistung reichte jedoch nicht aus, und die Fluglage war instabil. Etwa sechs Monate später stürzte die Maschine ab, als es dem Piloten nicht mehr gelang, ihr Trudeln zu korrigieren.

Für die überarbeitete Ausschreibung S.15/33 produzierte Fairey die TSR II mit verlängertem Rumpf, neu gestaltetem Heckteil und einem 578 kW (775 PS) starken Pegasus IIIM3. Die Zelle bestand hauptsächlich aus stoffbespanntem Metall und hatte ein Radfahrwerk mit geteilter Achse, das durch ein einstufiges Fairey-Zwillings-Schwimmerfahrwerk ausgetauscht werden konnte. Das Flugzeug hob am 17. April 1934 zum ersten Mal ab und übertraf mit einer Höchstgeschwindigkeit von 235 km/h in Meereshöhe deutlich die Leistungsanforderungen. So wurden drei Prototypen mit Namen Swordfish zur weiteren Entwicklung für die Ausschreibung S.38/34 bestellt. Der dritte Prototyp entstand als Schwimmerflugzeug und startete am 10. November 1934 zum Jungfernflug.

Der erste Produktionsauftrag für 86 Maschinen erging 1935, und im Februar 1936 erfolgten die ersten Lieferungen an die Fliegerstaffel Nr. 823. Sie wurden im weiteren Verlauf des Jahres auf die HMS Glorious verlegt und ersetzten die Shark Mk II. Das dreisitzige Standardflugzeug erreichte eine maximale Geschwindigkeit von 222 km/h und konnte bei voller Last mühelos mit einem 457-mm-Torpedo von 731 kg von allen britischen Trägerschiffen abheben. In dieser Konfiguration betrug sein Aktionsradius 879 Kilometer.

Fairey erhielt weitere Bestellungen, bis 1939 bei Kriegsausbruch insgesamt 689 Swordfish fertiggestellt oder in Auftrag gegeben waren. Die Mk-I-Schwimmerflugzeuge dienten bei den Katapultketten Nr. 701, 702 und 705 der britischen Marineflieger (Fleet Air Arm) und wurden auf den meisten Kriegsschiffen, Schlachtkreuzern und Kreuzern der Royal Navy eingesetzt. Versionen mit Radfahrgestell flogen bei 13 Staffeln, von denen acht auf den Flugzeugträgern HMS Ark Royal, Argus, Courageous, Eagle, Furious, Glorious und Hermes stationiert waren.

Die Swordfish nimmt am Kampfgeschehen teil

Die Swordfish nahm von den ersten Kriegstagen an am Kampfgeschehen teil. In der Schlacht von Narvik am 13. April 1940 übernahm ein Schwimmerflugzeug, das Lieutenant Commander W.M.L. Brown von der HMS „Warspite" aus führte, die Feuerleitung der Kanonen des Schlachtschiffes. So gelang es, sieben deutsche Zerstörer zu vernichten. Mit Bomben versenkte Brown auch das deutsche U-Boot U-64 im Herjangsfjord.

Als sich 1940 die Produktion der Fairey Fulmar-Flottenjäger im Fairey-Werk in Hayes erhöhte, ging der Bau der Swordfish vollständig an die Blackburn Aircraft Ltd. in Sherburn-in-Elmet, Yorkshire, über. Die erste Maschine wurde dort am 29. Dezember fertiggestellt, und innerhalb von neun Monaten waren insgesamt 300 Mk I ausgeliefert. Danach stellte man die Produktion bei Blackburn auf die Mk II um, die einen verstärkten Unterflügel mit Blechhaut für die Aufnahme von acht Raketengeschossen erhielt. Ferner verzichtete man auf austauschbare Fahrgestelle.

Die Mk I blieb 1940 hindurch im Dienst, und wieder war es Lieutenant Commander Brown, der am 9. Juli für die Geschütze der HMS

Eine Formation der ersten Swordfish Mk I aus der zweiten und dritten Produktionsreihe im November 1938. Bei diesen Maschinen konnte das Radfahrgestell gegen ein Schwimmerfahrwerk ausgetauscht werden. Die abgebildeten Flugzeuge sind eindeutig Staffelmaschinen, waren aber wahrscheinlich nicht auf einem Träger stationiert (es fehlt das Winkelzeichen am Rumpf).

Der Prototyp Swordfish K4190, ursprünglich als Fairey TSR II bezeichnet, wurde zur Ausschreibung S.15/33 entworfen und gebaut. Er trug die Fairey-Werksnummer F2038 in kleinen Schriftzeichen hinter der Dienst-Seriennummer am Rumpfheck.

Fairey Swordfish

Eine von Blackburn gebaute Swordfish Mk II, HS275, der 1. Naval Air Gunnery School, Yarmouth, Neuschottland, aus dem Jahre 1943. In dieser Kriegsphase hatten die meisten Swordfish bereits eine Vielzahl verschiedener Tarnanstriche erhalten. Zu den gebräuchlichsten gehörte das hier abgebildete Farbmuster.

Eine Swordfish Mk I, K5972, aus der ersten bei Fairey fertiggestellten Produktionsreihe. Sie trägt die Markierungszeichen der Staffel 823, die 1936 auf der HMS Glorious stationiert war. Die Streifen auf der Flosse kennzeichnen die Flugzeugkette.

Warspite in der „Action off Calabria" (Einsatz vor Kalabrien) gegen die italienische Flotte ausgezeichnete Aufklärungsdienste leistete.

Der Angriff auf Taranto

Am 11. November desselben Jahres konnte die Swordfish mit dem brillant ausgeführten Angriff gegen die italienische Flotte im Hafen von Taranto ihren Ruhm besiegeln. Eine Tiefflug-Aufklärung deckte eine Konzentration italienischer Kriegsschiffe im Hafen auf, und so wurde ein Nachtangriff mit den Swordfish der Staffeln 813, 815, 819 und 824 von der HMS Illustrious beschlossen. Unter Führung von Lieutenant Commander Kenneth Williamson startete die erste Welle von zwölf Maschinen (sechs mit Torpedos, vier mit Bomben und zwei mit Bomben und Leuchtraketen) zehn Minuten vor einer zweiten Welle von neun Flugzeugen (fünf mit Torpedos, zwei mit Bomben und zwei mit Bomben und Leuchtraketen) unter Lieutenant Commander John Hale. Die Überraschung gelang nahezu perfekt. Die Swordfish griffen im Tiefflug an, versenkten das neue 35.000-Tonnen-Schlachtschiff Littorio am Liegeplatz und setzten die beiden älteren Schlachtschiffe Conte di Cavour und Caio Duilio sowie einen schweren Kreuzer und einen Zerstörer außer Gefecht. Bei einem Verlust von zwei Swordfish (Williamson selbst wurde abgeschossen und gefangengenommen) war die italienische Kampfkraft im Mittelmeer mit einem einzigen Schlag halbiert. Interessanterweise wurde der japanische Marine-Attaché in Rom nach Tokio zurückgerufen. Er plante den japanischen Angriff auf Pearl Harbor im Jahr darauf.

Die auf Malta stationierten Swordfish der Fleet Air Arm versenkten zwischen 1941 und 1943 mehr als anderthalb Millionen Tonnen deutscher und italienischer Schiffe. Zu ihren unterschiedlichen Aufgaben auf diesem Kriegsschauplatz gehörten auch das Legen von Minen, die Flottenaufklärung, das Ausmachen von Geschützen, Bombenangriffe auf die Küste und sogar das Absetzen von Agenten.

Zum bekanntesten Swordfish-Piloten wurde Lieutenant Commander Eugene Esmonde aus Irland. Er war vor dem Krieg Pilot der Imperial Airways und dann Kommandant einer Swordfish-Staffel an Bord der HMS Victorious. Am 26. Mai 1941 leitete er mit neun Maschinen einen Torpedo-Angriff gegen das deutsche Schlachtschiff Bismarck, das sich im Atlantik auf dem Weg nach Brest befand. Sie erzielten mindestens einen Volltreffer, der die Steueranlage des Schiffes zerstörte,

Eine Swordfish Mk II aus der Blackburn-Hauptproduktionsreihe. Typisch für die vielen trägergestützten Stringbags ist auch sie mit einer Rauchdose unter dem Steuerbord-Flügel ausgerüstet.

47

Fairey Swordfish

Ein ausgezeichnetes Einsatzfoto einer Swordfish Mk I (P4084) mit Schwimmerfahrwerk beim Start von der Ablaufbahn. Diese Maschinen wurden im Zweiten Weltkrieg an Bord von Schiffen der Royal Navy zur Aufklärung und als Artilleriebeobachtungsflugzeug eingesetzt.

so daß die britische Flotte die Bismarck einholen und versenken konnte. Esmonde erhielt dafür den DSO und kam zur HMS Ark Royal im Mittelmeer. Als das Schiff jedoch torpediert wurde, gelang es ihm noch, mit all seinen Swordfish nach Gibraltar zu fliegen.

Ende 1941 war er in Kent stationiert und kommandierte die Staffel 825. Sie sollte verhindern, daß die deutschen Schlachtschiffe Scharnhorst und Gneisenau aus Brest ausbrachen und über den Ärmelkanal nach Deutschland entkamen. Am 12. Februar 1942 entgingen die deutschen Schiffe jedoch allen Patrouillen und wurden erst bemerkt, als sie bereits das östliche Ende des Ärmelkanals erreicht hatten. Damit waren die sechs Swordfish von Esmonde die einzigen Maschinen, die für einen ersten Schlag zur Verfügung standen. Sie flogen von Manston aus und verpaßten ihr Jäger-Rendezvous, führten jedoch einen energischen Angriff gegen eine überwältigende Übermacht von feindlichen Jägern und Flak-Abwehr aus. Esmonde in einer Swordfish Mk II (W5984) wurde als einer der ersten von einer Focke-Wulf Fw 190 abgeschossen, gefolgt von seinen fünf Staffelpiloten. Keiner ihrer Torpedos traf sein Ziel. Von den 18 Besatzungsmitgliedern konnten nur fünf lebend aus der See geborgen werden. Sie erhielten alle den DSO oder die CGM für ihren Mut. Esmonde wurde posthum das Viktoriakreuz verliehen.

In der Zwischenzeit bemühte man sich, schnell einen Ersatz für die alten „Stringbag"-Doppeldecker zu finden. Bereits seit Monaten lief die Produktion der Fairey Albacore, die jedoch nicht einmal die bescheidensten Erwartungen erfüllte (800 wurden gefertigt, bis die Produktion 1943 auslief). Die Fairey Barracuda, ein Eindecker mit Merlin-Triebwerk, hätte trotz ihres absurden Aussehens eine erfolgreiche Laufbahn einschlagen können, wäre ihre Entwicklung nach Aufgabe ihres ursprünglichen Rolls-Royce-Exe-Triebwerks nicht ernsthaft in Verzögerung geraten.

Spätere Blackfish

So produzierte Blackburn die Swordfish Mk II (dort Blackfish genannt) bis 1944 weiter und stellte am 22. Februar jenes Jahres die letzten von insgesamt 1080 Maschinen fertig. Die Produktion wurde dann auf die Mk III umgestellt, die zwischen den Beinen des Fahrgestells einen großen ASV-Scanner zur Erfassung von Überwasserschiffen erhielten, so daß sie keinen Torpedo mehr aufnehmen konnten. Beim Torpedo-Einsatz gegen Schiffe übernahm eine Mk III daher normalerweise die Suche, während die Mk II die Bomben und Torpedos trugen. Die Swordfish kamen häufig auf den relativ kleinen Geleitflugzeugträgern zum Einsatz, die hastig zur Begleitung von Konvois eingeführt wurden.

Die letzte Version war die Mk IV, bei der es sich um nachträglich modifizierte Mk II und Mk III mit einer ersten Kanzelverkleidung handelte. Sie blieb bis Kriegsende in Europa im Dienst. Eine kleine Anzahl Swordfish wurde zu operativen und Trainingszwecken nach Kanada geschickt. Einige von ihnen kamen zur 1. Naval Air Gunnery School nach Yarmouth, Neuschottland.

Die letzte Mk III (NS204) wurde am 18. August 1944 in Sherburn fertiggestellt, und es war wiederum eine Swordfish, die am 28. Juni 1945 den letzten Doppeldecker-Einsatz der Fleet Air Arm flog. 1967 waren von den 2396 Serienmaschinen nur noch sechs Swordfish vollständig erhalten: Von ihnen blieb eine (LS326, einst als G-AJVH registriert) flugtauglich und nimmt auch heute noch in Großbritannien an verschiedenen Luftfahrtausstellungen im Rahmen der Royal Navy's Historic Flight (Historische Fliegerkette) teil, die auf RNAS Yeovilton in Somerset stationiert ist.

Aufriß-Erläuterung zur Fairey Swordfish II

1 Aufbau des Seitenruders
2 oberes Ruderlager
3 Dreieckverspannung
4 äußere Drahtverspannung
5 Seitenruderlager
6 Höhenruder-Steuerhorn
7 Heckpositionsleuchte
8 Aufbau des Höhenruders
9 starre Bügelkante
10 Gewichtsausgleich
11 Höhenruderlager
12 rechte Ruderklappe
13 Höhenflossenstrebe
14 Verzurrschäkel
15 Stützbock
16 hintere Keilverstrebung
17 unteres Ruderlager
18 Leitwerkstellschraube
19 Höhenrudersteuerzug
20 äußere Drahtverspannung
21 starre Bügelkante
22 Aufbau der Seitenflosse
23 Halterung der Drahtverspannung
24 Antennenhalterung
25 Spanndrähte
26 linkes Höhenruder
27 linke Leitwerksflosse
28 Stützstreben für die Höhenflosse
29 äußere Reißleine für Schlauchboot
30 Ölstoßdämpfer für Heckrad
31 nichteinziehbares Dunlop-Heckrad
32 Rumpfgerippe
33 Raum für Fanghaken
34 Führungen für Steuerzüge
35 Rückenabdeckung
36 Stabantenne
37 Maschinengewehrmulde
38 Antenne
39 schwenkbares 7,7-mm-Maschinengewehr Lewis
40 schwenkbares Hochleistungs-MG-Gestell von Fairey
41 Befestigungspunkte für Kompaß (Typ 0-3)
42 Rahmenverkleidung hintere Kabine
43 hintere Kabine
44 Raum für Trommelmagazin
45 Funkanlage
46 Ballastgewichte
47 Lagerpunkt für Fanghaken
48 Rumpfunterholm
49 Fanghaken (ausgefahren)
50 Querrudergelenk
51 starre Bügelkante
52 rechtes oberes Querruder
53 Hinterholm
54 Flügelrippen
55 Formationsleuchte (steuerbord)
56 Positionsleuchte (steuerbord)
57 Verbindungsstrebe für Querruder
58 Tragflächenstiele
59 Drahtverspannung
60 rechtes unteres Querruder
61 Querrudergelenk
62 Querruderausgleich
63 Hinterholm
64 Flügelrippen
65 Äußeres Querrudergelenk
66 Deckführungs-/Verzurrgriff
67 Vorderholm
68 Tragflächenstielhalterungen
69 Kreuzverspannung im Tragflügel
70 Verspannungsdrähte
71 Tragflächenhaut
72 zusätzliche Haltedrähte (bei Aufnahme von Unterflügellasten)
73 Tragflügelklappgelenk
74 innere Tragflächenstiele
75 Endrippe des Tragflächenansatzes
76 Verriegelungsgriff für Tragfläche
77 Aufbau des Tragflächenansatzes
78 Einlaßschlitz
79 Seitenwandfenster
80 Katapultaufnahme
81 Abstandstreben
82 Schrägboden der Kabine
83 starres 7,7-mm-Maschinengewehr Vickers (nicht bei allen Maschinen)
84 Patronenauswurfschacht
85 Wartungsklappe
86 Kamerabefestigung
87 Ziel-Schiebeluke für Bombenabwurf
88 Handlochklappe
89 oberer Rumpf-Längsholm
90 zentrale Kabine
91 Verkleidung zwischen Kabinen
92 Antennenmast auf oberem Tragflügel
93 Kopfstütze
94 Sitz und Gurte des Piloten
95 Schott
96 Maschinengewehrverkleidung
97 Falltank (57 Liter)
98 Frontscheibe
99 Handgriffe
100 Handrad zur Klappenbetätigung
101 Flügelmittelstück
102 Schlauchboot-Reißleine
103 Kennungsleuchte
104 Befestigung für Pyramidenstrebe am Flügelmittelstück
105 diagonale Verstärkungen
106 Aufpumpzylinder für Schlauchboot
107 Stauraum für Schlauchboot (Typ C)
108 Steuergestänge für Querruder
109 Rippenprofil an Flügelhinterkante
110 Hinterholm
111 Flügelrippen

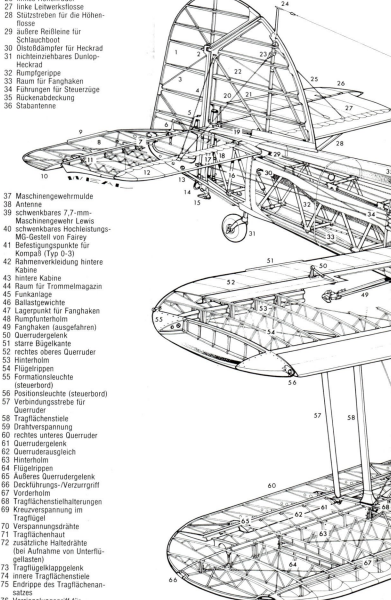

48

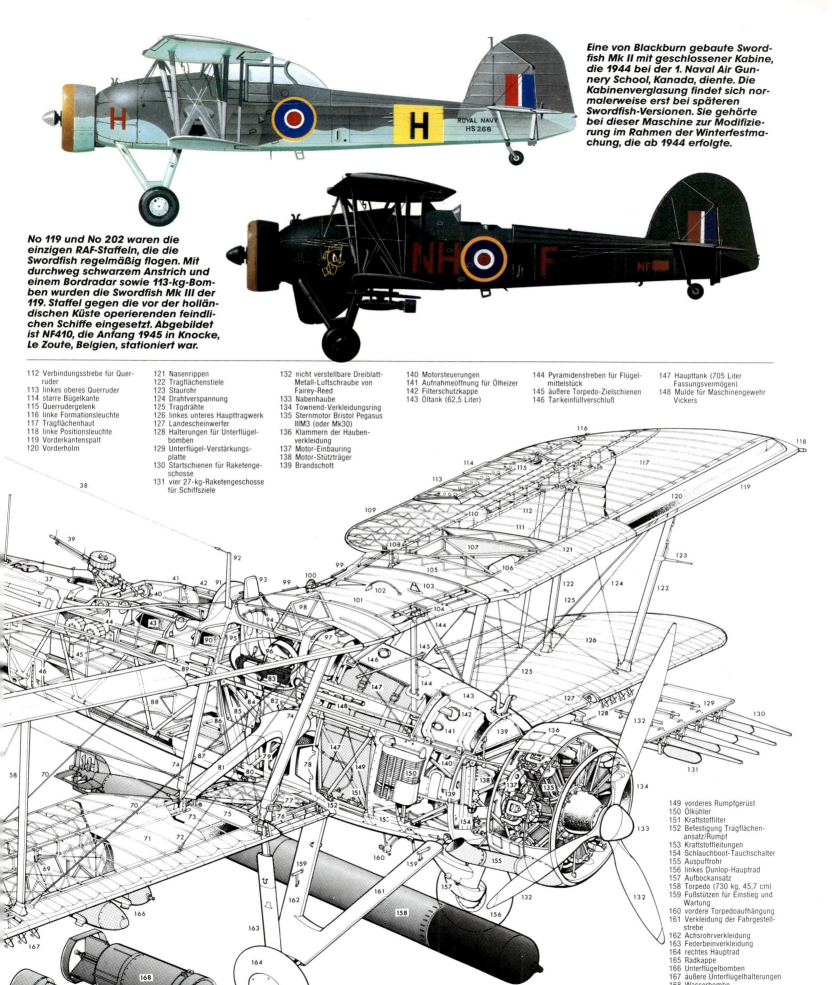

Eine von Blackburn gebaute Swordfish Mk II mit geschlossener Kabine, die 1944 bei der 1. Naval Air Gunnery School, Kanada, diente. Die Kabinenverglasung findet sich normalerweise erst bei späteren Swordfish-Versionen. Sie gehörte bei dieser Maschine zur Modifizierung im Rahmen der Winterfestmachung, die ab 1944 erfolgte.

No 119 und No 202 waren die einzigen RAF-Staffeln, die die Swordfish regelmäßig flogen. Mit durchweg schwarzem Anstrich und einem Bordradar sowie 113-kg-Bomben wurden die Swordfish Mk III der 119. Staffel gegen die vor der holländischen Küste operierenden feindlichen Schiffe eingesetzt. Abgebildet ist NF410, die Anfang 1945 in Knocke, Le Zoute, Belgien, stationiert war.

112 Verbindungsstrebe für Querruder
113 linkes oberes Querruder
114 starre Bügelkante
115 Querrudergelenk
116 linke Formationsleuchte
117 Tragflächenhaut
118 linke Positionsleuchte
119 Vorderkantenspalt
120 Vorderholm
121 Nasenrippen
122 Tragflächenstiele
123 Staurohr
124 Drahtverspannung
125 Tragdrähte
126 linkes unteres Haupttragwerk
127 Landescheinwerfer
128 Halterungen für Unterflügelbomben
129 Unterflügel-Verstärkungsplatte
130 Startschienen für Raketengeschosse
131 vier 27-kg-Raketengeschosse für Schiffsziele
132 nicht verstellbare Dreiblatt-Metall-Luftschraube von Fairey-Reed
133 Nabenhaube
134 Townend-Verkleidungsring
135 Sternmotor Bristol Pegasus IIIM3 (oder Mk30)
136 Klammern der Haubenverkleidung
137 Motor-Einbauring
138 Motor-Stützträger
139 Brandschott
140 Motorsteuerungen
141 Aufnahmeöffnung für Ölheizer
142 Filterschutzkappe
143 Öltank (62,5 Liter)
144 Pyramidenstreben für Flügelmittelstück
145 äußere Torpedo-Zielschienen
146 Tankeinfüllverschluß
147 Haupttank (705 Liter Fassungsvermögen)
148 Mulde für Maschinengewehr Vickers
149 vorderes Rumpfgerüst
150 Ölkühler
151 Kraftstoffilter
152 Befestigung Tragflächenansatz/Rumpf
153 Kraftstoffleitungen
154 Schlauchboot-Tauchschalter
155 Auspuffrohr
156 linkes Dunlop-Hauptrad
157 Aufbockansatz
158 Torpedo (730 kg, 45,7 cm)
159 Fußstützen für Einstieg und Wartung
160 vordere Torpedoaufhängung
161 Verkleidung der Fahrgestellstrebe
162 Achsrohrverkleidung
163 Federbeinverkleidung
164 rechtes Hauptrad
165 Radkappe
166 Unterflügelbomben
167 äußere Unterflügelhalterungen
168 Wasserbombe
169 113-kg-Bombe
170 Leuchtraketen für Schiffsziel

Fairey Swordfish

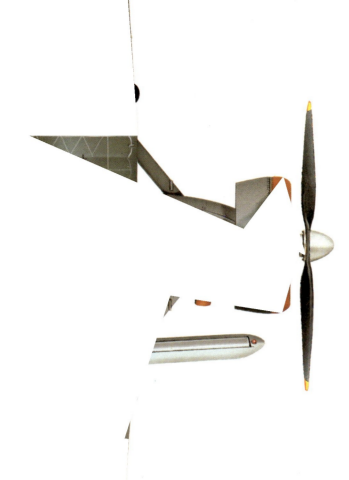

Diese Swordfish trägt zwar keinerlei Seriennummer, Schiffs- oder Staffelkennzeichnung der Royal Navy, doch die Farbgebung ist typisch für die Zeit um 1940/41, in der die Schlacht bei Taranto stattfand. Die Maschine führt einen Standard-457-mm-Torpedo mit. Die horizontale Schiene unterhalb des oberen Tragflügelmittelstücks, erkennbar in der Frontalansicht, ist die Zielvorrichtung, die bei Angriffen auf Schiffe verwendet wurde. Das Rettungs-Schlauchboot war auf dem oberen Tragflügel direkt neben dem Flügelansatz verstaut. Das hintere Maschinengewehr Lewis ist hier in versenkter Position zu sehen.

TECHNISCHE DATEN

Fairey Swordfish Mk II
Typ: zwei-/dreisitziger torpedotragender Marineflieger für Deck- und Wasserlandung
Triebwerk: ein Bristol-Pegasus-30-Sternmotor mit 560 kW (750 PS)
Leistung: Höchstgeschwindigkeit 222 km/h; Aufstieg auf 1525 m in 10 Minuten 0 Sekunden; Dienstgipfelhöhe 3260 m; Reichweite ohne Bewaffnung 1658 km, mit Torpedo 885 km;
Gewicht: Leermasse 2359 kg; max. Startmasse 4196 kg
Abmessungen: Spannweite 13,92 m; Länge 11,12 m, Höhe 3,93 m; tragende Fläche 56,39 m²
Bewaffnung: ein starres, nach vorn feuerndes 7,7-mm-Maschinengewehr Vickers und ein schwenkbares 7,7-mm-Maschinengewehr Vickers „K" oder Browning in hinterer Kabine und Vorrichtung für einen 457-mm-Torpedo (731 kg) oder 681-kg-Mine oder Bomben unter dem Rumpf oder bis zu acht 76,2-mm-Raketengeschosse (27 kg) oder vier 113-kg-Bomben unter den Tragflügeln

Varianten der Fairey Swordfish

Fairey TSR I: ein Prototyp zur Ausschreibung S.9/30; Pegasus IIM mit 474 kW (635 PS), stürzte nach Trudeln ab und wurde zerstört
Fairey TSR II: ein Prototyp (K4190) zur Ausschreibung S.15/33; Pegasus IIIM3 mit 578 kW (775 PS); Erstflug am 17. April 1934
Fairey Swordfish Mk I: zur Ausschreibung S.38/34, angetrieben von Pegasus IIIM3 mit 515 kW (690 PS); (drei Prototypen: K5660-K5662, K5662 als Schwimmerflugzeug fertiggestellt)
Fairey Swordfish Mk I: Fairey-Produktion von 1935-40 mit Pegasus IIIM3; alle als Schwimmerflugzeug nutzbar; K-, L- und P-Serien (689 gebaut)
Fairey Swordfish Mk I: Blackburn-Produktion von 1940-41; wie die von Fairey gebauten Mk I; V-Serien (300 gebaut)
Fairey Swordfish Mk II: Blackburn-Produktion von 1941-44, Pegasus 30 mit 560 kW (750 PS); nur mit Radfahrgestell und metallbeplankten Unterflügeln; W, DK, HS, LS, NE und NF-Serien (1080 gebaut, einige später zur Swordfish Mk IV mit geschlossener Kabine umgerüstet)
Fairey Swordfish Mk III: Blackburn-Produktion von 1944 mit Pegasus 30; nur mit Radfahrgestell; Schiffserfassungsradar (die meisten Maschinen waren für Raketengeschosse eingerichtet); FF-, NF-, NR- und NS-Serien (327 gebaut, viele zur Swordfish Mk IV mit geschlossener Kabine umgerüstet)
Fairey Swordfish Mk IV: Umrüstungen von Mk II und Mk III mit geschlossener Kabine

Douglas SBD Dauntless

Die Schlacht von Midway brachte die Wende im Pazifikkrieg und besiegelte das Schicksal Japans. Ausschlaggebend für diesen Sieg war die wenig eindrucksvolle, aber verläßliche Douglas Dauntless, die den amerikanischen Flugzeugträgern die dringend benötigte Schlagkraft verlieh.

In der Schlacht von Midway am 4. Juni 1942 wendete der Sturzkampfbomber Douglas SBD Dauntless das Blatt zugunsten der Amerikaner. Für die unmittelbar Beteiligten war das Ausmaß ihres Erfolges sicher nicht sofort ersichtlich, denn ihre Maschinen hatten ein ungünstiges Leistungs-/Gewichts-Verhältnis, das nur mäßige Steig- und Manövriereigenschaften zuließ, und ihre Waffensysteme arbeiteten fehlerhaft, so daß die unter dem Bauch montierten 227-kg-Bomben oft wirkungslos ins Meer fielen. Den Maschinen, mit denen die Flugzeugträgergruppen des Admiral Chester Nimitz zur Suche nach den Trägerschiffen des Admiral Isoroku Yamamoto gestartet war, mangelte es an Kraftstoff und an Tageslicht, bis sie endlich auf die feindliche Flotte stießen und diese angriffen. Zudem hatten sie längst die Grenzen ihrer Reichweite und maximalen Flugdauer erreicht. Lieutenant Commander C. Wade McClusky, Commander Max Leslie und die übrigen Dauntless-Flieger der Squadron VS-5 und VB-3 an Bord der USS Yorktown, der VS-6 und VB-6 an Bord der USS Enterprise sowie der VS-8 und VB-8 an Bord der USS Hornet verloren 40 ihrer 128 Sturzkampfbomber, die mit der späten Nachmittagssonne im Rücken zum Angriff auf die Träger Kaga, Akagi, Hiryu und Soryu ansetzten. Sie konnten jedoch alle vier japanischen Flugzeugträger versenken und so die Wende im Pazifikkonflikt herbeiführen. Nur wenige Muster, vielleicht nur die Supermarine Spitfire und die Hawker Hurricane, dürfen noch für sich in Anspruch nehmen, die Luftfahrtgeschichte so stark beeinflußt zu haben wie die Dauntless, von der bis zum Ende des Zweiten Weltkriegs 5936 Exemplare produziert wurden.

Die Dauntless verdankt ihre Entstehung dem Northrop-Sturzkampfbomber BT-1 von 1938, einem Tiefdecker mit zwei Sitzen in Tandemanordnung, und den Konstruktionsfähigkeiten von Jack Northrop und Edward H. Heinemann. Als der kalifornische Flugzeughersteller in El Segundo mit dem Ausscheiden von Jack Northrop im Januar 1938 zu einer Unternehmensgruppe der Douglas Aircraft wurde, gelangte eine XBT-2 bezeichnete Weiterentwicklung der BT-1 zur Erprobung, bot aber nur ein begrenztes Potential. Heinemanns Konstruktionsabteilung überarbeitete die einzige XBT-2 (BuAer Nr. 0627) und installierte den 746 kW (1015 PS) starken Wright-Sternmotor XR-1830-32, den später weltberühmten Cyclone, als Antrieb eines Dreiblatt-Propellers. Nach aufwendigen Windkanaltests wurde das Leitwerk des Flugzeugs umgebaut und die XBT-2 in XSBD-1 umbenannt. Während parallel dazu bei Curtiss die Arbeiten an der SB2C Helldiver liefen, wurde die Douglas SBD im Februar 1939 von der US Navy akzeptiert und zum Maßstab für alle nachfolgenden trägergestützten Sturzkampfbomber (im US-Sprachgebrauch „Scout Bombers") erklärt.

Am 8. April 1939 nahm Douglas einen Auftrag über 57 SBD-1 und 87 SBD-2 entgegen. Die Bewaffnung der SBD-1 mit der endgültigen Seitenflossen- und Ruderform des Dauntless-Typs bestand aus zwei vorwärtsfeuernden 7,62-mm-Maschinengewehren unter der Motorhaube und einem Einzel-MG gleichen Kalibers, das der hinter dem Piloten mit Blickrichtung zum Heck sitzende Bordfunker/Bordschütze bediente. Da die SBD-1 noch nicht zum Trägereinsatz freigegeben war, wurde sie für das US Marine Corps vorgemerkt und zwischen April 1939 und Juni 1940 ausgeliefert. Das Modell Dauntless SBD-2 unterschied sich in erster Linie durch selbstversiegelnde, gummibeschichtete Kraftstofftanks aus Metall und zwei zusätzliche 246-Liter-Tanks in den Außenflächen. Dieser Typ traf zwischen November 1940 und Mai 1941 bei den Einsatzstaffeln der US Navy ein.

Die Kapitulation Frankreichs, begleitet vom kreischenden Heulton angreifender Stukas, überzeugte die Washingtoner Behörden vom Wert des Sturzkampfbombers, und unter der Bezeichnung SBD-3 wurden weitere 174 Dauntless bestellt. Die neue Variante besaß ein zweites 7,62-mm-MG für den Heckschützen, einen verbesserten Panzerschutz und eine bessere Bordelektrik sowie selbstdichtende Gummitanks. Inzwischen hatte sich die endgültige Dauntless-Form herauskristallisiert: Die Maschine erreichte im Horizontalflug eine Spitzengeschwindigkeit von 406 km/h, die im Sturzflug auf 444 km/h stieg, und wies eine Reichweite von 1971 km mit oder 2205 km ohne Bombenlast sowie eine Dienstgipfelhöhe von 8260 m auf.

Die Dauntless des amerikanischen Marinekorps wurden beim Überfall auf Pearl Harbor am 7. Dezember 1941 am Boden zerstört. Bei der Schlacht in der Korallensee am 7. Mai 1942 schwirrte der Äther so von Funksprüchen, daß die Besatzungsmitglieder an Bord der USS Lexington und Yorktown dem nicht entnehmen konnten, wie die Schlacht verlief, bis eine Stimme klar und deutlich durchdrang: „Einen ‚flat-top' könnt ihr abhaken! Dixon an Träger! Einen könnt ihr streichen!" Lieutenant Commander Robert E. Dixon, Kommandeur der Bombing

SBD-1 Dauntless (BuAer Nr. 1597), die zweite Maschine der ersten Baureihe, zeigt die schlichten Markierungen der USMC-Flugzeuge vor dem Eintritt der USA in den Zweiten Weltkrieg. Dieses Exemplar gehörte zur 2. Marine Aircraft Wing in Quantico, Virginia.

Ein früher Douglas-Sturzkampfbomber der Serie SBD-3 im hellgrauen Vollanstrich. „Speedy Three", wie dieses Muster von den Piloten sarkastisch genannt wurde, war bis zum Jahr 1942 das Arbeitspferd an den Fronten des Pazifikkriegs.

Douglas SBD Dauntless

Two (VB-2), meldete damit die Versenkung des japanischen Flugzeugträgers Shoho mit 545 Mann Besatzung nach einer 30minütigen Schlacht, bei der nur drei amerikanische Maschinen verlorengingen. Dies war ein Triumph für die SBD-2 und SBD-3 Dauntless, der einige Wochen später durch die entscheidende Schlacht von Midway noch übertroffen werden sollte.

Bei den Luftflotten der US Army Air Force, die dieses Muster trotz des offiziellen Namens Banshee weiterhin Dauntless nannten, fiel von Anfang an wenig Glanz auf diesen Flugzeugtyp. Im Januar 1941 hatte die USAAF 78 A-24 in Auftrag gegeben, die bis auf die Ausrüstung zur Trägerlandung den SBD-3 der US Navy entsprachen. Darüber hinaus wurden 90 SBD-3 eines Bauloses der Marine dem Standard der Landflugzeuge angepaßt und der USAAF als SBD-3A (A für Army) zugeführt. Schließlich beschaffte die USAAF noch 100 Maschinen der Version A-24A (mit der SBD-4 identisch) und 615 A-24B, die mit der SBD-5 gleichzusetzen waren, jedoch aus der Fertigung bei Douglas in Tulsa, Oklahoma, stammten.

Sie dienten bei der 27. Bombardment Group in Neuguinea und bei der 531. Fighter Bomber Squadron in Makin, doch die USAAF-Piloten sahen sich außerstande, aggressiv geflogene Jagdflugzeuge der Japaner auszumanövrieren. Der hinten sitzende Bordschütze, der sich in der Marine-Dauntless als äußerst effektiv erwiesen hatte, kam in der A-24 weniger zur Geltung. Die Verluste waren derart hoch, daß man die A-24 rasch wieder aus dem Fronteinsatz herauslöste. Da die Marinepiloten über der Korallensee und den Midway-Inseln nachgewiesen hatten, daß sie sich gegen die Zero behaupten konnten, führte man die weniger befriedigende Leistung der US Army mit der Dauntless auf die Unerfahrenheit und den schwächer ausgeprägten Korpsgeist ihrer Besatzungen zurück.

Eine Carrier Air Group (CAG = Trägerfluggeschwader) an Bord eines typischen Flugzeugträgers der US Navy setzte sich gewöhnlich aus zwei Jagdstaffeln (Grumman F4F Wildcat oder später F6F Hellcat), einer Torpedobomberstaffel (Douglas TBD Devastator, später Grumman TBF Avenger) und zwei Dauntless-Staffeln zusammen, davon eine in der Bomber- (VB) und die andere in der Erkundungsrolle (VS). Den Erkundungseinsatz (Scout) hatte man geplant, bevor sich absehen ließ, daß die amerikanischen Träger durch Radar geschützt sein würden. Diese Form der Sicherung genossen sie von Anfang an, während sie den japanischen Trägern fehlte. In der Praxis gab es kaum einen Unterschied zwischen beiden Staffeln, und die „Scout"-Piloten waren ebensogut im Sturzflug-Bombeneinsatz ausgebildet wie ihre Kameraden in der VB-Squadron.

Als nächstes Modell der Dauntless erschien die SBD-4, die in der Zeit zwischen Oktober 1942 und April 1943 ausgeliefert wurde. Die SBD-4 hatte verbesserte Funknavigationshilfen, eine elektrische Kraftstoffpumpe und mit dem Hamilton Standard Hydromatic einen verbesserten Verstellpropeller, der auf gleiche Drehzahl geregelt war und sich in Segelstellung bringen ließ. Insgesamt 780 Exemplare wurden gebaut, bevor man die Fertigung in El Segundo auf die SBD-5 umstellte. Letztere erhielt den verbesserten R-1820-60, der 895 kW (1217 PS) erzeugte, und von Februar 1943 bis April 1944 entstanden 2965 Dauntless dieser Version. Durch den Einbau des 1007 kW (1370 PS)

Die landgestützten Douglas A-24 der USAAF, erkennbar am fehlenden Fanghaken, wurden von Juni bis Oktober 1941 vom Werk in El Segundo geliefert, das Maschinen für die US Navy produzierte.

Aufriß-Erläuterung zur SBD-3 Dauntless

1 Antennen-Kurzmast
2 Seitenruderausgleich
3 oberes Seitenruderlager
4 Seitenruderrahmen
5 Hilfsruder
6 unteres Seitenruderlager
7 Aufbau der Seitenflosse
8 Höhenruder (backbord)
9 Höhenflosse (backbord)
10 Ausrundung der Seitenflossenwurzel
11 Stützspant
12 Rumpfspant zur Aufnahme der Seitenflosse
13 Nasenholmanschluß der Höhenflosse
14 Aufbau der Höhenflosse
15 Höhenruder-Drehwelle
16 Heckpositionslampe
17 Hilfsruder-Gelenkgehäuse
18 Höhenrudergelenk
19 Hilfsruder
20 Höhenruderrahmen
21 äußeres Höhenrudergelenk
22 Höhenflossen-Nasenholm

23 starres Spornrad (Pneu bei der A-24)
24 Fanghaken-Arretierung
25 Rumpfspant
26 Hebepunkt
27 Fanghaken (abgesenkt)
28 Zurrbeschlag
29 Fanghakengelenk
30 Steuerseile
31 Rumpfstruktur
32 Schott
33 Rumpfrückenleuchte
34 Funkausrüstungszelle
35 Funkraumklappe
36 hinterer Verkleidungsrahmen des Flächenansatzes
37 Stringer
38 Schlauchbootzylinder (Zugriffsklappe backbord)

39 Waffenstauraum
40 Scharnierklappen
41 Antenne
42 Browning-7,62-mm-Zwillings-MG
43 Gesichtsschutz des Bordschützen
44 Heckschiebehaube (geöffnet)
45 halbe Ringlafette
46 Gurtzuführung
47 Heckschiebehaube (geschlossen)
48 Munitionskasten
49 Sauerstoffzylinder
50 Sauerstoffrettungsgerät
51 Sauerstoff-Reservezylinder
52 Einstiegshilfe

53 hinterer Cockpitboden
54 Funkgeräteregler
55 Schützenposition
56 halbe Ringlafette
57 starrer Teil des Kabinendaches
58 Windabweiser
59 mittleres Panzerschott
60 Schrägstütze
61 Notsteuerung des Bordschützen
62 Direktverbindungen der Flugsteuerungsanlage
63 Hydraulik-Bedienpult
64 Einstiegshilfe
65 Sauerstoffrettungsgerät
66 Kartenfach
67 Pilotensitz
68 Rückenpanzer

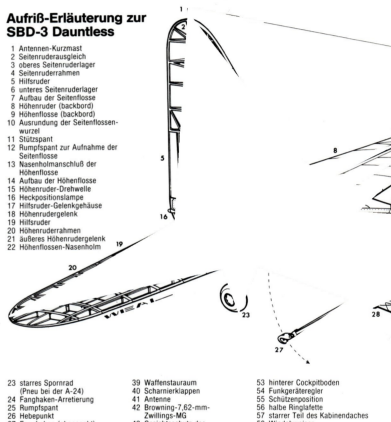

Die mexikanische Luftwaffe flog einige ehemalige Douglas A-24 der USAAF noch bis 1959. Abgebildet ist eine A-24B, die 1957 in das zivile Luftfahrzeugregister Mexikos eingetragen wurde.

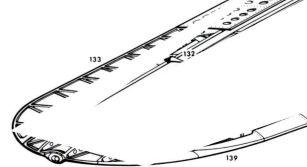

Eine A-24 Dauntless, Seriennummer 42-54543, der französischen Groupe de Chasse-Bombardement 1/18 „Vendée", im November 1944 in Vannes stationiert. Die ehemaligen USAAF-Dauntless wurden von Piloten des Freien Frankreich geflogen.

69 Katapultstart-Kopfstütze	84 Querruder-Stoßstange	98 Motorträger	114 Motorträger	125 Hauptfahrwerksdrehlager (steuerbord)	138 starrer Flügelschlitz
70 Frontschiebehaube	85 Teleskop-Visier	99 Schmierölbehälter	115 Bomben-Abwurfgabel (in Flugstellung)	126 Betätigung der Federbeinklappe	139 Flügelnase
71 Kompaß	86 Windschutzscheibe	100 Abgaskanal	116 Hydraulikentlüftung	127 Nasenrippen	140 Unterflügel-Radarantenne (Nachrüstung)
72 durchbrochene Sturzflugklappe	87 Innenscheibe aus Panzerglas	101 Ölkühler	117 Endstück des Hülsenauswurfs	128 mehrholmige Tragflächenstruktur	141 Außenlastträger
73 Antennenmast	88 Abdeckung der Instrumentenkonsole	102 Kühlluftklappen	118 Radschacht	129 Flügelrippen	142 45-kg-Bombe
74 Hilfsruder		103 Auspuffkrümmer	119 untere Befestigung des Motorträgers	130 Versteifungen	143 Federbeinklappe (steuerbord)
75 Querruder (backbord)	89 12,7-mm-Maschinengewehrpaar	104 Motorhaubenring	120 Trittfläche	131 gelochte Sturzflugbremsklappen	144 Hauptrad
76 Servoklappenanlenkung	90 Steuersäule	105 MG-Schußkanal	121 innerer Flügeltank (steuerbord, 284 Liter)	132 inneres Querrudergelenk	145 Radachse
77 Verbandsflugleuchte	91 Schaltpult	106 Vergaserlufteintritt	122 untere Sturzflugbremsklappe am Mittelstück	133 Querruderrahmen	146 Hauptfahrwerksbein
78 Backbord-Positionsleuchte	92 Instrumententafel	107 Sternmotor Wright R-1820-52 Cyclone	123 Verkleidung der Anschlußleiste der Außenfläche	134 äußeres Querrudergelenk	147 Bomben-Abwurfgabel
79 Pitotsonde	93 Hülsenauswurf	108 Dreiblatt-Propeller	124 äußerer Flügeltank (steuerbord, 208 Liter)	135 Steuerbord-Positionsleuchte	148 227-kg-Bombe
80 starre Flügelschlitze	94 Munitionsbehälter	109 Propellerhaube		136 Verbandsflugleuchte	149 Aluminium-Abwurftank (220 Liter)
81 Tragflächenbeplankung	95 obere Befestigung der Motorträger	110 Propellernabe		137 Randbogenaufbau	150 Schäkel/Kraftstoffleitung
82 ASB-Radarantenne (nachträglich unter den Flügel montiert)	96 gepanzerte Ablenkplatte	111 Hauptrad (backbord)			
83 Außenflügel-Kraftstofftank (208 Liter)	97 MG-Rohrgehäuse	112 Ölkühler-Lufteinlauf			
		113 Auspuffrohr			

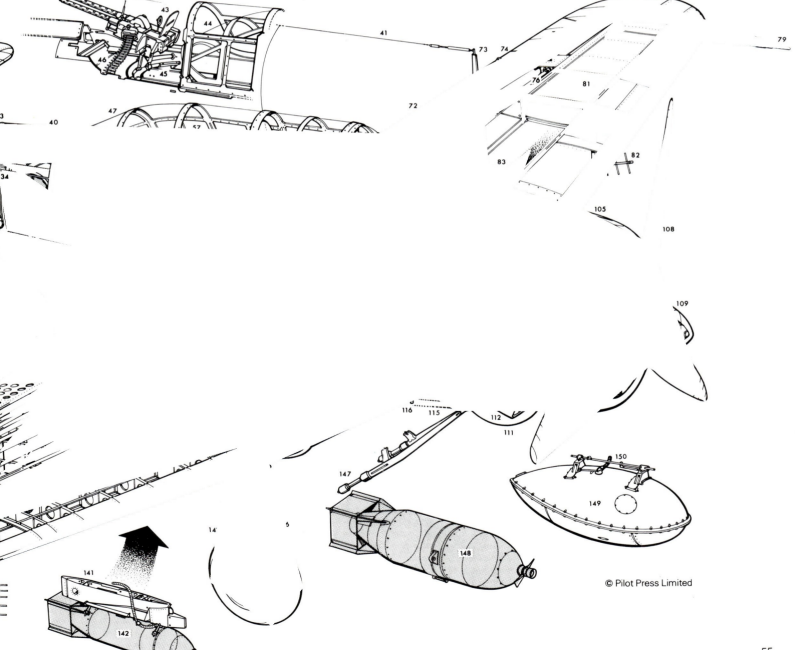

© Pilot Press Limited

55

Douglas SBD Dauntless

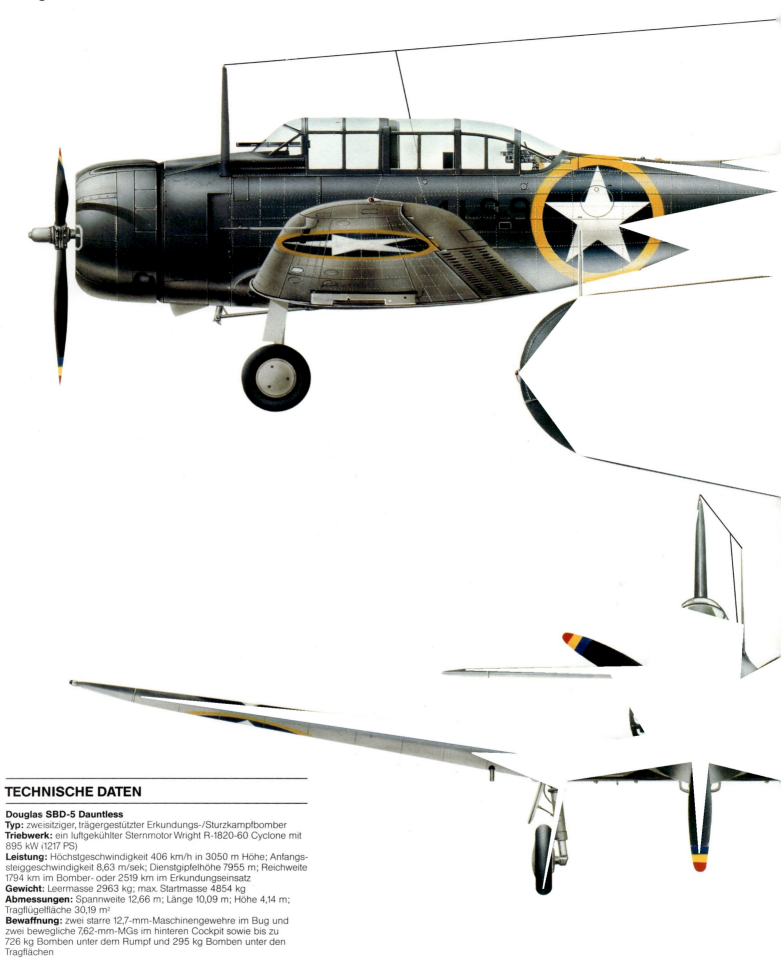

TECHNISCHE DATEN

Douglas SBD-5 Dauntless
Typ: zweisitziger, trägergestützter Erkundungs-/Sturzkampfbomber
Triebwerk: ein luftgekühlter Sternmotor Wright R-1820-60 Cyclone mit 895 kW (1217 PS)
Leistung: Höchstgeschwindigkeit 406 km/h in 3050 m Höhe; Anfangssteiggeschwindigkeit 8,63 m/sek; Dienstgipfelhöhe 7955 m; Reichweite 1794 km im Bomber- oder 2519 km im Erkundungseinsatz
Gewicht: Leermasse 2963 kg; max. Startmasse 4854 kg
Abmessungen: Spannweite 12,66 m; Länge 10,09 m; Höhe 4,14 m; Tragflügelfläche 30,19 m²
Bewaffnung: zwei starre 12,7-mm-Maschinengewehre im Bug und zwei bewegliche 7,62-mm-MGs im hinteren Cockpit sowie bis zu 726 kg Bomben unter dem Rumpf und 295 kg Bomben unter den Tragflächen

Bei dieser Dauntless handelt es sich um eine SBD-3 der „Scouting Forty One", VS-41, an Bord des Trägers USS Ranger (CV-4) während der Operation „Torch", der alliierten Invasion Nordafrikas im November 1942. Der gelbe Ring um das Hoheitsabzeichen war eine Erkennungshilfe, die die Alliierten in diesem Operationsgebiet verwendeten.

Mit voll ausgefahrenen „Schweizer-Käse"-Klappen jagt diese Dauntless in der klassischen Haltung eines Sturzkampfbombers nach unten. Frühe SBD konnten eine Bombenlast von 545 kg tragen, aber bis zum Erscheinen der SBD-5 gegen Ende des Krieges hatte sich diese um einiges gesteigert.

starken Wright R-1820-66, des endgültigen „Cyclone"-Motors, wurde eine SBD-5 zur XSBD-6. Anschließend fertigte man rund 450 SBD-6.

Gegen Ende des Krieges mußte die Dauntless in der Rolle als Sturzkampfbomber der moderneren SB2C Helldiver weichen, doch dieser problembehaftete Typ erreichte nie den Anerkennungsgrad des Douglas-Musters. Der Dauntless fielen nun weniger glanzvolle Aufgaben wie U-Boot-Patrouille und Luftnahunterstützung zu. Die SBD flogen aber auch bei mindestens 20 Staffeln des USMC, und Hunderte von ihnen wurden mit dem Westinghouse ASB-Radar nachgerüstet.

Großbritannien erwarb neun SBD-5 und nannte sie Dauntless DB.Mk I. Eine Maschine, die 1940 Spitzenleistungen erbracht hatte, wurde 1944 von britischen Testpiloten geprüft und als untermotorisiert und zu langsam beurteilt. Flugzeugführer empfanden die Dauntless zudem als anstrengend, laut und zugig. Ein einhelliges Urteil über den Grad ihrer Verletzlichkeit durch Abfangjäger wurde nicht erzielt. Der Pazifikkrieg zeigte, daß die Dauntless nicht übermäßig verwundbar war, doch die RAF-Testpiloten behaupteten das Gegenteil. Die britischen Maschinen wurden zwar geprüft, doch für eine Einsatzkarriere war die Dauntless zu spät gekommen.

Im Juli 1943 erhielt No. 25 Squadron der Royal New Zealand Air Force (RNZAF) 18 SBD-3 aus Beständen des US Marine Corps. Später übernahm die RNZAF-Squadron, die in Bougainville kämpfte, 27 SBD-4 und 23 SBD-5. Ein weiterer Dauntless-Fremdnutzer war Frankreich, wo zwei Einheiten der französischen Marine, Flottille 3B und Flottille 4B, im Herbst 1944 von Agadir, Marokko, aus die A-24 und SBD-3 einsetzten. Auf dem französischen Festland operierten Dauntless-Kampfbomber gegen die auf dem Rückzug befindlichen deutschen Truppen und hielten in stetig abnehmender Zahl bis zur deutschen Kapitulation durch. Die Produktion des Typs endete am 22. Juli 1944, doch die Jagdfliegerschule in Meknes nutzte die französischen SBD noch bis 1953 als Kunstflug-Übungsmaschinen.

Im amerikanischen Dienst, wo die A-24 1947 in F-24 umbenannt wurde, sorgten eine unbemannte Zieldrohne QF-24A und das zugehörige Leitflugzeug QF-24B (Nachbauten mit Seriennummern des Jahres 1948) dafür, daß der Typ Dauntless bis 1950 im Einsatz blieb.

Eine SBD-3 Dauntless der „Scouting Six" (VB-6) an Bord des Trägers USS Enterprise (CV-6) im März 1942. Nur wenige Monate später sollten diese Sturzkampfbomber vier japanische Flugzeugträger bei der Schlacht von Midway versenken und damit die Wende im Pazifikkrieg herbeiführen.

Diese SBD-Dauntless, BuAer Nr. 36897 (NZ5049), mit dem Spitznamen „Winni-Pu-III" gehörte zu der Serie, die No. 25 Squadron der Royal New Zealand Air Force zugeführt wurde. Als diese späten Dauntless-Ausführungen Anfang 1944 in Bougainville schließlich in Dienst gingen, galten sie bereits als nicht mehr fronttauglich.

Dauntless-Piloten flogen eine Maschine, die Fehler verzieh und kaum tückisch reagierte, außer daß im engen Kurvenflug leicht ein Strömungsabriß drohte. Bei Sturzflugeinsätzen näherte sich der Pilot seinem Ziel in 4000 bis 6000 m Höhe, brachte sich fast direkt darüber in Position, zog die Nase seiner Maschine hoch und fuhr sämtliche Sturzflugbremsen aus. Dann „rollte" er zum Angriff, wobei die Dauntless langsamer beschleunigte, als man erwarten würde, wenn sie im Winkel von 70° und mehr nach unten stürzte. Mit dem Reflex-Visier Mk VIII, das beim Sturzflug aufgrund der Temperaturänderung zum Beschlagen neigte, richtete der Pilot seine Bombenlast auf das Ziel, indem er einfach mit der Flugzeugnase darauf zuhielt. Sein Bombenauslöser war ein roter Knopf mit dem Buchstaben „B" am Steuerknüppel, und er konnte die Waffen einzeln ausklinken. Bei der US Navy ist das Phänomen der „target fixation" oder „target fascination" überliefert. Die Marinepiloten waren derart auf das Ziel fixiert, daß sie ihre Maschine nicht mehr rechtzeitig aus dem Sturzmanöver ausleiten konnten. Ansonsten ließ sich die Dauntless nach dem Abwurf der Bomben mühelos mit einer einfachen Bewegung des Steuerknüppels aus dem Sturzflug ziehen. Im Normalflug verhielt sich die Maschine einwandfrei, und der Pilot hatte eine ausgezeichnete Sicht, sowohl im Horizontalflug als auch beim Abstieg zur schwierigen Trägerlandung. Nur wenige Flugzeuge waren so robust wie die Dauntless, die häufig auch mit schweren Kampfbeschädigungen noch heimkehrten.

Eine Dauntless-Formation (SBD-5) der VMS-3 des USMC hoch über dem Atlantik. Der dunkelgraue und schmutzigweiße Sichtschutz für das Operationsgebiet Atlantik wurde Anfang 1944 eingeführt.

Nach dem Krieg gelangten einige A-24B Dauntless zur mexikanischen Luftwaffe, die diesen Typ als wohl letzter Nutzer bis 1959 flog. Heute ist eine vorbildlich erhaltene Douglas Dauntless im US Marine Corps Museum in Quantico, Virginia, ausgestellt, und die einzige noch flugtaugliche Maschine befindet sich im Besitz der Confederate Air Force in Harlington, Texas.

Varianten der Douglas SBD Dauntless

XSBD-1: Umbau der Northrop XBT-2; BuAer Nr. 0627; Einzelexemplar
SBD-1: erste Serienversion; BuAer Nr. 1596/1631 und 1735/1755; insgesamt 57 Flugzeuge
SBD-1P: acht zu Aufklärungsflugzeugen umgerüstete SBD-1
SBD-2: verbesserter Panzerschutz, selbstdichtende Kraftstofftanks; BuAer Nr. 2102/2188; insgesamt 87 Flugzeuge
SBD-2P: 14 zu Aufklärungsflugzeugen umgerüstete SBD-2
SBD-3: verbesserte Serienversion; BuAer Nr. 4518/4691, 03185/03384 und 06492/06701; insgesamt 584 Exemplare
SBD-3A: von einem USN-Baulos für die USAAF als A-24 abgezweigte SBD-3
SBD-3P: 43 zu Aufklärungsflugzeugen umgerüstete SBD-3 mit 24V-Bordelektrik
SBD-4: Serienversion mit neuem Propellertyp und verbesserter Bordelektrik; BuAer Nr. 06702/06991 und 10317/10806; insgesamt 780 Exemplare
SBD-5: Serienflugzeuge mit R-1820-60-Motor; BuAer Nr. 10807/10956, 10957/11066, 23059/28829, 28831/29213, 35922/36421, 36433/36932 und 54050/54599; insgesamt 2965 Flugzeuge
SBD-5A: von einem USAAF-Baulos abgezweigte Maschinen, ursprünglich als A-24B für die US Army bestimmt, aber an die US Navy ausgeliefert; BuAer Nr. 09693/09752; insgesamt 60 Exemplare
XSBD-6: Prototyp der SBD-6; BuAer Nr. 28830; Einzelexemplar
SBD-6: letzte Serienversion mit R-1820-66; eine umgerüstete SBD-5 (BuAer Nr. 35950), alle anderen neugebaute Dauntless, BuAer Nr. 54600/55049; insgesamt 450 Flugzeuge
A-24: ursprünglich SBD-3A bezeichnet und an die USAAF geliefert; Seriennummern 41-15746/15823 und 42-6682/6771; insgesamt 168 Flugzeuge
A-24A: USAAF-Version der SBD-4; Seriennummern 42-6772/6831 und 42-60772/60881; insgesamt 170 Flugzeuge
A-24B: USAAF-Version der SBD-5; Seriennummern 42-54285/54899; insgesamt 615 Maschinen
RA-24A: neue Bezeichnung nach 1942, die den veralteten Status zum Ausdruck brachte
RA-24B: neue Bezeichnung nach 1942, die den veralteten Status zum Ausdruck brachte
F-24A: Umbenennung nach 1947
F-24B: Umbenennung nach 1947
QF-24A: zur Zieldrohne umgebaute F-24; Einzelexemplar
QF-24B: zum Drohnenleitflugzeug umgebaute F-24; Einzelexemplar mit der Seriennummer 48-45

SBD-5 oder Dauntless Mk I (JS997) der Royal Navy beim RAE in Farnborough im Oktober 1944, als sie im Vergleichsfliegen mit der Curtiss Helldiver und der Vultee Vengeance geprüft wurde. Wieso RAF- und RN-Piloten die Dauntless in dieser späten Phase des Krieges überhaupt noch testeten, bleibt unklar. Sie fühlten sich in dieser Maschine wohl, beurteilten die Leistung aber als nicht gerade atemberaubend.

Lockheed Hudson

Die Mitte der dreißiger Jahre eingeführten kleinen Verkehrsflugzeuge retteten die in Burbank ansässige Firma Lockheed vor dem Bankrott und sorgten für einen neuen Aufschwung. Als wenig später die Zeichen auf Krieg standen, erkannte Lockheed sofort den Mangel an Patrouillenbombern und schnellen Transportflugzeugen und ergriff entsprechende Initiativen.

Im Jahre 1932 stand Lockheed am Rande des finanziellen Ruins. Der Konkursverwalter bezifferte die Aktiva des Unternehmens auf lediglich 129.961 Dollar und bot es zum Verkauf an. Während Firmengründer Allan Loughead sich noch bemühte, Geld zum Kauf seines alten Konzerns aufzutreiben, griff der Börsenmakler und Bankier Robert Ellsworth Gross zu und erwarb die fast abgewirtschaftete Flugzeugfirma für die legendäre Summe von 40.000 Dollar. So wie viele andere Geschäftsleute, die mit ihrem Geld spekulieren, kannte sich auch Gross in der komplizierten Welt der Luftfahrtindustrie kaum aus, besaß aber einen gesunden Geschäftssinn und unterlag zunehmend der Faszination, die von der neuen Generation kommerzieller Verkehrsflugzeuge ausging. Nach genauer Einschätzung der Lage sagte Gross voraus, daß die Zukunft des Unternehmens nicht in der Produktion von Postflugzeugen oder im Militärbereich liege, sondern in der Entwicklung von schnellen und relativ kleinen Pendler- und Zubringermaschinen, die letztlich auch die führende Stellung der neuen Boeing- und Douglas-Muster herausfordern könnten. Mit Gross kam Hall Hibbard, ein junger Luftfahrzeugingenieur vom Massachusetts Institute of Technology, um gemeinsam mit Lloyd Stearman die Arbeit an verschiedenen erfolgversprechenden Konstruktionen aufzunehmen. Es war jedoch Gross, der das Projekt in Richtung eines kleinen, zweimotorigen Ganzmetall-Flugzeugs lenkte. Zum Konstruktionsteam stießen noch George Prudden und James Gerschler sowie später C. L. „Kelly" Johnson hinzu. Letzterer stellte schon frühzeitig sein brillantes Können unter Beweis, als er die Windkanal-Asymmetrie-Probleme des neuen Lockheed-Modells löste, das später als Modell L-10 bekannt wurde.

Am 23. Februar 1934 rollte das Lockheed-Modell L-10 Electra aus der Halle, ein kleines zweimotoriges Flugzeug aus glänzend poliertem, unlackiertem Aluminium. Es wurde angetrieben von zwei Sternmotoren Pratt & Whitney R-985-SB je 336 kW (457 PS), hatte eine Kabine mit zwölf Sitzen für Besatzung und Fluggäste, eine Leermasse von 2928 kg und eine Betriebsmasse von 4672 kg. Testflüge ergaben eine Spitzengeschwindigkeit von 325 km/h sowie eine glänzende Reisefluggeschwindigkeit von 306 km/h. Nach einer umfassenden Erprobung überführte Marshall Headle den Electra-Prototyp nach Mines Field, Los Angeles, für die FAA-Zulassung, die einige Wochen später erging. Beim Rückflug nach Burbank ereignete sich ein erschreckender Zwischenfall. Bis zum Erstflug der L-10 hatte Lockheed für die Entwicklung Schulden in Höhe von 139.404 Dollar gemacht, und beim Landeanflug des frisch zugelassenen, unschätzbar wertvollen Prototyps mißglückten alle Versuche der Besatzung, eines der Haupträder aus dem Fahrwerksschacht zu bewegen. Pilot Headle gelang jedoch auf dem nahegelegenen Union Air Terminal eine kunstvolle Landung auf nur einem Rad, so daß die Electra nur minimal beschädigt wurde. Er verhinderte damit die drohende Firmenkatastrophe infolge eines erneuten finanziellen Rückschlags. Von da an lief alles glatt. Der Absatz des Modells L-10 Electra schoß in die Höhe mit Abnehmern wie Mid-Continent Airlines, Northwest Airlines, Northeast Airlines, Cia Nacional Cubana, Pan American Airways, Panair do Brasil, Braniff Airways, National Airlines, British Airways, Delta Air Lines, Eastern Air Lines,

Eine Lockheed A-29 in den Farben der US Army Air Force von Anfang 1942. Zunächst waren alle 800 A-29 und A-29A im Rahmen der Lend-Lease-Vereinbarung für die RAF bestimmt, doch als sich die Lage im Pazifik und in Fernost zuspitzte, wurden viele für die USAAF einbehalten. Einige von ihnen dienten zur Ausbildung von Besatzungen, andere als Kampfbomber und als Seepatrouillenflugzeuge. Eine dieser Maschinen versenkte als erstes USAAF-Flugzeug ein deutsches U-Boot im Zweiten Weltkrieg.

Die höchste militärische Entwicklungsstufe der zweimotorigen Lockheed-Flugzeugfamilie stellte die PV-2 Harpoon dar, ausrüstbar mit Bordraketen unter den Tragflächen und mit fünf Maschinengewehren im Bug.

Chicago and Southern, LAV (Venezuela), LOT (Polen), LARES (Rumänien), AEROPUT (Jugoslawien) und LAN-Chile sowie zahlreichen Privatleuten, darunter auch Amelia Earhart.

Eine L-10 Electra (NR16055) war das siebte Lockheed-Flugzeug, das erfolgreich den Atlantik überquerte. Dick Merill und John Lambie waren 1937 mit ihr nach London geflogen, um Fotos von den Krönungsfeierlichkeiten Königs George VI. zu besorgen. Im selben Jahr blieben irgendwo in der Weite des Pazifischen Ozeans zwischen Lae, Neuguinea und Howland Island die Fliegerin Amelia Earhart und ihr Navigator bei einem Rekordversuch mit ihrer Electra L-10 für immer verschollen. In der Zeit vom 29. Juni 1934 bis zum 18. Juli 1941 wurden insgesamt 149 L-10 gebaut, von denen viele bei den kanadischen Luftstreitkräften (RCAF) und der argentinischen Marine sowie bei der US Army, US Navy und US Coast Guard dienten.

Größer und besser

Das Zwischenmodell L-12 Electra Junior startete am 27. Juni 1936 genau zur geplanten Zeit, um 12.12 Uhr, mit Marshall Headle am Steuer zum Erstflug. Inzwischen blühte das Geschäft, und Lockheed hatte im vorangegangenen Jahr Aufträge im Wert von 2 Millionen Dollar verbucht. Die sechssitzige L-12 kostete 40.000 Dollar, war direkt auf den Geschäftsreise- und Zubringermarkt zugeschnitten und stellte eine kleinere Ausgabe des Vorgängermodells mit zwei P&W-Sternmotoren R-985-SB dar. Bei einem Gesamtgewicht von 3924 kg erreichte sie eine Spitzengeschwindigkeit von 362 km/h und eine Dienstgipfelhöhe von 6800 m. Ihre Leistung und Flugeigenschaften waren besser als die der meisten Jagdflugzeuge jener Zeit, und die Maschine verkaufte sich daher sehr gut. Der L-12 gelangen mehrere Rekordwerte, darunter die neue Durchschnittsgeschwindigkeit von 388 km/h, die Testpilot E. C. McLead auf dem Überführungsflug einer L-12 für den Maharadscha von Jodhpur von Amsterdam nach Indien trotz vier Zwischenstopps zum Nachtanken erreichte. Bis zur Einstellung der Serie im Sommer 1942 wurden insgesamt 130 L-12 gefertigt.

Das größere und antriebsstärkere Lockheed-Modell L-14 Super Electra, in das viele der neuesten luftfahrttechnischen Entwicklungen eingeflossen waren, flog erstmals am 29. Juni 1937. Neu an diesem 14sitzigen Muster war die Verwendung von 24SRT-Duralumin, einem Hochgeschwindigkeits-Flügelprofil (NACA 23018 innen und 23009

Eine Super Electra der holländischen KLM über Rotterdam zeigt die markante Silhouette, die auch den Nachkommen Hudson prägte. Das durchweg aus Metall konstruierte und von Wright-Sternmotoren GR-1820-G3B angetriebene Modell 14 flog erstmals am 29. Juli 1937. Später kauften etliche Konzerne dieses Muster, und Howard Hughes nutzte es für seinen berühmten Rekordflug „rund um den Globus".

Diese Lockheed Lodestar (eines von 625 verkauften Modell-18-Flugzeugen) zeigt das höher gelegte Leitwerk, mit dem turbulente Störungen vermieden werden sollten. Die von Marshall Headle am 2. Februar 1940 im Flug erprobte L-18 diente anschließend bei einer Reihe von Luftverkehrsgesellschaften, einschließlich Mid-Continent (die drei Maschinen zum Stückpreis von 90.000 Dollar bestellte).

Eine Ventura Mk II der No. 21 Squadron, RAF, die unter No. 2 (Bomber) Group von Methwold Airfield aus operierte. Die RAF-Ventura nahmen den Dienst im November 1942 auf. Im Frühjahr und Sommer 1943 kämpften No. 21, 464 und 487 Squadron mit der Ventura über feindbesetzten Teilen Frankreichs, Belgiens und Hollands, häufig mit beträchtlichen Verlusten.

außen), Tragflügeln mit einem einzigen Hauptholm und hohem Belastungswert, mächtigen Fowler-Landeklappen und zwei der neuesten Cyclone-Motoren GR-1820-G3B von Wright. Bei einem Leergewicht von 4854 kg und einem Startgewicht von 7938 kg hatte die neue L-14 eine Spitzengeschwindigkeit von 414 km/h. Ihre Reisegeschwindigkeit lag um 48 km/h über der aller anderen Verkehrsmaschinen in den USA, und mit einer Reisegeschwindigkeit von 381 km/h unterbot die Super Electra die Flugzeit der Douglas DC-3 auf der Strecke von der amerikanischen Westküste nach New York um vier Stunden. Das Unternehmen genoß inzwischen ein so hohes Ansehen, daß sogar schon vor der öffentlichen Vorstellung des Musters 30 L-14 bestellt waren, und die Maschine erfüllte bald darauf alle Erwartungen. Der Millionär Howard Hughes kaufte eine L-14 und vergrößerte das Standardtankvolumen von 3438 auf 6980 Liter für einen Erdumrundungs-Rekordversuch. Am 10. Juli 1938 startete er mit seiner Besatzung in New York und landete nach einem 23.670 km langen Flug über Paris, Moskau, Jakutsk, Fairbanks und Minneapolis, der drei Tage, 17 Stunden, 14 Minuten und zehn Sekunden gedauert hatte, auf dem Floyd Bennett Field. Heute sind die 112 gebauten L-14 aber eher als Vorfahren eines der erfolgreichsten Lockheed-Kriegsflugzeuge in Erinnerung. Die Lizenzproduktion der L-14 belief sich in Japan auf 64 Maschinen von Tachikawa und 55 von Kawasaki.

Von der Super Electra zur Hudson

Im April 1938 besuchte die britische Rüstungskommission die USA mit 25 Millionen Dollar im Handgepäck, um ein qualitativ gutes US-Flugzeug zur Stärkung der Royal Air Force für den immer wahrscheinlicher werdenden Krieg zu kaufen. Damals beschäftigte Lockheed nur 2000 Mitarbeiter und hatte zugunsten des zivilen Marktes auf die Konstruktion jeglicher Militärflugzeuge verzichtet. Nach zehn Tagen hektischer Aktivitäten trat die Firma aber mit einem Entwurf an, der bei der Kommission auf Interesse stoßen konnte: Es handelte sich um nichts anderes als eine umgebaute L-14 mit Bombenschacht, Bombardier-Visierscheibe und Bugverglasung sowie Vorrichtungen für diverse Bewaffnungen. Die Briten, die einen Mittelstrecken-Seepatrouillenbomber für den Einsatz über der Nordsee benötigten, waren beeindruckt. Auf Einladung von Sir Henry Self, dem für Rüstungsverträge zuständigen Direktor im Londoner Luftfahrtministerium, reisten Courtlandt Gross (der Bruder von Robert Gross), Carl Squier, C. L. Johnson, Robert Proctor und R. A. van Hake zu einer Besprechung nach London. Der Erstauftrag über 175 Exemplare des Modells B14, nunmehr unter dem Namen Hudson bekannt, wurde am 23. Juni 1938 unterzeichnet, eben-

Eine Lockheed PV-2 Harpoon der US Naval Reserve mit dem Zwillings-MG Colt im Bug. Die ersten von insgesamt 69 im Jahr 1944 ausgelieferten Maschinen gingen im März bei Staffeln in Dienst, die über den Kurilen zum Einsatz kamen. Die Produktion wurde schließlich zugunsten der ausgezeichneten P2V Neptune eingestellt.

Nach dem Krieg wurde die ausgesonderte Lockheed Ventura vielfach zum luxuriösen Geschäftsreiseflugzeug umgebaut. Dieses schmucke Exemplar, N5390N, ist eine Howard Aero Super Ventura.

Lockheed Hudson

Aufriß-Erläuterung zur Lockheed Hudson Mk I

1. Positions-/Kennleuchte (steuerbord)
2. Randbogen (steuerbord)
3. Enteisungsschlitze
4. interne Leitbleche
5. interner Querruder-Gewichtsausgleich
6. Querruder (steuerbord)
7. Hilfsruder
8. Hilfsrudermechanik
9. Steuerseile
10. Struktur des Flügelhauptholms
11. Enteisungsrohre
12. Nasenkanten-Enteisungsmanschette
13. Hauptflügelrippen
14. Flügelbeplankung
15. Klappenkontrollseil
16. Klappenführung
17. Klappenseilzüge/Seilrollen
18. Klappenspurgehäuse
19. Landeklappe (steuerbord, ausgefahren)
20. Antennenmast
21. Antennenei der Funkpeilanlage
22. Tragverband
23. Antenneneinführung
24. Cockpit-Frischluftversorgung
25. Rahmen der Flugdeck-Sonnenschutzblenden
26. Scheibenwischermotor
27. abwerfbares Kabinendachelement
28. Konsolenbeleuchtung
29. Scheibenwischer
30. Klappsitz für zweiten Flugzeugführer
31. einstellbare Seitenscheibe
32. Frontscheibenrahmenträger
33. externes MG-Visier
34. Steuerhorn des zweiten Piloten (Notsteuerknüppel, freistehend)
35. mittlere Instrumentenkonsole
36. Tunnel zum Bugabteil
37. Schott
38. Schmierölbehälter des Steuerbordmotors
39. starre, vorwärtsfeuernde Browning-Maschinengewehre, Kaliber 7,7 mm (zwei)
40. Vergaserlufteinlauf
41. Sternmotor Wright R-1820-G102A
42. Motorzelle (steuerbord)
43. Motorhaubenring
44. Dreiblatt-Propeller
45. Propellerhaube
46. Bugraum-Frischluftzufuhr
47. MG-Mündung
48. Bugstruktur
49. Dachfenster
50. Fensterrahmen
51. Bugkonus
52. Seitenscheiben
53. Kompaß
54. Navigationstisch
55. verschiebbarer Sitz des Navigators
56. Bombenschützen-Planscheiben
57. Bombenschützenliege
58. Bombenwahl-Schaltkasten
59. Navigationsinstrumente
60. vorderer Leuchtsignalwerfer
61. Halterung des Bombenzielgerätes
62. Bugspanten
63. Bugraum-Warmluftzufuhr
64. Flüssigkeitsbehälter der Scheibenenteisungsanlage
65. MG-Munitionsmagazine
66. Seitenruderpedalbaugruppe
67. Steuersäule des Piloten
68. Pilotensitz
69. Bediengeräte der Funkausrüstung des Piloten
70. Vorderrumpf-Schrägspant
71. Verbindung Rumpfspant/Flügelholm
72. Hydrospeicher
73. Bordfunkertisch
74. Sitz des Funkers
75. Sender
76. Empfänger
77. durch den Rumpf geführter Flügelhauptholm
78. Verbindung Rumpfspant/Flügelholm
79. Funkausrüstungsgestell
80. Kabinen-Frischluftzufuhr
81. Astronavigationstisch
82. Flügelklappenarbeitszylinder
83. Rauchbojengestell
84. Backbord-Kabinenfenster
85. seitlicher MG-Gefechtsstand (truppenseitige Änderung)
86. MG-Stützposten
87. Steuerbord-Kabinenfenster
88. Astrokuppel (Mk III und Nachrüstung)
89. Rumpfspanten
90. Stringer
91. Leuchtkörper-Stauraum
92. Fallschirmlager
93. hinteres Rumpfschott
94. Antennen
95. Boulton-Paul-Rückenturm
96. Schrägspant zur Einfassung des Waffenturms
97. Drehkranz
98. Rückenausschnitt-Formspant
99. Schott
100. Heckschott/Leitwerksträger
101. Leitwerksflächen-Steuerverbindung
102. Höhenflosse (steuerbord)
103. 7,7-mm-Zwillings-MG
104. Seitenruder-Seilquadrant
105. Seilzug
106. Enteisungsrohr
107. Endplatte (steuerbord)
108. Enteisungsmanschette
109. Seitenflossenhaut
110. Hilfsruderanlenkung
111. Antennenhalterung
112. oberer Seitenruderausgleich
113. Seitenruder
114. Seitenruder (steuerbord)
115. Höhenruder-Servoklappe
116. Höhenruder (steuerbord)
117. Hilfsruderanlenkung
118. Höhenruder-Steuermechanik
119. starres Mittelstück
120. Heckpositionsleuchte
121. Höhenruder (backbord)
122. Höhenruder-Servoklappe
123. Seitenflossen-Enteisungsmanschette
124. Seitenflossenaufbau
125. oberer Seitenruderausgleich
126. oberes Seitenruderlager
127. Servoklappe
128. Struktur des Seitenruders
129. Endplatte (backbord)
130. unterer Seitenruderausgleich
131. starres Spornrad
132. Struktur der Höhenflosse
133. Heckrad-Stoßdämpferstrebe
134. Leitwerksstützspant
135. Warmluftschlauch
136. Heckschott-Schließdeckel
137. Seilquadrant
138. Drehturmmechanik/-sockel
139. hinterer Leuchtfackelwerfer
140. Toilette
141. Stufe
142. Einstiegstür (abwerfbares Schlauchbootgehäuse)
143. Munitionszuführung/Magazine
144. Schlauchbootfreigabezylinder/ Handhebel
145. Tunnel zum MG-Gefechtsstand in der Bodenwanne (Sonderausrüstung)
146. Laufsteg zur Kabine (backbord)
147. Kameraöffnung
148. Bauch-MG-Stellung
149. Bombenschachtklappenquadrant
150. hinterer Bombenschacht
151. Landeklappe (backbord)
152. Klappenführung
153. Querruder-Servoklappe
154. Querruder (backbord)
155. interner Querruder-Gewichtsausgleich
156. Aufbau des Randbogens
157. Positions-/Kennleuchten (backbord)
158. interne Leitbleche
159. Flügelschlitze
160. Tragflächenstruktur
161. Hauptholm
162. Nasenrippen
163. Nasenkanten-Enteisungsmanschette
164. Rippen-Baugruppe
165. Hauptradschacht
166. Motorgondelheck
167. Hinterholm/Flügelverbindung
168. Hauptholm/Flügelverbindung
169. hinterer Flügelkraftstofftank (backbord)
170. Bombenschacht-Arbeitszylinder
171. vorderer Flügelkraftstofftank (backbord)
172. Servozylinder
173. Fahrwerkseinziehzylinder
174. Fahrwerksträger/Befestigungsstrebe
175. Schmierölbehälter des Backbordmotors
176. Motorstützspant
177. Enteisungsflüssigkeitsbehälter für Vergaser
178. Motorträgerverband
179. vorderer Bombenschacht
180. Vergaserlufteinlauf
181. Batterie
182. Rauchbojen
183. Propeller-Enteisungsflüssigkeitsbehälter
184. Motorträger-Ringspant
185. Motorhaubenring
186. Propellerhaube
187. Dreiblatt-Propeller
188. Hauptrad (steuerbord)
189. Pitotsonde
190. Ölkühlerlufteintritt
191. Auspufftrichter
192. Fahrwerksdrehschenkel
193. Zugstrebe
194. Auspuffstutzen
195. Stützstrebe
196. Ölfederbein
197. Federbeinschere
198. Hauptrad (backbord)
199. Achsnabe
200. Schleppöse
201. Federbeinklappe
202. Markierungsboje
203. 113-kg-Fliegerbombe

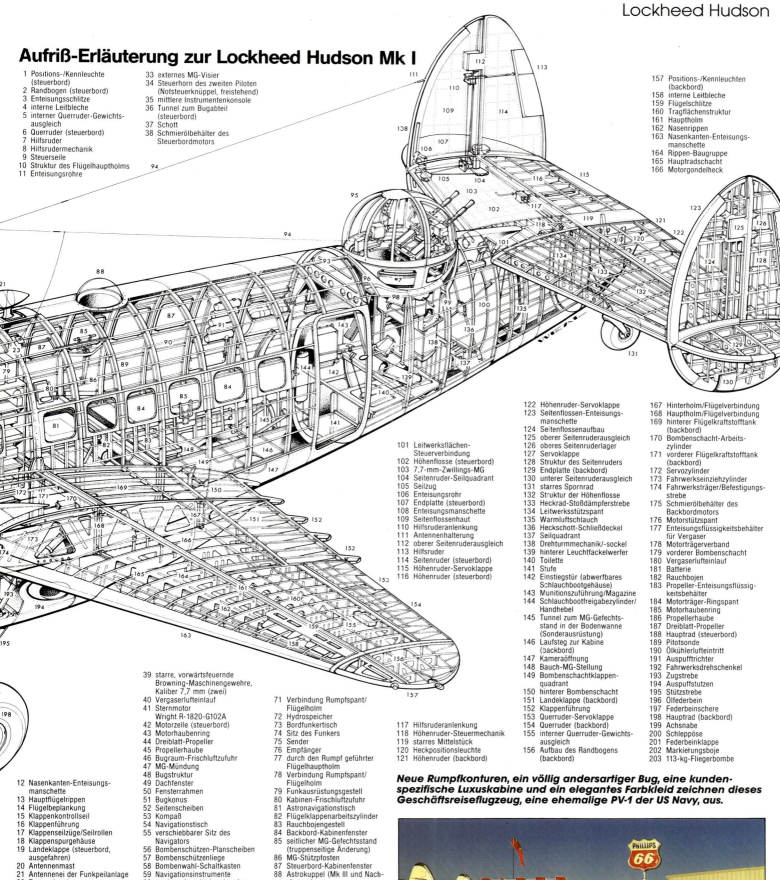

Neue Rumpfkonturen, ein völlig andersartiger Bug, eine kundenspezifische Luxuskabine und ein elegantes Farbkleid zeichnen dieses Geschäftsreiseflugzeug, eine ehemalige PV-1 der US Navy, aus.

Eine Lockheed PV-1 der US Navy Squadron VB-135, die 1944 im Operationsgebiet Pazifik kämpfte. Die ersten PV-1 mit P&W-Sternmotor R-2800-31 gingen im Dezember 1942 bei VP-82 als Ersatz für die PBO-1 (Hudson) in Dienst. Etwa 1600 PV-1 wurden für die US Navy produziert. Der viel widerstandsärmere Martin-Rückenturm steigerte die Spitzengeschwindigkeit der PV-1 auf 502 km/h in 4200 m Höhe.

Die Lockheed XC-35, eine umgebaute L-12, wurde 1936 im Auftrag des US Army Air Corps gebaut, um den Flug in großer Höhe zu erforschen. Sie hatte einen Rumpf mit kreisrundem Querschnitt, ausgelegt für einen Differenzdruck von 0,69 bar, und war das erste Luftfahrzeug mit Druckkabine und Ladermotoren. Ihr Jungfernflug fand am 7. Mai 1937 statt.

so wie eine Klausel über eine weitere Lieferung von maximal 250 Flugzeugen bis zum Dezember 1939. Dies war der bislang größte Rüstungsauftrag, den eine amerikanische Firma je erhalten hatte. Der erste Hudson-Bomber Mk I schwang sich am 10. Dezember 1938 in die Luft, und die inzwischen 7000 Beschäftigten des Unternehmens mußten hart arbeiten, um die Aufträge zu erfüllen, die mit den zusätzlichen Bestellungen an P-38 und B-34 auf den ungeheuren Wert von 65 Millionen Dollar gestiegen waren.

Die ersten Hudson Mk I erreichten Großbritannien am 15. Februar 1939 auf dem Seeweg. Der Typ wurde von zwei Wright GR-1820-G102A Cyclone angetrieben, deren Leistung von 820 kW (1115 PS) in zwei Stellungen regelbare Hamilton-Propeller umsetzten. Im Aufklärungseinsatz führte die Hudson Mk I eine F.24-Luftbildkamera, diverse Leuchtfackeln und eine Bombenlast von bis zu 500 kg mit, entweder vier 114-kg-GP, -SAP beziehungsweise -AS oder zehn 50-kg-Wasserbomben. Als Überlast waren zwölf 51 kg schwere AS-Bomben Mk VIIc möglich, aber dann ließen sich die Bombenschachtklappen nicht vollständig schließen. Nach der Ausrüstung mit Extras durch die Lockheed-Vega-Niederlassung in Speke (Liverpool) wurden im August 1939 die ersten Hudson Mk I und Mk II (letztere unterschieden sich durch Verstellpropeller der Marke Hamilton Standard Type 611A-12/3E50-253) an die von Wing Commander E. A. Hodgson geführte No. 224 Squadron in Leuchars, Schottland, ausgeliefert. Der Typ war nicht ganz so manövrierfähig wie die leichtere Avro Anson, aber nach Meinung der Staffelangehörigen bestens für Patrouillenflüge über der Nordsee bis nach Norwegen, ins Skagerrak und in die Deutsche Bucht geeignet. Bei einer Marschgeschwindigkeit von 306 km/h in 610 m Höhe hatte die Hudson mit ihrem Kraftstoffverbrauch von 323 Litern pro Stunde eine maximale Flugdauer von über sechs Stunden mit 20 Prozent Reserve sowie einen Einsatzradius von 917 km. Die anfangs leicht bewaffneten Maschinen wurden im Frühjahr 1940 mit 7,7-mm-Zwillings-MGs im Bug und an den Rumpfseiten sowie dem Rückenturm Boulton Paul Type „C" Mk II nachgerüstet.

Ein Hudson-Paar der in Wick, Schottland, stationierten No. 269 Squadron des RAF Coastal Command auf einem typischen Wachflug in geringer Höhe über dem Meer. Während der meisten Zeit des Krieges war die Staffel mit U-Boot-Patrouillen befaßt.

Bei Ausbruch des Zweiten Weltkriegs gehörten die Hudson Mk I des RAF Coastal Command zu den ersten RAF-Flugzeugen, die zum Einsatz kamen. Am 4. September 1939 fand das erste Gefecht mit einem deutschen Flugzeug statt, als T-Tommy (N7214) von No. 224 Squadron mit Flying Officer H. D. Green als Kommandant über der Doggerbank auf eine Dornier Do 18 stieß. Außer No. 224 Squadron wurden No. 206, 269, 233, 320 und 220 Squadron in den Jahren 1939/40 mit der Hudson ausgerüstet. Neben Aufklärungsflügen über den westlichen Anmarschwegen und dem Großraum Nordsee kam es zu intensiven Kampfeinsätzen während des Zwischenfalls mit dem deutschen Gefangenenschiff Altmark und der anschließenden deutschen Invasion Skandinaviens vor Norwegen sowie während der Evakuierung von Dünkirchen über den Ärmelkanal. 1941 bekämpften die Hudson der RAF und der RCAF von Großbritannien, Island und Neufundland aus deutsche Unterseeboote, und am 27. August 1941 zwang eine Hudson der No. 269 Squadron aus Kaldadarnes die Besatzung der U-570 nach wiederholten Angriffen zur Kapitulation. Die Verwendung der Hudson blieb aber nicht auf die RAF und die RCAF beschränkt. Anfang 1942 flogen A-28 und A-29 der US Army sowie PBO-1 der US Navy zahlreiche Einsätze entlang der Ostküste der Vereinigten Staaten, während sich in Fernost Squadron No. 1 und 8 der RAAF während der japanischen Invasion von Malaya, Java und Burma in der Defensive befanden. Bis Produktionsende im Juni 1943 baute Lockheed insgesamt 2941 Maschinen in sechs Hauptversionen, die an allen angloamerikanischen Fronten dienten.

Eine direkte Fortentwicklung der L-14, die Lockheed L-18 Lodestar, startete am 21. September 1939 zum Erstflug. Sie hatte einen um 1,68 m gestreckten Rumpf und etwas höher gelegte Höhenruder, um Flattervorgänge des Leitwerks auf ein Mindestmaß zu reduzieren. Bis Ende 1940 wurden rund 54 Exemplare des 17sitzigen Modells 18 an so unterschiedliche Kunden wie Mid-Continent (Erstkäufer des 90.000 Dollar kostenden Musters), Régie Air Afrique, Niederländisch-Indien, BOAC und South African Airways verkauft. Im Zweiten Weltkrieg beschafften die US Army und die US Navy das Modell 18 als Transportflugzeuge. Die Versionen der US Army waren die C-56 (in Ausführun-

Nach dem Zweiten Weltkrieg wurden viele Ventura-Flugzeuge in aller Welt weiterverwendet. Diese ehemalige GR.Mk V der Royal Canadian Air Force war einer Lancaster MR.Mk 10 gewichen, diente aber noch bis in die fünfziger Jahre als Zielschleppmaschine auf Sea Island, Vancouver. Der Signalfarben-Ringelanstrich hieß „Oxydol special" in Anspielung auf eine populäre Seifenpulvermarke.

Lockheed Hudson

Der bedeutendste Ventura-Nachkriegsnutzer war die südafrikanische Luftwaffe, die ihr Restkontingent (einschließlich dieser GR.Mk V) mit vielen ehemaligen B-34 und PV-1 zusammenfaßte, um ihren Bedarf an Seepatrouillen- und mittelschweren Bombern bis zum Eintreffen der Shackleton im Jahr 1958 abzudecken. Nr. 6472 diente bei No. 17 Squadron.

gen bis zur C-56E), C-57 und C-57B, C-59, C-60 und C-60A, C-66 und C-111, die sich jeweils in Motortyp, Sitzanordnung und Zusatzausstattung voneinander unterschieden. Die Marineversionen hießen R50 (in Ausführungen bis zur R50-6), und die RAF flog die Lodestar Mk I, IA und II.

Auf einen britischen Auftrag hin entwickelte die Vega Aircraft Corporation eine militärische Version des Modells L-18, die bei der RAF als Ventura, bei der US Army Air Force als B-34 und B-37 sowie bei der US Navy als PV-1-Patrouillenbomber flog. Alle Maschinen wurden von zwei P&W-Sternmotoren R-2800-31 je 1492 kW (2029 PS) angetrieben, ausgenommen die RAF-Ventura Mk I mit R-2800-S1A4G und die wenigen B-37 mit Wright R-2600-13. Die erste Ventura Mk I flog erstmals am 31. Juli 1941 und ging zusammen mit den antriebsstärkeren Varianten Mk II und IIA im November 1942 bei No. 2 (Bomber) Group in Dienst. Bei Tageseinsätzen über Frankreich und den Niederlanden hatte die Ventura sehr unter den gefährlichen Focke-Wulf Fw 190A der Deutschen Luftwaffe zu leiden, und die Verluste durch Flugabwehrgeschütze und Feindjäger waren gleichbleibend hoch. Im Sommer 1943 wurde die Ventura von No. 2 Group abgezogen und durch US-Bomber vom Typ North American Mitchell und Douglas Boston Mk IIIA ersetzt. Die B-34 der USAAF kamen nur vereinzelt und die B-37 (Ventura Mk III) sogar nie zum Kampfeinsatz. Bei den Salomonen und im

Oben: Eine Lockheed PV-1 Ventura, hier im Januar 1944 in Bougainville auf den Salomonen zu sehen. Im Pazifikkrieg diente die Ventura in großer Zahl zur Küstenpatrouille. Die PV-1 entsprach der Ventura GR.Mk V bei der RAF. Bis Mai 1944 wurden der US Navy rund 1600 und der RAF beziehungsweise der USAAF nochmals 875 solcher Flugzeuge zugeführt.

Bei den Feldzügen im Südwestpazifik, um die Salomonen sowie gegen die japanischen Festungen Rabaul und Kavieng zeichneten sich die Ventura der Royal New Zealand Air Force aus. Diese PV-1, drei von 388 Lend-Lease-Maschinen, flogen in den Jahren 1943/44 bei der RNZAF auf den Salomonen als Ventura GR.Mk V. Das Exemplar im Vordergrund ist NZ4534, kodiert ZX-D.

Zweimotorige Lockheed-Varianten

Lockheed Modell L-10 Electra: zweimotoriges Ganzmetallflugzeug mit zehn Sitzen, 1934 innerhalb der zivilen Luftfahrt in Dienst gestellt; 149 Exemplare; **Lockheed Modell L-10A** mit zwei Pratt & Whitney R-985 Wasp Junior je 298 kW (405 PS), **Lockheed Modell L-10B** mit zwei Wright Whirlwind je 313 kW (426 PS), **Modell L-10C** mit zwei Wasp SC1 je 336 kW (457 PS) und **Modell L-10E** mit zwei Sternmotoren Pratt & Whitney R-1340 je 336 kW (457 PS); dienten bei der US Army, US Navy und US Coast Guard als **C-36/37, R20** beziehungsweise **R30**
Lockheed Modell L-12 Electra Junior: 1936 als sechssitziges Geschäftsreiseflugzeug eingeführt; **Modell L-12A** mit zwei Pratt & Whitney R-985-SB Wasp Junior; 130 Exemplare; diente bei der US Navy als **JO-1** und **JO-2** sowie bei der US Army als **C-40, C-40A** und **UC-40D** (vormals zivil); militärische Schulflugzeuge mit Bugrad-Fahrgestell als **XJO-3** (Marine, ein Exemplar) und als **C-40B** (Heer, ein Exemplar); acht von 13 militärischen Schulflugzeugen des Modells 212 1942 an die Royal Netherlands Indies Air Division in Java ausgeliefert; weitere Varianten waren das **Modell L-12-E3d** je 328 kW (446 PS) und das **Modell 12-25** mit Wasp Junior SB3 je 336 kW (457 PS)
Lockheed Modell L-14 Super Electra: 1937 für die zivile Luftfahrt eingeführte zwölfsitzige Version mit zwei 559 kW (760 PS) starken Pratt & Whitney Hornet (**Modell L-14H**) oder verschiedenen Ausführungen des Wright Cyclone (**Modell L-14W** und **Modell L-14N**, letzteres nur an Privatbesitzer); die typische späte Serienversion der L-14 hatte 14 Sitzplätze und zwei Wright-Sternmotoren GR-1820-G3B; war der Vorläufer der militärischen Hudson-Serien A-28, A-29 und PBO-1; mobilgemachte L-14W erhielten die Dienstbezeichnung **C-111,** und die japanischer Produktion stammte der **Heerestyp LO Transportflugzeug**
Lockheed Modell 14B Hudson Mk I: Mehrzweck-Patrouillenbomber mit zwei Wright GR-1820-G102A je 745 kW (1013 PS) und Hamilton-Standard-Propeller für zwei Geschwindigkeiten; Mitte 1939 beim britischen Küstenkommando in Dienst
Lockheed Modell 414 Hudson Mk II: wie Mk I, nur mit Gleichlaufpropeller Hamilton Stancard 611A-12/3; die Standardbewaffnung umfaßte ein vorwärtsfeuerndes 7,7-mm-Maschinengewehrpaar, zwei seitliche Maschinengewehre und einen Boulton-Paul-Rückenturm Typ „C" Mk II mit Zwillings-MG; Panzerschutz für den Piloten und die Kraftstofftanks
Lockheed Modell 414 Hudson Mk III: vielfältige Version mit zwei Wright GR-1820-G205A Cyclone je 895 kW (1217 PS) sowie Hamilton-Standard-Hydro- matik-Propeller mit und zusätzlichem MG-Gefechtsstand in der Rumpfwanne; **Hudson Mk IIIA** (A-29 bei der US Army) mit zwei Wright R-1820-87 Cyclone je 895 kW (1217 PS); Dienstbezeichnung **PBO-1** bei der US Navy; die **A-29A** hatte eine zum Truppentransport umbaubare Inneneinrichtung, und die **A-29B** war eine Luftbildmeßvariante; die **AT-18** und die **AT-18A** dienten zur Ausbildung von Bordschützen beziehungsweise Navigatoren
Lockheed Modell 414 Hudson Mk IV: zwei Sternmotoren Pratt & Whitney R-1820-SC3G Twin Wasp; vorwiegend für die RAAF, aber einige Exemplare auch für die RAF; kein Bauch-Maschinengewehr; US-Army-Bezeichnung **A-28** (mit zwei R-1830-45), bei der RAAF Hudson Mk IVA
Lockheed Modell 414 Hudson Mk V: zwei Pratt & Whitney R-1830-SC34G und Hamilton-Propeller Typ 6227A-0; mit Bauch-MG
Lockheed Modell 414 Hudson Mk VI: zwei Pratt & Whitney R-1830-67; US-Army-Bezeichnung **A-28A**
Lockheed Modell L-18 Lodestar: direkte Weiterentwicklung des Modells L-14 für eine dreiköpfige Besatzung und 14 Fluggäste; Motortypen umfaßten den Pratt & Whitney S1E-3G Hornet, Pratt & Whitney SC-3G Twin Wasp, S4C-4G Twin Wasp und Wright GR-1820-G102A, G102A-202A sowie GR-1820-G205A; Bezeichnungen der Marinetransportversionen **R50-1, R50-4, R50-5** und **R50-6;** der US-Heeresflugzeuge C-56, C-57, C-59, C-60 und C-66; bei der RAF flogen die Lodestar Mk I, IA und II
Kawasaki Ki-56 (Heerestyp 1 Transportflugzeug): die Japaner produzierten die Lockheed L-14WG3 mit einigen Verbesserungen in Lizenz; zwei Nakajima-Sternmotoren Ha-25 (Heerestyp 99) je 699 kW (950 PS); 1940 bei den japanischen Luftstreitkräften im Dienst; 121 Exemplare
Lockheed B-34 (Modell 37): aus dem Modell 18 nach RAF-Vorgaben entwickelter Patrouillenbomber; RAF-Dienstbezeichnung **Ventura Mk I (Modell 37-21)**; zwei Pratt & Whitney R-2800-S1A4G je 1379 kW (1875 PS); die **Ventura Mk II (Modell 37-27)** wurde von zwei R-2800-31 angetrieben; die RAF flog auch die **Ventura Mk IIA (Modell 37-127)** und die **Ventura GR.Mk V;** US-Army-Bezeichnungen **B-34** und **B-37**; die definitive Marineversion **PV-1 (Modell 237** alias **Ventura GR.Mk V)** diente bei der US Navy
Lockheed PV-2 Harpoon (Modell 15): Fortentwicklung der PV-1 bei der US Navy mit völlig neu konstruierter Zelle; zwei Pratt & Whitney R-2800-31 je 1492 kW (2029 PS); zusätzlich produziert als oder umgerüstet zu **PV-2C, PV-2D** und **PV-2T**
Lockheed PV-3 Harpoon: Bezeichnung der 27 von der US Navy einbehaltenen Ventura Mk II

Lockheed Hudson

Südpazifik flogen Ventura Mk IV und GR.Mk V der RNZAF jedoch zahlreiche Einsätze gegen japanische Bastionen in Kavieng und Rabaul, bei denen sie ihren Kampfwert unter Beweis stellten. Die letztgenannten Versionen hießen bei der US Navy PV-1, von ihnen rollten 1800 Exemplare vom Band. Die mit vier bis fünf Mann besetzte PV-1 wog leer 9161 kg und beladen 14.097 kg und konnte in 4205 m Höhe auf 502 km/h beschleunigen. Ihre Bewaffnung bestand aus zwei vorwärtsfeuernden 12,7-mm-Maschinengewehren, einem weiteren MG-Paar gleichen Kalibers im Martin-Rückenturm CE250 und zwei 7,62-mm-MGs in Bauchposition. Intern ließen sich bis zu vier und extern unter den Tragflächen nochmals zwei 454-kg-Bomben mitführen. Die Alternative bestand in einem einzelnen Torpedo Modell 13 Mk II. PV-1 der US Navy operierten von 1943 bis 1945 von Aleuten-Stützpunkten aus bei jedem Wetter und flogen Schiffsbekämpfungseinsätze sowie Angriffe auf japanische Stützpunkte in Paramushiro und Shimushu. Ferner wehrten sie die häufigen, verbissenen Attacken von Mitsubishi A6M3 Reisen 13. Koku Kantai (Luftflotte) ab, die diese Region sicherten. Die Lockheed PV-1 glichen die schwache Vorstellung der Ventura in Europa mehr als aus und leistete nützliche Dienste.

Das Endglied dieser langen und erfolgreichen Reihe zweimotoriger Lockheed-Flugzeuge, die mit dem kleinen Modell L-10 im Jahre 1934 begonnen hatte, war der Seepatrouillenbomber PV-2 Harpoon. Für diese Variante konstruierte man Rumpf und Leitwerk neu und vergrößerte die Spannweite von 19,96 m auf 22,86 m. Der Erstflug der PV-2 fand am 3. Dezember 1943 statt, und im März 1944 übernahmen Staffeln der US Navy die ersten Harpoon für den Einsatz von Aleuten-Stützpunkten aus. Biegeprobleme der Tragflächen erhöhten noch bestehende Produktionsschwierigkeiten, doch die PV-2 kämpfte bis zum Kriegsende und diente anschließend viele Jahre lang bei Reservegeschwadern der US Navy.

TECHNISCHE DATEN

Lockheed PV-2 Harpoon
Typ: vier-/fünfsitziger Patrouillenbomber
Triebwerke: zwei 18-Zylinder-Doppelsternmotoren Pratt & Whitney R-2800-31 Double Wasp je 1491 kW (2028 PS)
Leistung: Höchstgeschwindigkeit (ohne Außenlasten) 454 km/h in mittlerer Höhe; Dienstgipfelhöhe 7285 m; Reichweite (mit Tanks in den Außenflächen) 2880 km
Gewicht: Leermasse 9538 kg; max. Startmasse 16.330 kg
Abmessungen: Spannweite 22,84 m; Länge 15,86 m; Höhe 3,63 m; Tragflügelfläche 63,77 m²
Bewaffnung: interner Bombenschacht für 1814 kg und Gehänge für zwei 454-kg-Bomben, Wasserbomben oder andere Kampfmittel beziehungsweise (wie im Bild) acht HVAR-Bordraketen neben Abwurftanks

Diese Lockheed PV-2 Harpoon flog am Ende des Zweiten Weltkriegs bei der US Navy Squadron VPB-142 auf den Marianen. Die Maschine gehörte der meistverbreiteten Frühvariante mit einer vorwärtsfeuernden Bewaffnung von fünf Maschinengewehren an, zwei im Nasenrücken und drei in der Bugwanne. Später wurde die MG-Zahl auf acht erhöht. Tatsächlich stimmte kaum ein Teil der PV-2 mit denen bei der PV-1 überein. Unverändert blieben nur kleinere Rumpfelemente, Rippen des Innenflügels und die Motorhauben (aber nicht die Gondeln als solche). Ferner war der Martin-Waffenturm auf dem Rumpfrücken der gleiche wie bei einigen PV-1, aber bei den unteren Maschinengewehren im Heck hatte das Kaliber zum üblichen Wert 12,7 mm gewechselt.

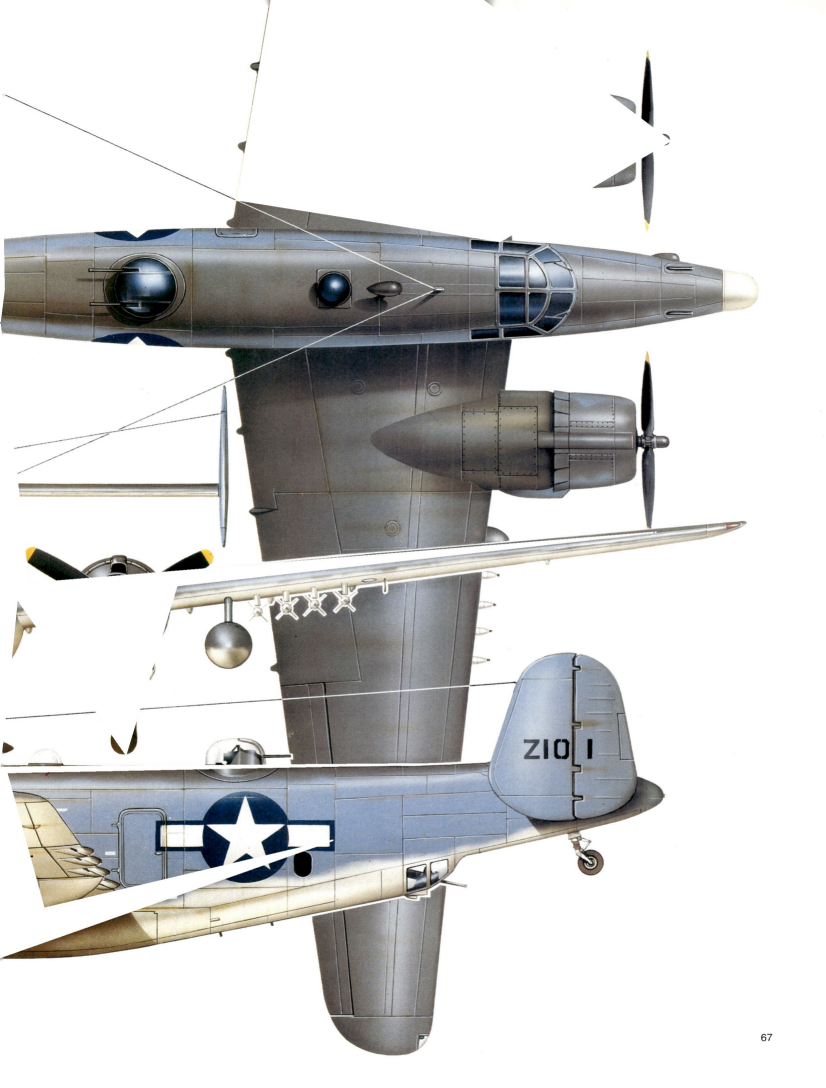

Avro Lancaster

Als Rückgrat der britischen Bomberflotte wurde die Lancaster zum Sinnbild für die vernichtenden Luftangriffe des Zweiten Weltkriegs. Sie widerlegte das Sprichwort, nach dem ein Bauer immer ein Bauer bleibe, und entwickelte sich aus der unbeliebten Manchester zum erfolgreichsten Mehrzweckbomber des Krieges.

Die Lancaster war der bedeutendste britische Bomber im Zweiten Weltkrieg und spielte die wichtigste Rolle in „Bertie" Harris' Politik der nächtlichen Großangriffe auf deutsche Städte. Sie entstand aus Konstruktionsarbeiten, die 1936 bei A.V. Roe Ltd. in Chadderton, Manchester, an einem ganz anderen Bomber vorgenommen wurden. Mit der Spezifikation P.13/36 forderte das Luftfahrtministerium einen neuen taktischen Bomber mittlerer Größe, der leistungsfähiger als die Vickers Wellington und die Armstrong Whitley wäre und eine schwere Bomben- oder Treibstofflast oder zwei Torpedos mitführen könnte. Er sollte ein kleines Tragwerk besitzen und bei maximalem Abfluggewicht mittels Katapult starten. Statt für vier der verfügbaren Motoren mit je 597/746 kW (812/1015 PS) entschieden sich die Ingenieure für zwei leistungsstärkere Motoren.

Einer der vielen eingereichten Entwürfe war die Avro 679 Manchester, ein eleganter Mitteldecker in Ganzmetallkonstruktion mit zwei Rolls-Royce Vulture zu je 1306 kW (1776 PS) als Antrieb. Nie zuvor hatte Avro eine Zelle dieser Art gebaut noch jemals ein Flugzeug entworfen, das gewichts- und leistungsmäßig auch nur annähernd an das Modell 679 heranreichte. Am 25. Juli 1939 startete die Maschine in Ringway (heute Manchester Airport) zum Erstflug. Ihre Richtungsstabilität war zwar unbefriedigend, so daß eine dritte Seitenflosse angebracht werden mußte, und die Motoren erwiesen sich als viel zu schwach, doch sie zeigte auch einige sehr gute Eigenschaften, weshalb man sie weiter zu verbessern versuchte. Nachdem man die Spannweite durch Verlängerung der Außenflügel von 24,43 m auf 27,46 m vergrößert hatte, ließ sich die Maschine wunderbar fliegen. Insgesamt betrachtet war sie der beste unter den neuen britischen Bombern: schlicht konstruiert, wirtschaftlich in Serie zu fertigen und einfach zu warten. Im November 1940 übernahm No. 207 Sqn. des Bomber Command die Manchester I., hatte aber unter ihrer schwachen Motorleistung und der vorhersehbaren gravierenden Unzuverlässigkeit dieses Musters zu leiden. Eine Staffel (No. 97 Sqn.) erhielt so oft Flugverbot, daß sie bald als „97th Foot" (etwa „97. Infanterie-Regiment") bekannt war.

Es mußte etwas geschehen, und zwar schnell, denn bei Avro und Metropolitan-Vickers verließen immer mehr Manchester die Fertigungsstraßen. Rolls-Royce gelang es, die Leistung des Vulture auf mehr als 1492 kW (2029 PS) zu steigern. Die Ingenieure waren sich jedoch bewußt, daß keine Zeit blieb, um den Motor auch zuverlässig zu machen. Avro begann die Flugerprobung der Manchester II mit zwei Napier Sabre und zwei Sternmotoren Bristol Centaurus, die sich besser bewährten. Dies ließ den energischen Chef von Rolls-Royce, E.H. Hives, jedoch nicht ruhen. Er präsentierte dem Luftfahrtministerium den Entwurf einer Manchester III mit vier Merlin-Motoren. Der „Merlin X" war eben erst für die Beaufighter entwickelt worden in Form einer körperfesten Einheit, die man einbauen und ankoppeln konnte, ohne irgendwelche Konstruktionsänderungen vornehmen zu müssen, außer einer weiteren Vergrößerung der Spannweite. So schuf Chefkonstrukteur Roy Chadwick Ende 1940 in nur drei Wochen die Manchester III. Er ließ dazu eine Manchester (BT308) von der Fertigungsstraße nehmen, die Spannweite vergrößern und vier untergehängte Motoren montieren. Am 9. Januar 1941 führte Capt. H.A. „Sam" Brown die Maschine in Ringway zum Erstflug.

Zu diesem Zeitpunkt war die viermotorige Maschine, Modell 683, in Lancaster I umbenannt. Parallel dazu plante Chadwick einen Hochdecker als Transportversion, das Modell 685 York. In den folgenden zwei Jahren blieb seinen Ingenieuren jedoch kaum Zeit für diese Version. Inzwischen wurde eine weitere Manchester (DG595) zu einem Lancaster-Prototyp modifiziert. Zu den zahlreichen Änderungen gehörten ein höheres Seitenleitwerk (die mittlere Seitenflosse war entfallen), ein verbesserter Rückenturm und eine aus seriengefertigten Einzelteilen gebaute Zelle. Die Flugerprobung der ersten Lancaster verlief völlig problemlos. Ihr Flugverhalten war hervorragend, ihre Leistung übertraf alle Erwartungen, und selbst Chadwick staunte über die Werte. Schon am 27. Januar, nur 18 Tage nach dem Jungfernflug, wurde der erste Prototyp der Fluggerät- und Waffenerprobungsstelle in Boscombe Down übergeben und erhielt die beste Beurteilung, die man je

Der erste Lancaster-Prototyp (BT308), noch mit dem Leitwerk der Manchester Mk I, wurde zuerst als Manchester Mk III bekannt. Er absolvierte seinen Erstflug am 9. Januar 1941. Die Lancaster ließ sich nur deshalb realisieren, weil man das bereits für die Beaufighter Mk II entwickelte Merlin „Kraft-Ei" übernehmen konnte.

Ein Baulos von 300 bei Armstrong Whitworth gefertigten Lancaster Mk II mit Hercules-XVI-Motoren wies eine Reihe kleiner Fenster, bauchige Bombenschächte und – ursprünglich – einen Unterrumpfturm FN.64 auf (obwohl nützlich, wurde er später entfernt). Die Mk II zeigte gute Leistungen, aber einen hohen Treibstoffverbrauch.

Die Kennung ED912/G zeigt, daß es sich um ein Spezialflugzeug handelte, das am Erdboden ständig bewacht werden mußte. Es war eine der Mk III (Special), die man zum Abwurf der trommelförmigen „Upkeep"-Geräte gegen deutsche Staudämme umgerüstet hatte. Im Verband der No. 617 Sqn. unter Staffelführer Guy Gibson kamen sie in der Nacht des 17./18. Mai 1943 zum Einsatz.

HK793 war eine bei Vickers-Armstrong in Castle Bromwich gebaute B.I mit dem Bombenschacht der Mk II. Abgebildet ist ein Führungsflugzeug mit Funknavigationssystem Gee-H (gelbe Seitenflossenstreifen) der No. 149 (East India) Sqn gegen Ende des Krieges. Das Gee-Verfahren diente der RAF zur Kurz- und Mittelstreckennavigation.

über ein neues Flugzeug abgegeben hatte. Unverzüglich wurde die Serienfertigung befohlen, und sämtliche Manchester, die sich bereits auf der Fertigungsstraße befanden, baute man zu Lancaster um.

Chadwick war immer noch nicht zufrieden. Zur Verbesserung der Systeme, der Panzerung und vieler anderer Details waren noch zahlreiche Änderungen erforderlich. Die Umrüstung der fast fertigen Manchester in Lancaster zog sich sehr in die Länge. Schließlich aber begannen 243 bei Avro und 57 bei Metrovick entstandene Lancaster ihre Laufbahn als zweimotorige Bomber. Von den „echten" Lancaster unterschieden sie sich nur durch eine an beiden Rumpfseiten angeordnete Reihe kleiner, niedriger Fenster.

Die erste seriengefertigte Lancaster, L7527, absolvierte ihren Erstflug mit Merlin-XX-Motoren statt der 854 kW (1161 PS) starken Merlin X. Obwohl die Merlin XX eine Startleistung von 955 kW (1299 PS) erzielten, war die Maschine wegen des höheren Gesamtfluggewichts von 22.680 kg statt 27.216 kg etwas langsamer. Der Rückenturm hatte sich durch die aerodynamische Verkleidung äußerlich verändert. Sie war so konstruiert, daß die Zwillings-MG, wenn sie in Flugrichtung oder nach hinten feuerten, automatisch in hohen Winkeln gehalten wurden, damit der MG-Schütze nicht das eigene Flugzeug beschädigen konnte. Die im Mittelrumpf eingebauten Munitionsmagazine für diesen Waffenstand faßten 2000 Schuß und für den neuen Heckturm Frazer-Nash FN.30 (nicht so abgerundet wie der FN.20 der Manchester und mehr dem Waffenstand der Whitley V ähnlich) 10.000 Schuß. Die ersten Lancaster hatten von der Manchester auch den Waffenstand FN.21A für ein Zwillings-MG an der Rumpfunterseite übernommen, doch er wurde selten benutzt und entfiel bald ganz. (Wer konnte damals ahnen, daß 1943–45, als jede Nacht Dutzende Lancaster von deutschen Junkers Ju 88 und Messerschmitt BF110G von unten angegriffen und abgeschossen wurden, gerade dieser Turm wirksamen Schutz gewährt hätte?)

Höhere Produktionszahlen

Die Serienfertigung kam Anfang 1942 deutlich in Schwung, nachdem die Lancaster Production Group gegründet worden war. Dazu gehörten A.V. Roe in Chadderton, Woodford, riesige neue Ausweichwerke in Yeadon (heute Leeds/Bradford Airport) und Langar in Nottinghamshire, Metrovick in Trafford Park/Manchester, Austin Motors in Longbridge, Birmingham, Armstrong Whitworth in Baginton/Coventry (später auch in Bitteswell) sowie Vickers-Armstrong in Castle Bromwich und Hawarden, Chester. Einschließlich ihrer Subunternehmer beschäftigte diese Arbeitsgemeinschaft schließlich 131.000 Personen. Im August 1944 konnten insgesamt 293 neue Flugzeuge ausgeliefert werden und dazu Ersatzteile, die Dutzende von neuen Maschinen ergeben hätten. Mit Hilfe der Firma Victory Aircraft in Toronto, die dem kanadischen Minister of Munitions and Supply unterstand, ließ sich die

Zu Beginn der Serienfertigung trug die Lancaster noch das Leitwerk der Manchester Mk IA: weit ausladende Höhen- und große Seitenflossen und -ruder (ohne mittlere Seitenflosse). Anfangs wurde auch der Rumpf mit den kleinen Fenstern übernommen, die diese Maschinen der No. 207 Sqn. aus dem Jahre 1942 deutlich erkennen lassen.

Avro Lancaster

Diese Aufnahme von Anfang 1943 zeigt die Fertigungsstraße für Lancaster Mk III bei A.V. Roe Ltd. in Woodford. Hier entstanden nicht weniger als 2774 Exemplare von insgesamt 7374 Maschinen dieses Typs. Im Laufe des Jahres 1943 wurden serienmäßig breite Propeller montiert. Die Besatzungen nannten diese leistungsgesteigerten Maschinen liebevoll „Schaufelraddampfer".

14 Ventilator
15 vordere Bombenklappenbetätigung
16 vorderes Bombenkammerschott
17 Steuergestänge
18 Seitenruderpedale
19 Instrumententafel
20 Enteisungsdüsen
21 Windschutzscheibe
22 Abblendschalter
23 Klappsitz für den Flugingenieur
24 Steuerpult für den Flugingenieur
25 Pilotensitz
26 Cockpitboden
27 Seiten- und Höhenrudergestänge (unterflur)
28 Trimmklappenkabel
29 Bombenraumverstärkung
30 Feuerlöscher
31 Sprechfunk
32 Navigatorsitz
33 blasenförmiges Fenster zur Sicht nach rückwärts/unten
34 Pilotenkopfpanzerung
35 Notausstieg
36 Peilrahmen
37 Antennenmastbefestigung
38 Elektroschalttafel
39 Navigatorfenster

Gesamtproduktion noch weiter steigern. Die in Kanada seriengefertigte Lancaster X, die nach dem Krieg als Mk 10 bekannt wurde, erhielt ihre Merlin-Motoren direkt aus dem neu erbauten amerikanischen Packard-Motors-Werk.

Die britische Luftwaffe (RAF) kam im September 1941 in den Besitz einer Lancaster, als man No. 44 (Rhodesia) Sqn. in Waddington leihweise die BT308 für Tests zur Verfügung stellte. Diese Staffel rüstete Anfang 1942 als erste Einheit auf den neuen Bomber um und übernahm ihre erste Maschine am Heiligen Abend 1941. Es folgte No. 97 Sqn., die von nun an nicht mehr Zielscheibe des Spotts war. Ihren ersten Kampfeinsatz mit den neuen Maschinen, Minenverlegung in der Helgoländer Bucht, flog No. 44 Sqn. in der Nacht vom 3. März 1942. Ihr erster Bombenangriff folgte am 10. März, als zwei Maschinen mit 2291 kg Brandbomben Essen angriffen. Bei Kriegsende hatten die Lancaster 618.350 Tonnen Bomben abgeworfen.

Weltbekannt wurde die Lancaster nach einem waghalsigen – und recht törichten – Angriff, den zwölf Maschinen von No. 44 und No. 97 Sqn. am 17. April 1942 durchführten. Im Tiefflug drangen sie bei Tage tief in den deutschen Luftraum ein, um Bomben auf das MAN-Werk in Augsburg abzuwerfen, wo Dieselmotoren hergestellt wurden. Warum dieser militärisch völlig nutzlose Einsatz erfolgte, bleibt unbekannt. Nacht für Nacht starteten nun Lancaster in immer größerer Anzahl zum Bombenangriff. Schon bald installierte man dort, wo sich früher der Unterrumpf-Waffenstand befunden hatte, unter einer großen, blasenförmigen Abdeckung die Antenne des Bodendarstellungsradars Modell H_2S. Eine große Hilfe war auch der Einbau des Gee-Präzisions-Funknavigationsgeräts. 1944 wurden „Pathfinder"- und Zielmarkierungsmaschinen mit dem noch exakter arbeitenden Gee-H-System nachgerüstet (die mit Gee-H ausgestatteten Lancaster trugen an den Seitenflossen zwei waagerechte gelbe Streifen). Einige der speziell als Zielmarkierer eingesetzten Lancaster erhielten das Oboe-System, das äußerst genaue Zielanflüge ermöglichte, aber hauptsächlich bei de Havilland Mosquito Verwendung fand. Als erste britische Maschinen wurden Dutzende Lancaster mit ECM (elektronische Gegenmaßnahmen) und ECCM (elektronische Schutzmaßnahmen) ausgestattet und beispielsweise die Flugzeuge der No. 101 Sqn. mit dem Funkstörgerät „Airborne Cigar" nachgerüstet, das drei Antennenmasten mit sich brachte.

Wie bei vielen hervorragenden Flugzeugkonstruktionen unterschieden sich auch bei der Lancaster die ersten Versionen äußerlich kaum von den späteren Mustern. Sieht man von speziellen Waffen- und Elektroniksystemen ab, fiel eigentlich nur die Mk II mit ihren Schieber-Sternmotoren Bristol Hercules aus dem Rahmen. Von diesem Typ entstanden bei Avro zwei (DR810 und 812) und bei Armstrong Whitworth

Aufriß-Erläuterung zur Avro Lancaster Mk III

1 zwei Browning-MG, Kaliber 7,7 mm
2 angetriebener Fraser-Nash-Bugturm
3 Bugfenster
4 Sichtfenster für den Bombenschützen (Flachglas)
5 Bedienungsgerät für den Bombenschützen
6 Seitenfenster
7 Außenthermometer
8 Staurohr
9 Auflage für Bombenschützen
10 Feuerlöscher
11 Notausstieg
12 F.24-Kamera
13 Glykoltank und Stufe

Die schnellsten und am höchsten fliegenden Lancaster der Kriegsjahre waren die umgebauten Mk VI mit zweistufigen Merlin-85- oder Merlin-87-Motoren. Unterhalb der Motorhauben befand sich der Ölkühler. Die abgebildete Maschine flog bei No. 635 Sqn. als „Pathfinder" (siehe die Streifen an der Seitenflosse).

Die KB861 war eine von 300 bei Victory Aircraft in Toronto (Kanada) gebauten Lancaster Mk X mit Packard-Motoren. In ihrem elektrisch angetriebenen Rückenturm waren zwei 12,7-mm-MG lafettiert. Die abgebildete Mk X flog bei der RCAF No. 431 Sqn. und bei LNER in Croft Spa.

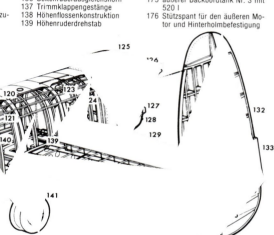

40 Navigatortisch
41 Flugzeug- und Funkkompaßempfänger
42 Funkertisch
43 Funkersitz
44 Funkerfenster
45 durchgehender Rumpfspant
46 Kuppel für astronomische Navigation
47 innere Flügelrippen
48 Spantenverbindung
49 Antennenmast
50 innere Motorgondel (steuerbord)
51 Propellerhaube
52 Dreiblatt-Gleichdrehzahlpropeller von de Havilland
53 Ölkühlerlufteinlauf
54 Ölkühler
55 Vergaserlufteinlauf
56 Kühlerverschluß
57 Motoraufhängungsspant
58 Auspuff-Flammendämpfer
59 von Packard gebauter Motor Rolls-Royce Merlin 28, flüssigkeitsgekühlt
60 Verkleidung Motorgondel/Flügel
61 Stützrippen für Treibstofftank
62 Zwischenrippen
63 Vorderkantenstruktur
64 Stützträger
65 Flügelspitzenbespannung
66 Positionslicht (steuerbord)
67 Formationslicht (steuerbord)
68 Querruderscharnierverkleidung
69 hinterer Flügelholm
70 Querruder (steuerbord)
71 Querruder-Ausgleichsruder
72 Ausgleichsrudersteuerstange
73 Querruder-Trimmklappe
74 HF-Antenne
75 Spreizklappe (außen)
76 Notausstieg bei Notwasserung
77 Notaxt
78 Feuerlöscher
79 Hydraulikbehälter
80 Signal-/Leuchtpistole
81 Fallschirmbehälter, Holmstufe
82 durchgehender hinterer Spant
83 Schlafkabinenrückenlehne
84 hinterer Rumpfspant
85 Notausrüstung
86 Deckenlicht
87 Reißleine für Schlauchboot, verstaut in Steuerbordflügelwurzel
88 Stauraum für den Fallschirm des Mittelturmschützen
89 Heckturmmunitionsbehälter
90 Munitionszuführung
91 Notausstieg für Rauchmarkierer
92 Stauraum für Rauchmarkierer
93 Stauraum für Farbmarkierer
94 Deckenlicht
95 Rückenturmverkleidung
96 angetriebener Frazer-Nash-Rückenturm
97 zwei Browning-MG, Kaliber 7,7 mm
98 Turmdrehkranz
99 Turmantrieb
100 Abdeckplatte der Munitionszuführungsschiene
101 Fußrasten
102 Haupttank
103 Sauerstoffflasche
104 Feuerlöscher
105 Besteck
106 Geländer
107 Einstieg (steuerbord)
108 Fallschirmbehälter Erste-Hilfe-Kasten
110 Höhenflosse (steuerbord)
111 Seitenrudersteuerhebel
112 Seitenflosse (steuerbord)
113 Seitenruderausgleichsgewicht
114 Seitenruder (steuerbord)
115 Seitenrudergelenk
116 Stellhebel für Seitenrudertrimmklappe
117 Seitenrudertrimmklappe
118 Höhenruder (steuerbord)
119 Höhenrudertrimmklappe
120 Deckenlicht
121 hinteres Hauptspant
122 Fallschirmbehälter
123 Feuerlöscher
124 Heckturmeinstieg
125 angetriebener Frazer-Nash-Heckturm
126 vier Browning-MG, Kaliber 7,7 mm
127 Patronenhülsenauswerfer
128 Heckpositionslicht
129 Höhenrudertrimmklappe
130 Seitenflossenkonstruktion
131 Seitenruderausgleichgewicht
132 Seitenruder (backbord)
133 Seitenrudertrimmklappe
134 Seitenruderausgleichgewicht
135 Trimmklappengestänge
136 Seitenruderausgleichshorn
137 Trimmklappengestänge
138 Höhenflossenkonstruktion
139 Höhenruderdrehstab
140 durchgehender Höhenrudertragholm
141 nicht einziehbares Spornrad
142 chemische Toilette
143 Abdeckung der Munitionszuführung
144 Steuergestänge für Höhen- und Seitenruder
145 Antennenverkleidung des Bombenzielradars H2S
146 Stufen zum Rückenturm
147 Munitionszuführung
148 Munitionsbehälter für Heckturm-MGs
149 hinteres Bombenkammerschott
150 Bombenschachtklappen
151 hinteres Schachtklappengestänge
152 Reservemunitionskästen
153 Bodenplatten
154 hydraulischer Landeklappenantrieb
155 Klappenantriebsrohr
156 Landeklappengelenke
157 Klappenrohrverbindung
158 Heckholm
159 Spreizklappe (innen)
160 Spreizklappe (außen)
161 Querruder-Ausgleichsruder
162 Querrudertrimmklappengestänge
163 Querrudertrimmklappe
164 Trimmklappensteuerstangen
165 Querruder-Ausgleichsruder
166 Querruderscharnierbefestigung
167 Querruder (backbord)
168 Flügelspitze (backbord)
169 Formationslicht (backbord)
170 Positionslicht (backbord)
171 versenkbare Landescheinwerfer (nur backbord)
172 Kabelschneider
173 Treibstofftank-Entlüftungsdüse
174 Querrudersteuergestänge
175 äußerer Backbordtank Nr. 3 mit 520 l
176 Stützspant für den äußeren Motor und Hinterholmbefestigung
177 Treibstoffzusatzpumpe
178 Feuerlöscher
179 Motorstützspant
180 Tankverschluß
181 äußerer Motoröltank
182 Brandschutzschott
183 Vergaserlufteinlauf
184 äußerer Motorstützspant
185 Fahrwerksrad (backbord)
186 Fahrwerks-Ölfederbeine
187 Flammendämpfer
188 Stützspant für den äußeren Motor und Hauptholmbefestigung
189 Fahrwerkseinziehhydraulik
190 Befestigungszapfen für Ölfederbein
191 Stützstrebe der Fahrwerksaufhängung (Leichtmetallguß)
192 Mittelstückstützen/Fahrwerksversteifung
193 Platz für Backbordtank Nr. 2 mit 1741 l
194 Fahrwerksschacht
195 Einzieh-Sicherheitsluftventil
196 Einziehzylinderbefestigung
197 Backbordinnentank Nr. 1 mit 2637 l
198 Sauerstoffflaschen
199 Koje
200 Hauptholm
201 bewegliche Flügelvorderkante
202 Kabinenheizung
203 Lufteinlauf
204 Stützspant für den Innenmotor
205 Öltank des inneren Motors
206 Enteiser für Vergaserlufteinlauf
207 innere Motorgondel (backbord)
208 Flammdämpferabdeckung
209 abnehmbare Motorabdeckung
210 Bombenschäkel
211 Bombenschachtklappen, offen
212 3632-kg-Bombe

71

Avro Lancaster

TECHNISCHE DATEN

Avro Lancaster I
Typ: schwerer Bomber mit sieben Mann Besatzung
Triebwerk: vier Rolls-Royce-Reihenkolbenmotoren mit hängenden Zylindern Merlin XX zu je 955 kW (1299 PS) oder Merlin 22 zu je 1089 kW (1481 PS) oder Merlin 24 zu je 1223 kW (1663 PS)
Leistung: Höchstgeschwindigkeit 442 km/h in 4570 m Höhe; Marschgeschwindigkeit 322 km/h in 4570 m Höhe; Dienstgipfelhöhe 5790 m; Reichweite 4072 km mit 3175 kg Kampflast
Gewicht: Leermasse 16.783 kg; max. Startgewicht 30.845 kg
Abmessungen: Spannweite 31,09 m; Länge 21,18 m; Höhe 6,25 m; Tragflügelfläche 120,49 m²
Bewaffnung (frühes Serienmodell): neun Browning-MG, Kaliber 7,7 mm; eines in FN.64 (Unterrumpf), je zwei in FN.5 (Bugturm) und FN.50 (Rückenturm) und vier in Heckturm FN.20 plus bis zu 9979 kg Bombenlast

Diese Lancaster B. Mk I ist der typische Bomber, mit dem die RAF Nacht für Nacht deutsche Städte angriff. Ihr Tarnanstrich war praktisch serienmäßig dunkelgrün/erdfarbig an der Ober- und schwarz an der Unterseite. Die Kodierung „EM" zeigt, daß es sich um eine Maschine der No. 207 Sqn. handelt, die im November 1940 als erste Manchester-Staffel bekannt wurde. Die Lancaster trafen im März 1942 ein und dienten bei dieser Einheit, bis sie im August 1949 auf Lincoln umrüstete. Es folgten Washington, Canberra und Valiant, bevor die Staffel zur Southern Communications Squadron (Verbindungsstaffel) „degradiert" wurde. Während des Krieges erwarben die Männer der Einheit sieben Kriegsverdienstorden (DSO), 115 Fliegerkreuze (DFC) und 92 Fliegermedaillen (DFM). Ihren berühmtesten Einsatz flogen sie am 17. Oktober 1942. Während eines Tiefflugangriffs auf Le Creusot schoß eine ihrer Lancaster zwei Seeflugzeuge Arado Ar 196 ab und beschädigte – mit nur noch drei laufenden Motoren – ein drittes.

Die schwerste jemals in einem Krieg abgeworfene Bombe war die „Grand Slam" mit 9979 kg. Sie fiel mit Überschallgeschwindigkeit und zerschmetterte ihre Ziele durch erdbebenartige Wellen. Während die meisten Maschinen ihren Nachtbomberanstrich behielten, trug dieses Flugzeug des C-Flight der No. 617 Sqn. einen ganz ungewöhnlichen Sichtschutz.

Mit diesem Anstrich wurde die B.VII während des Krieges nur von der „Tiger Force" eingesetzt. Die abgebildete Maschine gehörte zur No. 9 Sqn., die mit der No. 617 Sqn. in Salbani (Indien) stationiert war. B.VII(FE) (FE = Far East) besaßen in der Regel den Martin-Rückenturm, doch dieses Exemplar hat den Bristol B.17 mit zwei 20-mm-MG (wie die Lincoln).

300 Exemplare, die hauptsächlich von Kanadiern geflogen wurden. Die Mk II zeichnete sich durch höhere Start- und Steiggeschwindigkeit aus und war in Bodennähe schneller als ihre mit Merlin-Motoren ausgerüsteten Schwestern. Mit zunehmender Flughöhe wurde sie jedoch immer langsamer, hatte allerdings auch einen etwas geringeren Treibstoffverbrauch. Ein anderes Kennzeichen der Mk II war ihr bauchiger Bombenschacht, der nach rückwärts in einen verbesserten Unterrumpf-Waffenstand überging.

Da die Spezifikation von 1936 auch Torpedoeinsätze gefordert hatte, erbte die Lancaster von der Manchester einen riesigen Bombenschacht. Dieser konnte nach Verstärkungsmaßnahmen die schwersten und größten Bomben aufnehmen, die im Zweiten Weltkrieg abgeworfen wurden, wie etwa die reguläre 1814 kg schwere „Cookie", die doppelt so große 3629-kg- und die seltenere 5443-kg-Bombe. Hinzu kamen die stromlinienförmige, von B.N. (später Sir Barnes) Wallis bei Vickers entworfene 5443-kg-Bombe „Tallboy", die noch größere 9979-kg-Bombe „Grand Slam", die eine umfassende Änderung der Maschinen erforderte und ihnen die Bezeichnung Mk I (Special) einbrachte, sowie die von Wallis zur Zerstörung der deutschen Staudämme konstruierten Spezialbomben.

Gibsons historischer Einsatz

Die Dammbrecher-Mission ist der vielleicht berühmteste Einsatz in der RAF-Geschichte. Wallis' Ideenreichtum ließ das Projekt „Upkeep" entstehen, bei dem man große, trommelförmige 4196-kg-Bomben baute und in Mk I (Special) mit unten offenem Rumpf auf Zapfen montierte. Die Bomben wurden durch einen Hydraulikmotor in Rotation (500 U/min) versetzt und bei einer Geschwindigkeit von exakt 402 km/h aus 18,30 m Höhe zwischen 366 und 411 m vor dem Damm ausgeklinkt. Solch enge Toleranzen erforderten, besonders bei einem stark verteidigten und von Bergen umgebenen Ziel, speziell geschulte Besatzungen. Wing Commander Guy Gibson wurde daher beauftragt, für den Angriff vom 21. März 1943 No. 617 Sqn. aufzustellen.

Die Lancaster der „Dammbrecher" erhielten die Bezeichnung Mk III (Special). Im wesentlichen handelte es sich um Mk I mit Packard-Motoren und modifiziertem Bug. Hätte der Krieg noch einige Monate länger gedauert, wären mehr Mk III als Mk I gefertigt worden. So belief

Mit ihrer Zelle eignete sich die Lancaster für Testflüge. Das erste dieser Flugzeuge war die G-AGJI, eine umgebaute Lancaster B. Mk I, die das Development Flight des BOAC im Januar 1944 erhielt. Mit stromlinienförmigem Bug und Hecktürmen wurde sie bei zahlreichen Motor- und Ausrüstungstests eingesetzt.

sich die Zahl auf insgesamt 3440 Mk I und 3020 Mk III. Für den Antrieb der Mk III sorgte anfangs der V-1650-1 (Merlin 28), der schnell heißlief. Die Merlin 39 und Merlin 224 von Packard aber waren nicht schlechter als die Merlin von Rolls-Royce. Ab Ende 1943 wurden die breiten Schaufelblattpropeller serienmäßig verwendet und die Start- und Steigflugleistungen verbessert. Als Schutz gegen die deutschen Nachtjäger installierte man außerdem ein Monica-Radarwarngerät im Heck. Erst nach Erbeutung einer Ju 88 erkannten die Briten, daß ihre „Monica" in Wirklichkeit eine tödliche Falle darstellte, da die deutschen Nachtjäger die Radaremissionen orten konnten. Um möglichst gute Sicht zu haben, hatte man bei den meisten Hecktürmen mit der Zeit trotz der Kälteeinwirkung einfach ein Loch in das Plexiglas geschnitten. Ende 1944 lief die Serienfertigung der Lancaster VII an. Bei ihr wurde der Rückenturm weiter nach vorne gerückt und erhielt einen Elektroantrieb. Im Turm lafettiert waren zwei Browning-MG, Kaliber 12,7 mm, mit hoher Durchschlagskraft (später in 50 Mk III eingebaut). Zwei dieser MGs wurden auch in dem geräumigen neuen Heckturm montiert, der ab 1944 weit verbreitet war und die Abwehr von hinten angreifender Jäger erleichterte. Ab 1945 betätigte das AGLT-Feuerleitradar diese MGs.

Während die RAF die Lancaster Mk IV später als die Lincoln in Dienst stellte, blieb ein ähnliches Muster, die Mk VI, fast unbekannt. Die wenigen als Mk I oder Mk III gebauten Maschinen dieser Hochlei-

Die SW244, eine bei Metrovick gebaute B.I, war eine von zwei Lancaster mit rumpfmontiertem Satteltank, der ihre Treibstoffkapazität von 9800 auf 15.275 Liter erhöhte. Man wollte so den Forderungen der „Tiger Force" nach Maschinen größerer Reichweite entsprechen, entschied sich letztendlich aber doch für die Luftbetankung.

RF310 war eine der letzten von Armstrong Whitworth ausgelieferten B.III. Nach dem Krieg wurde sie zur ASR.III (1948 in ASR.3 umbenannt), umgerüstet mit einem Rettungsboot unter dem Rumpf. Hauptlieferant und verantwortlich für die völlige Neugestaltung der Innenausstattung war Cunliffe-Owen Aircraft.

RF325 war die letzte Lancaster im RAF-Dienst. Im Oktober 1956 wurde sie in den hier abgebildeten Farben ausgemustert. Als vorletzte Maschine eines bei Armstrong Whitworth gefertigten B.III-Bauloses rüstete man sie zur ASR.3 und um 1949 zum Seeaufklärer GR.3 für die Seeaufkläererschule St. Mawgan um.

Diese Maschine war eine der letzten Lancaster im Einsatz. Sie entstand als PA342 aus einem Baulos von 500 B.I bei Vickers-Armstrong in Chester. Zur B.I(FE) umgerüstet, wurde sie der französischen Luftwaffe übergeben und diente bei der 24F der französischen Marineflieger in Papeete (Tahiti) und Noumea (Neukaledonien).

stungsversion wurden mit einem neuen Motor nachgerüstet, dem zweistufigen, überkomprimierten Merlin 85/87. Unter ihren runden Motorhauben, die auch die Lincoln und Shackleton aufwiesen, waren die Ölkühler in aerodynamisch günstig gestalteter Abdeckung angeordnet. Mit ihren Vierblatt-Propellern zeichnete sich die Mk VI durch außergewöhnlich gute Flugleistungen aus, vor allem wenn sie, bis auf die Heck-MGs, unbewaffnet flog. Eine der Maschinen erreichte im August 1943 555 km/h. Die von No. 7 und No. 635 Sqn. betriebenen „Pathfinder"-Flugzeuge wiesen ECM- und ECCM-Systeme auf.

Die letzten Kriegsmuster waren die Mk I (FE) und Mk VII (FE), die die „Tiger Force" im Fernen Osten gegen Japan einsetzte. Diese Versionen hatten eine spezielle Tropen- und Überseeausrüstung und trugen unten einen schwarzen und oben einen weißen Anstrich. FE-Lancaster dienten auch als Erprobungsträger bei umfassenden Versuchen zur Verlängerung der Reichweite. Im Rahmen dieser Tests flogen zwei Flugzeuge (HK541 und SW244) sogar mit grotesken 5455-Liter-Satteltanks auf dem Rumpf. Letztendlich gab man jedoch der Luftbetankung den Vorzug. Der Krieg ging zu Ende, noch bevor die FE-Lancaster zum Einsatz kamen. Die letzte Lancaster, eine Mk I (TW910) von Armstrong Whitworth, wurde am 2. Februar 1946 ausgeliefert. Die Gesamtproduktion belief sich auf 7377 Maschinen.

Nachkriegsversionen

In den Kriegsjahren wurden verschiedenste Modifizierungen erprobt doch es entstanden auch interessante Nachkriegsversionen. Die JB456 erhielt den ausgezeichneten Waffenstand Bristol B.17 mit 20-mm-Bordkanonen, der später zur Standardausrüstung der Lincoln gehörte. LL780 und RF268 hatten am Heck ein spezielles Visier für je einen unteren und oberen 20-mm-Zwillingskanonenturm. Diese Änderungen zielten zum Teil darauf ab, die Bewaffnung der Windsor und Lincoln zu verbessern. Erstes Nachkriegsmuster war die ASR.3 (eine von Cunliffe-Owen Aircraft umgerüstete Maschine), die unter ihrem Rumpf ein Rettungsboot mitführte und vom Coastal Command betrieben wurde. Die GR.3 war ein Seeaufklärer, den man später zur MR.3 umrüstete. Das Bomber Command betrieb die PR.1 und setzte sie ohne Waffenstände zur Kartographierung und Vermessung ein. So konnten zwischen 1946 und 1952 von weiten Gebieten West-, Zentral- und Ostafrikas detaillierte Karten angelegt werden. Die letzte Lancaster des Bomber Command war eine PR.1, PA427, ausgemustert im Dezember 1953. Die letzte Lancaster der RAF, die MR.3 (RF325), wurde am 15. Oktober 1956 nach feierlicher Verabschiedung in St. Mawgan nach Wroughton geflogen und verschrottet.

Im RAF-Museum befindet sich die R5868 die mit 137 Einsätzen als absolute Rekordhalterin galt. Erst später wurde festgestellt, daß man die wirkliche Spitzenreiterin (ED888, die bei No. 103 Sqn. und 576 Sqn. von Elsham Wolds aus 140 Einsätze flog) versehentlich bereits 1947 verschrottet hatte. Letzte Betreiber der Lancaster waren die kanadischen Streitkräfte, die bis 1964 die 10-MR einsetzten, und die französischen Marineflieger, die ihre letzte Lancaster aus dem Pazifik zurückbringen ließen, um sie Großbritannien zu überlassen. Dieses Exemplar ist noch immer flugtüchtig. Das gleiche gilt auch für das ehemalige RAF-Flugzeug PA474. Es trägt heute die Farben der Maschine, die Staffelführer Nettleton beim Angriff auf Augsburg flog.

Varianten der Avro Lancaster

Avro Typ 683 Manchester III: Lancaster-Prototypen, im Grunde Manchester mit vergrößerter Spannweite und vier 854 kW (1161 PS) starken Merlin-X-Motoren (insgesamt zwei Maschinen: T308 und DG595)
Avro Lancaster I: Serienversion des Typs 683 mit Merlin XX zu je 955 kW (1299 PS), Merlin 22 zu je 1089 kW (1481 PS) oder Merlin 24 zu je 1223 kW (1663 PS) (insgesamt 3440 Maschinen)
Avro Lancaster I (Special): Mk I, ausgelegt für Kampflasten von mehr als 5443 kg, Radar und viele andere Ausrüstungen entfielen (nur Umrüstungen)
Avro Lancaster I(FE): Variante für den Einsatz im Fernen Osten (nur Umrüstungen)
Avro Lancaster PR.1: Nachkriegsversion für Landvermessung (nur Umrüstungen)
Avro Lancaster II: Version mit stärkeren Sternmotoren Bristol Hercules VI zu je 1231 kW (1674 PS) oder XVI zu je 1294 kW (1760 PS); zahlreiche Verbesserungen (insgesamt 302 Maschinen, einschl. zweier Prototypen)
Avro Lancaster III: verbesserte Serienversion mit Packard-Reihenmotoren Merlin 28 und Merlin 38 zu je 1089 kW (1481 PS) oder Merlin 224 zu je 1223 kW (1663 PS) (insgesamt 3020 Maschinen)
Avro Lancaster III (Special): „Dammbrecher"-Version (nur Umrüstungen)
Avro Lancaster ASR.3: Seenotretter von Cunliffe-Owen mit Sonderausstattung, einschl. einer Mk IIA mit Rettungsboot und Merlin-224-Motoren (nur Umrüstungen)
Avro Lancaster GR.3: Seeaufklärervariante der ASR.3 (nur Umrüstungen)
Avro Lancaster MR.3: GR.3-Variante mit neuer Bezeichnung (nur Umrüstungen)
Avro Lancaster IV: Prototyp der Avro Lincoln gemäß Spezifikation B.14/43
Avro Lancaster V: Prototyp der Avro Lincoln II
Avro Lancaster VI: angetrieben von Merlin 87 zu je 1313 kW (1786 PS) (insgesamt 9 Maschinen, alle Umrüstungen: 2 von Mk I, 7 von Mk III)
Avro Lancaster VII: ausgestattet mit Martin-Unterrumpf- und Rose-Heckturm, Sonderausrüstung und Packard-Motoren; alle 180 Maschinen bei Austin Motors gebaut
Avro Lancaster VII(FE): Tropenversion für Fernost-Einsatz (nur Umrüstungen)
Avro Lancaster X: gebaut in Kanada bei Victory Aircraft mit Packard-Motoren (insgesamt 430 Maschinen)
Avro Lancaster 10-AR: Luftaufklärervariante der Lancaster 10-P mit Sonderausstattung für Arktiseinsätze (insgesamt 3 Maschinen, alle Umrüstungen)
Avro Lancaster 10-BR: Bomber-Aufklärer (insgesamt 2 Maschinen, alle Umrüstungen)
Avro Lancaster 10-DR: Drohnenträger (insgesamt 2 Maschinen, beide Umrüstungen)
Avro Lancaster 10-MP: neu bezeichnete Lancaster 10-MR
Avro Lancaster 10-MR: Seeaufklärervariante der Mk X (mehr als 70 Maschinen, alle Umrüstungen)
Avro Lancaster 10-P: Luftbildaufklärer (insgesamt 11 Maschinen, alle Umrüstungen)
Avro Lancaster 10-SR: Seenotretter (insgesamt 8 Maschinen, alle Umrüstungen)
Avro Civil Lancaster 10: zum Postflugzeug umgebaute Version für Trans-Canada Airlines (insgesamt 5 Maschinen, alle Umrüstungen)

Nach 1945 behielt die RCAF die ehemaligen RAF-Kennungen bei. Diese Lancaster B.10, die als Seeraumüberwacher diente, trägt die Seriennummer (BK959) auf den Seitenflossen. An den Flügelvorderkanten sind schwarze Enteisungsgummimatten zu erkennen. „AF" war die Nachkriegskennung der No. 404 Sqn., die 1951 auf Neptune umrüstete.

75

Heinkel He 111

Die 1934 entworfene Heinkel He 111 stellte nicht nur die Ausrüstung für die „strategischen Bomberverbände" Deutschlands zu Beginn des Zweiten Weltkriegs, sondern blieb mit nur geringfügigen Änderungen am Grundmuster bis zum Kriegsende im Frühjahr 1945 das Rückgrat der Kampfgeschwader.

Die Heinkel He 111 wurde in der heimlichen Aufbauphase der Luftwaffe unter Leitung von Siegfried und Walter Günter als Schnellverkehrsmaschine entwickelt, die sich mit einem Minimum an Aufwand in einen Bomber verwandeln lassen sollte. Es handelte sich um eine zweimotorige, im Maßstab vergrößerte Ausgabe der erfolgreichen Heinkel He 70 Blitz, mit der die Lufthansa 1934 ihr Schnellflugnetz aufgebaut hatte, und sie besaß die gleichen elliptischen Tragflächen und Höhenflossen wie diese. Das erste Versuchsflugzeug (V-1), angetrieben von zwei B.M.W.-VI-6.-OZ-Motoren je 442 kW (600 PS), startete am 25. Februar 1935 in Marienehe mit Gerhard Nitschke am Steuer zum Erstflug, und knapp drei Wochen später folgte die He 111 V-2. Der dritte Prototyp, der Vorläufer für die Bomberausführung He 111A, wies bessere Flugleistungen nach als mancher zeitgenössische Jäger.

Ziviler Einsatz bei Lufthansa

1936 nahmen sechs He 111C-0 als zehnsitzige Verkehrsflugzeuge den planmäßigen Liniendienst bei der Lufthansa auf, und in Rechlin begann die Erprobung der ersten von zehn militärischen He 111A-0. Für eine durchschnittliche Kampfzuladung erschienen diese Maschinen jedoch untermotorisiert, und man lehnte sie daher ab. In der Folge wurden alle zehn Exemplare an China verkauft.

Heinkel hatte das Problem mangelnder Antriebskraft vorausgesehen und die He 111B geschaffen, deren Vorserie He 111B-0 Daimler-Benz DB 600A je 736 kW (1000 PS) erhielt. Trotz des beträchtlich gestiegenen Gewichts erreichte diese Version eine Geschwindigkeit von 360 km/h. Ende 1936 erschienen die ersten Serienbomber He 111B-1 mit 648 kW (880 PS) starken DB-600C-Motoren. Nach einer erfolgreichen Erprobung gingen sie an 1./KG 154 (später in KG 157 umbenannt), KG 152, KG 155, KG 253, KG 257 und KG 355. Ferner wurden 30 He 111B-1 nach Spanien überführt, um K/88, die im Bürgerkrieg kämpfende Legion Condor, mit Bombern zu versorgen. 1937 entstanden die He 111B-2 mit DB 603CG je 699 kW (950 PS).

Von der He 111D-0 und D-1 mit DB 600Ga je 699 kW (950 PS) wurden wegen des Mangels an Motoren dieses Typs nur wenige Exemplare gebaut, und 1938 stellte man die Fertigung auf die He 111E mit 736 kW (1000 PS) starken Junkers Jumo 211A-1 um. Produziert wurden rund 200 solcher Kampfflugzeuge, die eine Bombenlast von 2000 kg tragen konnten, etwa genausoviel wie der schwere, allerdings erheblich langsamere RAF-Bomber Armstrong Whitworth Whitley III.

Unterdessen hatte Heinkel Schritte unternommen, die Struktur der He-111-Tragflächen im Sinne einer günstigeren Produktion zu vereinfachen, und den siebten Prototyp (V-7) mit einem eckig umrissenen Tragwerk ausgestattet. Diese Tragflächen flossen in die Baureihe He 111F ein, die 1938 im neuen Heinkel-Werk Oranienburg aufgelegt

Auf einem Flugfeld an der Ostfront ziehen Waffenwarte im Sommer 1941 eine SC 500 auf einem Transportkarren zu einer Heinkel He 111H-6 des Kampfgeschwaders 55. Fast den ganzen Zweiten Weltkrieg hindurch blieb die He 111 der wichtigste schwere Bomber der Luftwaffe.

Heinkel He 111

Oben: Zwei Musterbeispiele für das Können der Günter-Brüder im Flugzeugbau: Ein Jagdeinsitzer He 100, der aber nur in kleiner Stückzahl gebaut wurde, eskortiert eine He 111P.

wurde. 24 He 111F-1, angetrieben von Jumo 211A-3 mit je 810 kW (1100 PS), gingen an die Türkei, und die Luftwaffe erhielt 40 F-4 mit veränderter Abgasanlage. Die Baureihe He 111G umfaßte neun Exemplare, davon fünf (mit Sternmotor B.M.W.132Dc oder B.M.W.132H-1 beziehungsweise Reihenmotor DB 600G) für die Lufthansa und vier als He 111G-5 ebenfalls für die Türkei. Die gleichzeitig mit der He 111G in einer Auflage von 90 Exemplaren produzierte He 111J war als Torpedobomber entwickelt worden, diente aber im Jahr 1939 KGr 806 der Kriegsmarine als Standardbomber.

He 111 über Polen

Bis dahin hatten alle He 111 ein herkömmliches Stufenprofil der Kanzelverglasung gezeigt, doch im Januar 1938 erschien die V-8 mit einer völlig neuen Pilotenkanzel, deren ovale Nase der Besatzung ein ausgezeichnetes Sichtfeld bot. Diese Vollsichtkanzel mit seitlich verlegter Ikaria-Bugkuppel ging in die Serie He 111P ein und verlieh allen nachfolgenden Versionen das charakteristische „schiefe" Aussehen. Die Ikaria-Gefechtskuppel in der Spitze stellte mit der entsprechenden Bewaffnung, MG 15, vereinzelt MG FF, eine zwar schwache, aber zunächst ausreichende Sicherung dar, die sich ohne Schwierigkeiten durch zusätzliche Abwehrwaffen im A-Stand verbessern ließ. Eine kleine Windschutzscheibenklappe gewährte dem Flugzeugführer Direktsicht beim Landeanflug. Die P-Reihe erreichte die Serienfertigung noch vor Ende 1938, so daß dieser Typ im April des nächsten Jahres beim KG 157 in Dienst gestellt werden konnte.

Im September jenes Jahres flogen rund 400 He 111H, 349 He 111P, 38 He 111E und 21 He 111J bei den Einsatzverbänden der Luftwaffe. Von diesen 808 Heinkel-Bombern waren am Vorabend des deutschen

Der erste Prototyp der He 111 war die He 111a (später in He 111 V-1 umbenannt), angetrieben von zwei BMW VI6.OZ mit je 486 kW (660 PS). Der britische Nachrichtendienst hielt das Muster noch immer für ein Schnellverkehrsflugzeug, als man es bereits zum Bomber entwickelt hatte.

Überfalls auf Polen 705 einsatzklar. Im folgenden „Blitzkrieg" befanden sich die Heinkel-Bomber der KG 1, KG 4, KG 26, KG 27, KG 53, KG 152 und der II/LG1 pausenlos im Einsatz. Zu Anfang operierten sie gegen Ziele weit hinter der Front, mit der Absicht, feindliche Truppen- und Nachschubtransporte zu lähmen, doch mit dem Rückzug der polnischen Streitkräfte in Richtung Warschau gingen sie zu Luftangriffen auf die polnische Hauptstadt über.

Da es an geeigneten Flugfeldern mangelte, griffen nur drei He 111-Verbände (KG 4, KG 26 und KGr 100) in den Norwegen-Feldzug ein. Die anderen Geschwader nahmen Ausgangsstellungen in Deutschland für den am 10. Mai 1940 begonnenen Angriff nach Westen ein. Vier Tage später überfielen 100 Heinkel-Bomber des KG 54 Rotterdam, und 57 Flugzeuge warfen 97 Tonnen Bomben auf das Zentrum der Hafenstadt ab. Dabei kamen mindestens 814 Zivilisten ums Leben. Das Ausmaß dieser Tragödie wurde noch dadurch vergrößert,

Heinkel He 111

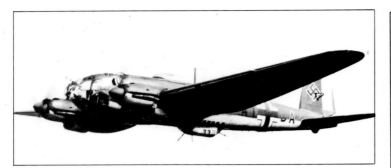

Als Kennzeichnung für den Jagdschutz trugen diese He 111H-2 vom Geschwaderstab des KG 55 „Legion Condor" bei der Luftschlacht um England drei weiße Balken am Seitenruder. Der mit zusätzlichen MG 15 im Bug und unter dem Bauch bewaffnete Kampfbomber war 1940 in Lille-Nord, Belgien, stationiert.

Varianten der Heinkel He 111

He 111a (He 111 V-1): erstes Versuchsflugzeug, angetrieben von zwei B.M.W. VI 6.0Z je 442 kW (600 PS) und Zweiblatt-Propellern
He 111 V-2: zweiter Prototyp (D-ALIX); Verkehrsausführung mit zurückgenommener Wölbung der Flügelhinterkante
He 111 V-3: dritte Versuchsmaschine (D-ALES) einer Bomberausführung mit reduzierter Spannweite
He 111 V-4: Musterflugzeug (D-AHAO) für die C-Serie; zehnsitzige Passagiermaschine mit Dreiblatt-Propellern
He 111C-0: sechs Flugzeuge (D-ABYE, -AMES, -AQUY, -AQYL und -AXAV), davon zwei dem „Kommando Rowehl" für heimliche Langstrecken-Aufklärungsflüge zugewiesen
He 111A-1: zehn auf der V-3 basierende Kampfbomber; von der Luftwaffe abgelehnt und an China verkauft
He 111 V-5: Daimler-Benz-Motoren DB 600A; Gesamtgewicht 8600 kg
He 111B-0: von der Luftwaffe akzeptierte Null-Serie; ein Exemplar mit Jumo 210Ga
He 111B-1: Serienbomber, zunächst mit DB 600Aa, später mit DB.600C; Gesamtgewicht 9323 kg; max. Bombenlast 1500 kg
He 111B-2: Ladermotor DB.600CG; Gesamtgewicht 10.000 kg
He 111 V-7: Versuchsflugzeug mit geradlinig zugespitzten Tragflächen
He 111G-01: auch He 111 V-12 (D-AEQU) bezeichnet; B.M.W. VI 6.0Zu; an DLH weitergereicht
He 111G-02: auch He 111 V-13 (D-AYKI) bezeichnet; an DLH weitergereicht
He 111G-3: zwei Flugzeuge; V-14 (D-ACBS) mit B.M.W.132Dc und V-15 (D-ADCF) mit B.M.W.132H-1; beide an DLH weitergereicht und in He 111L umbenannt
He 111G-4: auch He 111 V-16 (D-ASAR) bezeichnet; DB 600G; diente Generalfeldmarschall Milch als persönliche Reisemaschine
He 111G-5: vier Flugzeuge mit DB.600Ga; gingen an die Türkei
He 111 V-9: modifizierte B-2-Zelle mit DB.600Ga; wurde der He-111D-Prototyp mit Flächenkühlern
He 111D-0: Vorserie mit DB.600Ga und unter die Motorgondeln gerückten Kühlern
He 111D-1: kleine Baureihe, aus Mangel an DB-Motoren aufgegeben
He 111 V-6: Prototyp (D-AXOH) in Form einer modifizierten B-0 als Jumo-Versuchsträger
He 111 V-10: Musterflugzeug (D-ALEQ) für E-Serie, entstanden aus modifizierter D-0 mit Jumo 211A-1
He 111E-0: Vorserienflugzeuge; Bombenlast 1700 kg, Gesamtgewicht 10.315 kg
He 111E-1: Serienbomber; Bombenlast 2000 kg, Gesamtgewicht 10.775 kg
He 111E-3: geringfügig verbesserte E-1; Großserie mit rein interner Bombenlast
He 111E-4: externe Aufhängungen für halbe Bombenlast
He 111E-5: wie E-4, aber mit zusätzlichen Interntanks
He 111 V-11: Musterflugzeug für F-Serie mit eckig umrissenen Tragflächen und Jumo 211A-3
He 111F-0: Vorserienflugzeuge; Gesamtgewicht 11.000 kg
He 111F-1: 24 Flugzeuge, 1938 an die Türkei verkauft
He 111F-4: 40 Flugzeuge für die Luftwaffe; geänderte Abgasanlage und Bombenkonfiguration wie bei der E-4
He 111J-0: Vorserie mit DB.600CG; nur externe Bombenlast
He 111J-1: 90 Serienflugzeuge, ursprünglich als Torpedobomber gedacht, aber größtenteils als Standardbomber verwendet wurden
He 111 V-8: modifizierte B-0 (D-AQUO); Versuchsträger für neue Rumpfausführung (Oval-Nase/Vollsichtkanzel)
He 111P-0: Vorserie, ähnlich wie V-8 und nach der J-1 aufgelegt
He 111P-1: Serienbomber; DB.601A-1; Höchstgeschwindigkeit 398 km/h
He 111P-2: wie P-1, aber mit FuG 10
He 111P-3: zu Übungsbombern mit Doppelsteuerung umgestaltete P-1 und P-2
He 111P-4: Möglichkeit zum Einbau zusätzlicher Abwehrwaffen; erweitertes internes Tankvolumen; externe Bombenlast
He 111P-6: führte DB.601N-Motoren ein und kehrte zur internen Bombenkonfiguration zurück; P-6/R2 waren spätere Umrüstmaschinen zum Starrschlepp von Lastenseglern; andere Maschinen an Ungarn überstellt
He 111 V-19: Prototyp (D-AUKY); zum Versuchsträger von Jumo-211-Motoren umgerüstete V-7
He 111H-0: Vorserie, ähnlich der P-2 (mit FuG 10), aber mit Jumo 211
He 111H-1: Serienausführung der H-0
He 111H-2: wie H-1, aber mit Jumo 211A-3
He 111H-3: neue Variante zur Schiffsbekämpfung mit vorwärtsfeuernder 20-mm-Kanone in der Bodenwanne; Jumo 211D-1
He 111H-4: erste Flugzeuge dieser Reihe mit Jumo 211D-1, später mit 211F-1
He 111H-5: ähnlich wie H-4, aber mit auf 2500 kg erhöhter Bombenlast; Gesamtgewicht auf 14.055 kg gestiegen
He 111H-6: Großserie mit sämtlichen vorausgegangenen Modifikationen sowie mit Geschirr für zwei 765 kg schwere Torpedos LT5b und verstärkter Abwehrbewaffnung
He 111H-8: Zelle der H-3 und H-5 mit Ballonkabelabweisern/Schneidgeschirr; H-8/R2 ohne Kuto-Nase zum Starrschlepp von Lastenseglern
He 111H-10: fortentwickelte H-6 mit Kuto-Nase und 20-mm-Kanone, von der Gondel in den Bug verlegt; Jumo 211F-2
He 111H-11: verbesserte Ausführung der H-10 mit geschlossenem B-Stand (MG 131) und verstärkter Panzerung; H-11/R1 mit zwei MG 81 für seitliches Abwehrfeuer; H-11/R2 zum Starrschlepp von Lastenseglern
He 111H-12: Wegfall der C-Stands zugunsten von zwei Gleitbomben Hs 293A; FuG 230b und FuG 203b
He 111H-14: zum Pfadfinder für Bomberverbände entwickelte H-10; 20 H-14/R2 zum Starrschlepp von Lastenseglern
He 111H-16: Standardbomber-Großserie ab Herbst 1942; H-16/R1 mit elektrischer Drehringlafette DL 131/1 C mit Kopfpanzer im B-Stand; H-16/R2 zum Starrschlepp von Lastenseglern; H-16/R3 als Pfadfinder mit reduzierter Bombenlast
He 111H-18: Pfadfinder, ähnlich wie He 111H-16/R3, aber mit erweiterter Funkausrüstung und besonderen Auspuffflammendämpfern
He 111H-20: gebaut in Version H-20/R1 zum Transport von 16 Fallschirmjägern, H-20/R2 zum Starrschlepp von Lastenseglern, bewaffnet mit einer 30-mm-Kanone im elektrischen Drehturm auf dem Rumpfrücken, H-20/R3 als Nachtbomber mit einer Höchstlast von 3000 kg Bomben und H-20/R4, ähnlich wie R3, aber für nur 20 Bomben je 50 kg
He 111H-21: wie H-20, aber mit Jumo 213E-1; Höchstgeschwindigkeit 480 km/h
He 111H-23: ähnlich wie H-20/R1 mit Jumo 213
He 111 V-32: Musterflugzeug für geplante, aber nicht mehr gebaute Höhenbomberversion He 111R mit Turboladermotor DB.601 U
He 111Z-1: zwei He 111H-6, mittels neuen Tragflächenmittelstücks samt fünftem Motor zu einem Zwillingsflugzeug zusammengebaut; Gesamtgewicht 28.500 kg
He 111Z-2: projektierter Fernbomber, ähnlich wie Z-1, zur Beladung mit vier Großbomben oder Gleitbomben
He 111Z-3: projektierte Fernaufklärerversion der Z-1 mit Zusatztank

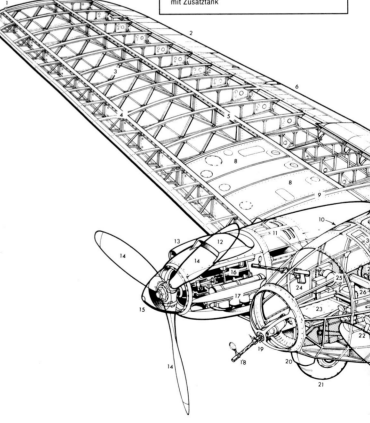

Großbomben, wie dieser 1000-kg-Sprengkörper, wurden außen mitgeführt. Dieser Kampfbomber operierte im Januar 1943 an der Ostfront und ist dementsprechend mit einem weißen Tarnanstrich versehen.

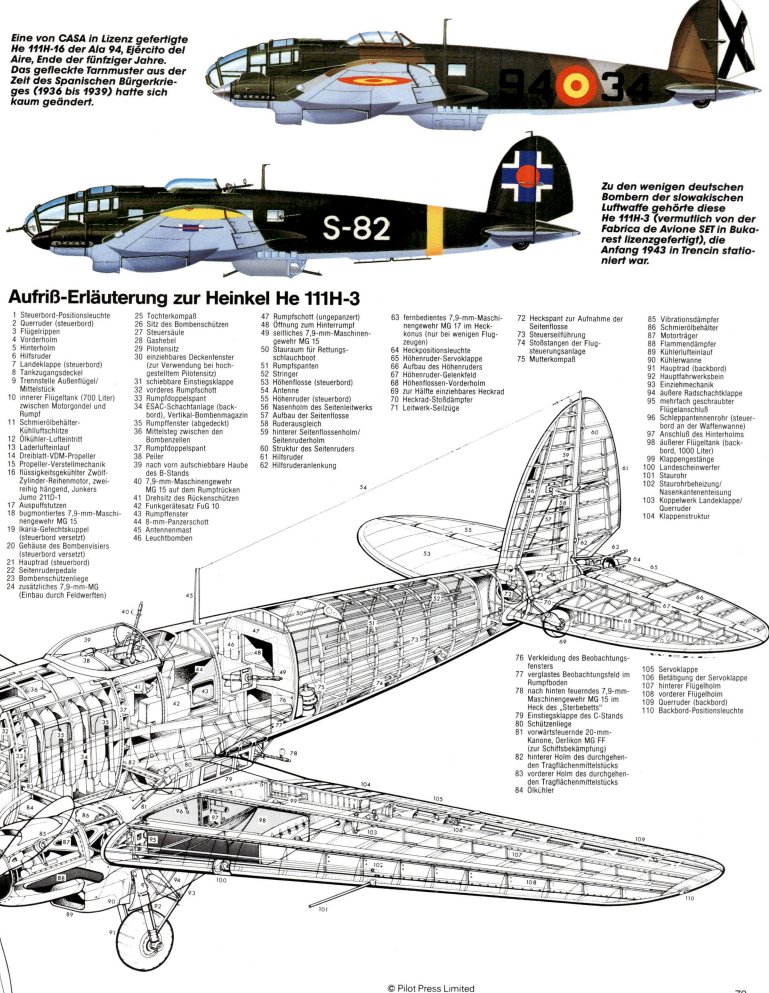

Heinkel He 111

Die Heinkel He 111P wurde zwar in mancher Hinsicht von der H-Serie überboten, blieb aber bis 1941 an der Westfront und anschließend mit reduzierter Abwehrbewaffnung an der Ostfront im Einsatz. Diese P-2 des Kampfgeschwaders 55 flog im Herbst 1940 von Villacoublay aus Nachtangriffe gegen England. Das Wappen des Geschwaderstabs am Bug ist deutlich sichtbar, doch die Geschwaderkennung und das Hakenkreuz am Leitwerk sind dem gefleckten Tarnanstrich zum Opfer gefallen.

daß viele Bomber, deren Funker bereits die MG-Gefechtsstände besetzt hatten, den Rückrufbefehl nicht mehr empfingen.

Bis zum Beginn der Luftschlacht um England hatten He 111H die Bomber der Serie P nahezu gänzlich ersetzt. Die He 111H mit einer Spitzengeschwindigkeit von 435 km/h erwies sich als ein Kampfbomber, der schwere Kampfbeschädigungen einstecken konnte. Die 17 Gruppen, die bei der Luftschlacht um England die He 111H flogen, setzten im Schnitt 500 Maschinen ein (gegenüber 40 He 111P der Aufklärungsgruppen) und verloren im Verlauf der viermonatigen Schlacht 246 Exemplare in Luftgefechten.

Die Mehrzahl der bei der Luftschlacht um England eingesetzten He 111H waren He 111H-1, -2, -3 und -4, die beiden letztgenannten Ausführungen zunächst mit Jumo 211D je 810 kW (1100 PS). Ihre Verluste wirkten sich besonders gravierend aus, weil die Besatzungsstärke der He 111 ab der P-4 – anders als bei den Viermannbombern Junkers Ju 88 und Do 17 – fünf Personen betrug.

Schwerer Bomber He 111H-5

Als nächste Variante erhielten die Kampfgeschwader die He 111H-5, deren Ausstattung zusätzliche Kraftstofftanks anstelle der Tragflügel-Bombenzellen und externe Halterungen für zwei 1000-kg-Bomben beinhaltete. Das Gesamtgewicht hatte sich auf 14.055 kg erhöht. He 111H-5 kamen intensiv im Winterkrieg 1940/41 zum Einsatz und warfen den größten Teil der schweren Bomben und Fallschirmminen auf englische Großstädte ab. Auch eine einzelne 1800-kg-Sprengbombe konnte die He 111H-5 extern mitführen.

Als gebräuchlichste Version etablierte sich die He 111H-6, die Ende 1940 in Serie ging. Diese Variante vermochte nicht nur ein Paar 765 kg schwere Lufttorpedos LT F5b aufzunehmen, sondern war zudem mit sechs 7,92-mm-Maschinengewehren MG 15 und einer vorwärtsfeuernden 20-mm-Kanone bewaffnet, und einige Maschinen verfügten über einen fernbedienten Granatwerfer im äußersten Ende des Rumpfhecks. Trotz ihrer Torpedokapazität wurden die meisten He 111H-6 als normale Bomber genutzt. Als erster Verband setzte I./KG 26 ab Juni 1942 mit Torpedos ausgerüstete He 111H-6 von Bardufoss und Banak im Norden Norwegens aus gegen die Nordkap-Schiffskonvois ein und war auch an der Vernichtung des Konvois PQ 17 beteiligt.

Die Bezeichnungen He 111H-7 und H-9 galten der geringfügig geänderten He 111H-6, während die He 111H-8 durch ein mächtiges Abweisergeschirr gekennzeichnet war, das Sperrballonkabel zu Schneidvorrichtungen an den Flächenenden drängen sollte. Da sich die H-8 im Einsatz aber nicht bewährten, wurden verbliebene Exemplare später für den Starrschlepp von Lastenseglern zu He 111H-8/R2 umgerüstet.

Die He 111H-10 entsprach ebenfalls weitgehend der H-6, hatte jedoch eine 20-mm-Kanone MG FF in einer Wanne unter dem Rumpf, eine Kuto-Nase (Kabelschneider), verstärkte Panzerung und eine kleinere Bombenlast.

Verschiedene Rollen

Nachdem KGr 100 die He 111H mit Erfolg als Pfadfinder für Bomberverbände verwendet hatte, bildete diese Rolle einen Schwerpunkt bei der Entwicklung nachfolgender Untertypen. So wurden die He 111H-14, He 111H-16/R3 und He 111H-18 mit besonderen Funkgerätesätzen wie FuG Samos, Peil-GV, APZ5 und FuG Korfu ausgestattet. Sonderkommando Rastedter des KG 40 beispielsweise flog 1944 die He 111H-14.

Als neuere Bomber wie die Heinkel He 177 Greif, Dornier Do 217 und andere Typen die He 111 ergänzten, durchlief das Muster eine Parallelentwicklung zum Transporter. Man modifizierte die He 111H-20/R1 zum Absetzen von 16 Fallschirmjägern und die He 111H-20/R2 zum Starrschlepp von Lastenseglern. Die Bomberversionen blieben allerdings weiterhin im Einsatz, vor allem an der Ostfront, wo die He 111H-20/R3 mit einer Bombenlast von 2000 kg und die He 111H-20/R4 mit 20 50-kg-Splitterbomben bei Nacht operierten.

Historisch interessante, wenngleich vergebliche Luftoperationen der He-111-Bomber und -Transporter standen im Zusammenhang mit den Bemühungen der Wehrmacht, die in Stalingrad eingekesselte 6. Armee herauszuschlagen und von November 1942 bis Februar 1943 mit Nachschub zu versorgen. Da der gesamte Verfügungsbestand an Junkers-Transportflugzeugen Ju 52/3m zur Versorgung der 6. Armee nicht ausreichte, flogen zudem He-111-Bomber des KG 27, KG 55 und der I/KG 100 gemeinsam mit Transportmaschinen (He 111D/-F/-P und -H) der KGrzbV 5 und KGrzbV 20 Lebensmittel und Munition ein. Zwar konnten die Bomber die Panzerverbände der Russen, die den Belagerungsring um die Stadt immer enger schnürten, gelegentlich angrei-

Diese He 111B-1 diente 1937 im Spanischen Bürgerkrieg bei der Kampfgruppe 88 der Legion Condor. Der Bomber erhielt vielfältige individuelle Markierungen, darunter auch den Namen „Holzauge" und das Emblem eines schwarzen schottischen Terriers am Leitwerk.

Bei der vom Jumo angetriebenen He 111E-1 hatte sich die maximale (intern mitgeführte) Bombenlast auf 2000 kg erhöht. Mit dieser Version waren 1938 alle vier Bomberstaffeln der KGr 88/Legion Condor in Spanien ausgerüstet.

Eine von mehreren Lastensegler-Schleppvarianten war die He 111H-8/R2. Das abgebildete Exemplar gehörte zur Schleppgruppe 4, die Anfang 1942 in Pskow-Süd an der Ostfront stationiert war. Der Einsatz von Lastenseglern zielte mehr auf die Heranführung von Truppen und Ausrüstung an die Front als auf Luftlandeunternehmen ab.

Zu den letzten einsatztauglichen He 111 gehörte diese He 111H-20 der I. Gruppe des Kampfgeschwaders 4 „General Wever". Die Gruppe war im April 1945 in Dresden-Klotzsche stationiert, um abgeschnittene Truppenteile der Wehrmacht mit Nachschub zu versorgen.

fen, aber anhaltende Schlechtwetterlagen beeinträchtigten die Versorgungsflüge derart, daß die 6. Armee nur etwa 20 Prozent des benötigten Nachschubs erhielt. Am Ende des Kampfes um Stalingrad hatte die Luftwaffe 165 He 111 verloren – ein Verlust, von dem sich die Kampfgeschwader nicht mehr erholten.

Notlösungen

Die Heinkel He 111 wurde auch zwei Einsatzexperimenten unterzogen, die zweifellos zu den bizarrsten Kriegsprojekten der Luftwaffe zählten. Bei dem einen stattete man die He 111 mit einer Lenkbombe Fieseler Fe 103 (V-1) unter der Steuerbordtragfläche aus. Nach der 1943 in Peenemünde erfolgten Erprobung wurden etwa 20 He 111H-6, H-16 und H-21 (alle in He 111H-22 umbenannt) entsprechend modifiziert und im Juli 1944 der III./KG 3 zugeführt. Innerhalb von sechs Wochen hatte diese in Holland stationierte Einheit 300 solcher Flugbomben gegen London, 90 gegen Southampton und 20 gegen Gloucester gestartet. Die Trägerflugzeuge näherten sich dabei der britischen Küstenlinie im Tiefstflug, um der Entdeckung durch küstengestützte Radarstationen zu entgehen, zogen auf 450 m über Grund, um die V-1 zu starten, und tauchten sofort wieder ab.

Da die Luftwaffe die inzwischen für Deutschland unhaltbare Situation nicht wahrnahm und glaubte, gute Erfolge erzielt zu haben, ließ sie alle drei Gruppen des KG 53 mit rund 100 He 111H-22 ausrüsten. Ab Dezember griffen diese im Westen Deutschlands stationierten V-1-Träger in den Krieg gegen England ein, wie etwa mit dem Großangriff auf das ferne Manchester an Heiligabend. In den sieben Monaten dieser Luftoperationen starteten die vier Gruppen insgesamt 1200 Flugbomben, büßten dabei aber 77 He 111 ein.

Das andere He-111-Experiment ergab das fünfmotorige Unikum He 111Z (Z für Zwilling). Dazu hatte man bei zwei normalen He 111H-6 je eine linke und eine rechte Fläche demontiert und die beiden Maschinen durch ein neues Tragflächenmittelstück samt fünftem Motor miteinander gekoppelt. Das so entstandene Zwillingsflugzeug mit einer Spannweite von 35,20 m sollte den riesigen Messerschmitt-Lastensegler Me 321 Gigant oder drei Gotha Go 242 mit einer Geschwindigkeit von 225 km/h in 4000 m Höhe schleppen. Nachdem entsprechende Versuche recht erfolgreich verlaufen waren, dienten einige He 111Z-1 beim Großraumlastenseglerkommando 2, das ab 1943 von Obertraubling aus die Ostfront unterstützen sollte. Die He 111Z-2, die wahrscheinlich nicht mehr zum Einsatz kam, war für eine schwere Bombenzuladung (vier x 1800-kg-Bomben) oder vier gesteuerte Gleitbomben vom Typ Henschel Hs 293A über große Entfernungen konzipiert. Zudem bestanden Pläne für eine Fernaufklärerversion He 111Z-3. Die He 111Z flog mit einer siebenköpfigen Besatzung, vier Mann (einschließlich Flugzeugführer) im Backbordrumpf und drei im Steuerbordrumpf.

Zu den wichtigsten Operationen der He-111-Bomber zählte der Angriff auf den Flugplatz Poltava in der Sowjetunion in der Nacht des 21./22. Juni 1944. Am Tag zuvor waren 114 Boeing B-17 der USAAF und ihre Begleitjäger North American P-51 nach der Bombardierung Berlins auf dem Stützpunkt in der Sowjetunion niedergegangen. Heinkel He 111 der KG 4, KG 27, KG 53 und KG 55 überraschten die Amerikaner und zerstörten unter Einsatz von Leuchtbomben 43 abgestellte B-17 und 15 P-51.

Ende 1944 war die Transportgruppe 30 mit He 111-Transportmaschinen ausgerüstet, mit denen sie zu Beginn der Ardennen-Offensive Fallschirmjäger hinter den amerikanischen Linien absetzte. In der Endphase des Krieges diente dieses Muster nur noch in der Transportrolle und flog in den letzten Tagen des Dritten Reichs beim KG 4, TGr 30 und der Schleppgruppe 1.

Insgesamt wurden mehr als 7300 He 111 produziert.

Die Heinkel He 111H-6 war die meistverbreitete Version dieses Musters. Das abgebildete Exemplar ist mit einem Paar Übungstorpedos am PVC-Geschirr unter dem Rumpf beladen. Zu den Einsatzverbänden der He 111-Torpedoträger gehörte das KG 26, das zur Bekämpfung von Murmansk anlaufender Schiffskonvois der Alliierten in Norwegen lag.

Die Heinkel He 111H-11 mit MG 131 (schweres 13-mm-Maschinengewehr) in der Nasenspitze und fünf 250-kg-Bomben an einer besonderen Trägerplattform unter dem Rumpf. Diese Version war auch durch eine verstärkte Panzerung gekennzeichnet, die sich im Notfall zur Steigerung der Geschwindigkeit teilweise abwerfen ließ.

Heinkel He 111

TECHNISCHE DATEN

Heinkel He 111H-16
Typ: fünfsitziger, mittelschwerer Nachtbomber/Pfadfinder und Lastensegler-Schleppflugzeug
Triebwerke: zwei Reihenmotoren Junkers Jumo 211F-2 je 994 kW (1350 PS)
Leistung: Höchstgeschwindigkeit 435 km/h in 6000 m Höhe; Dienstgipfelhöhe 8500 m; Standardreichweite 1950 km
Gewicht: Leermasse 8680 kg; max. Startmasse 14.000 kg
Abmessungen: Spannweite 22,60 m; Länge 16,40 m; Höhe 4 m; Tragflügelfläche 86,50 m²
Bewaffnung: eine 20-mm-Kanone MG FF, ein Maschinengewehr MG 131 und bis zu sieben 7,9-mm-Maschinengewehre MG 15/MG 81 sowie eine 2000-kg-Bombe extern und eine 500-kg-Bombe oder acht 250-kg-Bomben intern

Die abgebildete Maschine, Werksnummer 3340 und „Gelbe B" der 9. Staffel des Kampfgeschwaders 53 „Legion Condor", ist mit den weißen Flügelstreifen versehen, mit denen sich die Kampfbomber beim Großangriff auf London am 15. September 1940, dem Höhepunkt der Luftschlacht um England, gegenüber den eigenen Jägern auswiesen. Andererseits sollen drei weiße Balken die III. Gruppe eines Geschwaders gekennzeichnet haben. Dieser Bomber wurde an jenem Tag im Einsatz beschädigt und mußte mit zwei Verwundeten in Armentiers notlanden. Rechnergestützte Auswertungen der jüngeren Vergangenheit legen nahe, daß Spitfire-Jäger der No. 66 (Fighter) Squadron den Heinkel-Bomber angegriffen haben.

Savoia-Marchetti S.M.79

Die schnelle und robuste S.M.79 konnte ihre zivile Herkunft zwar nie ganz leugnen, aber die Sparviero war dennoch eines der tüchtigsten Kampfflugzeuge Italiens im Zweiten Weltkrieg. Dieser Typ forderte von der alliierten Schiffahrt im Mittelmeer einen hohen Blutzoll.

Während in Europa der Schulterschluß der Achsenmächte vorbereitet und die Lufthansa mit Verkehrsmaschinen versorgt wurde, die sich leicht zu Bombern herrichten ließen, verfolgte die andere Diktatur in Italien eine ähnliche Politik. Anfang 1934 schlug Alessandro Marchetti einen aerodynamisch bereinigten Hochgeschwindigkeitsabkömmling seiner S.M.81 für acht Passagiere vor. Angebliches Ziel war die Teilnahme an dem bevorstehenden prestigeträchtigen „MacRobertson-Rennen" von England nach Australien, doch ganz offenkundig konnte solch ein Flugzeug die Grundlage für einen effektiven schweren Bomber abgeben.

Letztendlich wurde die zivile S.M.79P (I-MAGO) nicht rechtzeitig für dieses große Rennen fertiggestellt und startete erst im Oktober 1934 unter dem Antrieb dreier Neunzylinder-Sternmotoren Piaggio P.IX Stella RC.2 je 449 kW (610 PS) vom Flughafen Cameri aus zum Jungfernflug. Nachdem ihr mögliche Lorbeeren im Wettbewerb von 1934 entgangen waren, bewies sie im Juni 1935 ihr Können durch einen Rekordflug von Mailand nach Rom. Wenig später stellte die nun mit drei Alfa Romeo 125 RC.35 je 552 kW (750 PS) ausgerüstete Maschine Weltrekorde über 1000- und 2000-km-Rundstrecken mit verschiedenen Lasten auf. Im Jahr darauf verbesserte I-MAGO, jetzt mit 574 kW (780 PS) starken Alfa Romeo 126 RC.34, ihren eigenen Rekord, indem sie eine Last von 2000 kg über 1000 km mit einer Geschwindigkeit von 420 km/h beförderte.

Rennflugzeuge

Gleichzeitig erfolgte die Entwicklung der zivilen S.M.79 auf mehreren Schienen: als S.M.79C (C für Corsa wie Rennen), als S.M.79T (T für Transatlantica) und als zweimotorige S.M.79B. Elf S.M.79T mit zusätzlichen Kraftstofftanks für prestigeförderliche Transatlantikflüge und fünf Rennflugzeuge S.M.79C wurden gebaut, alle mit Piaggio-Sternmotor P.XI RC.40, der 736 kW (1000 PS) erzeugte. Zu den herausragenden Leistungen dieser ausgezeichneten Rennmaschinen zählte die Einnahme der ersten drei Plätze beim Flugrennen von Istres über Damaskus nach Paris im Jahr 1937, bei dem die Siegerin des MacRobertson-Rennens, die D.H.88 Comet mit der Kennung G-ACSS, nur Platz Vier errang. Im Frühjahr 1938 flogen drei S.M.79 mit einer Durchschnittsgeschwindigkeit von 404 km/h 9842 km weit von Rom nach Rio de Janeiro. Im weiteren Verlauf jenes Jahres fielen weitere Weltrekorde für Geschwindigkeit-Distanz-Last an die S.M.79.

Die Entwicklung der S.M.79B für die zivile Luftfahrt war von kurzer Dauer, hauptsächlich wegen des Vorurteils in bezug auf die Sicherheit zweimotoriger Verkehrsflugzeuge. Nach dem Erstflug des Prototyps der S.M.79B mit zwei Fiat-Sternmotoren A.80 je 758 kW (1030 PS) im Jahre 1936 zeigte sich jedoch, daß einige ausländische Luftstreitkräfte die zweimotorige Auslegung sehr wohl schätzten, und Savoia-Marchetti verkaufte 1938 schließlich vier militärische Exemplare an den Irak (alle beim antibritischen Aufstand von 1941 zerstört) und drei an Brasilien. Rumänien hingegen führte die S.M.79B in großem Stil ein und erwarb 1938 zunächst 24 Maschinen mit 736 kW (1000 PS) starken Sternmotoren vom Typ Gnome-Rhône Mistral Major sowie anschließend weitere 24 mit Junkers-Reihenmotoren Jumo 211Da, die 898 kW (1220 PS) abgaben. Das Land führte zudem Verhandlungen über den Lizenzbau dieses Musters (als S.M.79-JR) im Werk der Firma Industria Aeronautica Romana in Bukarest. Diese Flugzeuge unterstützten 1942 die rumänischen Streitkräfte an der russischen Front in großer Zahl als mittelschwere Bomber, während die älteren S.M.79B nur noch im Transportdienst flogen. Die von IAR gebaute S.M.79-JR erreichte eine Spitzengeschwindigkeit von 445 km/h in 5000 m Höhe, stieg in acht Minuten und 40 Sekunden auf 3000 m und besaß eine Dienstgipfelhöhe von 7400 m.

Man hatte das militärische Potential der S.M.79 so frühzeitig erkannt, daß man schon den zweiten Prototyp 1935 als Bomber fertigstellte. Die Konstruktion basierte weitgehend auf Holz, und das dreiholmige Tief-

Diese Aufnahme vom Oktober 1940 zeigt Standardbomber der 229. Squadriglia. Die S.M.79 nahm an den Kämpfen gegen Frankreich, dann gegen Griechenland und anschließend gegen britische Truppen in Nordafrika teil.

Savoia-Marchetti S.M.79

Die S.M.79 zeichnete sich bei mehreren Flügen vor dem Kriege aus. Mit dieser S.M.79C (I-BIMU) belegten Attilio Biseo und Bruno Mussolini beim Rennen Istres – Damaskus – Paris mit einer durchschnittlichen Geschwindigkeit von 343 km/h den dritten Platz.

Diese Maschine erhielt der Irak 1938 als erste von vier zweimotorigen S.M.79B. Damals war dieser Typ allen Flugzeugen, die die RAF in Nahost stationiert hatte, weit überlegen.

decker-Flügelpaar war in einem Stück mit einer V-Stellung von nur 1,5° gebaut. Der mächtige Rumpf fußte auf einem geschweißten Stahlrohrgerüst, dessen vorderer Teil mit Duralumin und Sperrholz und der hintere mit Schichtholz und Gewebe abgedeckt wurde. Der Führerraum war für zwei Mann ausgelegt, denen ein einzelnes 7,7-mm-Maschinengewehr (später 12,7-mm-MG) zur Verfügung stand, starr unter dem Kabinendach montiert und vorwärtsfeuernd. Der leicht nach steuerbord versetzte Bombenschacht belegte den mittleren Rumpfabschnitt, und eine Bauchwanne dahinter nahm den Bombenschützen und den nach hinten mit einem 7,7-mm-Maschinengewehr (später 12,7-mm-MG) Breda-SAFAT sichernden Bordschützen auf. Ein weiterer MG-Gefechtsstand befand sich im hinteren Teil des wuchtigen Rückenbuckels (der der S.M.79 bei der Truppe den Spitznamen „Il Gobbo" eintrug), und im Hinterrumpf ließ sich ein 7,7-mm-MG zum Abwehrfeuer durch Rumpfluken nach beiden Seiten schwenken.

Spanischer Bürgerkrieg

Testpiloten der Regia Aeronautica äußerten sich von Anfang an begeistert über die S.M.79, und noch vor Ablauf des Jahres 1935 gingen Serienaufträge ein. Die ersten Flugzeuge, S.M.79-I mit drei Alfa Romeo 126 RC.34 je 574 kW (780 PS), wurden 1936 beim 8. und 111. Stormo Bombardamento Veloce (Schnellbombergeschwader) in Dienst gestellt. 1937 verlegten diese Verbände nach Spanien zur Aviacion del Tercio, um in den Spanischen Bürgerkrieg als 27. und 28. Gruppo (die auf den Balearen stationierten „Falchi delle Baleari" = Falken der Balearen) sowie als 29. und 30. Gruppo („Sparvieri = Sperlinge") einzugreifen. Zusammen mit zwei S.M.81-Einheiten flogen sie 5318 Kampfeinsätze, warfen 12.040 Tonnen Bomben ab und erzielten 224 Direkttreffer auf Schiffe der republikanischen Regierung. Nach dem Ende des Bürgerkriegs übernahm die neue Regierung unter Franco mehr als 80 S.M.79, die jahrelang den Ausrüstungskern der Bombergruppe innerhalb der spanischen Luftstreitkräfte bildeten.

Unterdessen wurde die Indienststellung der S.M.79 (die jetzt offiziell Sparviero hieß) bei der Regia Aeronautica mit Hochdruck vorangetrieben. Bis zum Beginn des Zweiten Weltkriegs befanden sich elf Stormi mit je vier unterstellten Squadriglie und insgesamt 389 Flugzeugen in Italien, Albanien und im ägäischen Mittelmeerraum im Einsatz. Inzwischen prüfte man die S.M.79 aber für eine völlig andersgeartete Rolle. Wegen seiner geographischen Lage im Mittelmeer hatte Italien schon seit etlichen Jahren um Anerkennung auf dem Gebiet der Seekriegführung und der Torpedotechnologie gerungen und 1937 in Gorizia Erprobungen mit einer S.M.79 durchgeführt, die einen Einzeltorpedo mitführte. Obwohl diese Versuche sehr vielversprechend verliefen, entschloß man sich doch für die Bewaffnung mit zwei Torpedos unter gleichzeitiger Einrüstung stärkerer Motoren, zuerst des 633 kW (860 PS) starken Alfa Romeo 128 RC.18 (der zum Prototyp S.M.84 führte) und später des Piaggio P.XI RC.40 mit 736 kW (1000 PS). In der letztgenannten Konfiguration erreichte das Muster die Serienfertigung als S.M.79-II, und die Zuschleusung an die Regia Aeronautica begann 1940. Neuere Varianten wurden von 18-Zylinder-Sternmotoren Alfa Romeo 135 RC.32 je 994 kW (1350 PS) und Fiat A.80 RC.41 je 736 kW (1000 PS) angetrieben.

Als Italien am 10. Juni 1940 in den Zweiten Weltkrieg eintrat, verfügte die Regia Aeronautica über 14 S.M.79-Geschwader mit 575 Flugzeugen: Drei Stormi (9., 12. und 46.) lagen in Italien, vier (10., 14., 15. und 33.)

Hinter einer einsatzklaren S.M.79 bereiten Munitionsmechaniker die Beladung mit Bomben vor, die noch mit Stabilisierungsflossen versehen werden müssen. Bei der Sparviero war der Bombenschacht steuerbord versetzt im Rumpf angeordnet.

Die Besatzung, die hier aus ihrer Sparviero aussteigt, trägt die zu Anfang des Krieges in Italien übliche Fliegermontur. Zu erkennen sind auch die Schiebehaube des oberen MG-Gefechtsstands und der Buckel, der der S.M.79 zum Scherznamen „Il Gobbo" verhalf.

Savoia-Marchetti S.M.79

Vom Alfa Romeo angetriebene S.M.79 dienten nach der Kapitulation Italiens im Jahre 1944 bei der Gruppo Aerosiluranti „Buscaglia" der Aviazione Nazionale Republicana in Norditalien.

Diese S.M.79 mit den Markierungen der Nationalisten im Spanischen Bürgerkrieg gehörte zur 52. Squadriglia, die sich „Falchi delle Baleari" nannte und im Mai 1938 von Palma de Mallorca aus operierte.

in Libyen, fünf (11., 30., 34., 36. und 41.) in Sizilien und zwei (8. und 32.) in Sardinien. Das 9. und das 46. Stormo nahmen an der kurzen Kampagne gegen Frankreich teil, während die S.M.79 des 10., 13. und 33. Stormo (der Aeronautica della Libia) gegen französische Truppen in Tunesien kämpften.

Zu Beginn der Griechenlandkampagne stießen zu den vier in Albanien stationierten S.M.79-Squadriglie Flugzeuge der im Ägäischen Meer eingesetzten Aerosiluranti (Torpedobomber-Luftflotte). Während des elftägigen Feldzugs gegen Jugoslawien im April 1941 standen sich 30 S.M.79-I der 92. Gruppo, 281. Squadriglia, 42 entsprechenden Flugzeugen des 7. Bombergeschwaders der 81. Unabhängigen Bombergruppe Jugoslawiens gegenüber – der Restbestand einer 1939 von Italien gelieferten Serie von 45 Maschinen. Bei den Operationen gegen Kreta waren S.M.79 der Aerosiluranti im östlichen Mittelmeer ständig in Kämpfe gegen britische und griechische Schiffe verwickelt.

Gefechte in Afrika

Die Kampftruppen von Marschall Graziani in Nordafrika wurden von der Regia Aeronautica allgemein schwach unterstützt, denn die italienischen Piloten hatten großen Respekt vor den in Ägypten zusammengewürfelten RAF-Verbänden. Insgesamt vier Stormi mit 125 S.M.79 waren in Castel Benito, Bir al Bhera, Benina und Al Adem verfügbar, doch nur wenige wirkungsvolle Angriffe wurden geflogen. Sehr kleine Sparvieri-Kontingente attackierten unter schwerem Jagdschutz durch Fiat CR.42 Ziele in Halfaya, Mersa Matruh, Sidi Barrani und Sollum. Es kam zu etlichen Gefechten mit RAF-Jägern Gloster Gladiator, bei denen aber nur wenige S.M.79 abgeschossen wurden. Der Verschleiß war in erster Linie dem unzureichenden Klarstand der Flugzeuge infolge Ersatzteilmangels zuzuschreiben.

Während des Feldzugs in Ostafrika verstärkten 16 von Libyen aus operierende Exemplare die zwölf S.M.79-I der 44. Gruppo, doch in den letzten Kämpfen um italienisches Territorium in Nordafrika wurden sechs Maschinen bei britischen Luftangriffen auf Addis Abeba am Boden zerstört, drei abgeschossen und die übrigen mehr oder weniger intakt erbeutet. Eine der letzteren trug später die RAF-Kennung HK848 und schloß sich vier weiteren an (AX702-705), mit denen sich jugoslawische Piloten nach Nahost abgesetzt hatten.

Eine glänzende Vorstellung gab die Sparviero in der Mittelmeer-Seekriegsführung, als Bomber ebenso wie als Torpedoträger. In den ersten Kriegsmonaten führten Flugzeuge des 30. Stormo und der 279. Squadriglia Angriffsschläge gegen Malta und auf Schiffsbewegungen in der Straße von Medina aus, und später kam noch das 10. Stormo hinzu. Gegen den berühmten alliierten Malta-Konvoi (Operation „Pedestal") im August 1942 setzten die Regia Aeronautica und die Aerosiluranti 74 Torpedo- und Bombenflugzeuge S.M.79-II ein, von denen das 32. Stormo in Villacidro auf Sardinien 50, die 105. Squadriglia in Decimomannu auf Sardinien zehn und die 132. Squadriglia in Pantelleria 14 stellte. Sobald der Konvoi aus 14 Handelsschiffen mit schwerem Geleitschutz in Reichweite kam, flogen diese S.M.79 (und mehrere Einheiten der Luftwaffe) pausenlos Angriffe. Trotz der verzweifelten Gegenwehr trägergestützter Jäger erzielten sie Bomben- und Torpedotreffer an neun Handelsschiffen, zwei Kreuzern, einem Flugzeugträger und einem Zerstörer. Im Verlauf des Luft-See-Krieges im Mittelmeerraum versenkten Sparvieri die Zerstörer HMS Husky, Jaguar, Legion und Southwall und fügten dem Schlachtschiff HMS Malaya

Dieser Torpedobomber S.M.79-II der 278. Squadriglia, 132. Gruppo Autonomo Aerosiluranti, die im Frühjahr 1942 auf Sizilien stationiert war, trägt einen der gebräuchlichsten Tarnanstriche.

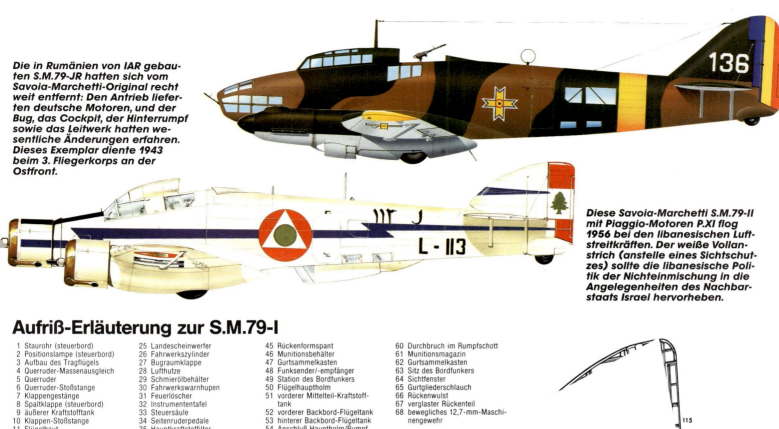

Die in Rumänien von IAR gebauten S.M.79-JR hatten sich vom Savoia-Marchetti-Original recht weit entfernt: Den Antrieb lieferten deutsche Motoren, und der Bug, das Cockpit, der Hinterrumpf sowie das Leitwerk hatten wesentliche Änderungen erfahren. Dieses Exemplar diente 1943 beim 3. Fliegerkorps an der Ostfront.

Diese Savoia-Marchetti S.M.79-II mit Piaggio-Motoren P.XI flog 1956 bei den libanesischen Luftstreitkräften. Der weiße Vollanstrich (anstelle eines Sichtschutzes) sollte die libanesische Politik der Nichteinmischung in die Angelegenheiten des Nachbarstaats Israel hervorheben.

Aufriß-Erläuterung zur S.M.79-I

1 Staurohr (steuerbord)
2 Positionslampe (steuerbord)
3 Aufbau des Tragflügels
4 Querruder-Massenausgleich
5 Querruder
6 Querruder-Stoßstange
7 Klappengestänge
8 Spaltklappe (steuerbord)
9 äußerer Kraftstofftank
10 Klappen-Stoßstange
11 Flügelhaut
12 geschlitzte Flügelnase
13 Steuerbord-Motorgondel
14 Propeller
15 Abgassammelring
16 Dreiblatt-Propeller
17 Propellerhaube
18 Motorhaubenring
19 Sternmotor Alfa Romeo 126
20 Auspuffrohr
21 Motorträger
22 Brandschott
23 Ölfilter
24 Hauptrad (steuerbord)
25 Landescheinwerfer
26 Fahrwerkszylinder
27 Bugraumklappe
28 Lufthutze
29 Schmierölbehälter
30 Fahrwerkswarnhupen
31 Feuerlöscher
32 Instrumententafel
33 Steuersäule
34 Seitenruderpedale
35 Hauptkraftstoffilter
36 Klappensteller
37 Ölkühler-Luftbohrungen
38 Anschluß Frontflügelholm/Rumpf
39 Pilotensitz
40 Mittelkonsole
41 Pilotensitz
42 Frontverglasung
43 obere Stirnfenster
44 starres, vorwärtsfeuerndes 12,7-mm-Maschinengewehr
45 Rückenformspant
46 Munitionsbehälter
47 Gurtsammelkasten
48 Funksender/-empfänger
49 Station des Bordfunkers
50 Flügelhauptholm
51 vorderer Mittelteil-Kraftstofftank
52 vorderer Backbord-Flügeltank
53 hinterer Backbord-Flügeltank
54 Anschluß Hauptholm/Rumpf
55 Anschluß Hinterholm/Rumpf
56 hinterer Mittelteil-Kraftstofftank
57 Sauerstofflasche
58 Stiege zum Besatzungsraum
59 Sitz des Bordmechanikers
60 Durchbruch im Rumpfschott
61 Munitionsmagazin
62 Gurtsammelkasten
63 Sitz des Bordfunkers
64 Sichtfenster
65 Gurtgliederschlauch
66 Rückenwulst
67 verglaster Rückenteil
68 bewegliches 12,7-mm-Maschinengewehr

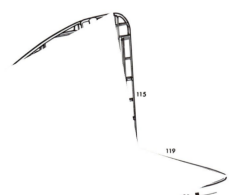

69 MG-Stützverband
70 Schiebeteil der MG-Kuppel
71 Deckengerüst des Bombenschachts
72 Vertikalbomben-Zurrbeschläge
73 zwölf 100-kg-Bomben
74 Bombenmagazin (nach steuerbord versetzt)
75 Bombenschachtklappen
76 Rumpfspanten
77 Laufsteg
78 OMI-Senkrechtkamera
79 Bauchwanne
80 Jozza-Bombenzielgerät
81 Seitenruder-Handrad des Bombenschützen
82 Steuerbord-Seitenfenster (3)
83 Funkempfänger
84 Kraftstoffsammeltank
85 starre Heckverkleidung der MG-Rückenkanzel
86 Sperrholzbeplankung
87 Peilantenne
88 mittlerer MG-Gefechtsstand für seitliches Abwehrfeuer
89 MG-Querstange
90 Verey-Patronenmagazine
91 Einstiegstür
92 Schiebekniescher für den Bombenschützen
93 Gurtgliederschlauch
94 Heckverkleidung der Bauchgondel
95 bewegliches 12,7-mm-Maschinengewehr
96 angelenktes Heckteil der Bauchgondel
97 Backbord-Seitenfenster (2)
98 Gurtzuführung
99 mittleres Maschinengewehr
100 Munitionsbehälter
101 MG-Scharten-Rumpfspant
102 Höhenrudergestänge
103 Übertragungsstrecke der Höhensteuerung
104 Rumpfstruktur
105 seitliche Stoffbespannung
106 Befestigung Seitenflosse/Rumpf
107 Seitenflossenholm
108 Höhenflosse (steuerbord)
109 Höhenruder-Hornausgleich
110 Höhenruder (steuerbord)
111 Aufbau der Seitenflosse
112 oberes Seitenruderlager
113 Seitenruder-Drehrohr
114 Seitenruderholm
115 Hilfsruder
116 unteres Seitenruderlager
117 Höhenflossen-Stützstrebe
118 Hilfsruder-Steuerverbindung
119 Höhenruder (backbord)
120 Höhenruder-Hornausgleich
121 Höhenflossenaufbau
122 nicht einziehbares Heckrad
123 Heckrad-Lenkmechanik
124 Heckrad-Stoßdämpfer
125 Seitenruder-Steuerverbindungen
126 Höhenruder-Steuerhorn
127 Endrippe der Höhenflosse
128 Höhenflossenholmanschluß
129 Gabel zur Aufnahme der unteren Abfangstreben des Höhenleitwerks
130 unterer Rumpfspant
131 Klapptür mit Einbautreppe
132 Klapptür in unterster Stellung
133 Position des Bombenschützen
134 Flügelwurzelstrebe
135 Teil der Flügelhinterkante
136 hinterer Flügelholm
137 Hauptradschacht
138 Gondelheck-Kraftstofftank
139 äußerer Flügeltank
140 Lagerung der Fahrwerkseinziehstreben
141 Einziehzylinder
142 Hauptholm
143 Hauptfahrwerkslager
144 Motorgondel-Stützverband
145 Motorträger-Baugruppe
146 Motoraufhängungsring
147 Abgassammelring
148 Propellerhaube
149 Dreiblatt-Propeller
150 Auspuff
151 Fahrwerksschachtklappen
152 Ölfederbeine
153 Hauptrad (backbord)
154 Einziehstreben
155 geschlitzte Flügelnase
156 Aufbau des hölzernen Tragflügels
157 Spaltklappe
158 Querruder
159 Flügelhaut
160 Struktur des Randbogens
161 Backbord-Positionslampe
162 Staurohr (backbord)

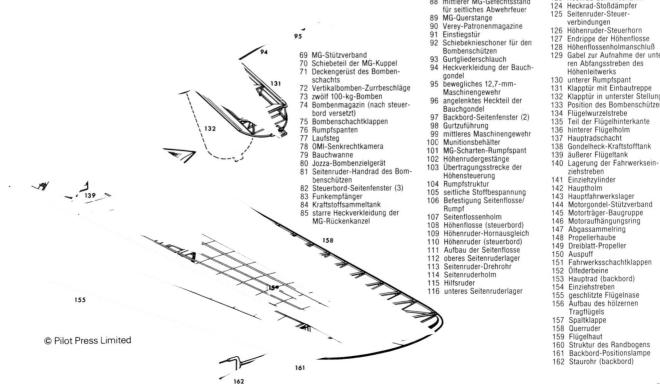

© Pilot Press Limited

87

Savoia-Marchetti S.M.79

Als Torpedobomber war die Sparviero am erfolgreichsten. Diese offensive Rolle erfüllte sie noch nach 1943 unter der von Deutschland kontrollierten Aviazione Nazionale Republicana.

Bei ihrer Indienststellung war die S.M.79 ein guter Bomber, doch weitgehend überholt, als Italien in den Zweiten Weltkrieg eingriff. Dennoch bewährte sie sich in der Anfangsphase der Kämpfe im Mittelmeerraum recht gut.

„Il Gobbo" im Flug, fotografiert aus dem MG-Rückengefechtsstand einer anderen S.M.79. Unter dem Mittelrumpf liegt ein zum Abwurf aus dem Tiefstflug bereiter Torpedo.

Buscaglia, der Kommandeur der 132. Gruppo, in ganz Italien berühmt wurden.

Gegen Ende des Jahres 1943 erschien bei den Torpedo-Gruppi der Aerosiluranti in kleiner Zahl eine neue Version der Sparviero, die S.M.79-III. Ihr fehlte die Bauchgondel (die Bombenschützenstation war überflüssig), und das vorwärtsfeuernde 12,7-mm-Maschinengewehr hatte man durch eine 20-mm-Kanone ersetzt, um die Kanoniere der Flakbatterien beim Torpedoangriff „einzuschüchtern". Einer der berühmtesten Torpedobomberpiloten dieser Ära war Capitano Faggioni, der eine mit der S.M.79-III ausgerüstete Gruppe anführte.

Ersatzteilprobleme

Als die Alliierten im November 1942 in Algerien landeten, waren die Sparviero-Kräfte schon stark geschrumpft, zum Teil durch im Gefecht verlorene Maschinen, zum Teil aber auch infolge alliierter Luftangriffe auf die italienische Flugzeugindustrie, die die Versorgung mit Ersatzmotoren und anderen Teilen erheblich beschnitten. Zu diesem Zeitpunkt existierten noch zehn S.M.79-Gruppi mit 153 Flugzeugen, von denen aber nur 112 einsatzklar waren. Acht dieser Gruppen flogen Sparviero-Torpedoträger, und in dem Bemühen, angesichts der Luftüberlegenheit der Alliierten im Mittelmeerraum wenigstens den Schein einer respektablen Kampfleistung zu wahren, ging man dazu über, die S.M.79 nur noch mit einem Torpedo einzusetzen. Dennoch waren am Vorabend der Invasion Siziliens die Sparviero-Verbände auf vier zersplitterte Gruppi und zwei Squadriglie mit einem Gesamtbe-

sowie den Flugzeugträgern HMS Indomitable, Victorious und Argus schwere Beschädigungen zu. HMS Malaya und Argus waren Ziele der 130. und der 132. Gruppo, die mit der S.M.79 von Gerbini und Castelvetrano (Sardinien) aus operierten. Der erstgenannten Gruppo gehörten Piloten wie Cimicchi, Di Bella und Melley an, die ebenso wie Capitano

Das vermutlich Ende 1935 entstandene Foto zeigt den Originalprototyp Savoia-Marchetti S.M.79P I-MAGO nach dem Wechsel von den ursprünglichen Piaggio-Motoren P.IX zu 552 kW (750 PS) starken Sternmotoren vom Typ Alfa Romeo 125.

Eines der fünf Rennflugzeuge S.M.79C, die beim Wettbewerb Istres – Damaskus – Paris von 1937 so gut abschnitten. Die Kennung I-11 bedeutet 11. italienischer Wettbewerbsteilnehmer.

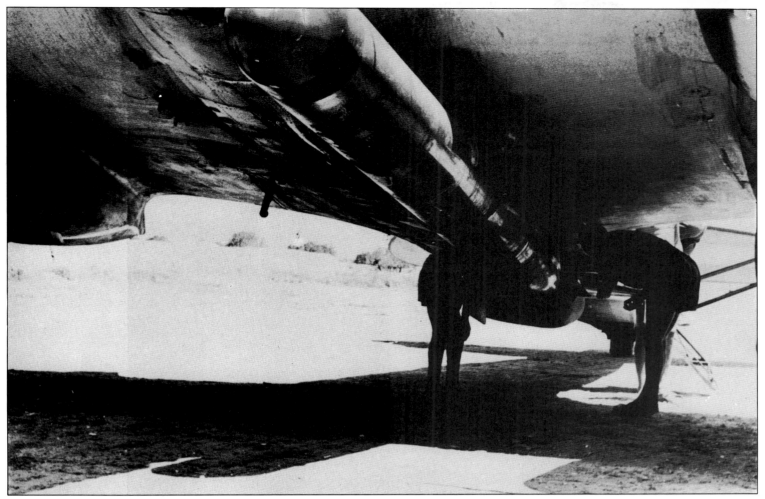

Die Nahaufnahme zeigt, wie der Torpedo unter dem Bauch einer S.M.79 montiert war. Zwar standen Beschläge für zwei solcher Waffen zur Verfügung, doch damit verschlechterte sich die Leistung derart, daß die Maschinen in der Regel nur mit einem Exemplar beladen wurden.

stand von nur 27 kampftüchtigen Flugzeugen dezimiert. Einer der Gründe für die große Zahl nicht einsatzklarer Maschinen (schätzungsweise 50) auf italienischen Flugplätzen lag darin, daß die S.M.79 für Kurzsprints eine Zeitlang Äthyleinspritzung für ihre Motoren Alfa Romeo 128 verwendet hatten. Dieses Verfahren steigerte die Geschwindigkeit zwar auf bis zu 480 km/h, mußte aber mit einem hohen Motorverschleiß bezahlt werden.

Zum Zeitpunkt der italienischen Kapitulation standen 36 einsatzfähige S.M.79 auf den Flugplätzen Capodichino, Littoria, Pisa und Siena, von denen sich 21 nach Süden hinter die alliierten Linien durchschlagen konnten und in die italienische Mitkämpfer-Luftflotte eingebunden wurden. Andere flogen mit Kennungen der Luftwaffe im nachgeordneten Transportdienst. Faggioni führte seine Gruppo Aerosiluranti weiterhin bei Operationen mit der S.M.79-III gegen die Alliierten und zeichnete sich bei einem Angriff auf Schiffe vor Gibraltar in der Nacht des 4./5. Juni 1944 an der Spitze seines Kampfverbandes nochmals durch achtungsvolle Leistungen aus. Bei einem Schlag gegen Schiffsziele vor Nettuno fand er später den Fliegertod.

Nach dem Krieg wurden die verbliebenen Sparvieri zu Transportflugzeugen umgerüstet und von der provisorischen Organisation Corrieri Aerei Militari verwendet. Bei dieser blieben die S.M.79 solange im Einsatz, bis wieder ein formaler kommerzieller Luftverkehr stattfand. Anschließend dienten einige Maschinen in Italien noch als Zielschlepper, und drei wurden 1950 als militärische Transporter an die libanesische Luftwaffe verkauft.

Italien produzierte in den Jahren zwischen 1934 und 1944 insgesamt 1330 S.M.79.

Die zweimotorige S.M.79B wurde für den Export nach Brasilien, Rumänien und in den Irak als Billigversion des Grundmusters produziert. Beim Aufstand im Irak 1941 kämpften diese Maschinen gegen die Briten, und Rumänien setzte seine Flugzeuge im selben Jahr an der Ostfront ein.

S.M.79-I-Bomber der XXVII Gruppo Bombardamento Terrestre, Aviacion del Tercio („Falchi delle Baleari"), während des Spanischen Bürgerkriegs 1938. Der grün auf Sandfarbe getüpfelte Sichtschutz des Flugzeugs im Vordergrund hebt sich deutlich vom einfachen braunen Tarnmuster der anderen Maschinen ab.

Savoia-Marchetti S.M.79

TECHNISCHE DATEN

Savoia-Marchetti S.M.79-I

Typ: mittelschwerer Bomber/Torpedobomber für vier/fünf Mann Besatzung

Triebwerke: drei luftgekühlte Neunzylinder-Sternmotoren Alfa Romeo 126 RC.34 je 574 kW (780 PS)

Leistung: Höchstgeschwindigkeit 430 km/h in 4000 m Höhe; Steigzeit auf 4000 m 13 Minuten, 15 Sekunden; Dienstgipfelhöhe 6500 m; max. Reichweite bei 340 km/h 3300 km

Gewicht: Leermasse 6950 kg; max. Startmasse 10.730 kg

Abmessungen: Spannweite 21,20 m; Länge 15,60 m; Höhe 4,60 m; Tragflügelfläche 61,70 m²

Bewaffnung: ein starres 12,7-mm-Maschinengewehr, nach vorn feuernd, auf dem Kabinendach, gleichkalibrige Maschinengewehre auf dem Rumpfrücken und im Heck der Bauchwanne, ein 7,7-mm-MG für seitliches Abwehrfeuer und eine Höchstlast von fünf 250-kg-Bomben oder ein 45-cm-Torpedo

Varianten der Savoia-Marchetti S.M.79

S.M.79P: ziviles Musterflugzeug (I-MAGO), anfangs mit Piaggio-Motoren P.IX Stella RC.2, später mit Alfa Romeo 125 RC.35 und Alfa Romeo 126 RC.34

S.M.79C: fünf Rennflugzeuge; Piaggio P.XI RC.40 je 736 kW (1000 PS)

S.M.79T: elf Transatlantik-Verkehrsflugzeuge und drei S.M.79-1 (BISE, I-BRUN und I-MONI) nach modifiziertem Standard S.M.79T; Piaggio-Motoren P.XI RC.40

S.M.79B: zweimotorige Variante; Prototyp mit 758 kW (1030 PS) starken Fiat-Sternmotoren A.80 RC.41; vier ähnliche Flugzeuge 1938 für den Irak und drei für Brasilien mit Alfa Romeo 128 RC.18-Sternmotoren je 685 (930 PS) gefertigt

S.M.79B (rumänisch): 24 in Italien gebaute Flugzeuge mit Gnome-Rhône-Sternmotoren K-14 Mistral Major je 736 kW (1000 PS) und 24 in Italien gebaute Flugzeuge mit Junkers-Reihenmotoren 211 Da je 898 kW (1220 PS)

S.M.79-JR (rumänisch): von IAR in Bukarest produzierte Lizenzversion mit V-12-Reihenmotor (A-Form) Junkers Jumo 211 Da

S.M.79-I: militärischer Prototyp für die Regia Aeronautica; Sternmotoren Piaggio P.IX Stella RC.2

S.M.79-I: Serienversion mit Alfa Romeo 126 RC.34 für die Regia Aeronautica und die Aerosiluranti; auch 45 Exemplare für Jugoslawien; einige späte Serienbomber mit Alfa Romeo 128 RC.18 je 633 kW (860 PS); von 1936 bis 1940 produziert

S.M.79-II: Serienversion (Bomber und Torpedobomber) mit 736 kW (1000 PS) starken Piaggio-Sternmotoren P.XI RC.40; von 1940 bis 1943 produziert

S.M.79-III (gelegentlich auch als S.579 bezeichnet): Serienversion (Bomber und Torpedobomber) mit verstärkter Bewaffnung; das Gros ohne Bauchwanne; alternative Triebwerkstypen waren der Fiat A.80 RC.41 mit 736 kW (1000 PS) und der Alfa Romeo 135 RC.32 mit 994 kW (1350 PS)

Eine Savoia-Marchetti S.M.79-II der 205. Squadriglia mit dem „Sorci-Verdi"-Wappen (grüne Mäuse), das von der Sparviero S.M.79 übernommen wurde, mit der Oberst Attilio Biseo vor dem Krieg Rekorde erflogen hatte. Zu Beginn des Krieges wurden italienische Bomber in Gruppenstärke betrieben und eingesetzt, doch die in der Schlußphase des Nordafrikafeldzugs erlittenen Verluste führten dazu, daß man diese Organisation vielfach aufgab. Die 205. Squadriglia wurde kurz vor der Invasion Siziliens im Juli 1943 als selbständiger Verband neu aufgestellt, wenn auch nur mit vier einsatzklaren Sparvieri.

Short Sunderland

Die aus dem „Empire"-Flugboot entwickelte Sunderland stellte das wichtigste Seepatrouillen-Flugboot der Commonwealth-Streitkräfte im Zweiten Weltkrieg dar. Sie war für jede nur denkbare maritime Aufgabe geeignet, von der Seenotrettung bis hin zur U-Boot-Jagd. Wegen seiner starken Bewaffnung nannten die Deutschen dieses Muster „Fliegendes Stachelschwein".

Das Short-Flugboot S.23 „Empire" der C-Klasse bedeutete einen erstaunlichen Fortschritt gegenüber allen früheren Verkehrsmustern bei Imperial Airways, und das gleiche galt auch für seinen militärischen Abkömmling, die Sunderland, innerhalb der RAF-Marineluftfahrzeuge. Von seinen Besatzungen wurde das Muster keineswegs abwertend „The Pig" („Das Schwein") genannt, und Piloten der Luftwaffe tauften diesen wehrhaften Gegner „das fliegende Stachelschwein". Als das letzte dieser beliebten Flugboote am 20. Mai 1959 bei der RAF ausgemustert wurde, hatte der Typ mit 21 Jahren ununterbrochenen Seedienstes einen neuen Rekord aufgestellt und darüber hinaus auch vielerlei andere beachtliche Leistungen erbracht.

Ihre Entstehung verdankte die Sunderland der Spezifikation R.2/33, mit der das Air Ministry 1933 ein neues Seeaufklärungsflugboot forderte. Es sollte den Doppeldeckerflugboottyp Short Singapore III ablösen, der damals gerade von der Fertigungsstrecke im Rochester-Werk dieses Herstellers rollte. Der Chefkonstrukteur von Short, Arthur Gouge, begann sofort ein Angebot auszuarbeiten, denn mit seinem für die zivile Luftfahrt geplanten neuen Flugboot war er bereits gut vorangekommen. Fast als einziger unter den britischen Flugzeugkonstrukteuren hielt Gouge Ganzmetalleindecker, wie sie in den USA und in Deutschland gebaut wurden, für die bessere Luftfahrzeugspezies und hatte daher die S.23 als freitragenden Eindecker in Schalenbauweise mit glatter Außenhaut zur Minderung des Luftwiderstands ausgelegt. Dies war das ideale Ausgangsprodukt für das neue RAF-Muster, die S.25.

Militärspezifische Änderungen

Gouge legte 1934 sein Angebot mit der geforderten Bewaffnung in Form einer 37-mm-Kanone im Buggefechtstand von der Coventry Ordnance Works und eines einzelnen Lewis-Maschinengewehrs im äußersten Rumpfheck vor. Im Vergleich zur zivilen S.23 hatte das militärische Flugboot einen komplett neu konstruierten Rumpf, dessen

Dieses Foto einer Sunderland beim Startlauf unter Vollgas auf der Gleitstufe entstand vermutlich im letzten Kriegsjahr in Lough Erne, Nordirland. Es zeigt Z-Zebra, eine Mk V der No. 201 Squadron, die zuvor die Kodebuchstaben ZM trug.

Short Sunderland

Nach dem Ausbruch des Zweiten Weltkriegs verwendeten die Patrouillenflugboote des RAF-Küstenkommandos zunächst dieses gefleckte Tarnmuster in Schiefergrau und dunklem Seegrün. 1942 wechselte der Sichtschutz dann zu Grau/Weiß. Diese Sunderland I gehörte zu No. 230 Squadron, die Ende 1938 als erste RAF-Staffel komplett mit der Sunderland ausgerüstet war. 1940 wurde das Flugboot in den Mittelmeerraum beordert, und N9029 kämpfte in Kreta.

Profil in der Lotrechten stark erweitert war, und eine lange Nase vor dem Flugdeck, das recht nahe am Tragwerk lag. Als die Konstruktion schon recht weit fortgeschritten war, beschloß der Führungsstab, die Bewaffnung auf einen Bugturm mit Einzelmaschinengewehr und Vierlingsheckturm abzuändern. Die entsprechende Verschiebung des Schwerpunkts ließ sich nur durch eine Verlegung der Tragflächen weiter nach hinten oder durch eine Änderung des Profils in der Draufsicht auffangen, so daß sich die Tragflächen vornehmlich an der Vorderkante zuspitzten. Der erste Prototyp, K4774, und inzwischen auf den Namen Sunderland getauft, wurde mit dem Originaltragwerk fertiggestellt, das im wesentlichen dem der C-Klasse glich, und ohne Bewaffnung am 16. Oktober 1937 durch den Erstflug vom River Medway aus geführt. Nach einer Vorerprobungsphase kehrte das Musterflugboot ins Werk zurück, um die „zurückgepfeilten" Tragflügel zu erhalten, und flog wieder am 7. März 1938.

Die von vier Bristol Pegasus XXII – einem viel stärkeren Motortyp als bei der „Empire" – mit je 753 kW (1024 PS) angetriebene Sunderland war wesentlich leistungsfähiger als alle bisherigen RAF-Flugzeuge. Der Treibstoff befand sich in sechs senkrechten Trommeltanks zwischen den Flügelholmen, und das anfängliche Fassungsvermögen von 9206 Litern erhöhte sich später durch weitere vier Zellen im Rücken der Hinterholme auf 11.602 Liter. Die erste Sunderland-Version Mk I flog mit einer Standardcrew von sieben Mann, die auf zwei Decks untergebracht und mit umfangreichen Einrichtungen für lange Einsätze versorgt waren, wie mit sechs Ruhekojen, Bordküche mit Kochstelle, Werkstatt und Stauraum für eine beträchtliche Menge an Ausrüstung einschließlich vier Karabinern und drei Reservepropellern. Auf dem Oberdeck konnte man vom Führerraum entlang den Abteilen des Funkers (backbord) und des Navigators (steuerbord) nach hinten gelangen und durch den hohen Vorderholm hindurch bis zur Zelle des Flugingenieurs mit umfassenden Anzeige- und Kontrolltafeln im Innern des Tragflächenmittelstücks vordringen. Von hier aus führte ein Kriechgang durch den Hinterholm zum hinteren Oberdeck, in dem Aufklärungsfackeln, Rauch- und Leuchtbojen, Seemarkierer und andere pyrotechnische Mittel verstaut waren.

Die offensive Waffenlast, bis zu 907 kg an Bomben, Wasserbomben, Minen und anderen Mitteln, war an Trägern auf traversen Laufschienen des Tragflächenmittelstücks befestigt. Zum Kampf öffneten sich große Seitenluken unter den Flügeln, und ein Motor trieb die Waffen bis zum Anschlag der Lauftraverse an beiden Seiten unter die Flügel nach außen. Die Abwehrbewaffnung hatte man auf einen hydraulisch angetriebenen Nash & Thompson-FN.13-Heckturm mit vier neuen Browning-Maschinengewehren, Kaliber 7,7 mm, konzentriert. Der Bug war mit einem VGO-MG (Vickers Gas-Operated) in einem FN.11-Turm bestückt.

Trotz seiner gewaltigen Größe war der Bootsrumpf wohl geformt, und mit 30,5 m/sek lag sein nomineller Widerstandswert sogar unter dem des viel kleineren Doppeldeckerflugboots Singapore III. Die Tragflächenbelastung betrug allerdings das Doppelte des bei RAF-Flugzeugen Mitte der dreißiger Jahre üblichen Wertes, aber die patentierten Gouge-Flügelklappen (langsehnig und über eine teilzylindrische Oberfläche nach hinten rotierend) erweiterten die tragende Fläche erheblich und erhöhten den Auftriebskoeffizienten bei der Landung um 30 Prozent. Eine hydrodynamische Neuerung war der achtern in ein vertikales Kielstück auslaufende Gleitboden (zweite Stufe). Danach schwang sich die Unterseite des Rumpfhecks im sanften Bogen aufwärts zum Leitwerk. Die Kontrollflächen hatten eine Stoffbespannung und wurden manuell, ohne Hilfsruder, ausgelenkt. Unter den Hauptflügelholmen und am Heck des Gleitbodens ließen sich Strand-Chassis-Teile anbringen.

Der Sunderland-Dienst bei der RAF begann im Juni 1938, als die zweite seriengefertigte Mk I (L2159) zu No. 230 Squadron nach Seletar, Singapur, überführt wurde. Bei Kriegsausbruch befanden sich rund 40 solcher Flugboote bei der Truppe, und bis Ende 1941 war die Zahl der insgesamt produzierten Mk I auf 90 angestiegen. 15 von ihnen hatte ein zweiter Lieferant, Blackburn, in einem Werk auf der Denny-Schiffswerft in Dumbarton gefertigt. Ab Ende 1939 bis 1942 operierten die Sunderland-Flugboote mit einem Tarnanstrich. Die ersten Heimatstaffeln, wie No. 204, 210 und 228 Squadron sowie No. 10 Squadron der RAAF, die kam, um ihre Flugboote abzuholen und schließlich 62 Jahre lang in Großbritannien blieb, waren hart gefordert. Erfolge gegen Unterseeboote gab es anfangs nicht, aber ihre Rettung torpedierter Schiffsbesatzungen machte Schlagzeilen. Den Anfang machten am 18. September 1939 zwei Sunderland der No. 228 Squadron, die die Crew der Kensington Court eine Stunde, nachdem ihr Schiff gesunken war, ins Krankenhaus brachten.

Verstärkte Abwehrbewaffnung

1940 wurde die Sunderland in mehrfacher Hinsicht verbessert, vor allem aber durch zwei zusätzliche VGO-Maschinengewehre, die man durch seitliche Luken im hinteren Bereich des Oberdecks abfeuern konnte. Der Stirnteil dieser Luken klappte nach außen vor, damit der MG-Schütze vor dem Flugwind geschützt war. Andere Modifikationen brachten dem Muster nach und nach ein zweites Bugmaschinengewehr, neue de-Havilland-Propeller mit einem Durchmesser von 3,81 m und Verstellregler unter der Propellerhaube sowie intervallgesteuerte Druckluftgummieiser an den Nasenkanten von Trag- und Leitwerk ein. Ab Oktober 1941 wurde das Suchradar Mk II mit einer Vierer-Yagi-Antennengruppe auf dem Rumpfrücken vor der Seitenflosse und langen, horizontalen Dipolstäben unter den Außenflächen (zur Seitenbe-

Vier Pegasus-Motoren XXII je 783 kW (1065 PS), so meinte man, reichten als Antrieb für die Sunderland aus. Später wurden die füllligen Flugboote aber mit Tonnen an Zusatzausrüstung belastet und mit Radar-Antennendipolen bespickt. Dieses Exemplar war die dritte seriengefertigte Sunderland, L2160, und die Aufnahme dürfte vom Juni 1938 datieren.

Short Sunderland

Ein anderer Sunderland-Vertreter der frühen Kriegszeit war diese Mk II von No. 201 Squadron, eines der ersten Flugboote, das sowohl Suchradar als auch Rückenturm (steuerbord versetzt) besaß. Bei den Waffen auf dem Mittelrumpf und im Heck handelte es sich inzwischen um Browning-Maschinengewehre mit Gurtmunition und im Bug gewöhnlich um Vickers-MGs. Die Auspuffrohre der Motoren hatten Flammendämpfer.

stimmung/Peilung) eingebaut. Bei der üblichen Patrouillengeschwindigkeit von rund 240 km/h beeinträchtigten diese Zusatzsprossen das allgemeine Leistungsvermögen kaum.

Die Sunderland errang trotz der leichten Abwehrbewaffnung rasch den Respekt des Gegners. Eine am 3. April 1940 vor Norwegen von sechs Ju 88 angegriffene Sunderland schoß ein Feindflugzeug ab, zwang eines zur Notlandung und schlug die übrigen in die Flucht.

Weitere Entwicklung

Ende 1941 wechselte die Fertigung zur Mk II mit Pegasus-XVIII-Motoren samt Zweistufenlader und bei einigen Schlußexemplaren dieser Baureihe mit verbesserter Bewaffnung in Form von Browning-Zwillings-MGs im Bugturm, zwei weiteren Browning-MGs im FN.7-Rükkenturm auf der rechten Rumpfseite hinter den Tragflächen und vier Browning-MGs im Heckturm FN.4A bei gleichzeitiger Erhöhung der Munitionsmenge auf 1000 Schuß pro Waffe. Nur 43 Mk II wurden gebaut, darunter 15 von einem dritten Hersteller, Short & Harland auf Queen's Island in Belfast (dem späteren Sitz der Stammfirma). Diese limitierte Produktion ließ sich darauf zurückführen, daß man im Juni 1941 mit einer Mk I einen verbesserten Gleitboden erprobt hatte, dessen V-förmige Hauptstufe zur Minderung des Widerstands im Flug noch günstiger gestaltet war. Dieser neue Rumpf mit gekürzter erster Gleitstufe zog die Bezeichnung Mk III nach sich. Ab Dezember 1941 folgten auf die Mk II nicht weniger als 461 Mk III, darunter 35 von einer vierten Werft am Lake Windermere. Die Mk III war das Standardflugboot der Kriegszeit und errang legendäre Erfolge auf allen Kriegsschauplätzen.

Im Mittelmeerraum hatten die Sunderland viele gefährliche Einsätze zu bestehen. Am schlimmsten war der sich hinziehende Rückzug der Truppen von Kreta, bei dem viele Flüge mit 82 Soldaten samt Waffen

Eine eindrucksvolle Aufnahme einer von Blackburn gebauten Mk III, der ML868 mit installiertem ASV-Radar Mk II. Hier ist das Flugboot im Dienst der RAF No. 230 Squadron zu sehen, nachdem diese Staffel 1944 wieder in Fernost stationiert war. Die Einheit überwachte weite Teile der von Japan besetzten Räume in Südostasien.

Aufriß-Erläuterung zur Short Sunderland III

1 7,7-mm-Zwillings-MG Vickers
2 einziehbares Bombenzielfenster
3 Station des Bombenschützen
4 einziehbarer Bugwaffenturm
5 Einstieg/Verankerungsluke
6 Verankerungskettenkasten
7 Gleitboden
8 Anker
9 Fallschirmbehälter
10 Ankerwinde
11 Schlauchboot
12 Waffenturmfahrschienen
13 Cockpitschott
14 Festmacherleiter
15 Toilettentür (Steuerbordzelle)
16 Bugwaffenturmdruckbehälter
17 Instrumententafel
18 Frontscheiben
19 Cockpitdachfenster
20 obere Kontrolltafeln
21 Sitz des Kopiloten
22 Signalkartuschengestell
23 Pilotensitz
24 Steuersäule
25 erhöhter Cockpitboden
26 Autopilotsteuergeräte
27 Treppe Oberdeck/Unterdeck
28 vordere Einstiegstür
29 Rumpfkimme
30 Crewgepäck
31 Gewehrständer
32 Tür zum Ruheraum
33 Aufbau des Gleitbodens
34 Ruhekojen
35 Bullaugen
36 Klapptisch
37 Boden des Oberdecks
38 Fallschirmbehälter
39 Feuerlöscher
40 Sitz des Navigators
41 Kartentisch
42 vorderer ASV-Radarantennenmast
43 Instrumententafel des Navigators
44 Sitz des Flugingenieurs (Rücken zur Flugrichtung)
45 Station des Bordfunkers
46 Lufteintritt/Luftkanal
47 Hauptrumpfspanten zur Flügelbefestigung
48 Flügelwurzelhohlrippen
49 Klimaanlage
50 Kontrolltafel des Bordmechanikers
51 Vergaserenteisungsflüssigkeitsbehälter
52 Peilantenne
53 Astrokuppel
54 APU
55 innerer Stirntank (2405 Liter)
56 als Wartungsplattform herausklappbares Nasenblech
57 innere Motorgondel (steuerbord)
58 Kühlklappen
59 abnehmbare Verkleidungsbleche
60 Auspuffrohr mit Flammendämpfer
61 mittlerer Stirntank (1477 Liter)
62 Ölkühler
63 äußerer Stirntank (600 Liter)
64 Stützschwimmer (steuerbord)
65 de-Havilland-Dreiblattpropeller mit konstanter Drehzahl und einem Durchmesser von 3,89 m
66 Propellerregler im Nabengehäuse
67 Untersetzungsgetriebe
68 Neunzylinder-Sternmotor Bristol Pegasus XVIII mit 1080 PS
69 Abgassammelring
70 Ölfilter
71 Schmierölbehälter (145 Liter)
72 Flammendämpfer

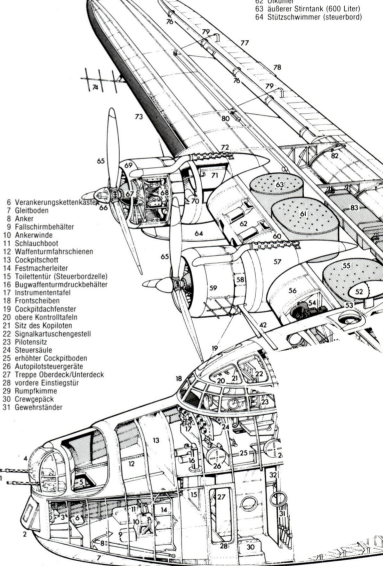

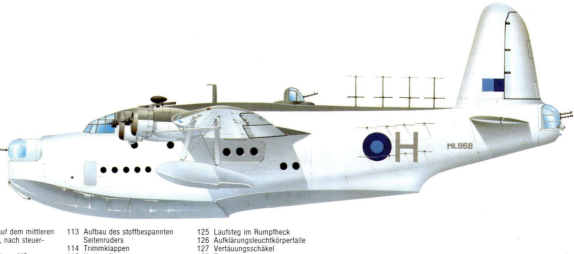

No. 230 Squadron gehörte 1938 zu den ersten Empfängern der Mk I, als sie noch in Seletar (Singapur) stationiert war. 1944 kehrte die Staffel in den Fernen Osten zurück und operierte im Burmafeldzug mit Mk-III-Flugbooten, die mit dem Suchradargerät ASV Mk II ausgestattet und mit den Markierungen für den pazifischen Kriegsschauplatz versehen waren. Nach dem Krieg nahm diese Staffel an der britischen Nordgrönlandexpedition teil.

73 pneumatische Enteisungsmatten
74 ASV-Radar-Dipolstab
75 Positionslampe (steuerbord)
76 Querrudergelenke
77 Querruder
78 Trimmkante
79 Querrudersteuerhorn
80 Seilzug
81 Steuerbordlandeklappe, System „Gouge"
82 Klappenführung
83 äußerer Hinterholmtank (668 Liter)
84 Klappenstellzylinder
85 innerer Hinterholmtank (505 Liter)
86 Pitotsonden
87 Antennenmast
88 Beobachtungsfenster
89 Propellerenteisungsmittelbehälter
90 Frontscheibenenteisungsmittelbehälter
91 Bombenquerlaufmotor
92 schwimmfähige Signalkörper, Rauch und Flammen
93 Leitwerksseilzüge
94 Aufklärungsleuchtkörper
95 Turmsockel
96 Waffenturm auf dem mittleren Rumpfrücken, nach steuerbord versetzt
97 7,7-mm-Zwillings-MG Browning
98 Rumpfbeplankung
99 Ersatzpropeller
100 Feuerlöscher
101 hintere Einstiegstür
102 Stauraum für Wartungsplattform
103 Beobachtungsfenster
104 Spant- und Stringerkonstruktion des Rumpfes
105 Antennengruppe des ASV-Radargerätes Mk II
106 pneumatische Enteisungsmatte
107 Höhenflosse (steuerbord)
108 Höhenruder (steuerbord)
109 Anschlüsse der Seitenflosse
110 Aufbau des Seitenleitwerks
111 pneumatische Enteisungsmatte
112 Struktur des Randbogens
113 Aufbau des stoffbespannten Seitenruders
114 Trimmklappen
115 Heckwaffenturm
116 vier 7,7-mm-Maschinengewehre Browning
117 Trimmklappe
118 stoffbespanntes Höhenruder
119 Höhenflossenstruktur
120 pneumatisch enteiste Nasenkante
121 Rumpfdoppelspanten zur Befestigung des Höhenflossenholms
122 Rumpfheck-Zellstoff-Zugluftschott
123 schwimmfähige Signalmittel
124 Handlauf
125 Laufsteg im Rumpfheck
126 Aufklärungsleuchtkörperfalle
127 Vertäuungsschäkel
128 Zugstange
129 hintere Radkarre
130 Kamerabehälter
131 Paddel
132 Notleuchtfackeln
133 Notverpflegungspaket
134 Schlauchboot
135 Crewgepäckcontainer
136 Werkzeugkiste
137 Aufbau des Schlingerkiels
138 Boden des Unterdecks

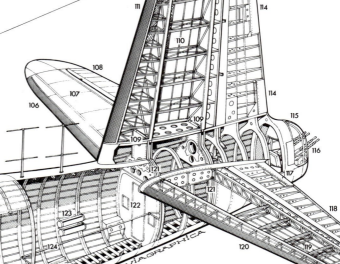

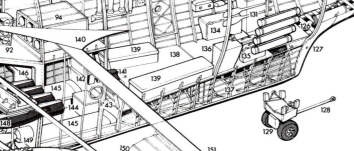

139 Ruhekojen
140 hintere Verkleidung des Flächenansatzes
141 montierte Aufklärungskamera
142 Wasserungsleuchtkörperfallen
143 Leiter zum Oberdeck
144 Ruheraum, achtern
145 doppelte Liegen
146 Rumpfbombentür, geöffnet
147 fahrbarer Bombenträger
148 vier 45,4-kg-Bomben
149 Bombenlast- und -laderaum (Höchstlast 907 kg)
150 Klappenläufergewölbe (backbord)
151 „Gouge"-Auftriebsklappe (backbord)
152 Aufbau des stoffbespannten Querruders
153 Trimmstreifen
154 hintere Fachwerkrippen
155 Struktur des Randbogens
156 Backbordpositionslampe
157 hinterer Flügelholm
158 Flügelrippen
159 vorderer Flügelholm
160 pneumatisch enteiste Flügelnase
161 Backborddipolstab des ASV-Radargerätes
162 Aufbau des Stützschwimmers
163 Stützschwimmergerüst
164 diagonale Drahtverspannung
165 Fachwerkholm
166 Landescheinwerfer
167 Nasenrippen
168 Drahtauskreuzung der Flügelrippen
169 als Wartungsplattform herausklappbares Nasenblech
170 Struktur der Motorgondel
171 Motoraufhängungsring
172 äußere Motorgondel (backbord)
173 Ölkühlerlufteintritt
174 Ölkühler
175 Auspuffkrümmerwärmetauscher
176 innere Motorgondel (backbord)
177 Notausstiegsluke
178 Eiskiste
179 Treibankercontainer
180 Küchenzellen (back- und steuerbord)
181 wasserdichter Schleppantennensockel
182 Hauptstrandbein
183 Zwillingsstrandräder

Short Sunderland

Diese Mk I der hart beanspruchten No. 10 Squadron, Royal Australian Air Force, mit Standort in Mount Batten (Plymouth) wurde 1941 mit eingebautem Radar fotografiert. Die zuständige Zensurabteilung retuschierte diesen hochgeheimen Komplex weg, bevor die Aufnahme zur Veröffentlichung freigegeben wurde. Man beachte die beiden offenen Schützenstände mit Windfang auf dem Rumpfrücken.

Die französische Aéronavale flog die Sunderland bis 1960. Flottille 7E übernahm zwar ab 1945 einige solcher Flugboote, ergänzte sie aber 1951 durch 19 grunderneuerte Mk 5 von der RAF.

und Ausrüstung an Bord, zusätzlich zu der inzwischen auf zehn Mann erhöhten Flugbesatzung, durchgeführt werden mußten. Eine Sunderland flog die nötige Augenaufklärung vor dem Angriff der Fleet Air Arm am 11. November 1940 auf Tarent. Über dem Atlantik trugen Sunderland und Consolidated Catalina die Hauptlast im Kampf gegen deutsche U-Boote. Als diese aber mit dem auf das ASV Mk II abgestimmten Metox-Empfängersystem ausgestattet wurden, erhielten sie genügend Warnhinweise auf die Anwesenheit britischer Marineflugzeuge, und die Zahl der versenkten U-Boote ging schlagartig zurück. Die RAF reagierte auf diese Lage mit dem neuen ASV-Bordradar Mk III, das im Band unterhalb von 50 Zentimetern arbeitete und dessen Antennen in verkleideten Gehäusen unter den Außenflügeln gebündelt waren. So ausgerüstet, wurde die Sunderland zur Mk IIIA. Dieses Radargerät konnten die Sensoren der U-Boote nicht aufspüren, und im Frühjahr

Die Sunderland-Schlußversion war die Mk V mit amerikanischen Doppelsternmotoren Twin Wasp, die wesentlich mehr Leistung boten als die alten Neunzylinder-Pegasus. Dieses Exemplar, Seriennummer SZ568, diente zu Kriegsende bei No. 4 OTU (Operational Training Unit). Die Mk V wies standardmäßig das ASV-Radar Mk VIc auf, dessen Antennen in Birnen an den Flügelunterseiten gebündelt waren.

1943 zog die Erfolgsbilanz gegen U-Boote wieder an. Die deutsche U-Boot-Führung reagierte mit dem Einbau tödlicher Flakbatterien, typischerweise eine oder zwei 37-mm-Kanonen und zwei 20-mm-Vierlingsgeschütze, um das Gefecht an der Oberfläche auszutragen. Nun hatte das Flugboot schlechte Karten, da ihm die nötigen vorwärtsfeuernden Rohrwaffen fehlten. Obgleich sich der Bug ideal dafür eignete, erhielt die Sunderland merkwürdigerweise weder eine wirklich schwere, nach vorn feuernde Bewaffnung noch Leigh-Suchscheinwerfer. Viele Maschinen rüstete man allerdings mit vier 7,7-mm-Browning-Maschinengewehren und einem Visier für vorausliegende Ziele aus. Damit gelang es, Kanoniere der U-Boote auf ihrem kurzen Lauf vom Turm zur Geschützbatterie auszuschalten.

Weitere Verbesserungen

Ferner wurde eine schwerere Bewaffnung für seitliches Abwehrfeuer üblich, um den zahlreicher auftretenden und schwerer bewaffneten Fernjägern der Luftwaffe begegnen zu können. Deren Bordkanonen hatten zwar stets einen Reichweitevorteil, aber immerhin stattete die Truppe die Sunderland mit einzelnen Maschinengewehren, VGO oder Browning, in den Notluken der Bordküche (hinter dem vorletzten Bullauge) aus. Ende 1943 ging diese Notlösung in den Standard ein, und gleichzeitig baute Short zusätzlich ein oder zwei effektivere 12,7-mm-Browning-Maschinengewehre ein, die aus oberen Luken hinter den Tragflügeln feuern konnten. Innerhalb eines Jahres war die Zahl der Bordwaffen so von fünf auf 18 gestiegen, die größte Zahl, die ein britisches Kriegsflugzeug je mitgeführt hat.

Ende 1942 führte der Ausrüstungsnotstand bei BOAC, der nationalen Luftverkehrsgesellschaft, zur Entwaffnung von sechs Sunderland Mk III. Nachdem man sämtliche Waffen ausgebaut und die Türme durch birnenförmige Verkleidungen ersetzt hatte, wurden die Maschinen von BOAC und der RAF gemeinsam auf Verbindungen zwischen Poole und Lagos (Westafrika) sowie Kalkutta (Indien) betrieben. BOAC überprüfte den Motoreinbau und den Anstellwinkel im Reise- oder Marschflug mit dem Ergebnis, daß die geringe Reisegeschwindigkeit, die die RAF kaum gekümmert hatte, um mehr als 40 Prozent verbessert wurde. Die anfangs spartanische Bestuhlung für sieben Fluggäste (die Hauptnutzlast machte Post aus) wich in der BOAC-Hythe-Klasse allmählich einer erstklassigen Airliner-Inneneinrichtung für 24 Passagiere und 2950 kg Postfracht. Die Motoren wurden zu Pegasus 38 (später 48) modifiziert. 1944 war die Zahl der zivilen Sunderland III auf 24 gestiegen, und nach dem Krieg ersetzte man die Hythe-Flotte, der schließlich 29 Exemplare angehörten, durch eine vollständig neu konstruierte Zivilversion, die S.26 Sandringham. Im Krieg wurde die Sandringham für BOAC (Plymouth-Klasse) serienmäßig gefertigt.

Der ständig steigende Bedarf an militärischen Sunderland-Flugbooten, vor allem nach dem Beginn des Krieges im Pazifik, führte 1942 zur

No. 35 Squadron der South African Air Force flog insgesamt 15 GR.5, um Personal zu transportieren. Anschließend wurde mit ihnen eine Langstrecken-Seepatrouillenstaffel in Congella, Durban, aufgestellt. Das ASV-Radar Mk VIc (erkennbar an der Radombirne unter dem Flügel) blieb.

Dies war eines von über 100 Sunderland-Flugbooten, bei denen man die Bewaffnung für den Transportdienst ausgebaut hatte. NZ4103 mit dem individuellen Namen „Mataatua" diente von 1944 bis 1946 bei der RNZAF Flying Boat Transport Unit im südwestlichen Pazifik. Diese Mk III wichen später GR.5, mit denen No. 5 und No. 6 Squadron nach dem Krieg ausgerüstet waren.

Spezifikation R8/42 für ein leistungsstärkeres Langstreckenflugboot. Short Brothers erfüllte diese Forderung mit der von Hercules-Motoren angetriebenen Sunderland IV. Diese entfernte sich so stark von der Sunderland, mit verbessertem Bootsrumpf, neuem Leitwerk und einer vollständig überarbeiteten Bewaffnung, daß sie den neuen Namen Seaford I erhielt. Sie erlebte wider Erwarten nur eine kurze Nachkriegsdienstzeit, bildete aber die Grundlage für die zivile Solent. Die Notwendigkeit für einen stärkeren Antrieb blieb weiterhin bestehen, und Anfang 1944 beschloß man, eine Mk III einfach auf Pratt & Whitney R-1830-90B Twin Wasp umzustellen, den fast gleichen Sternmotortyp, wie ihn die Catalina, die Dakota und zahlreiche andere Flugzeugtypen im RAF-Bestand verwendeten. Dieser 14-Zylinder-Doppelsternmotor verhalf dem Flugboot zu einer beträchtlich besseren Steigleistung, Dienstgipfelhöhe und Flugfähigkeit bei teilweise abgestellten Motoren, hatte aber kaum Einfluß auf die Reichweite, wenngleich die Marschgeschwindigkeit geringfügig besser ausfiel. Im Einsatz bot das vom US-Motor angetriebene Flugboot aber den großen Vorteil, daß man für den Marschflug beide Motoren auf einer Seite abstellen konnte, während die Sunderland III in diesem Zustand stetig an Höhe verlor. Aus Fairneß gegenüber Bristol sollte aber angemerkt werden, daß der Twin Wasp ein viel größeres Triebwerk als der Neunzylinder-Pegasus und längst nicht so stark war wie der in die Seaford eingebaute Hercules-Motor mit einer Nennleistung von 1343 kW (1826 PS).

Die ultimative Mk V

Nach der Erprobung im März 1944 wurde die Twin-Wasp-Sunderland zur Serienfertigung als Mk V mit de-Havilland-Hydromatic-Propeller ohne Spinner und Suchradar ASV Mk III als Standardausrüstung zugelassen. Im Laufe des Jahres 1944 stellten Rochester, Belfast und Dumbarton alle auf die Produktion der Mk V mit 47, 48 beziehungsweise 60 Exemplaren um. Diese Version ging im Februar 1945 bei No. 228 Squadron in Dienst. Weitere 33 Maschinen entstanden durch Umrüstung der Mk IIIA. Im August 1945 wurden Großaufträge widerrufen, und im Juni 1946 rollte die letzte Sunderland in Belfast vom Band, wo man Dutzende neuer Flugboote nach Kriegsende einfach versenkte.

Die Sunderland Mk V wurde später in Sunderland MR.5 umbezeichnet und blieb als solche das Standardozeanflugboot der RAF bis zur endgültigen Ausmusterung in Seletar am 15. Mai 1959. In der Nachkriegszeit fiel der Sunderland eine bedeutende Rolle bei der Berliner Luftbrücke zu. Dies waren zudem die einzigen RAF-Flugzeuge, die den ganzen Koreakrieg hindurch in Aktion blieben und 13.380 Flugstunden in 1647 Einsätzen leisteten. Flugboote von No. 201 und 230 Squadron lieferten die gesamte Schwertransportunterstützung für die 151-4 British North Greenland Expedition. Andere dienten als Luftnahunterstützungsbomber in Malaya, und ein Exemplar brachte einen Arzt an Bord der HMS Amethyst im Jangtse-Fluß, während es unter Beschuß der chinesischen Küstenartillerie lag. Sunderland-Flugboote bildeten einen wichtigen Teil im Nachkriegsflugzeugbestand von RAAF, RNZAF und der französischen Aéronavale. Die RNZAF verabschiedete 1967 ihr letztes Exemplar, doch das im RAF-Museum erhaltene Flugboot dieses Typs stammt von der Aéronavale im Pazifik.

Diese Mk III, JM715, diente 1943 in Wig Bay, wurde zur Mk 5 umgerüstet und 1947 zur zivilen Sandringham 4, ZK-AMH der Tasman Empire. 1950 wechselte es zu Ansett als VH-BRC „Beachcomber", und 1974 landete es schließlich bei Captain Charles Blairs Antilles Air Boats, Virgin Islands, als VP-LVE „Southern Cross".

Varianten der Short Sunderland

Short S.25: Prototyp (K4774); flog anfangs mit einem Tragwerk, das in der Draufsicht dem der zivilen S.23 (C-Klasse) glich, und mit deren Pegasus-X-Motoren je 709 kW (964 PS)

Short Sunderland I: vier Pegasus-Motoren XXII je 753 kW (1024 PS), ein Maschinengewehr im Bug- und vier im Heckturm; 907-kg-Waffenlast; insgesamt 89 Exemplare

Short Sunderland II: vier Pegasus-Motoren XVIII je 794 kW (1080 PS), ASV-Bordradar und (im Produktionsverlauf) verbesserte Bewaffnung; insgesamt 43 Exemplare

Short Sunderland III: verbesserter Gleitboden und schrittweise weitere Änderungen, darunter eine schwerere Bewaffnung und Suchradar ASV Mk IIIA; insgesamt 461 Exemplare

Short Sunderland IV: vier Hercules-Motoren XIV je 1268 kW (1724 PS); Prototyp Seaford I mit 1343 kW (1826 PS) starken Hercules-100-Sternmotoren

Short Sunderland V: vier Pratt & Whitney-Doppelsternmotoren R-1830-90B je 895 kW (1217 PS); insgesamt 155 Exemplare; Sunderland-Produktion insgesamt 749 Flugboote

Short Sunderland

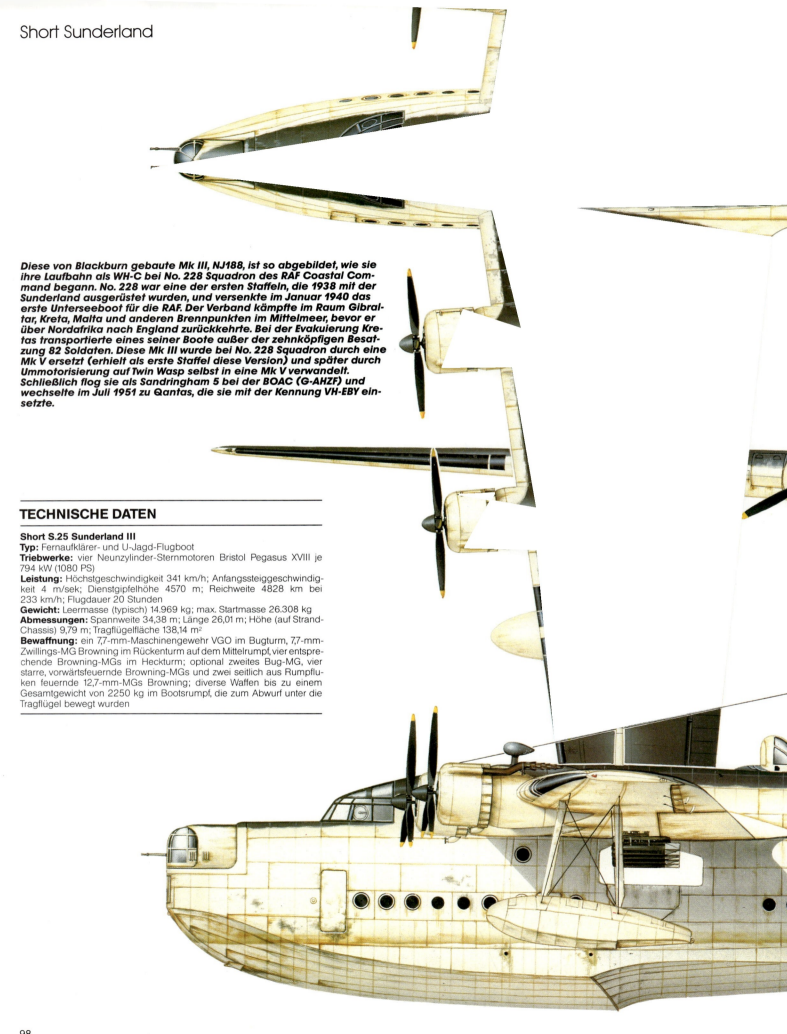

Diese von Blackburn gebaute Mk III, NJ188, ist so abgebildet, wie sie ihre Laufbahn als WH-C bei No. 228 Squadron des RAF Coastal Command begann. No. 228 war eine der ersten Staffeln, die 1938 mit der Sunderland ausgerüstet wurden, und versenkte im Januar 1940 das erste Unterseeboot für die RAF. Der Verband kämpfte im Raum Gibraltar, Kreta, Malta und anderen Brennpunkten im Mittelmeer, bevor er über Nordafrika nach England zurückkehrte. Bei der Evakuierung Kretas transportierte eines seiner Boote außer der zehnköpfigen Besatzung 82 Soldaten. Diese Mk III wurde bei No. 228 Squadron durch eine Mk V ersetzt (erhielt als erste Staffel diese Version) und später durch Ummotorisierung auf Twin Wasp selbst in eine Mk V verwandelt. Schließlich flog sie als Sandringham 5 bei der BOAC (G-AHZF) und wechselte im Juli 1951 zu Qantas, die sie mit der Kennung VH-EBY einsetzte.

TECHNISCHE DATEN

Short S.25 Sunderland III
Typ: Fernaufklärer- und U-Jagd-Flugboot
Triebwerke: vier Neunzylinder-Sternmotoren Bristol Pegasus XVIII je 794 kW (1080 PS)
Leistung: Höchstgeschwindigkeit 341 km/h; Anfangssteiggeschwindigkeit 4 m/sek; Dienstgipfelhöhe 4570 m; Reichweite 4828 km bei 233 km/h; Flugdauer 20 Stunden
Gewicht: Leermasse (typisch) 14.969 kg; max. Startmasse 26.308 kg
Abmessungen: Spannweite 34,38 m; Länge 26,01 m; Höhe (auf Strand-Chassis) 9,79 m; Tragflügelfläche 138,14 m²
Bewaffnung: ein 7,7-mm-Maschinengewehr VGO im Bugturm, 7,7-mm-Zwillings-MG Browning im Rückenturm auf dem Mittelrumpf, vier entsprechende Browning-MGs im Heckturm; optional zweites Bug-MG, vier starre, vorwärtsfeuernde Browning-MGs und zwei seitlich aus Rumpfluken feuernde 12,7-mm-MGs Browning; diverse Waffen bis zu einem Gesamtgewicht von 2250 kg im Bootsrumpf, die zum Abwurf unter die Tragflügel bewegt wurden

Vickers Wellington

Das von Dr. Barnes Wallis eingeführte Konstruktionsprinzip in Form eines flechtwerkartigen Fachwerkgerüsts machte die Wellington zu einem enorm starken Kriegsflugzeug, das selbst schwerste Kampfbeschädigungen verkraften konnte. Sie war beim Ausbruch des Zweiten Weltkriegs der modernste Bomber im Verfügungsbestand der Royal Air Force und führte während der ersten Kriegshälfte die britischen Bomberoffensiven.

Wenn Langlebigkeit das Richtmaß für die Qualität eines Flugzeuges wäre, hätte die Vickers Wellington (oder „Wimpey", wie sie allgemein genannt wurde) zweifellos Anspruch auf das Attribut „großartig". Auf die vom Air Ministry erlassene Spezifikation B.9/32 für einen schweren Bomber reichte Vickers einen zweimotorigen Mitteldecker ein, der nach dem gleichen patentierten Verfahren konstruiert war, das Barnes Wallis mit privaten Mitteln für ein früher gefordertes Projekt entwickelt hatte und schließlich die Wellesley ergab. Ein diagonal gearbeitetes Geflecht aus Bandaluminium verlieh der Struktur ein hohes Maß an Torsions- und Biegefestigkeit, und die Stoffbespannung ermöglichte es, das Gewicht auf ein Minimum zu reduzieren. Die im Krieg gewonnenen Erfahrungen bestätigten schon bald die Richtigkeit dieser Konstruktion, denn selbst schwerbeschädigte Bomber dieses Typs kehrten mit nahezu intaktem Flugwerk vom Feindflug zurück.

Der Prototyp B.9/32 startete am 15. Juni 1936 zu seinem Jungfernflug. Das Seitenleitwerk erinnerte an das des Supermarine-Flugboots Stranraer. Als Antrieb waren ursprünglich die Motortypen Goshawk von Rolls-Royce oder Mercury von Bristol vorgesehen, doch letztlich entschied man sich für den Bristol-Sternmotor Pegasus. Im August 1936 hatte das Air Ministry 180 Serienbomber bestellt. Die erste dieser Maschinen (L4212) flog am 23. Dezember 1937 unter dem Antrieb zweier Sternmotoren Pegasus X und diente anschließend als Ersatzprototyp. Die übrigen Wellington Mk I erhielten Pegasus-XVIII-Motoren mit einer Nennleistung von 746 kW (1015 PS).

Die Entwicklung der Wellington Mk I hatte etliche Konstruktionsänderungen mit sich gebracht, darunter ein viel größeres Seitenleitwerk, Vickers-Waffentürme in Bug und Heck, einen Bauchgefechtsstand von Nash & Thompson und ein einziehbares Spornrad statt des starren. Als erste RAF-Staffel übernahm im Oktober 1938 No. 9 Squadron in Scampton den neuen Bomber.

Bei Vickers in Weybridge gingen weitere Aufträge ein, und ein neues Werk in Chester wurde 1938 produktionsbereit. Im nächsten Jahr lief die Auslieferung einer neuen Version, der Wellington Mk IA, an, bei der die schwerfälligen Vickers-Waffentürme motorgetriebenen Drehtürmen von Nash & Thompson gewichen waren. Zu Beginn des Krieges im September 1939 flogen No. 9, 37, 75, 99, 115, 149, 214 und 215 Squadron die Wellington Mk I, und noch im selben Monat erreichte die neue Ausführung Mk IA die Staffeln No. 37, 115 und 149.

Die Wellington absolvierte auch (gemeinsam mit den Blenheim der No. 107 und 110 Squadron) den ersten Kampfeinsatz gegen deutsche Ziele, als 14 Wellington Mk I der No. 9 und 149 Squadron Kriegsschiffe in Brunsbüttel bombardierten. Ihre Besatzungen mußten sich bei schlechtem Wetter gegen schwere Flak behaupten, und zwei Wellington kehrten von diesem Feindflug nicht zurück.

Am 18. Dezember brachen 24 Wellington Mk I und Mk IA der No. 9, 37 und 149 Squadron zu einem Tagangriff auf Wilhelmshaven und die Schillig-Reede auf. Doch die durch Radar gewarnten Messerschmitt Bf 109 und Bf 110 erwarteten bereits den Bomberpulk, und im Verlauf

Bei dieser betagten Wellington Mk IA (N2887) entfernte man die Bewaffnung und nutzte sie 1942 vorübergehend zum Transportdienst. Die meisten der zu Transportern umgerüsteten Wellington Mk I ergaben aber nicht Mk XV, wie dieses Exemplar, sondern Mk XVI.

Dieses Wellington-Transportflugzeug namens Duke of Rutland war als Mk I in Dienst gegangen und wurde später durch Entfernen der Waffentürme und Versiegeln des Bombenschachts zur C.Mk I/Mk IX umgerüstet. Die Maschine ist hier mit der Kennung von No. 24 Squadron abgebildet.

Wellington Mk X dienten bei zwei Staffeln im Fernen Osten, No. 99 und 215 Squadron. Dieses Exemplar zeigt die in jenem Operationsgebiet praktizierte Kennzeichnung in zwei Blautönen. Die Maschinen waren 1943/44 in Indien stationiert, um japanische Stützpunkte in Burma zu bombardieren, bis Consolidated B-24 Liberator diese Ferneinsätze übernahmen.

eines längeren Gefechts wurden zehn Wellington abgeschossen und drei weitere schwer beschädigt. Die überlebenden Besatzungsmitglieder berichteten später, daß die gegnerischen Jäger sie von der Seite her attackiert hätten. In diesem Bereich bot das Maschinengewehr in der Rumpfwanne nur unzureichenden Schutz. Der Angriff vom 18. Dezember bedeutete für die Wellington das Ende der Bombardierung bei Tageslicht, doch dafür bewährte sie sich schon einige Wochen später als Nachtbomber.

Bei der nächsten Version der Wellington, der Mk IC, versuchte man der Abwehrschwäche mit seitlichen Einzel-Maschinengewehren im Hinterrumpf anstelle der Bauchwaffe zu begegnen. Interessanterweise wurde die runde Aussparung in der geodätischen Struktur der Zelle aber nicht ausgefüllt, sondern einfach mit Gewebe überspannt, obwohl man an dieser Stelle nie wieder einen Waffenstand einrichtete. Die Wellington Mk IC, von der 2685 Maschinen produziert wurden (davon 50 im neuen Vickers-Werk Squire's Gate in Blackpool), erreichte im April 1940 No. 75, 115 und 148 Squadron als Erstempfänger. Bis zum Jahresende waren 19 Staffeln des RAF Bomber Command mit diesem Muster ausgerüstet.

Kriegsauszeichnung

Eine Wellington Mk IC der No. 149 Squadron warf bei einem Angriff auf Emden am 1. April 1941 die erste 1814 kg schwere „Blockbuster"-Bombe ab, und dem Neuseeländer, Sergeant J. A. Ward, der als zweiter Pilot eines Bombers der No. 75 Squadron eingesetzt war, wurde als einzigem Besatzungsmitglied einer Wellington das Victoria Cross verliehen. Bei einem Angriff auf Münster fing der Steuerbordmotor Feuer, nachdem der Bomber von einer Bf 110 beschossen worden war. Ward kletterte mit einem Feuerlöscher auf die Tragfläche, um zu verhindern, daß sich der Brand weiter ausbreitete. Schließlich konnte er das Feuer löschen und den angeschlagenen Bomber zum Heimathorst zurückbringen.

Eine andere Variante der Wellington, die schon vor dem Krieg, am 3. März 1939, in Prototypform (L4250, eine umgerüstete Mk I) ihren Erstflug absolviert hatte, war die Wellington Mk II mit zwei 854 kW (1161 PS) starken flüssigkeitsgekühlten Merlin-Motoren von Rolls-Royce. Diese Entwicklung verfolgte man mit Nachdruck, da der Bedarf an Pegasus-Motoren die Produktionskapazität zu übersteigen drohte. Als aber die Nachfrage nach Merlin-getriebenen Fairey Battle, Hawker Hurricane, Supermarine Spitfire und Fairey Fulmar im Winter 1939/40

Den Wellington-Prototyp führte Captain J. („Mutt") Summers am 15. Juni 1936 in Weybridge durch den Erstflug. Im April des folgenden Jahres mußte die Maschine nach einem Unfall abgeschrieben werden.

enorm anstieg, konzentrierte man statt dessen auf die Herstellung dieser Motoren selbst. Die Wellington Mk II geriet dadurch ins Hintertreffen, so daß die erste Wellington-Mk-II-Staffel, No. 12 Squadron in Binbrook, ihre Maschinen erst im Oktober 1940 erhielt, gefolgt von No. 142 einen Monat später. Insgesamt entstanden 400 Wellington Mk II, und schließlich befand sich dieses Modell bei acht RAF-Staffeln im Einsatz.

Im Jahr 1941 gestaltete sich die Lieferung der Wellington zügiger, hauptsächlich durch das Erscheinen der Wellington Mk III, von der alle drei Vickers-Werke insgesamt 1519 Exemplare fertigten. Bei dieser Version war man auf Bristol-Sternmotoren der Marke Hercules XI mit je 1119 kW (1522 PS) übergegangen, so daß ihre Höchstgeschwindigkeit 410 km/h im Vergleich zu 378 km/h bei der Wellington Mk IC betrug. Sie diente bei insgesamt 18 Staffeln, und an dem ersten der berühmten „Tausend-Bomber"-Luftangriffe auf Köln am 30. Mai 1942 nahmen sage und schreibe 599 Wellington teil, von denen viele aus Einsatzausbildungseinheiten stammten.

Die nächste Wellington-Version, die beim Bomber Command zum Kampfeinsatz kam, war die Wellington Mk IV mit Twin-Wasp-Motoren von Pratt & Whitney. Nach dem Umbau einer Wellington Mk IC zum Prototyp wurden 25 in Chester gefertigte Wellington Mk IC entspre-

Vickers Wellington

TECHNISCHE DATEN

Vickers Wellington B.Mk III
Typ: mittlerer Bomber für sechs Mann Besatzung
Triebwerke: zwei luftgekühlte 14-Zylinder-Sternmotoren Bristol Hercules XI je 1119 kW (1522 PS)
Leistung: Höchstgeschwindigkeit 410 km/h; Anfangssteiggeschwindigkeit 4,72 m/sek; Dienstgipfelhöhe 5790 m; Reichweite mit 680 kg Bomben 3540 km oder 2478 km mit 2041 kg Bomben
Gewicht: Leermasse 8417 kg, max. Startmasse 13.381 kg
Abmessungen: Spannweite 26,26 m, Länge 18,54 m, Höhe 5,31 m, Tragflügelfläche 78,04 m²
Bewaffnung: zwei 7,7-mm-Maschinengewehre im Bugturm, vier entsprechende MGs im Heckturm, je ein MG in seitlichen Gefechtsständen im Hinterrumpf und eine maximale Bombenlast von 2041 kg oder eine 1814 kg schwere Bombe

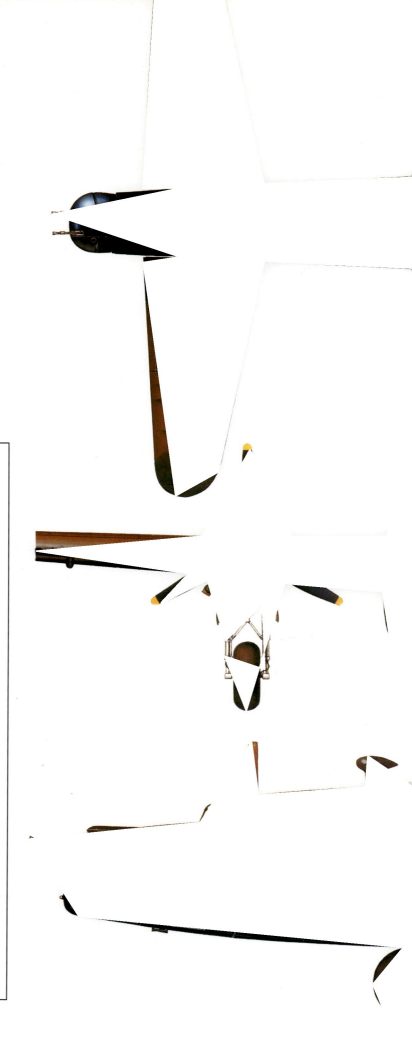

Varianten der Vickers Wellington

Typ 271: erster Prototyp (K4049) nach B.9/32 mit Sternmotoren Pegasus X; Erstflug am 15. Juni 1936
Typ 285 Wellington Mk I: Prototyp (L4212) mit Pegasus-X-Antrieb; Erstflug am 23. Dezember 1937
Typ 290 Wellington Mk I: 183 in Weybridge (180) und Chester (3) gebaute Serienbomber mit Pegasus XVIII; Vickers-Waffentürme und Rumpfwanne
Typ 408 Wellington Mk IA: 187 in Weybridge und Chester gefertigte Serienbomber mit Pegasus XVIII; Nash & Thompson-Waffentürme und Rumpfwanne
Typ 416 Wellington Mk IC: 2685 in Weybridge (1052), Chester (1583) und Blackpool (50) produzierte Serienbomber; Typ 423 umfaßte alle Bomber, die zur Beladung mit einer 1814-kg-Bombe hergerichtet wurden; seitliche Maschinengewehre anstelle der Rumpfwanne
Typ 298 Wellington Mk II: Prototyp (L4250) mit Merlin-X-Motoren; Erstflug am 3. März 1939
Typ 406 Wellington B.Mk II: 400 in Weybridge gefertigte Serienbomber mit Merlin X
Typ 299 Wellington Mk III: Musterbomber, L4251 mit Hercules HEISM und P9238 mit Hercules III
Typ 417 Wellington B.Mk III: 1517 in Chester (737) und Blackpool (780) von 1941-1943 gebaute Serienbomber; Jäger-Schleppversuche durch die Firma Flight Refuelling
Typ 410 Wellington Mk IV: Prototyp (R1220) mit US-Sternmotoren Twin Wasp von Pratt & Whitney
Typ 424 Wellington B.Mk IV: 220 in Chester gefertigte Serienbomber mit Twin Wasp
Typ 421 Wellington Mk V: erster Prototyp (R3298) mit Hercules-III-Motoren
Typ 407 Wellington Mk V: zweiter Prototyp (R3299) mit Hercules VIII
Typ 432 Wellington Mk VI: Prototyp (W5795) mit Rolls-Royce Merlin (mehrere Typen)
Typ 442 Wellington B.Mk VI: 63 in Weybridge gebaute Serienbomber; Sperry-Bombenvisier; Typ 449 betraf die Ausführung Wellington Mk VIG; zwei Exemplare für No. 109 Squadron
Typ 430 Wellington Mk VII: Prototyp (T2545) storniert; Merlin XX; 150 Serienflugzeuge ebenfalls gestrichen
Typ 429 Wellington GR.Mk VIII: Baureihe mit Pegasus-XVIII-Motoren; 397 in Weybridge gebaute Flugzeuge, davon 58 mit Leigh-Light-Suchscheinwerfer; Möglichkeit zur Beladung mit U-Boot-Abwehrwaffen (bei einigen auch zur Aufnahme von Torpedos)
Typ 437 Wellington IX: eine zum Transportprototyp (P2522) umgerüstete Wellington Mk IA; Hercules XVI
Typ 440 Wellington B.Mk X: 3803 in Chester (2434) und Blackpool (1369) gebaute Serienbomber; Hercules XI/XVI; Typ 619 betraf nach dem Krieg zu Wellington T.Mk 10 umgerüstete Flugzeuge; RP468 mit einem Radargerät im Heckausleger ausgestattet und als G-ALUH zugelassen; einige Exemplare 1946 an Frankreich und sechs im April 1946 an die griechischen Luftstreitkräfte verkauft
Typ 454 Wellington Mk XI: Prototyp (MP502) mit ASV-Radar Mk II; Hercules VI/XVI; Typ 459 betraf MP545 mit ASV-Radar Mk III
Typ 458 Wellington GR.Mk XI: 180 in Weybridge (105) und Blackpool (75) gebaute Serienflugzeuge mit ASV-Radar Mk III und Hercules-VI/XVI-Antrieb
Typ 455 Wellington GR.Mk XII: 58 in Weybridge (50) und Chester (8) gebaute Serienflugzeuge; Leigh-Light-Suchscheinwerfer, ASV-Radar Mk III und Hercules VI/XVI; einige 1946 an Frankreich verkauft
Typ 466 Wellington GR.Mk XIII: 844 in Weybridge (42) und Blackpool (802) gefertigte Serienmaschinen; Hercules-XVI-Motoren
Typ 467 Wellington GR.Mk XIV: 841 in Weybridge (53), Chester (538) und Blackpool (250) gebaute Serienmaschinen mit Hercules XVI; viele zwischen April 1944 und Juli 1945 an Frankreich übergeben; 1946 weitere Exemplare an Frankreich verkauft
Wellington C.Mk XV: in Feldwerften zu Truppentransportern umgerüstete Wellington Mk IA; (anfängliche Dienstbezeichnung Wellington C.Mk IA); Bestuhlung für 18 Soldaten
Wellington C.Mk XVI: in Feldwerften zu Truppentransportern umgerüstete Wellington Mk IC (anfängliche Dienstbezeichnung Wellington C.Mk IC); Modifikation wie bei der Wellington C.Mk XV
Typ 487 Wellington T.Mk XVII: Rüstsätze zur Verwandlung bei der Truppe in Trainer mit Abfangradar wie in der Mosquito; Hercules XVII
Typ 490 Wellington T.Mk XVIII: 80 in Blackpool seriengefertigte Trainer und einige umgerüstete Wellington Mk XI; Hercules XVI; „fliegende Klassenzimmer" mit Radarausrüstung wie in der Mosquito
Wellington T.Mk XIX: einige bei der Truppe zu Ausbildungsflugzeugen umgerüstete Wellington Mk X
Typ 416 Wellington (II): L4250 mit versuchsweise eingebauter Vickers-40-mm-Kanone im Rückenturm; Merlin-X-Motoren; Modifikationen umfaßten auch ein geteiltes Seitenleitwerk
Typ 418 Wellington DWI.Mk I: zur Sprengung von Magnetminen umgebaute P2516; zusätzliches Ford-Bordstromaggregat
Typ 419 Wellington DWI.Mk II: zur Sprengung von Magnetminen umgebaute L4356; zusätzliches Bordstromaggregat Gipsy Six
Typ 435 Wellington Mk IC: T2977, zu Vergleichszwecken mit einem Turbinlite-Suchscheinwerfer anstelle des Leigh Light ausgerüstet
Typ 439 Wellington Mk II: Z8416 mit versuchsweise im Bug installierter Vickers-40-mm-Kanone; Merlin X
Typ 443 Wellington Mk V: W5816, zum Versuchsträger für Hercules-VIII-Motoren hergerichtet
Typ 445 Wellington (II): Z8570/G, zum Versuchsträger für Whittle-Strahltriebwerk W2B/23 im Heck hergerichtet; Typ 470 betraf die Wellington II W5389/G mit Whittle-Strahltriebwerk W2B und Typ 486 die Wellington II W5518 mit Strahltriebwerk W2/700
Typ 478 Wellington Mk X: LN718 mit Versuchsmotoren Hercules 100
Typ 602 Wellington Mk X: LN715 als Versuchsträger zweier Dart-Propellerturbinen von Rolls-Royce
Typ 638 Wellington Mk X: NA 857 als Versuchsträger zweier Napier-Triebwerke Naiad; nicht fertiggestellt
Wellington Mk III: X3268 mit Schleppzulassung für Lastensegler Hadrian, Hotspur und Horsa

Eine Vickers Wellington Mk IC, R1492, die vom Vickers-Werk Chester 1941 an einen Einsatzausbildungsverband ausgeliefert wurde. In dieser Phase machte sich die beschleunigte Zuschleusung der neuen Generation viermotoriger Bomber beim RAF Bomber Command bemerkbar. Neue Wellington-Maschinen gingen an die zunehmende Zahl von Kampfausbildungseinheiten und an die abnehmende Zahl der mit diesem Typ ausgerüsteten Einsatzstaffeln, um dort erlittene Verluste auszugleichen. Diese Übungsbomber besaßen die gleiche Ausrüstung wie die Maschinen der Einsatzstaffeln und nahmen sogar an Luftangriffen mit konzentrierten Kräften des Bomber Command teil, wie zum Beispiel an den drei „Tausend-Bomber"-Offensiven gegen Köln, Essen und Bremen im Mai und im Juni 1942.

Vickers Wellington

Eine der ersten in Weybridge gebauten Serienmaschinen Wellington Mk I, L4356, sieht man hier im Nahen Osten (wahrscheinlich 1941) nach ihrer Umrüstung zum Minenräumer DWI.Mk I. Der Verband, No. 1 General Reconnaissance Unit (eine bewußt irreführende Kennung), war am 15. Dezember 1939 in Großbritannien aufgestellt und im Mai 1940 nach Ägypten entsandt worden, um der Gefahr einer Verminung des Suezkanals entgegenzutreten.

Diese Wellington T.Mk X, RP550, stammte aus dem Blackpool-Werk und wurde von No. 20 Maintenance Unit geflogen. Sie diente sowohl als Übungsbomber wie auch zum Transport von Überführungspiloten.

chend ummotorisiert, weitere 195 Exemplare wurden neu produziert. Diese Bomber dienten bei No. 142 und 544 Squadron sowie bei den mit polnischem Personal aufgestellten Einheiten No. 300, 301 und 305 Squadron.

Höhenbomber Mk V

Anhand des Lastenheftes B.23/39 für einen Höhenbomber, der oberhalb der Reichweite von Flugabwehrkanonen und Jägern operieren konnte, schuf Vickers zwei Wellington-Prototypen Mk V (R3298 und R3299) mit einer völlig neuen Konstruktion des Vorderrumpfes. Dieser enthielt einen druckbelüfteten Besatzungsraum, der nach hinten bis zur Vorderkante des Tragwerks reichte. Für die Druckbelüftung sorgte ein im Mittelrumpf aufgestellter Rotol-Hilfskompressor. Die für überflüssig gehaltene Abwehrbewaffnung hatte man aufgegeben und eine Sichtkuppel für den Flugzeugführer an der Rumpfoberseite eingerichtet. Der erste Prototyp flog im August 1940, erreichte aber nur eine Höhe von 9145 m, und selbst nach Erhöhung der Spannweite um 3,66 m steigerte sich die absolute Dienstgipfelhöhe nur auf 12.190 m. Auf die geänderte Spezifikation 17/40 hin wurde nur noch eine Wellington Mk V (W5796) gebaut und statt dessen die Wellington Mk VI mit Merlin-Motoren R6SM je 1194 kW (1624 PS) vorgeschlagen. Auf einen Prototyp (W5795) folgten 62 Serienmaschinen (15 Wellington Mk VI und 47 Wellington Mk VIA). Da der Luftkampf inzwischen auch im Bereich der Dienstgipfelhöhe der Wellington Mk VI stattfand, wurde nur eine relativ kleine Zahl dieser Bomber an No. 109 Squadron ausgeliefert, und ihr Einsatz beschränkte sich Ende 1941 auf die Erprobung der ersten „Oboe"-Ausrüstung.

Die letzte Bomberversion war die Wellington Mk X, von der insgesamt 3804 Exemplare mit Hercules-XVIII-Motoren von den Bändern rollten. Dieses Modell diente ab 1943 bei 20 RAF-Staffeln in Großbritannien, im Nahen und Fernen Osten sowie bei 25 Umschulungs- und Einsatzausbildungseinheiten.

Wellington Mk IC erreichten im September 1940 Nordafrika, um bei No. 70 Squadron in Helwan, Ägypten, Vickers-Doppeldeckerbomber vom Typ Valentia zu ersetzen. Ihren ersten Angriff flogen sie am 19. September gegen Bengasi. Zwei Monate später trafen No. 37 und No. 38 Squadron aus Großbritannien ein, die mit No. 70 Squadron zur No. 202 Group zusammengefaßt wurden. Schließlich war ein Dutzend Staffeln im Mittelmeerraum mit der Vickers Wellington ausgerüstet, die 1941 an den Kämpfen in Griechenland und im Irak sowie am Afrikafeldzug teilnahmen und bis in die letzten Kriegswochen im Fronteinsatz blieben. Ihre letzte Operation fand am 13. März 1945 mit einem von No. 40 Squadron vorgetragenen Angriff auf Treviso statt.

Die ersten Wellington, die im Fernen Osten zum Einsatz kamen, waren Wellington Mk IC der No. 215 Squadron, die im April 1942 von England nach Indien vorrückte. Zwei Monate später folgte No. 99 Squadron, und viele Monate lang blieben diese beiden Staffeln die einzigen RAF-Verbände, die in Südostasien mit schweren Bombern ausgerüstet waren. Die Wellington hielt die Stellung in diesem Raum, bis sie im September 1944 von der Liberator abgelöst wurde.

Wellington im Seekrieg

Die Wellington führte nicht nur gleich zu Beginn des Krieges die ersten Tagangriffe auf Schiffe der Kriegsmarine in den Nordseehäfen und deren Zufahrten durch, sondern erfüllte ab Januar 1940 auch eine andere wichtige Aufgabe innerhalb der Seekriegführung: das Sprengen von Magnetminen. Eine Wellington Mk I diente als Prototyp einer Version, die als Wellington DWI Mk I (fälschlicherweise als Directional Wireless Installation/Richtfunkinstallation interpretiert) bekannt wurde. Diese Maschine hatte einen Duraluminreifen mit einem Durchmesser von 14,60 m, den ein mächtiger Generator unter Strom setzte. Der riesige Elektromagnet sollte deutsche Minen mit Magnetzünder zur Explosion bringen. Eine kleine Anzahl ähnlicher Maschinen (umgerüstete Wellington Mk I und Mk IA) wurden fast bis zum Kriegsende über Gebieten, in denen man Minensperren vermutete, als „Minenräumer" eingesetzt.

Eine Wellington Mk IA und zwei Mk IC zu Beginn des Zweiten Weltkriegs. Bei den beiden Bombern im Vordergrund erstreckt sich der nachtschwarze Sichtschutz auch auf die Rumpfseiten, während Braun und Grün bei dem Flugzeug im Hintergrund fast bis zur Unterseite des Rumpfes reichen. Beim mittleren Exemplar sind auch die Kokarden unter den Tragflächen erhalten geblieben.

Diese Wellington Mk XIV mit Raketen unter den Tragflächen und Leigh-Light-Suchscheinwerfer (hier im eingefahrenen Zustand unter dem Hinterrumpf) führte ein Suchradar Mk III unter der Flugzeugnase mit. Solche Wellington-U-Boot-Jäger dienten bei zehn Staffeln des Küstenkommandos.

Der nächste See-Einsatz betraf das Minenlegen (Deckname „gardening" – „Gartenarbeit"). Bei dieser wichtigen Aufgabe lösten Wellington Mk IC die Handley Page Hampden ab, als Deutschland seinen Einflußbereich an der Nordküste Europas weiter ausdehnte.

Erst mit der Einführung der Wellington GR.Mk VIII (die Wellington Mk VII war ein vom Merlin angetriebener Bomber, der nicht in Serie ging) spielte die Wellington beim Coastal Command (Küstenkommando) während der Atlantikschlacht eine maßgebliche Rolle. Insgesamt 394 Maschinen dieser Version wurden produziert. Da sie alle Pegasus-Sternmotoren XVIII hatten, ähnelten sie generell der Wellington Mk IC, und tatsächlich stammte etwa die Hälfte von Produktionsstätten der Wellington Mk IC. Ihr Hauptmerkmal war das Suchradar ASV Mk II mit den zugehörigen Antennengruppen auf dem Rumpfrücken. Dieses Radar hatte man eigens dafür entwickelt, aufgetauchte Unterseeboote zu entdecken, deren Raubzüge im Atlantik Großbritannien schwer zu schaffen machten. Die ersten Wellington GR.Mk VIII trafen im April 1942 bei No. 172 Squadron in Chivenor ein, die aus der Leigh Light Flight hervorgegangen war. Einige Wellington GR.Mk VIII verfügten ebenfalls über einen fahrbaren Leigh-Light-Suchscheinwerfer im früheren MG-Behälter unter dem Bauch. In der Nacht vom 3. auf den 4. Juni 1942 führte eine Wellington der No. 172 Squadron den ersten „Leigh-Light"-Angriff auf ein aufgetauchtes Unterseeboot durch, und am 6. Juli desselben Jahres wurde erstmals ein gegnerisches U-Boot bei solch einem Angriff versenkt. Wellington GR.Mk VIII befanden sich bei acht Staffeln im Einsatz.

Variantenvielzahl

Im Bereich des Küstenkommandos folgte auf dieses Modell die Wellington GR.Mk XI, von der in Blackpool 180 Exemplare gefertigt wurden. Sie hatten die gleiche Zelle wie die Mk X, aber Hercules-VI-Sternmotoren und ASV-Bordradar Mk II. Die Wellington GR.Mk XII (58 in Chester und Weybridge gebaute Exemplare) waren mehr oder weniger identisch, abgesehen von ihrem Leigh-Light-Scheinwerfer. Diese Maschinen dienten bei No. 36 und No. 172 Squadron. Die Wellington GR.Mk XIII (843 in Blackpool produzierte Flugzeuge) waren mit Hercules-XVII-Motoren und ASV-Bordradar Mk III ausgestattet und konnten mit zwei 45,7-mm-Torpedos zur Seezielbekämpfung bei Tageslicht bewaffnet werden. Dieses Modell rüstete 13 Staffeln aus. Die Wellington GR.Mk XIV (841 in Blackpool und Chester gefertigte Exemplare) führten anstelle der Torpedos einen Leigh-Light-Scheinwerfer für Nachtpatrouillen mit sich. Zehn Staffeln flogen diese Version. Im Herbst 1944 wurden einige der Wellington GR.Mk XI und GR.Mk XIII, die man durch neuere Versionen ersetzt hatte, zu Ausbildungsflugzeugen für Navigatoren/Radarbeobachter der Nachtjagdkräfte modifiziert. Erstere mit einem Radargerät wie in der Mosquito und zwei Übungsplätzen hintereinander erhielten die neue Bezeichnung Wellington T.Mk XVII, und letztere wurden unter der neuen Bezeichnung Wellington T.Mk XVIII so umgebaut, daß sie vier am Mosquito-Radar Auszubildende aufnehmen konnten. Nach dem Krieg rüstete man zahlreiche Wellington-Bomber Mk X für den Einsatz als Radar- und Navigationstrainer um (ohne eine neue Bezeichnung zu erhalten). Einige Einsatzausbildungseinheiten und Flugschulen für Fortgeschrittene verwendeten diese Maschinen noch bis 1953.

Als das Bomber Command die Wellington nach und nach aus dem Einsatzbestand herauslöste und die Umschulungseinheiten ihre alten Wellington Mk IA und Mk IC gegen die Wellington Mk III und Mk X austauschten, wurden die Wellington Mk I zu Transportern für die RAF umfunktioniert. Die Tatsache, daß man die Wellington bereits 1941 gelegentlich zum Truppentransport (vor allem in Nahost) verwendet hatte, führte zu der Forderung, eine große Zahl von Wellington Mk I zu 18sitzigen Truppentransportflugzeugen umzugestalten. Das Gros dieser Umrüstungen fand „im Feld" statt. Die Modifikation umfaßte den Ausbau sämtlicher Waffentürme, der Sauerstoffanlage und des Bombengeschirrs sowie den Einbau einfacher Truppensitze. Auf diese Weise entstanden die Wellington C.Mk XV und C.Mk XVI (nach der vorübergehenden Bezeichnung Wellington C.Mk IA bzw. C.Mk IC), die bei No. 24, 99, 162, 196, 232 und 242 Squadron zum Einsatz kamen.

Ab Ende 1940 lief die Vickers Wellington dem Küstenkommando in größerer Zahl zu. Fünf verschiedene Wellington-Versionen zur Seeaufklärung wurden produziert, und die letzte Ausführung hieß GR.Mk XIV. Das Bild zeigt eine GR.Mk XIV der No. 304 (Polish) Squadron.

Vickers Wellington

Wellington Mk I der No. 9 (Bomber) Squadron. Als einer der ersten RAF-Verbände, die mit der Wellington ausgerüstet wurden, mußte die Staffel in den ersten Monaten des Krieges bei katastrophalen Tagangriffen schwere Verluste durch Feindjäger hinnehmen.

Gleichzeitig fand die Zulassungserprobung der Wellington für das Schleppen von Lastenseglern des Typs General Aircraft Hotspur, Airspeed Horsa und Waco Hadrian statt, doch, soweit bekannt, hat man das Muster in dieser Rolle nie verwendet. Wellington wurden auch zum Schleppen von Spitfire- und Hurricane-Jagdflugzeugen erprobt, die eventuell von Gibraltar aus als Verstärkung für die auf Malta stationierten Jäger dienen sollten. Über diese Versuche liegen jedoch keine genauen Berichte vor.

Während des ganzen Krieges und auch noch nach Kriegsende wurden Versuchsmotoren mit der Wellington getestet, und besondere Bedeutung kam den ersten Flügen mit Strahltriebwerken zu. Im Jahr 1942 erhielt Vickers den Auftrag, die ersten Whittle-Turbojets zur Flugerprobung in Wellington-Maschinen einzurüsten. So wurden zwischen 1942 und 1945 insgesamt 15 verschiedene Triebwerkstypen im hinteren Rumpfabschnitt zweier Wellington Mk II erprobt. Dieses Duo mit Merlin-62-Antrieb und den Tragflächen der Wellington Mk VI führte 366 Flüge in Höhen von bis zu 10.970 m aus und war mit jedem einzelnen Strahltriebwerk der ersten britischen Generation ausgestattet. Auch nach dem Krieg diente die Wellington als Triebwerkserprobungsträger, darunter des wohl wichtigsten, der Dart-Propellerturbine von Rolls-Royce.

Die „Wimpey" leistete bei der RAF noch lange wertvollen Ausbildungsdienst, und die Wellington T.Mk 10 hielt sich bei Flugnavigationsschulen bis zum Eintreffen der Vickers Valetta T.Mk 3 sowie bei No. 201 AFS, bis schließlich die Vickers Varsity nachrückte. Die letzte an die RAF ausgelieferte Wellington war eine von Hercules XVI angetriebene Mk X, die die Werkshalle in Blackpool am 25. Oktober 1945 verließ. In neun Jahren hatten drei Vickers-Werke 11.461 Wellington-Flugzeuge gefertigt – die größte Zahl aller jemals in Großbritannien produzierten Bombertypen.

T2501, eine Wellington Mk IC (IN-F) einer Ausbildungseinheit, war nach einem Kampfeinsatz in feindbesetztem Territorium gelandet. Mit deutscher Markierung wurde das Musterexemplar von der Erprobungsstelle Rechlin eingehend geprüft.

Aufriß-Erläuterung zur Vickers Wellington B.Mk III

1 Positionslicht
2 zwei Browning-Maschinengewehre, Kaliber 7,7 mm
3 motorisierter Bugwaffenturm Frazer Nash FN 5
4 Turmverkleidung
5 Fallschirmbehälter
6 Bedienpult des Bombenschützen
7 Drehturm-Außenschalter
8 Bombenschützen-Sichtfenster
9 Bombenschützenliege (Einstiegsklappe)
10 Fallschirmbehälter
11 Seitenruder-Pedalbügel
12 vorderer Rumpfspant
13 Kamera
14 Umlenkhebel der Höhen- und Quersteuerung
15 vorderes Schrägschott des Bombenschachts
16 Cockpit-Frontspant
17 Pilotensitz
18 Steuersäule
19 Stufe Bugraum/Kabine
20 Instrumentenbrett
21 Klappsitz des Kopiloten
22 Frontscheiben
23 angelenkte Haubenteile (für Notwasserung)
24 Verteilerkasten
25 Antennenmast
26 Steuerblock R.3003
27 Kontrollgerät zur Enteisung des Leitwerks
28 Panzerschott
29 Sitz des Bordfunkers
30 Funkerpult
31 Generator für Funkanlage und Langzeitbatterie
32 Bombenschachtklappen
33 Gestell des Funkgerätesatzes T.R.9F
34 Stauraum für Aldis-Signallampe
35 Pult des Navigators
36 Stauraum für Navigationsbesteck und Karten
37 Sitz des Navigators
38 Falltüren (schalldichtes Schott)
39 Feuerlöscher (am Rumpfspant auf Höhe der Flügelnase)
40 Steuerruder-Blockierstange
41 Flechtwerkstruktur des Innenflügels
42 Kühlluftauslaß
43 Auspuffrohr mit Flammendämpfer
44 regelbare Motorkühlklappen
45 Sternmotor Bristol Hercules
46 Abgassammelring
47 elektrisch verstellbarer Rotol-Dreiblatt-Propeller
48 dreiteiliger Haubenring
49 Vergaser-Lufthutze
50 Streben der Motoraufhängung
51 Schmierölbehälter (steuerbord)
52 Motorgondel-Kraftstofftank (Kapazität 284 Liter)
53 vordere Flügeltankgruppe (innen 236 Liter, Mitte 250 Liter, außen 195 Liter)
54 Doppelholm des Innenflügels
55 hintere Flügeltankgruppe (innen 273 Liter, Mitte 259 Liter, außen 227 Liter)
56 Tankdeckel/Einfüllstutzen
57 Übergang Doppel-/Einzelholm
58 Stauohrleitungen
59 Kabelschneider
60 Pitotsonde
61 Holmstruktur
62 Steuerbord-Positionslicht
63 Steuerbord-Verbandflugleuchte
64 Begrenzer der Querruder-Stoßstange
65 kugelgelagerte Querrudergestänge
66 Querruder (steuerbord)
67 Querruder-Stoßstange
68 Querruder-Gelenkhebel
69 Trimmklappen-Steuerseil
70 Querruder-Trimmklappe
71 Quertrimmungsseilzüge
72 Verbindungsglied der Querruder-Stoßstange
73 Kraftstoffschnellablaßrohr
74 Klappenantriebswelle
75 Klappenverband
76 Klappenhinterkante
77 Justierglied der Querruder-Stoßstange
78 Schlauchbootgehäuse
79 CO₂-Flaschen der Seenotausrüstung
80 Kraftstoffleitungen
81 Gehäuse der Peilantenne
82 Kennleuchte auf dem Rumpfrücken
83 Handgriffe
84 Sauerstoffzylinder
85 „Schwimmholm" des durchgehenden Tragflächenmittelstücks
86 Aufklärungsleuchtfackeln
87 vordere Zapfenbefestigung der Tragfläche
88 Holm-/Rippen-Anschlußblock
89 Holmdurchbruch
90 Ruhekoje (an der Backbordwand verstaut)
91 Sextantrahmen
92 Astrokuppel
93 Klappenstellzylinder
94 Rauchmarkierer-/Seezeichenschrank
95 Klappensynchronisationsmechanik
96 Fallschirmbehälter
97 Werfer für Aufklärungsleuchtfackeln
98 Rumpfspant auf Höhe der Tragflächenhinterkante
99 flechtwerkartiges Rumpfgerüst
100 Peitschenantenne
101 Kurzwellen-Funkantenne
102 Anschlußleiste für Heizbekleidung, Sauerstoffversorgung und Bordsprechanlage des seitlichen MG-Schützen
103 seitliches Browning-7,7-mm-Maschinengewehr
104 Munitionskiste
105 MG-Sockel
106 oberer Rumpflängsgurt
107 Munitionskästen des Heckturms
108 Fallschirmbehälter
109 Hilfsruder-Steuerseile
110 Gurtzuführung
111 Rückenleuchte
112 Heckdrehturm-Außenschalter
113 Flechtwerksaufbau der Höhenflossen-Unterseite
114 Höhenflossenholm
115 Höhenruderausgleich
116 Höhenruder (steuerbord)
117 Höhenruder-Trimmklappe
118 Trimmklappen-Steuerseile
119 geodätische Struktur des unteren Seitenflossenteils
120 Enteisungsmanschette der Seitenflosse
121 oberer Abschnitt der Seitenflosse
122 knickloser Verbindungsschlauch der Enteisungsanlage
123 Ausgleichsgewichte des Seitenruders
124 Heckpositions-/Verbandsflugleuchten

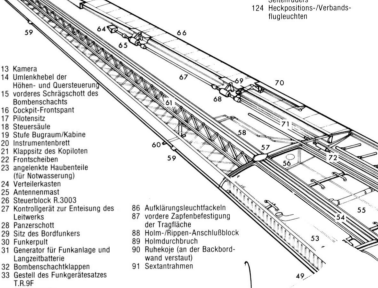

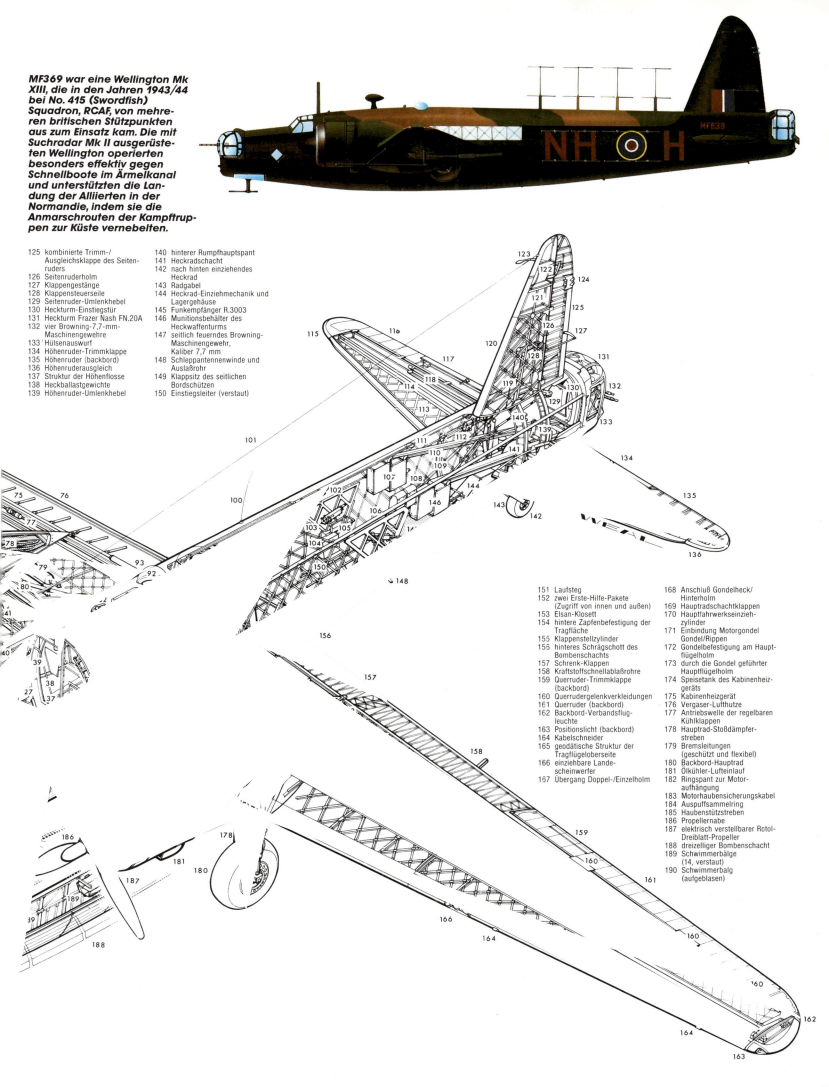

MF369 war eine Wellington Mk XIII, die in den Jahren 1943/44 bei No. 415 (Swordfish) Squadron, RCAF, von mehreren britischen Stützpunkten aus zum Einsatz kam. Die mit Suchradar Mk II ausgerüsteten Wellington operierten besonders effektiv gegen Schnellboote im Ärmelkanal und unterstützten die Landung der Alliierten in der Normandie, indem sie die Anmarschrouten der Kampftruppen zur Küste vernebelten.

125 kombinierte Trimm-/Ausgleichsklappe des Seitenruders
126 Seitenruderholm
127 Klappengestänge
128 Klappensteuerseile
129 Seitenruder-Umlenkhebel
130 Heckturm-Einstiegstür
131 Heckturm Frazer Nash FN.20A
132 vier Browning-7,7-mm-Maschinengewehre
133 Hülsenauswurf
134 Höhenruder-Trimmklappe
135 Höhenruder (backbord)
136 Höhenruderausgleich
137 Struktur der Höhenflosse
138 Heckballastgewichte
139 Höhenruder-Umlenkhebel
140 hinterer Rumpfhauptspant
141 Heckradschacht
142 nach hinten einziehendes Heckrad
143 Radgabel
144 Heckrad-Einziehmechanik und Lagergehäuse
145 Funkempfänger R.3003
146 Munitionsbehälter des Heckwaffenturms
147 seitlich feuerndes Browning-Maschinengewehr, Kaliber 7,7 mm
148 Schleppantennenwinde und Auslaßrohr
149 Klappsitz des seitlichen Bordschützen
150 Einstiegsleiter (verstaut)

151 Laufsteg
152 zwei Erste-Hilfe-Pakete (Zugriff von innen und außen)
153 Elsan-Klosett
154 hintere Zapfenbefestigung der Tragfläche
155 Klappenstellzylinder
156 hinteres Schrägschott des Bombenschachts
157 Schrenk-Klappen
158 Kraftstoffschnellablaßrohre
159 Querruder-Trimmklappe (backbord)
160 Querrudergelenkverkleidungen
161 Querruder (backbord)
162 Backbord-Verbandsflugleuchte
163 Positionslicht (backbord)
164 Kabelschneider
165 geodätische Struktur der Tragflügeloberseite
166 einziehbare Landescheinwerfer
167 Übergang Doppel-/Einzelholm
168 Anschluß Gondelheck/Hinterholm
169 Hauptradschachtklappen
170 Hauptfahrwerkseinziehzylinder
171 Einbindung Motorgondel Gondel/Rippen
172 Gondelbefestigung am Hauptflügelholm
173 durch die Gondel geführter Hauptflügelholm
174 Speisetank des Kabinenheizgeräts
175 Kabinenheizgerät
176 Vergaser-Lufthutze
177 Antriebswelle der regelbaren Kühlklappen
178 Hauptrad-Stoßdämpferstreben
179 Bremsleitungen (geschützt und flexibel)
180 Backbord-Hauptrad
181 Ölkühler-Lufteinlauf
182 Ringspant zur Motoraufhängung
183 Motorhaubensicherungskabel
184 Auspuffsammelring
185 Haubenstützstreben
186 Propellernabe
187 elektrisch verstellbarer Rotol-Dreiblatt-Propeller
188 dreizelliger Bombenschacht
189 Schwimmerbälge (14, verstaut)
190 Schwimmerbalg (aufgeblasen)

Mitsubishi G4M „Betty"

Der japanische Bomber G4M war so wenig geschützt, daß die US-Jagdpiloten ihn als „Zündkraut für die erste Salve" verspotteten (sein offizieller Deckname lautete bei den Alliierten „Betty"). Japan hatte einfach zu viel Reichweite von einem Flugzeug verlangt, das dafür viel zu klein war. Dennoch stellte die G4M den mit Abstand wichtigsten Bomber der Kaiserlich Japanischen Marine dar und wurde an allen Fronten in der Weite des Pazifiks eingesetzt.

Als die Japaner mit ihren nach westlichen Mustern kopierten, aber „aus Bambusrohr und Reispapier" konstruierten Kriegsflugzeugen am 10. Dezember 1941 zwei der größten Kriegsschiffe der Royal Navy bombardierten und versenkten, waren die Briten auf einem absoluten Tiefpunkt angelangt. Welcher Typ hatte dieses Ergebnis erzielt? In Frage kam im Grunde nur der alte Doppeldecker-Torpedobomber Yokosuka B4Y. Erst viel später erfuhr man, daß die Schiffe von Mitsubishi-Fernbombern G3M und G4M versenkt worden waren. Die G4M war den Alliierten noch völlig unbekannt, weil niemand die aus China eingetroffenen Berichte über diesen Bomber gelesen hatte. Das gleiche galt für die Berichte über den Mitsubishi-Jäger A6M, der den Alliierten einen noch größeren Schock versetzte.

Nach Einschätzung der Alliierten mußten sie einen zweimotorigen Bombertyp Japans im Pazifik-Krieg allenfalls als „lästigen Stachel" betrachten, und tatsächlich nahm die G4M, die sehr schwere Verluste erlitt, kaum Einfluß auf den Lauf der Ereignisse. Dennoch konnten die Alliierten die mehr als 2000 Bomber, die mit ungeheurem Mut und unbeirrbarer Entschlossenheit an der Front geflogen wurden, nicht einfach ignorieren, und gelegentlich gelang es „Betty" auch, ihnen einen schweren Schlag zu versetzen. Man darf nicht vergessen, daß dieses mittelmäßige Flugzeug, das der Klasse der Douglas A-20 oder North American B-25 angehörte, aber ein viel geringeres Startgewicht als die B-25 hatte, für Einsätze verwendet wurde, die eher einen viermotorigen „schweren" Bomber verlangten. Die Kaiserlich Japanische Marine handelte vielleicht etwas kurzsichtig, als sie erst 1943 ihr Beharren auf zweimotorigen Bombern aufgab und Nakajima mit der Konstruktion der gefürchteten G7N beauftragte. Bis zur Kapitulation Japans konnten daher nur vier Nakajima G7N fertiggestellt werden.

Die Entwicklung der G4M begann im September 1937 mit der Verteilung einer Spezifikation (genannt 12-„Shi", weil sie im 12. Jahr der Regierung Kaiser Hirohitos erschien) für einen neuen Fernbomber, der die sehr erfolgreiche G3M ablösen sollte. Letztere war erst zwei Monate zuvor über China erstmals in Aktion getreten, und in der Marine zeigte man sich mit ihrem Einsatzradius von mehr als 3700 km hochzufrieden. Schon zu Beginn des Krieges hatten diese Bomber bewiesen, daß sie von Japan aus über eine Entfernung von etwa 2400 km schwere Bombenlasten bis tief nach China hinein transportieren konnten. Der Koku Hombu (Führungsstab der Seeluftstreitkräfte) hielt diese Leistung mit Recht für steigerungsfähig, schlug allerdings die Verwendung von nur zwei 736 kW (1000 PS) starken Motoren vor. Außerdem verlangte der Stab eine Geschwindigkeit von rund 400 km/h, eine Reichweite von 3700 km mit einem 800 kg schweren Torpedo oder einer entsprechenden Bombenlast und eine umfassende Abwehrbewaffnung, was eine Besatzung von sieben bis neun Mann pro Maschine bedeutete.

Kiro Honjo, dem Leiter des Bomberkonstruktionsteams bei Kagamigahara, war schon bald klar, daß diese Forderungen mit der vorgegebenen Motorleistung nicht erfüllt werden konnten. Dazu bedurfte es

Bomberbesatzungen bei der Einsatzbesprechung. Im Hintergrund steht eine mit der Ohka beladene G4M2e Modell 24J. Die Bombenschachtklappen wurden entfernt und Spezialvorrichtungen zum Transport eines bemannten Raketenflugzeugs angebracht.

Diese G4M1 des 761. Kokutai zeigt einen ungewöhnlichen Tarnanstrich. Normalerweise blieb die Unterseite unbehandelt, und viele Bomber waren bis zum Juli 1943 auch zweifarbig bemalt. Sowohl die Maschinen der Marine als auch die des Heeres hatten häufig gelbe Nasenkanten.

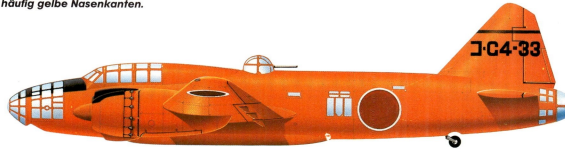

Bis Jäger der Alliierten über Japan erschienen, flogen alle Vorserien- und Testmaschinen mit einem Vollanstrich in Orange, wie er für Trainer üblich war. Die Heckkennung dieser G4M2a des Koku Gijitsu Sho (lufttaktisches Marinearsenal) identifiziert dieses Exemplar als 33. Entwicklungsflugzeug der Baureihe G4M.

Motoren der Leistungsklasse 1104 kW (1500 PS). Die Triebwerksabteilung des Unternehmens hatte gerade einen neuen Doppelsternmotor, den Kasei (Mars), entwickelt, der sich für diese Aufgabe geradezu anbot. Die Konstruktion des restlichen Flugzeugs kam wie von selbst zustande, da die allgemeine Auslegung (vor allem der Vorderrumpf) der des Heeresbombers Ki-21, der im Hauptwerk des Unternehmens in Nagoya produziert wurde, sehr ähnlich war. Von den meisten bisherigen zweimotorigen Maschinen mit einzelner Seitenflosse unterschied sich der neue Bomber, der die Bezeichnung Mitsubishi G4M erhielt, jedoch durch eine Kanone im äußersten Heck. Der hintere Rumpfabschnitt verjüngte sich daher nicht auf die übliche Weise. Dies verlieh dem Muster eine ganz spezifische Form, die ihm sofort den Spitznamen Hamaki (Zigarre) einbrachte. Von der Aerodynamik her war die Maschine recht akzeptabel, auch wenn Honjo dem Flugzeug für maximale Reichweite kein Tragwerk großer Spannweite geben konnte, da er sich aus Gründen der strukturellen Festigkeit gezwungen sah, auf eine sich stark verjüngende Tragfläche mit mäßiger Spannweite (25 m) zurückzugreifen.

In nahezu allen Bereichen kam Ganzmetall-Schalenbauweise zum Einsatz. Selbst die ausgeglichenen, von Hand bedienten Querruder waren aus Metall konstruiert, während die Seiten- und Höhenruder eine Stoffbespannung hatten. Die Rumpfstruktur enthielt zwei enorm starke Längsgurte entlang den Kanten des großen Bombenschachts, dessen Klappen vor dem Einsatz mit einer Torpedo- oder Bombenlast seltsamerweise ausgebaut wurden. Um die glatten Konturen zu erhalten, schraubte man an den hinteren Teil des Schachts eine Ablenkrampe. Bei Unterstützungseinsätzen, wie Übungs- und Aufklärungsflüge, konnte man den Waffenschacht mit starren Klappen in zwei unterschiedlichen Ausführungen verschließen. Wie bei vielen Flugzeugen Ende der dreißiger Jahre wurden bewegliche Teile wie die Spaltklappen und das nach vorn einziehende Hauptfahrwerk elektrisch angetrieben. Für das Spornrad war ein eigener Elektromotor vorgesehen.

Das Flugdeck, das vage an das der Avro Lancaster erinnerte, war rundum verglast und nahm gewöhnlich zwei Flugzeugführer auf Sitzen nebeneinander auf. Der Navigator und der Bombenschütze (oftmals in einer Person) belegten den großen verglasten Bugraum, dessen 7,7-mm-Maschinengewehr Typ 92 (Lewis) durch die Kuppel an der Flugzeugnase gerichtet wurde. Der Bordfunker konnte ein zweites schwenkbares 7,7-mm-MG Typ 92 in einem verglasten Rückenstand bedienen, jedem der beiden Abwehrschützen in der Rumpfmitte stand ein weiteres MG Typ 92 in seitlichen Kuppeln hinter dem Tragwerk zu Verfügung, und der Heckschütze war für eine 20-mm-Kanone vom Typ 99 auf Schwenklafette mit einem Trommelmagazin von 60 Schuß zuständig. Damit besaß die G4M eine wesentlich stärkere Defensivbewaffnung als die G3M, und sie bot der Besatzung sehr viel mehr Bewegungsfreiheit. Etwas eigenartig mutete die runde Einstiegstür an, die sich ungefähr an der Stelle der hinteren Rumpfseite, backbord, befand, an der die „hinomaru" (die aufgehende Sonne als japanisches Hoheitsabzeichen) aufgemalt war.

Katsuzo Shima führte am 23. Oktober 1939 den Erstflug durch. Die G4M erwies sich von Anfang an als hervorragend, und nur die Höhe der Seitenflosse mußte nachträglich gesteigert werden. 1940 war das Mitsubishi-Werk in Nagoya bereit, die Produktion des in vielerlei Hinsicht (mit Ausnahme der schwachen Abwehrbewaffnung) besten zweimotorigen Bombers damaliger Zeit aufzunehmen. Unterdessen hatte der Koku Hombu jedoch die fragwürdige Entscheidung getroffen, die ersten Maschinen als Begleitjäger fertigen zu lassen. Die G3M der letzten Generation stießen inzwischen über China auf starken Widerstand, hauptsächlich von seiten der American Volunteer Group (Freiwilligengruppe), so daß man beschloß, die G4M anstelle der Bombenlast mit schweren Bordkanonen auszurüsten und den in Formation fliegenden G3M als Jagdschutz beizuordnen. Die ersten 30 Serienmaschinen entstanden daher als G6M1 oder Typ 1 Rotten-Konvoi-Jagdflugzeuge. Der Bombenschacht wurde versiegelt, der MG-Rückenturm entfiel, und die beiden seitlichen MG in der Rumpfmitte ersetzte man durch eine einzelne Kanone vom Typ 99 an einem Schwenkarm, so daß sie nach beiden Seiten feuern konnte. In einer neuen Bauchgondel waren zwei weitere Kanonen Typ 99 untergebracht, eine vorwärts und eine rückwärts feuernd. Zur Abwehr angreifender Jäger standen somit vier Maschinenkanonen und das Bug-MG zur Verfügung, das erhalten blieb. Mit zehn Mann Besatzung und 21 Munitionsmagazinen zeigte sich die G6M1 überaus träge, und ihre Geschwindigkeit lag noch unter der der G3M, wenn diese ihre Bombenlast abgeworfen hatte. Maschinen, die die Kampfeinsätze überstanden, wurden folglich zu G6M1-Übungsflugzeugen und später zu G6M1-2L-Transportern für Fallschirmjäger umgebaut.

Ende 1940 begann schließlich die Bomberproduktion G4M1 oder „Typ 1 Kampfbomber Modell 11". Auf 13 Erprobungsflugzeuge folgten im April 1941 die ersten Bomber für die Marine. Im Juni 1941 flog das Kanoya Kokutai (Marinefliegerkorps), das inzwischen voll einsatzbereit war, zwölf Kampfeinsätze in China. Ein anderes Kokutai kam im August

Diese G4M1 Modell 11 des 1. Kokutai überfliegen vermutlich bei ihrem ersten Kampfeinsatz Anfang 1941 die chinesische Küste. Hier sieht man deutlich, weshalb diesem Muster der Spitzname Hamaki (Zigarre) zufiel.

Mitsubishi G4M „Betty"

zum Einsatz, und beim Angriff auf Pearl Harbor am 7. Dezember 1941 hatte die Kaiserlich Japanische Marine 120 G4M1 im Frontflugzeugbestand. Von diesem Kontingent waren 97 Bomber der 21. und 23. Luftflottille auf Formosa zugeteilt, während 27 Maschinen des Kanoya Kokutai für Angriffe auf die britische Flotte in den Raum Saigon verlegt wurden. Letztere waren es, die zusammen mit G3M2 die HMS Prince of Wales und die HMS Repulse versenkten und am nächsten Tag die Luftoffensive gegen amerikanische Flugplätze auf den Philippinen eröffneten. Bis zum 19. Februar 1942 hatten die japanischen Streitkräfte ein riesiges Gebiet im pazifischen Raum erobert, und die G4M1 begannen mit der Bombardierung Darwins im Norden Australiens.

Ab Anfang März 1942 konzentrierten die G4M1 ihre Angriffe auf Rabaul, Port Moresby und andere Ziele auf Neuguinea. Allmählich wuchs aber der Widerstand der Alliierten, die weit verstreut stationiert und anfangs noch demoralisiert waren. Ihre Jäger (zunächst Curtiss P-40E der No. 75 Squadron der RAAF) taten sich zwar schwer gegen die A6M2, doch eine G4M setzten sie mühelos in Brand. Von Anfang an stand fest, daß die G4M auf Panzerschutz und selbstversiegelnde Tanks verzichten mußte, um den hohen Anforderungen an die Reichweite genügen zu können. Als sich die Situation zu verschlechtern drohte, wurden die Kraftstofftanks des Bombermodells 12 mit Schaumgummi und Schutzblechen abgeschirmt und durch Kohlendioxyd-Feuerlöscher ergänzt. Die Kuppeln der seitlichen MG-Gefechtsstände wichen Planscheiben, das Heckgeschütz erhielt eine stumpfere Verkleidung mit einer großen, senkrechten Öffnung in Keilform, und man installierte Kasei-15-Motoren, damit die Bomber oberhalb der Reichweite der 40-mm-Flakbatterien fliegen konnten.

Bis zum Sommer 1942 hatte es noch keine Angriffe der Alliierten auf Japans Industriezentren gegeben, so daß die Kriegsproduktion nach wie vor auf Hochtouren lief. Der hochgezüchtete Kasei 21 der Motorenabteilung, der zum Start und für Notleistung Wasser-Methanol-Einspritzung verwendete und einen Vierblatt-Propeller antrieb, ermöglichte die Planung einer G4M2 mit stärkerer Zelle und etlichen anderen Verbesserungen. Letztere umfaßten laminar angeströmte Tragflächen und zusätzliche Kraftstofftanks im Rumpf, die zusammen mit anderen Änderungen das Startgewicht von 9500 kg auf 12.500 kg erhöhten. Das Leitwerk hatte man vergrößert, sämtliche Spitzen von Trag- und Leitwerk abgerundet und die Bugverglasung erweitert sowie durch eine optisch plane Bombenzielscheibe ergänzt. Zwei von Hand zu richtende MG Typ 92 waren zusätzlich in die Bugseiten eingerüstet, und die Stelle der Waffenkuppel auf dem Rumpfrücken nahm ein einfacher, elektrisch drehbarer Turm mit einer 20-mm-Kanone Typ 99, ein, deren Schütze ein starres Standgestell im Rumpf vorfand. Der Serienbomber G4M2 vom Juli 1943 wies endlich auch Schachtklappen auf, die die Reichweite etwas verbesserten.

Aus Mangel an Kasei-21-Motoren blieb aber weiterhin die G4M1 in Produktion. In solch einem Bomber wollte Admiral Isoroku Yamamoto, der Oberkommandierende der Kaiserlich Japanischen Marine, der es ausgezeichnet verstand, seine Männer anzufeuern, am 18. April 1943 nach Kahili auf Bougainville fliegen. Erst kürzlich wurde bekannt, daß der britische Geheimdienst schon vor dem Krieg die Funksprüche der Japaner entschlüsseln konnte, da diese die gleichen „Enigma-Chiffriermaschinen" wie Deutschland benutzten. Bisweilen standen die Alliierten dann vor einer schwierigen Entscheidung, da ihre Reaktion einerseits dem Gegner ihr Wissen enthüllen konnte, sie sich aber andererseits die günstige Gelegenheit zum Eingreifen nicht entgehen lassen wollten. Im Falle Yamamoto entschied man, ihn abzufangen, eine Mission, die Lockheed P-38 mit Langstrecken-Zusatztanks erfolgreich abschlossen. Das Wrack von Yamamotos G4M1 liegt heute noch im Dschungel, in den sie abstürzte.

Im Jahre 1943 wurde die Produktion im Zweitwerk Okayama auf die G4M2 umgestellt. Dieses Werk und das in Nagoya produzierten auch das Modell 22A mit zwei 20-mm-Kanonen an den Rumpfseiten als Ersatz für die MG Typ 92 und das Modell 22B mit vier Kanonen vom Typ 2 für Gurtmunition. Im selben Jahr begann auch die Serienfertigung der G4M2a mit verbesserten Kasei 25-Motoren und ausgebauchten Bombenschachtklappen. Bei diesen Bombern hatte sich die Abwehrbewaffnung noch nicht geändert, doch beim Modell 24C wich das mittlere Bug-MG einer 13-mm-Rohrwaffe vom Typ 2. Am Jahresende wurde ein Teil aller G4M-Serien mit einem Radargerät zur Be-

kämpfung von Seezielen (ASV = Anti-Surface Vessel) ausgerüstet. Mitte 1944 zog man die G4M1 von den Frontverbänden ab und verwendete, wie heute feststeht, später mindestens 30 Maschinen für Kamikaze-Einsätze. Die Luftüberlegenheit der Alliierten im Pazifik war gegen Ende 1944 so ausgeprägt, daß bei allen G4M-Kampfeinsätzen im Mittel 39 Prozent der Maschinen verlorengingen, ein Anteil, den keine Luftmacht verkraften kann.

Schon Ende 1942 hatte Mitsubishi mit der Umrüstung der G4M begonnen, um das Muster besser gegen Feindeinwirkung zu schützen. Das Ergebnis war die G4M3, die im Januar 1944 mit gut geschützten Tanks geringerer Kapazität in einholmigen Tragflächen und starker Panzerung für die Besatzung zum ersten Mal flog. Ihr Heckgeschützturm ähnelte entweder dem der Martin B-26 Marauder, oder das Rumpfheck mündete in einen völlig offenen Gefechtsstand, der ein größeres Schußfeld bot. Eine weitere Änderung bestand in der V-Stellung des Höhenleitwerks zur Verbesserung der Kursstabilität. Diese Version kam jedoch nicht mehr zum Kampfeinsatz.

Die letzte traurige Pflicht der G4M in der alten Ausführung G4M1 war es, die japanische Kapitulationsdelegation am 19. August 1945 nach Ie-Shima zu fliegen. Gemäß den Bedingungen der Alliierten hatte man alle Waffen ausgebaut und die Maschinen, wie alle anderen bei Kriegsende noch vorhandenen japanischen Flugzeuge, mit einem Vollanstrich in Weiß und grünen Kreuzen als Kennung versehen.

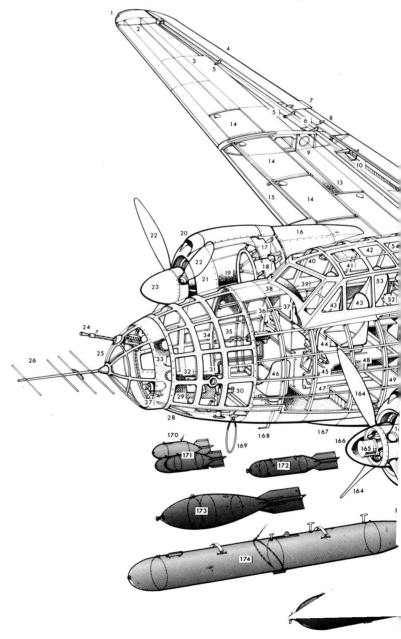

Wie alle späteren Serienbomber wurde auch die G4M3 dem Yokosuka Kokutai zugewiesen, das bei Kriegsende in Atsugi, Japan, stationiert war. Die ausgebauchten Bombenschachtklappen, die V-Stellung des Höhenleitwerks und der an die B-26 erinnernde, verkürzte Heckwaffenstand waren charakteristisch für die G4M3.

Aufriß-Erläuterung zur Mitsubishi G4M2a (Typ 1, landgestütztes Modell 24)

1 Positionsleuchte (steuerbord)
2 Randbogen
3 Holme der Außenfläche
4 Querruder (steuerbord)
5 Querruderscharniere
6 Trimmklappengestänge
7 Trimmblech
8 Trimmklappe
9 Flügelverbindung
10 Landeklappen-Scharniergehäuse
11 Landeklappe (steuerbord)
12 Klappenantrieb
13 Flügelholm
14 Kraftstofftanks der Steuerbordfläche
15 äußerer Schmierölbehälter
16 Motorgondel
17 Kühlluft-Spreizklappen
18 einzelne Auspuffstutzen
19 Motorträger
20 Lufteinlauf
21 Motorhaubenring
22 Vierblatt-Propeller
23 Propellerhaube
24 7,7-mm-MG Typ 92
25 Buggefechtsstand
26 Bugradantenne
27 E-Motor der Bugwaffe
28 Planscheibe des Bombenschützen
29 Bombenschützenliege
30 Bombenvisier Typ 90
31 Montagepunkt für zusätzliches MG/Abtriftmesser, beidseitig
32 Bombentafel
33 MG-Munitionsmagazine
34 Bugverglasung
35 zusätzliches MG (verstaut)
36 Seitenruderpedalbaugruppe
37 Mittelkonsole
38 Süll
39 plane Frontscheiben
40 obere Instrumententafel
41 Sonnenblende
42 Notausstieg für die Flugbesatzung
43 Pilotensitze
44 Steuersäule
45 Seitenruderpedalbaugruppe
46 Sitz des Bombenschützen
47 Steuerseile
48 Flugdeckboden
49 Laufplanke zum Bugraum
50 Rumpfstruktur
51 Station des Navigators/Funkers
52 Ausrüstungsgestelle
53 Sitz des Bomberkommandanten
54 Kabinendachverglasung
55 durchgehender Vorderholm
56 Mittelrumpf-Kraftstofftanks
57 Anschluß Vorderholm/Rumpf
58 Trittfläche von Holm zu Holm
59 durchgehender Hinterholm
60 Anschluß Hinterholm/Rumpf
61 Bordschützenklappsitze (zwei) für Start und Landung
62 Nothandgriff
63 Notausstieg
64 Rückenspanten
65 Lufthutze
66 Sehschlitz
67 Podest des Rückenturmschützen
68 Rückenturmstütze
69 Munitionsmagazine
70 verstärkter Teil des oberen Rumpflängsgurts
71 Antriebsmechanismus des Waffenturms
72 Rückenturm
73 20-mm-Kanone Typ 99 auf dem Rumpfrücken
74 Antennenmast
75 Rumpfstruktur
76 Sauerstoffflaschen
77 abgestufter Rumpfboden
78 Bordschützensitz
79 Sehschlitz
80 seitliche Kanonen-Stellung in der Rumpfmitte
81 Munitionsmagazine
82 Kanonengestell
83 20-mm-Kanone Typ 99
84 obere Fenster (starr)
85 obere Schiebefenster
86 asymmetrische Kanonenstellung in der Rumpfmitte (steuerbord)
87 Rumpfspanten
88 Längsholme
89 Kanonenmündungsrinne
90 runde Einstiegstür für die Besatzung
91 Türriegel
92 Gang zum Heckwaffenturm
93 Sehschlitz
94 Innenstütze der Steuerbord-Radarantenne
95 hintere Rumpfstruktur
96 Rumpfspant/Seitenflossen-Tragverband
97 Anschlußsockel der Seitenflosse
98 Außenhaut des Höhenleitwerks
99 Höhenruderausgleich
100 Antenne
101 Höhenruder
102 Trimmklappe
103 Nasenkante des Seitenleitwerks
104 Seitenflossenaufbau
105 Antennenhalterung
106 Seitenruderausgleich
107 Seitenruderspant
108 Seitenruderholm
109 Zugangsklappen
110 Trimmklappe
111 Trimmklappengestänge
112 unteres Seitenruderlager
113 starre untere Ausrundung
114 Heckpositionsleuchte
115 Heckverglasung
116 offene Heckkanzel (verglaste Seitenteile)
117 20-mm-Heckkanone Typ 99
118 Trimmklappe
119 Höhenruder (backbord)
120 Höhenruderausgleich
121 Struktur des Höhenleitwerks
122 Sitz des Heckschützen
123 Anschluß Höhenflosse/Rumpfspanten
124 Heckgeschütz-Munitionszuführung
125 Hecksteuerverbindungen
126 Gang
127 Radarantenne (backbord)
128 Stützstrebe
129 Spornrad-Stoßdämpferstrebe
130 nicht einziehbares Spornrad
131 unterer Rumpflängsholm
132 Boden im Bereich der mittleren Rumpfgefechtsstände
133 Heckteil des ausgebauchten Bombenschachts
134 Landeklappe (backbord)
135 Aufbau der Tragfläche
136 hinterer Flügelholm
137 Anschluß Innenfläche/Außenfläche
138 Trimmklappe
139 Trimmblech
140 Querruder (backbord)
141 Flügelrippen
142 Randbogen
143 Backbord-Positionsleuchte
144 vorderer Hauptflügelholm
145 Nähte der Außenhaut
146 Nasenrippen
147 Kraftstofftanks (vier) der Backbordfläche
148 Holmverbindung
149 Schmierölkammern (zwei) der Backbordfläche
150 Hauptfahrwerkslager
151 Motorgondel
152 Hauptfahrwerksbein
153 Ölmanschette
154 Bremsleitung
155 Hauptrad (backbord)
156 Hauptfahrwerksschachtklappen
157 unterer Motor-Lufteinlauf
158 Kühlluft-Spreizklappen
159 einzelne Auspuffstutzen
160 Kühlluftauslaßschlitze
161 Hauptfahrwerksschacht
162 Mitsubishi-Motor Kasei 25 (MK4T)
163 oberer Motor-Lufteinlauf
164 Sumitomo-VDM-Vierblatt-Propeller
165 Propellernabe
166 Propellerhaube
167 Stirnprofil des ausgebauchten Bombenschachts
168 Staurohr (nach steuerbord versetzt/abgewinkelt)
169 Schleifenantenne der Funkpeilanlage
170 Waffenlast, bestehend aus:
171 12 × 50-kg-Bomben (vier Dreierbündel)
172 vier 250-kg-Bomben (2 × 2)
173 zwei 500-kg-Bomben
174 ein Torpedo oder
175 eine 800-kg-Bombe

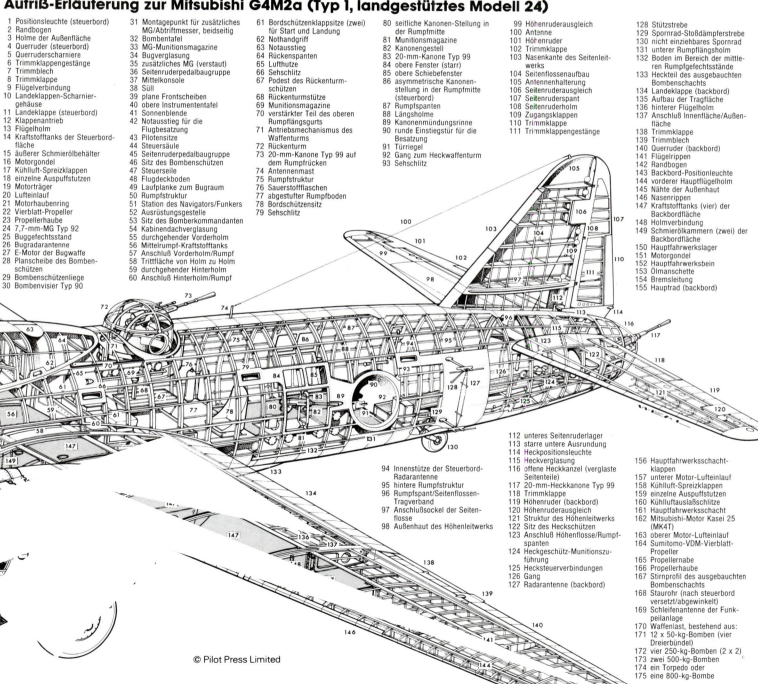

© Pilot Press Limited

TECHNISCHE DATEN

Mitsubishi G4M1 Modell 11
Typ: landgestützter Bomber/Torpedobomber mit siebenköpfiger Besatzung
Triebwerke: zwei 14-Zylinder-Sternmotoren Mitsubishi Kasei 11 (MK4A) je 1126 kW (1530 PS)
Leistung: Höchstgeschwindigkeit 428 km/h in 4200 m Höhe; Dienstgipfelhöhe 9950 m; max. Reichweite 6033 km
Gewicht: Leermasse 6800 kg; mit Normzuladung 9500 kg
Abmessungen: Spannweite 25 m; Länge 20 m; Höhe 6 m (dies sind eindeutig Annäherungswerte); Tragflügelfläche 78,13 m²
Bewaffnung: ein 800-kg-Torpedo oder eine entsprechende Bombenlast; eine von Hand gerichtete 20-mm-Kanone Typ 99 im Heck und vier 7,7-mm-Maschinengewehre Typ 92 in Waffenständen an den Rumpfseiten, auf dem Rumpfrücken und im Bug

Mitsubishi G4M „Betty"

Varianten der Mitsubishi G4M

G4M: zwei Prototypflugzeuge 12-„Shi"
G6M: Begleitjäger-Version; insgesamt 30 Maschinen; später zu Übungsflugzeugen G6M1-K und Transportflugzeugen G6M2-L umgebaut
G4M1: erste Serienversion der Modelle 11 und 12; insgesamt 13 Exemplare zur Truppenerprobung und 1200 Einsatzbomber
G4M2: vollständig überarbeitete Bomber der Modelle 22, 22A und 22B mit MK4P-Kasei-21-Motoren und gesteigerter Startmasse; insgesamt 1154 Exemplare
G4M2a: mit MK4T-Kasei-25-Motoren, ausgebauchten Bombenschachtklappen und unterschiedlicher Bewaffnung als Modell 24A/B/C (siehe Text) gebaute Kampfbomber, die in der obigen Zahl bereits enthalten sind
G4M2b: Modell 25 als Erprobungsträger für MK4V-

Kasei-27-Motoren
G4M2c: zwei Exemplare des Modells 26 als Erprobungsträger für Turbolader-Motoren MK4T-B Ru
G4M2d: Modell 27 als Testträger für MK4T-B-Motoren ohne Turbolader
G4M2e: zahlreiche zum Modell 24J als Träger für das bemannte Raketenflugzeug MXY 7 Ohka umgerüstete Bomber
G4M3: neu entworfenes Modell 34 mit einholmigen Tragflächen, Panzerung und vollständig geschützter Kraftstoffanlage, Höhenleitwerk mit positiver V-Stellung und etlichen anderen Änderungen; drei Prototypen und 57 Serienflugzeuge bis zur Kapitulation
G4M3a: vorgeschlagenes Modell 34A für Truppentransport und U-Bootabwehr
G4M3: zwei Exemplare des Modells 36 als Erprobungsträger für Turbolader-Motoren MK4T-B

Bei oberflächlicher Betrachtung könnte man meinen, es handle sich um einen Wellington-Bomber, zumal das Tarnmuster im britischen Stil gehalten ist. Die G4M1 Modell 11 besaß so gut wie keine Panzerung und war daher so leicht, daß sie auch mit den Originalmotoren eine ansprechende Leistung erbringen konnte. Die auffallenden Spitzen an Trag- und Leitwerk wichen bei der antriebsstärkeren G4M2 günstigeren Randbögen. Die G4M2 wies einen Kanonenturm auf dem Rumpfrücken und einen anderen Heckstand auf (bei der G4M1 Modell 12 waren die seitlichen Kuppeln durch plane Gefechtsstandfenster in der Rumpfmitte ersetzt worden). Diese sehr frühe G4M1 befand sich 1942 bei der 1. Chutai (Staffel) des Takao Kokutai (Marinefliegerkorps) an der Front in Rabaul im Einsatz. Das Takao Kokutai wurde nach schweren Verlusten als 753. Kokutai neu aufgestellt.

De Havilland Mosquito

Die Mosquito hatte nur wenige Befürworter, und selbst zu Beginn des Krieges war ihre Zukunft noch ungewiß. Innerhalb von fünf Jahren entwickelte sich dieses Muster jedoch zum vielseitigsten und wertvollsten Instrument der Royal Air Force. Die Mosquito wurde in mehr Ausführungen gebaut als jedes andere Flugzeug in der Geschichte, und nicht nur die Piloten bejubelten sie als das „hölzerne Wunder".

Die vollständig aus Holz konstruierte de Havilland Mosquito war vermutlich der nützlichste Flugzeugtyp, den die Alliierten im Zweiten Weltkrieg produzierten. Wie so viele andere berühmte Muster basierte sie nicht auf einer offiziellen Spezifikation, sondern forderte zuerst erheblichen Widerstand heraus. Selbst nach der Bestellung eines Prototyps wurde das bescheidene Programm von 50 Maschinen nach der Evakuierung von Dünkirchen dreimal zurückgezogen. Patrick Hennessy, den Lord Beaverbrook von Ford Motors als Berater für die britische Flugzeugproduktion ins Land geholt hatte, glaubte nahezu als einziger an die Mosquito und schob sie jedesmal hartnäckig wieder an. Im November 1940 flog schließlich ein einzelner Prototyp, und danach bahnte das phantastische Leistungsvermögen der Mosquito ihr den Weg.

Die de Havilland Aircraft Company war seinerzeit hauptsächlich für ihre Leichtflugzeuge und Verkehrsmaschinen in Mischbauweise bekannt. 1936 entwarf sie das aerodynamisch hervorragende, aber technisch katastrophale Schnellverkehrsflugzeug D.H.91 Albatross, dessen Struktur ausschließlich aus Holz bestand. Nur wenige Monate später befaßte sich das Unternehmen mit einem militärischen Abkömmling dieses Musters mit zwei Merlin-Motoren als Antrieb, um die Forderung P.13/36 zu erfüllen. Vor allem wegen der hölzernen Zelle, die kaum jemand ernst nahm, wurde das Angebot abgelehnt. Der Projektstab, R. E. Bishop, R. M. Clarkson und C. T. Wilkins, ließ sich dadurch nicht entmutigen und setzte seine Studien für einen neuen Schnellbomber fort, der sich feindlichen Jägern entziehen und daher auf Abwehrwaffen verzichten konnte. Das Konzept erschien sinnvoll, denn die Abschaffung der Waffentürme ermöglichte es, die Besatzung von sechs auf nur noch zwei Mann zu reduzieren. Sowohl der Flugzeugführer (links) als auch der Navigator und Bombenschütze (rechts) in der Bugkabine konnte die Funkausrüstung übernehmen. Die Gewichtseinsparung ermöglichte es, den Bomber kleiner und somit genügsamer im Kraftstoffbedarf zu gestalten. Dank dieses Maßstabeffekts kalkulierte man, daß der unbewaffnete und von zwei Merlin-Motoren angetriebene Bomber bei einem Gewicht von etwas mehr als 6800 kg eine Last von 454 kg Bomben über eine Distanz von 2400 km tragen und bei günstiger Stromlinienform eine Geschwindigkeit

Als zweite Staffel wurde No. 139 Squadron, die bis September 1942 in Horsham St Faith und anschließend in Marham beheimatet war, mit dem Mosquito-Bomber B.IV ausgerüstet. Dieser Pulk könnte eine Ansprache Dr. Goebbels' im Januar 1943 nachhaltig gestört haben.

Ab 1942 flog No. 23 Squadron die Mosquito NF.II (Special). Bei diesen Störflugzeugen entfiel das Radar, die interne Kraftstoffkapazität war erhöht, und der Zwitter-Tarnanstrich mit Smooth Night (schwarz) an der Unterseite verursachte weniger Luftwiderstand als die rußige Originalfarbe. Die Staffel war in Bradwell Bay, Essex, stationiert.

W4082 war einer der ersten Serienjäger Mosquito F.II und wurde in den ersten Wochen des Jahres 1942 ausgeliefert. Bei einem Ladegewicht, das der Leermasse der letzten Nachtjägerversionen (8165 kg) entsprach, büßte die Mk II einen Teil ihrer Geschwindigkeit durch den matten Tarnanstrich und die Antennen ihres Radargerätes AI Mk IV ein.

von knapp 650 km/h erreichen konnte, doppelt soviel wie andere britische Bomber dieser Zeit.

Die Maschine hätte Anfang 1939 flugbereit sein können, aber die offiziellen Stellen zeigten entweder Desinteresse oder Abwehr. Dutzende von Einwänden wurden erhoben, um aufzuzeigen, daß ein unbewaffneter Bomber nutzlos und eine zweiköpfige Besatzung bei solchen Einsätzen überfordert sei. Bei einer Sitzung des Air Ministry direkt nach der Münchner Krise vom Oktober 1938 weigerten sich die Verantwortlichen, die eingereichten Studien zu prüfen, und boten de Havilland an, statt dessen Tragflächen für genehmigte Bomberprogramme zu produzieren. Selbst nach Kriegsausbruch betrachtete das Air Staff (Luftwaffenführung) die Firmenvorschläge noch als eine Sackgasse. Nicht viel später räumte man beim Air Staff jedoch ein, teilweise auf Fürsprache des Air Marshall Sir Wilfred Freeman hin, daß ein Flugzeug mit zwei Merlin-Motoren, falls es ausschließlich als Aufklärer diene, möglicherweise unbewaffnet bleiben und sogar aus Holz konstruiert sein dürfe. Es erforderte aber noch gewaltige Anstrengungen, bis am 1. März 1940 ein Auftrag über einen Prototyp und 49 Serienbomber unterzeichnet wurde.

Die erste D.H.98 Mosquito (W4050) wurde am 3. November 1940 per LKW nach Salisbury Hall transportiert und dort, etwa acht Kilometer vom Hatfield-Werk entfernt, zusammengebaut. Geoffrey de Havilland jr. führte die Maschine am 25. November durch den Erstflug. Man hatte damit gerechnet, daß die Mosquito mit doppelt so starkem Antrieb, doppelt so dicker Außenhaut und doppelt so hohem Gewicht wie die Spitfire 32 km/h schneller sein würde. Im Air Ministry glaubte jedoch niemand daran, und um so größer war die Verblüffung, als der Prototyp bei der Flugerprobung im Februar 1941 tatsächlich 631 km/h erreichte, etwas über 32 km/h mehr als der schnellste britische Jäger.

Der Grundentwurf war ein aerodynamisches Meisterwerk in der Auslegung eines Mitteldeckers, um unter den stark zugespitzten Tragflächen einen Schacht für vier 113-kg-Bomben im Rumpf einrichten zu können. Der Pilot saß direkt vor der Flügelvorderkante und hatte eine ausgezeichnete Sicht, außer in den Sektoren, die von den über die Flügelhinterkante hinausragenden Motorgondeln blockiert waren. Fast das gesamte Flugwerk bestand aus Holz. Die Tragflächen bauten auf zwei Holmen und einer Sperrholzhaut (an der Oberseite doppellagig) mit Längsversteifungen aus Fichte auf, und der Rumpf war in zwei Hälften aus Sandwichmaterial gefertigt, das aus inneren und äußeren Sperrholzschalen mit einer Zwischenlage aus leichtem Balsa bestand und auf Betonkörpern vorgeformt wurde. Die Steuerflächen waren aus Leichtmetall konstruiert, die Querruder mit Blech beplankt und beide Heckruder mit Stoff überzogen, während die hydraulischen Wölbungsklappen wiederum aus Holz bestanden. Zu den ungewöhnlichen Merkmalen zählten Kühler an der Flügelnase zwischen den Motoren und dem Rumpf, die im Lauf der Entwicklung den Vortrieb im Marschflug erhöhten, und ein einfaches Hauptfahrwerk, dessen doppelte Stoßdämpferstreben mit Gummiblöcken gefüllt waren. Somit verringerte sich die Zahl der präzise zu fertigenden Werkstücke aus Metall, und die Gesamtmasse der Teile aus Gußeisen (113 kg) oder Schmie-

Bis Ende 1940 trug der gelbe Prototyp die Seriennummer E0234. Dieses Foto dürfte bei den Vorbereitungen zur Ausstellung neuer Typen in Hatfield am 20. April 1941 entstanden sein. Sechs Monate später flog W4050 mit Tarnanstrich, langen Motorgondeln, erweiterten Höhenflossen und Merlin-Motoren der Serie 61.

ML963 gehörte der Hauptbaureihe des Höhenbombers B.XVI an, die ab 1944 aus Hatfield geliefert wurde. Dieses Exemplar im Tarnmuster des Tagbombers diente bei No. 571 Squadron. Mit einer 1814-kg-Bombe und Zusatztanks unter den Flächen bewältigte sie trotz eines Gewichts von über 11.340 kg mühelos den Start.

115

De Havilland Mosquito

LR508 gehörte dem kleinen Anfangslos der Höhenbomber B.IX an, die Rekorderfolge bei Nachteinsätzen erzielten. Diese Maschine flog 96 Kampfeinsätze, aber zehn Mk IX dieser Staffel übertrafen sogar die Marke 100. LR504 absolvierte 200 Feindflüge und LR503 stellte mit 213 Missionen den absoluten Rekord auf.

ML963, eine 1944 in Hatfield produzierte B.XVI, ist hier als Angehörige der No. 571 Squadron in Oakington, Cambridgeshire, abgebildet. Die Mk XVI war eine Weiterentwicklung der Mk IX, aber mit druckbelüftetem Cockpit und erweitertem Tankraum. Die meisten B.XVI konnten eine 1814-kg-Bombe mitführen.

Die Mosquito gehörte zu den am schwersten bewaffneten Kampfflugzeugen der Alliierten im Zweiten Weltkrieg. Ihre Fähigkeit, neue Ideen der Waffentechniker aufzugreifen, ließ praktisch nie nach. Das Standard-Jagdflugzeug, wie diese FB.Mk VI, führte außer vier 20-mm-Kanonen noch vier 7,7-mm-MGs mit. Darüber hinaus wurden die Maschinen mit bis zu vier 227-kg-Bomben beladen. Bei Nacht operierend, machten sie geographische Räume wie die Falaise-Enge für die auf dem Rückzug befindliche Wehrmacht zu einem schrecklichen Standort. Nach dem D-Day attackierten über Frankreich fliegende Mosquito einen Monat lang jede Nacht die Nachschub- und Verbindungslinien der Deutschen.

Besonders vielseitig war die TR.33 bei der Royal Navy. Diese Version konnte ein breitgefächertes Spektrum an Offensivwaffen mitführen. Zudem verfügte sie über Radar, vier Kanonen und komplettes Trägergeschirr. Vor Auslieferung der Marineserie nutzte die Fleet Air Arm mit Fanghaken ausgestattete Mk VI.

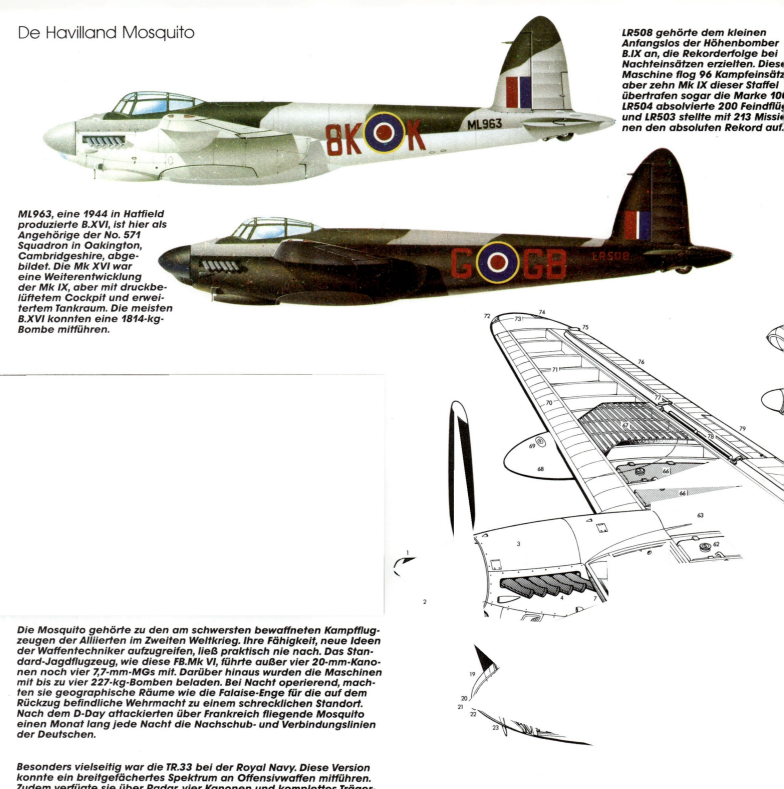

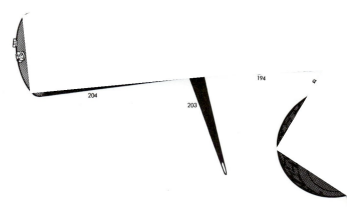

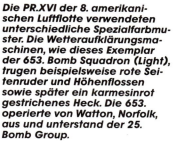

Die PR.XVI der 8. amerikanischen Luftflotte verwendeten unterschiedliche Spezialfarbmuster. Die Wetteraufklärungsmaschinen, wie dieses Exemplar der 653. Bomb Squadron (Light), trugen beispielsweise rote Seitenruder und Höhenflossen sowie später ein karmesinrot gestrichenes Heck. Die 653. operierte von Watton, Norfolk, aus und unterstand der 25. Bomb Group.

Aufriß-Erläuterung de Havilland Mosquito B.XVI

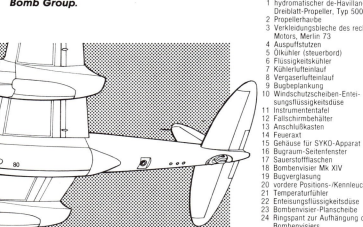

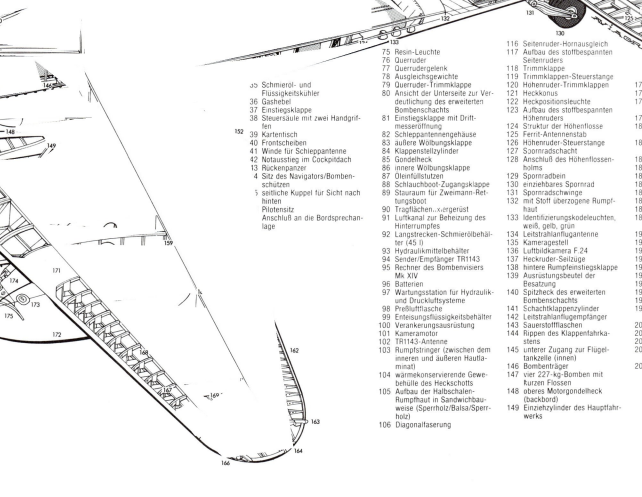

1 hydromatischer de-Havilland-Dreiblatt-Propeller, Typ 5000
2 Propellerhaube
3 Verkleidungsbleche des rechten Motors, Merlin 73
4 Auspuffstutzen
5 Ölkühler (steuerbord)
6 Flüssigkeitskühler
7 Kühlerlufteinlauf
8 Vergaserlufteinlauf
9 Bugbeplankung
10 Windschutzscheiben-Enteisungsflüssigkeitsdüse
11 Instrumententafel
12 Fallschirmbehälter
13 Anschlußkasten
14 Feueraxt
15 Gehäuse für SYKO-Apparat
16 Bugraum-Seitenfenster
17 Sauerstoffflaschen
18 Bombenvisier Mk XIV
19 Bugverglasung
20 vordere Positions-/Kennleuchte
21 Temperaturfühler
22 Enteisungsflüssigkeitsdüse
23 Bombenvisier-Planscheibe
24 Ringspant zur Aufhängung des Bombenvisiers
25 Bombenwahlschalter
26 Kamera-Fernbedienkasten
27 Bombenschützen-Kniekissen
28 Signalpatron-Steckregale
29 Seitenruderpedale
30 Kompaß
31 Steuerstangen
32 Sauerstoffsparregler
33 Handrad zur Längstrimmung
34 Kühlerlufteinlauf
35 Schmieröl- und Flüssigkeitskühler
36 Gashebel
37 Einstiegsklappe
38 Steuersäule mit zwei Handgriffen
39 Kartentisch
40 Frontscheiben
41 Winde für Schleppantenne
42 Notausstieg im Cockpitdach
43 Rückenpanzer
4 Sitz des Navigators/Bombenschützen
5 seitliche Kuppel für Sicht nach hinten
 Pilotensitz
 Anschluß an die Bordsprechanlage

48 Feuerlöscher
49 Kabinendrucklüft- und Heizleitungen
50 Sperrventil
51 Führungen der Motorregelung
52 Flügelansatzrippe
53 Kraftstofftanks im Tragflächenmittelstück (je 309 l)
54 Flügeloberschalenanschlußstück
55 Betankungsöffnung für mittleren Tank
56 Empfänger ARI-5083
57 IFF-Sender/Empfänger
58 Signalpistolenröhre
59 Heckverglasung der Kabine
60 hinteres Druckschott
61 innere Flügeltanks (355 l innen und 298 l außen)
62 Betankungsstutzen
63 oberes Gondelheck
64 Hauptfahrwerksschacht
65 hydraulischer Einziehzylinder
66 äußere Flügeltanks (155 l innen und 109 l außen)
67 Flügelstringer
68 Zusatztank (227 l)
69 Tankdeckel
70 Sperrholz-Flügelnase
71 obere Flügelhaut
72 Steuerbord-Positionsleuchte
73 Randbogen
74 Formationslicht
75 Resin-Leuchte
76 Querruder
77 Querrudergelenk
78 Ausgleichsgewichte
79 Querruder-Trimmklappe
80 Ansicht der Unterseite zur Verdeutlichung des erweiterten Bombenschachts
81 Einstiegsklappe mit Driftmesseröffnung
82 Schleppantennengehäuse
83 äußere Wölbungsklappe
84 Klappenstellzylinder
85 Gondelheck
86 innere Wölbungsklappe
87 Öleinfüllstutzen
88 Schlauchboot-Zugangsklappe
89 Stauraum für Zweimann-Rettungsboot
90 Tragflächen...xiergerüst
91 Luftkanal zur Beheizung des Hinterrumpfes
92 Langstrecken-Schmierölbehälter (45 l)
93 Hydraulikmittelbehälter
94 Sender/Empfänger TR1143
95 Rechner des Bombenvisiers Mk XIV
96 Batterien
97 Wartungsstation für Hydraulik- und Druckluftsysteme
98 Preßluftflasche
99 Enteisungsflüssigkeitsbehälter
100 Verankerungsausrüstung
101 Kameramotor
102 TR1143-Antenne
103 Rumpfstringer (zwischen dem inneren und äußeren Hautlaminat)
104 wärmekonservierende Gewebehülle des Heckschotts
105 Aufbau der Halbschalen-Rumpfhaut in Sandwichbauweise (Sperrholz/Balsa/Sperrholz)
106 Diagonalfaserung

107 Verbindungsleiste der beiden Rumpfhalbschalen
108 Seitenruderlenkhebel
109 Rumpfspant zur Befestigung der Seitenflosse
110 Massenausgleich des Seitenruders
111 Ferrit-Antennenstab
112 Seitenflossenaufbau
113 Höhenflosse (steuerbord)
114 Höhenruder-Hornausgleich
115 Staurohr
116 Seitenruder-Hornausgleich
117 Aufbau des stoffbespannten Seitenruders
118 Trimmklappe
119 Trimmklappen-Steuerstange
120 Höhenruder-Trimmklappen
121 Heckkonus
122 Heckpositionsleuchte
123 Aufbau des stoffbespannten Höhenruders
124 Struktur der Höhenflosse
125 Ferrit-Antennenstab
126 Höhenruder-Steuerstange
127 Spornradschacht
128 Anschluß des Höhenflossenholms
129 Spornradbein
130 einziehbares Spornrad
131 Spornradschwinge
132 mit Stoff überzogene Rumpfhaut
133 Identifizierungskodeleuchten, weiß, gelb, grün
134 Leitstrahlanflugantenne
135 Kameragestell
136 Luftbildkamera F.24
137 Heckruder-Seilzüge
138 hintere Rumpfeinstiegsklappe
139 Ausrüstungsbeutel der Besatzung
140 Spitzheck des erweiterten Bombenschachts
141 Schachtklappenzylinder
142 Leitstrahlanflugempfänger
143 Sauerstoffflaschen
144 Rippen des Klappenfahrkastens
145 unterer Zugang zur Flügeltankzelle (innen)
146 Bombenträger
147 vier 227-kg-Bomben mit kurzen Flossen
148 oberes Motorgondelheck (backbord)
149 Einziehzylinder des Hauptfahrwerks

150 Lager der hinteren Hauptfahrwerksstrebe
151 Klappenstellzylinder
152 Gondelheck
153 Wölbungsklappen (backbord)
154 Struktur der Klappen in reiner Holzbauweise
155 äußere Flügeltanks (backbord)
156 Betankungsstutzen
157 einziehbarer Landescheinwerfer
158 Querruder-Klappenanlenkung
159 hinterer Flügelholm
160 Querruder-Seilrolle/Stoßstange
161 Trimmklappe
162 aus Aluminium konstruiertes Querruder
163 Resin-Leuchte
164 Formationslicht (backbord)
165 demontierbarer Randbogen
166 Positionslampe (backbord)
167 Nasenrippen
168 vorderer Flügelholm, Kastenform
169 untere, einschalige Flügelhaut mit Längsversteifung
170 Rippenstruktur der Tragfläche
171 mit Stoff bespannte Sperrholz-Flügelnase
172 Zusatztank (227 l)
173 Tankdeckel
174 hintere Hauptfahrwerksstrebe
175 Schmutzfänger
176 Hauptradklappen
177 Hauptrad (backbord)
178 Strebe des Hauptfahrwerk-Doppelbeins
179 pneumatische Bremsscheibe
180 Gummiblock-Stoßdämpfermanschette
181 federbelastete Klappenführungen
182 Hauptfahrwerksdrehlager
183 Motorschmierölbehälter (73 l)
184 Kabinenheizgerät
185 Brandschott
186 zweistufiger Lader
187 Zwischenkühler
188 Heywood-Verdichter
189 Zwölf-Zylinder-Reihenmotor, V-Form, Rolls-Royce Merlin 72
190 Abgasöffnungen
191 Wechselstromerzeuger
192 Motorträger
193 Vergaser-Luftkanal
194 Vergaser-Lufteinlauf
195 Vorkühler-Abluft
196 Vorkühler
197 Motoraufhängungsblock
198 Kühlmittel-Expansionstank
199 Rückenpanzer der Propellerhaube
200 Propellerregler
201 Spinner
202 Vorkühler-Lufteinlauf
203 hydromatischer de-Havilland-Dreiblatt-Propeller (backbord)
204 1815-kg-Sprengbombe

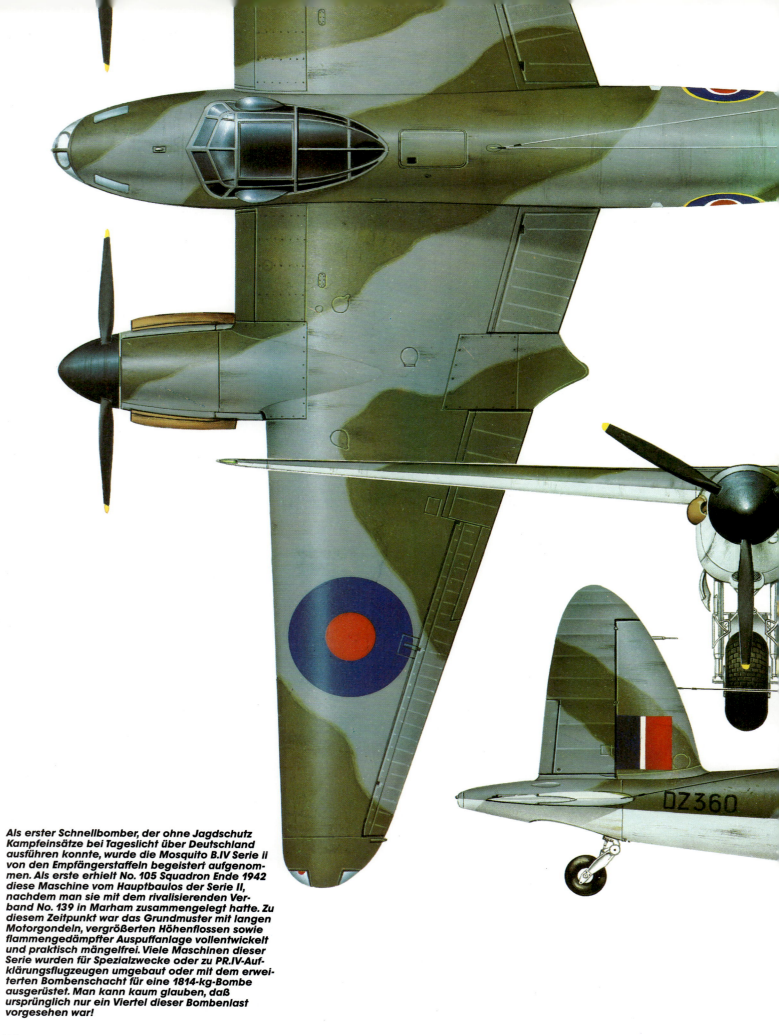

Als erster Schnellbomber, der ohne Jagdschutz Kampfeinsätze bei Tageslicht über Deutschland ausführen konnte, wurde die Mosquito B.IV Serie ii von den Empfängerstaffeln begeistert aufgenommen. Als erste erhielt No. 105 Squadron Ende 1942 diese Maschine vom Hauptbaulos der Serie II, nachdem man sie mit dem rivalisierenden Verband No. 139 in Marham zusammengelegt hatte. Zu diesem Zeitpunkt war das Grundmuster mit langen Motorgondeln, vergrößerten Höhenflossen sowie flammengedämpfter Auspuffanlage vollentwickelt und praktisch mängelfrei. Viele Maschinen dieser Serie wurden für Spezialzwecke oder zu PR.IV-Aufklärungsflugzeugen umgebaut oder mit dem erweiterten Bombenschacht für eine 1814-kg-Bombe ausgerüstet. Man kann kaum glauben, daß ursprünglich nur ein Viertel dieser Bombenlast vorgesehen war!

De Havilland Mosquito

TECHNISCHE DATEN

De Havilland Mosquito B.IV Serie ii
Typ: Schnellbomber für den Tageinsatz
Triebwerke: zwei Reihenmotoren Rolls-Royce Merlin 21 je 918 kW (1248 PS)
Leistung: Höchstgeschwindigkeit 612 km/h in 6400 m Höhe mit Multi-Stutzen-Abgasanlagen oder 589 km/h mit saxophonförmigem Sammelauspuff; maximale Steiggeschwindigkeit 14,63 m/sek in 5170 m Höhe; Dienstgipfelhöhe (6185 kg) 9450 m; Reichweite ohne Außenlasten und bei wirtschaftlichem Marschflug in 6095 m Höhe 1963 km
Gewicht: Leermasse 5942 kg; normal beladen 9886 kg; max. Startmasse 10.152 kg
Abmessungen: Spannweite 16,51 m; Länge 12,43 m; Höhe 4,65 m; Tragflügelfläche 42,18 m²
Bewaffnung: interne Standardbombenlast 907 kg

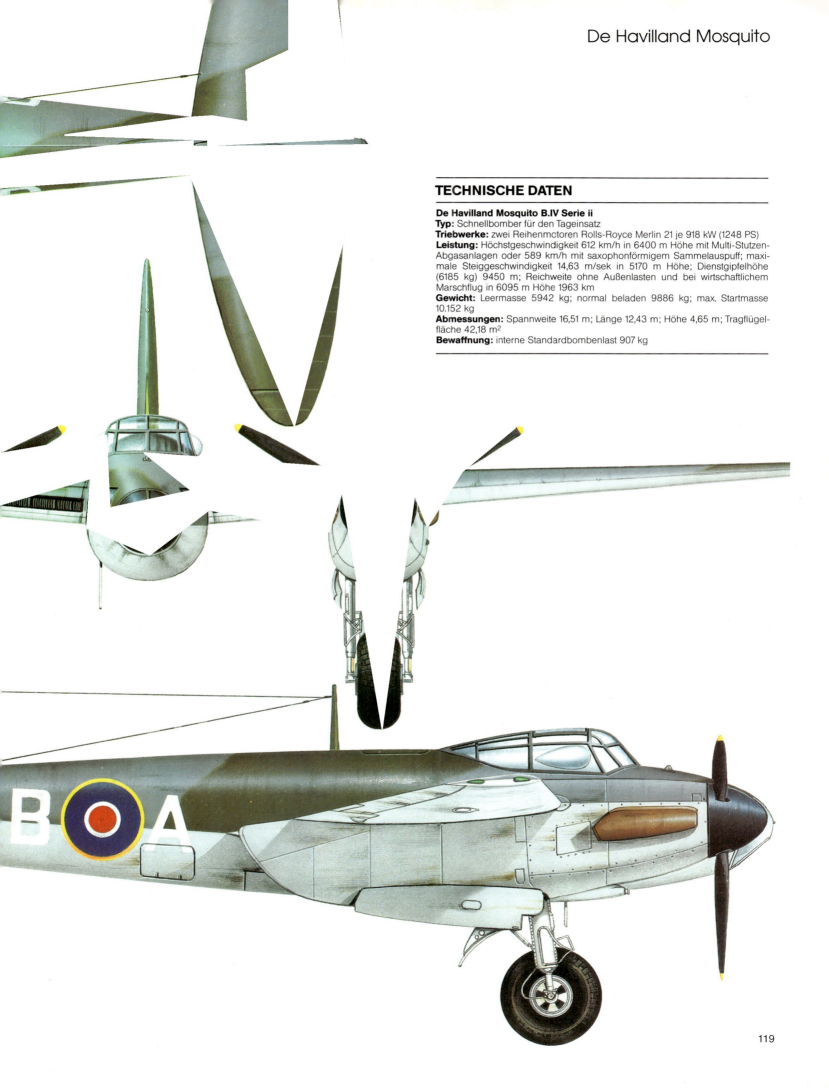

De Havilland Mosquito

Gegen Ende des Zweiten Weltkriegs lieferte Airspeed diese FB.VI aus. Die Maschine wurde No. 4 Squadron der BAFO (British Air Forces of Occupation = britische Besatzungsluftflotte) mit Standort Celle, Deutschland, zugewiesen.

Die RAAF übernahm nicht nur die 212 von DH Australia in Sydney Bankstown produzierten Mosquito, sondern importierte aus England nochmals 38 FB.VI, die sie No. 1 Squadron zuwies. Dazu gehörte auch diese Maschine, deren australische Teilkennung „A52" für den Flugzeugtyp Mosquito steht.

Mosquito-Jäger operierten auch über See, gewöhnlich paarweise und mit Raketen bewaffnet. Sie jagten U-Boote der deutschen Kriegsmarine und machten kurzen Prozeß mit allen, die auftauchten.

Die mit Abstand wichtigste Mosquito-Version war die FB.VI. Diese Jagdbomber vereinten die Bewaffnung von je vier 20-mm-Kanonen und 7,7-mm-MGs mit zwei 113-kg-Bomben im hinteren Bombenschacht plus zwei 227-kg-Bomben oder acht Raketen unter den Außenflächen.

deeisen (13,6 kg) betrug weniger als bei jedem anderen zweimotorigen Kampfflugzeug dieser Ära.

Die Flugerprobung zeigte, daß die Spannweite von 16 m auf 16,51 m erhöht, das Höhenleitwerk vergrößert, die Abgasanlage verbessert und das Motorgehäuse so weit nach hinten verlängert werden mußte, daß sich das Landeklappensystem in vier kleine, durch eine Drehwelle miteinander verbundene Abschnitte unterteilte. Die Nasenklappen entfielen, da man sie für unnötig hielt. Zwar hatte die Maschine lediglich als Aufklärer Zustimmung gefunden, aber ihre brillante Leistung öffnete ihr auch die Pforten zum Bomber- und Jägerkommando. Im Sommer 1941 wurden neue Ideen ausprobiert, wie die Einrüstung des zweistufigen Ladermotors Merlin 60, die Ausrüstung mit Vierblatt-Propellern, eine über zugespitzte Endflächen auf 19,81 m erhöhte Spannweite und, am wichtigsten, die Bewaffnung mit Kanonen und Vorrichtungen für den Bombeneinsatz. Bishop hatte stets darauf bestanden, daß unter dem Kabinenboden Raum zum Einbau von vier Hispano-20-mm-Kanonen bestehen blieb, und 1942 ging der Nachtjäger F.II mit diesen Waffen und zusätzlich vier Browning-7,7-mm-MGs im Bug sowie dem neuen Abfangradar AI Mk IV in Produktion. Der Jäger hatte eine seitliche Einstiegstür statt der Klappe unter dem Rumpf und eine plane Windschutzscheibe aus Panzerglas.

Für den Bomber hatte Wilkins im Oktober 1941 vorgeschlagen, die 227-kg-Bombe mit faltbaren Stabilisierungsflossen auszustatten, um vier Stück unterbringen zu können. Dies wurde zunächst abgelehnt, doch ausgiebige Versuche wiesen die Durchführbarkeit nach, und man produzierte die Standardbombe mit kürzeren Flossen. Damit war

NS777 war eine in Hatfield gebaute PR.XVI, die statt Bomben Kameras mitführte. Die Maschine trägt das blaue Farbmuster der PRU-Aufklärungsstaffeln und die „Invasionsstreifen" der alliierten Expeditionsluftstreitkräfte.

Die Ausrüstung mit dem „bulligen" Bugradom erforderte den Wegfall der Maschinengewehre bei den neueren Ausführungen des Nachtjägers. Diese NF.XIX mit Ladermotoren Merlin 25 für Höchstleistung in geringer Höhe flog bei No. 157 Squadron von Swannington, Norfolk, und West Malling, Kent, aus.

Einer von mindestens zehn ausländischen Mosquito-Nutzern der Nachkriegszeit war die nationalchinesische Luftwaffe. Als einzige flog sie die in Kanada gebaute FB.26, im Grunde genommen eine FB.VI mit Packard-Motoren. Diese chinesische Mk 26 operierte 1948 bei einer in Hankow stationierten Jagdbomberstaffel.

die Bombenzuladung auf einen Schlag verdoppelt, und die B.IV erreichte 1942 neben dem Jäger die Serienfertigung. Der Trainer T.III mit Doppelsteuer flog zwar im Januar 1942, wurde aber größtenteils erst nach dem Krieg gebaut, weil der Bedarf an Mosquito-Kampfflugzeugen zu hoch war. Unterdessen hatte man im Sommer 1941 die 49 ersten Flugzeuge mit kurzen Motorgondeln als Fotoaufklärer oder als Umrüstbomber B.IV Serie i für eine Last von 907 kg in Dienst gestellt. Den ersten Kriegseinsatz am 17. September 1941 leistete W4055 der No. 1 PRU (Photographic Reconnaissance Unit) zur Luftbildaufklärung über Bordeaux und La Pallice.

Die großmaßstäbliche Ausrüstung der RAF leitete der Bomber B.IV Serie ii ein, der im November 1941 bei No. 105 Squadron der No. 2 Group in Swanton Morley und danach bei No. 139 Squadron in Marham in Dienst ging. Den ersten Bombereinsatz flog eine einzelne Mosquito, W4072 (aus der Serie i) von No. 105 Squadron in der Endphase des „1000-Bomber-Luftangriffs" gegen Köln am 30./31. Mai 1942. Nach einer Reihe erfolgloser Einsätze wurde ein riskanter Angriff auf die Gestapo-Zentrale in Oslo durchgeführt, doch er schlug fehl: Eine Bombe traf zwar das Gebäude, explodierte aber nicht, während die drei übrigen auf der anderen Gebäudeseite wieder austraten, bevor sie detonierten. Bis Kriegsende aber führte die alte B.IV, gewöhnlich mit zwei 227-Liter-Abwurftanks unter den Flächen, kühne Präzisionsschläge aus Baumwipfelhöhe gegen Ziele auf allen Kriegsschauplätzen in Europa aus. Noch wichtiger waren die mit dem Präzisionsnavigationsgerät „Oboe" ausgerüsteten „Mossies", die als Pfadfinder zur Zielmarkierung oder gelegentlich zur Bombardierung von Punktzielen verwendet wurden. No. 109 Squadron war die erste Oboe-Mosquito-Einheit innerhalb der No. 8 Group PFF (Pathfinder Force). Die Maschinen dieser und später neun weiterer Staffeln markierten die Ziele für die „Hauptkräfte" des Bomberkommandos bei allen nachfolgenden Nachtangriffen und bildeten die Light Night Striking Force (leichte Nachtangriffskräfte) für Störeinsätze gegen deutsche Großstädte.

1943 stellte man die Produktion auf den Höhenbomber B.IX mit zweistufigen Merlin-Ladermotoren, paddelförmigen Propellerblättern und wesentlich gesteigerter Höhenleistung um. 1944 wurden die B.IX und die B.IV Special mit modifizierten Bombenträgern und erweitertem Bombenschacht ausgerüstet, um eine 1814-kg-Bombe zum Einsatz bringen zu können – das Vierfache der ursprünglich vorgesehenen Bombenlast. Die B.XVI, die erstmals im November 1943 flog, war ebenfalls ein Höhenbomber, aber von Anfang an zur Beladung mit dieser Bombe entworfen und mit einer Druckkabine für Routineflüge in Höhen bis zu 10.670 m ausgestattet worden.

Die PR.IV war eine Fotoaufklärungsvariante der B.IV Serie ii (32 Exemplare). Der geplante Bomber B.V wurde nicht gebaut, so daß als nächste Version der Jagdbomber FB.VI erschien. Diese Version, in größerer Stückzahl (2584) als jede andere der 43 Ausführungen gefertigt, flog erstmals im Juni 1942. Der Jagdbomber hatte einstufige Ladermotoren, die Kanonenbewaffnung der F.II, einen kurzen Bombenschacht für zwei 113-kg-Bomben und Gehänge für zwei weitere 113-kg-Bomben oder zwei 227-Liter-Abwurftanks unter den Flächen. Bei der

Eine Mosquito Mk VI der British Overseas Airways startet in Leuchars zu einem Nachtflug nach Schweden. Mit diesen Maschinen wurden hochrangige Persönlichkeiten transportiert und Kriegsgefangene ausgeflogen. Aber auch wichtiges Frachtgut, etwa schwedische Kugellager, schafften diese Mosquito nach England.

Nach dem Krieg zählte die Königlich Norwegische Luftwaffe zu den ausländischen Luftstreitkräften, die die Mosquito flogen. Diese FB.VI diente bei No. 334 Squadron der RNorAF in Stavanger/Sola. Die Staffel ging aus der B Flight von No. 333 Squadron hervor, die 1943 in Banff, Schottland, mit demselben Muster operierte.

De Havilland Mosquito

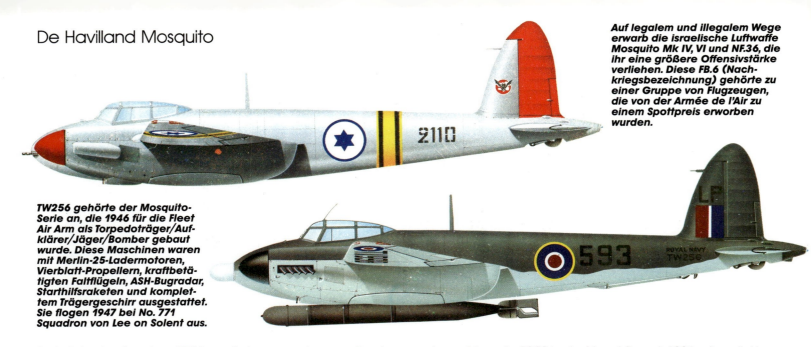

Auf legalem und illegalem Wege erwarb die israelische Luftwaffe Mosquito Mk IV, VI und NF.36, die ihr eine größere Offensivstärke verliehen. Diese FB.6 (Nachkriegsbezeichnung) gehörte zu einer Gruppe von Flugzeugen, die von der Armée de l'Air zu einem Spottpreis erworben wurden.

TW256 gehörte der Mosquito-Serie an, die 1946 für die Fleet Air Arm als Torpedoträger/Aufklärer/Jäger/Bomber gebaut wurde. Diese Maschinen waren mit Merlin-25-Ladermotoren, Vierblatt-Propellern, kraftbetätigten Faltflügeln, ASH-Bugradar, Starthilfsraketen und komplettem Trägergeschirr ausgestattet. Sie flogen 1947 bei No. 771 Squadron von Lee on Solent aus.

Serie ii des Jagdbombers FB.VI war die interne und externe Bombenkapazität verdoppelt, und alternative Lasten unter den Flächen bestanden aus 455-Liter-Tanks oder acht Raketen. Die vielseitigen FB.VI wüteten überall in Europa und trafen Punktziele wie die Gefängnismauern von Amiens, die Gestapo-Zentralen in Den Haag und Kopenhagen sowie zahlreiche Abschußstellungen von V-Waffen. Sie gehörten zum Kreis der Mosquito, die insgesamt 428 Fernflugbomben V-1 in der Luft zerstörten. Die FB.VI, unterstützt von der Mk XVIII mit einer 57-mm-Kanone, stellte ab Sommer 1943 das wichtigste Mittel des Küstenkommandos zur Bekämpfung von Überwasserschiffen dar.

Die wichtigsten Nachtjäger nach der F.II waren die NF.XII und die NF.XIII. Bei ihnen machten die harpunenförmigen Antennen des Radargerätes AI Mk II einer Radomkuppel am Bug Platz, die den Wegfall der Maschinengewehre im Bugraum bedingte. Die NF.XII verfügte über das britische Radargerät AI Mk VIII, während die NF.Mk XIII eine bulligere Flugzeugnase hatte, die alternativ das amerikanische AI Mk X (SCR-720) aufnehmen konnte. Von der bereits erwähnten F.XV mit großer Spannweite wurden nur einige wenige Exemplare gebaut, und die Bezeichnung NF.XVII erhielten 100 NF.XIII mit SCR-720. Die NF.XIX war eine verbesserte, aber schwerere Ausgabe der NF.XIII (230 Ende 1944 gebaute Nachtjäger). Einen großen Leistungssprung ergab die Ausrüstung eines Mosquito-Jägers mit Zweistufen-Ladermotoren, und die daraus resultierende NF.XXX (oder NF.30) wurde zu einem äußerst effektiven Waffensystem in der Schlußphase des Krieges. Sie wog zwar bis zu 10.730 kg, erreichte aber eine Spitzengeschwindigkeit von 682 km/h und führte zahlreiche Systeme zur elektronischen Kampfführung mit wie „Perfectos" und „Airborne Cigar" für Täuschsendungen und Rauschstören. Sechs NF.XXX-Staffeln unterstützten No. 100 Group bei Bombereinsätzen sowie eine Reihe anderer Nachtjagdverbände im Begleiteinsatz.

Viele Mosquito-Versionen flogen bei den alliierten Luftstreitkräften, einschließlich der „Roten Luftwaffe" und der USAAF. Letztere nutzte in Kanada gebaute Maschinen als Aufklärungsflugzeuge F-8 und die T.III sowie PR.XVI britischer Herstellung. De Havilland Aircraft of Canada in Downsview produzierte eine Reihe von Varianten mit Packard-Motoren, angefangen von der Mk 21 bis zur Mk 29, während DH Australia in Bankstown die Mk 40 bis Mk 43 fertigte.

Neben den zehn zivilen Mosquito (eine B.IV „ii" und neun FB.VI), die BOAC zum Eiltransport zwischen England und Schweden nutzte, gab es etliche Versionen, die den Krieg nicht mehr erlebten. Die schwersten und leistungsstärksten Mosquito-Varianten waren die PR.34, B.35 und NF.36, alle mit dem Höhenmotor Merlin 113A/114A und breiten „Paddel-Propellern" ausgerüstet. Die PR.34 hatte die größte Reichweite, und ihr Bauch faßte bemerkenswerte 5769 Liter Kraftstoff. Obwohl die Maschine bis zu 11.567 kg wog, konnte sie bis auf 684 km/h beschleunigen und 5633 km überbrücken. Eine PR.34A flog den letzten Mosquito-Einsatz der RAF mit No. 81 Squadron in Malaya am 15. Dezember 1955. Die B.35 war die letzte Bomberversion, ausgestattet mit einem druckbelüfteten Cockpit. Mit einer Bombenlast von 1814 kg und einer internen Kraftstoffmenge von 2714 Litern konnte diese bis zu 11.431 kg schwere Mosquito 3220 km im Marschflug mit 483 km/h zurücklegen, und ihre Spitzengeschwindigkeit betrug 679 km/h. Für den Zweiten Weltkrieg kam sie zu spät, und ab 1951 verdrängten sie Canberra, von denen aber noch viele zu PR.35 und TT.35 umgerüstet wurden. Der entsprechende Nachtjäger hieß NF.36 und war mit dem amerikanischen Radargerät AI Mk 10 ausgestattet. Die für den Export nach Jugoslawien bestimmte NF.38 erhielt das britische Radar AI Mk IX. Ferner gab es eine Reihe von Sea Mosquito wie die TR.33, die bedeutendste von ihnen. Die letzte von insgesamt 7781 Mosquitos war VX916, eine am 28. November 1950 aus Chester gelieferte NF.38, die 6439. in England gebaute Mosquito. Die kanadische und australische Produktion belief sich auf 1034 beziehungsweise 212 Exemplare. Zu den Ländern, die die Mosquito nach dem Krieg flogen, zählten Belgien, China, die CSSR, Dänemark, die Dominikanische Republik, Frankreich, Israel, Jugoslawien, Norwegen, Schweden, Südafrika und die Türkei.

Varianten der de Havilland Mosquito

D.H.98: Prototyp mit zwei Rolls-Royce-Merlin-Motoren RM.3SM je 955 kW (1299 PS), einer Spannweite von 16,00 m und kurzen Motorgondeln
PR.1: Merlin 21, Spannweite 16,51 m, größere Höhenflossen, drei Senkrecht- und eine Geneigtkamera (ein Musterflugzeug und zehn Serienmaschinen)
F.II: Merlin 21, 22 oder 23, Radargerät AI Mk IV, vier 20-mm-Kanonen und vier 7,7-mm-MG, Seitentür, flache Frontscheibe, lange Motorgondeln (insgesamt 467 Exemplare)
T.III: Trainer mit Doppelsteuer, Merlin 21, 23 oder 25 und Abwurftanks (343 Exemplare)
B.IV Serie i: umgerüstete PR.I, 907 kg schwere Bombenlast, kurze Motorgondeln (38 Exemplare)
B.IV Serie ii: erster Serienbomber, Merlin 21 oder 23, Abwurftanks, einige Exemplare mit Bombenschacht für 1814-kg-Sprengkörper; einige Maschinen zu PR.IV, andere zum „Highball"-Einsatz (Wallis-Abprallerbombe) umgebaut; (235 Exemplare, einschließlich 32 PR.IV)
FB.VI: Jagdbomber, Merlin 21, 23 oder 25, Kanonenbewaffnung wie bei F.II und zwei 227-kg-Bomben intern sowie Abwurftanks/Bomben/Raketen extern (2248 Exemplare)
B.VII: in Kanada gebaute B.IV ii mit Merlin 31 (25 Bomber)
PR.VIII: Fotoaufklärungsversion der PR.IV mit Merlin 61 (5 Exemplare)
B.IX: Höhenbomber, Merlin 72/73 oder 76/77, bis zu 1814 kg schwere Bombenlast; einige Exemplare mit Bordradar H2S Mk VI, Oboe und Abwurftanks; Fotoaufklärungsvariante PR.IX mit erweitertem Tankvolumen, „Rebecca/Boozer" etc. (vier B.IX und 90 PR.IX)
NF.XII: Nachtjäger, Merlin 21 oder 23, Abfangradar AI Mk VIII, nur vier 20-mm-Kanonen (97 umgerüstete F./NF.II)
NF.XIII: Nachtjäger, Merlin 21, 23 oder 25, für Tanks/Bomben/Raketen geeignete Tragflächen Mk VII, Abfangradar AI Mk VIII oder SCR-720 in universeller „Stiernase" (270 Exemplare)
NF.XV: Höhenjäger mit 18,03 m weit gespanntem Tragwerk, Merlin 73 oder 77, vier 7,7-mm-MG als Bauchpack, reduzierter Treibstoffkapazität, Druckkabine (fünf umgerüstete B.IV)
PR.XVI, B.XVI: Luftbildaufklärer und Bomber, angetrieben wie die Mk IX, aber mit Druckkabine; erhöhtes Tankvolumen wie bei PR.IX; vielfältige Elektronikausrüstung (433 PR.XVI und 1200 B.XVI)
NF.XVII: Merlin 21 oder 23, SCR-720 oder 729 (AI Mk X); einige Nachtjäger mit Heckradarwarngerät (100 umgerüstete F./NF.III)
FB.XVIII: „Tsetsefliege", Merlin 25; FB.VI mit Molins 57-mm-Kanone und 25 Schuß Munition plus vier 7,7-mm-MG und acht Raketen (25 Exemplare)
NF.XIX: auf der Mk XIII basierender Nachtjäger mit Merlin 25 (220 Exemplare)
B.XX: kanadische B.IV ii mit Packard Merlin 31 oder 33 (145 Exemplare, einschließlich 40 F-8)
FB.21: kanadische FB.IV (drei Exemplare)
B.25: verbesserte B.XX, Merlin 225 (400 Bomber)
FB.26: verbesserte Mk 21, Merlin 225 (insgesamt 338 Jagdbomber)
T.27: verbesserte T.22, Merlin 225
T.29: zum Trainer umgebaute Mk 26
NF.XXX: Nachtjäger für große Höhe, Merlin 72 oder 76, Abfangradar AI Mk X (526 Exemplare)
PR.32: Fotoaufklärungsflugzeug, Merlin 113/114, Druckkabine (fünf Umrüstmaschinen)
TF. (später **TR.)33:** Torpedo-/Aufklärungsjäger für trägergestützten Einsatz, Merlin 25 und Vierblatt-Propeller, Ölfederbeine, beiklappbare Tragflächen, Fanghaken, Vorrichtungen für Starthilfsraketen, ASH-Bugradar, vier 20-mm-Kanonen, interne Bombenlast oder 907-kg-Torpedo oder Mine
PR.34: Luftbildfernaufklärer, Merlin 114 (Mk 34A, Merlin 113/114), Druckkabine und außerordentlich großes Tankvolumen (50 Exemplare)
B.35: Langstreckenbomber, Merlin 113A/114A, Druckkabine; konnte 2714 Liter Kraftstoff und eine Bombenlast von 1814 kg mitführen; nach dem Krieg Umrüstung zur PR.35 und TT.35 (122 Exemplare)
NF.36: Nachtjäger mit Merlin 113/114 und Abfangradar AI Mk X (266 Exemplare)
TT.37: Variante der TR.33 mit Suchradar Mk XIII
NF.38: Variante der NF.36 mit Merlin 114A und größtenteils Bordradar AI Mk IX (50 Exemplare)
TT.39: von General Aircraft zur Zielschleppmaschine für die Royal Navy umgerüstete Mk XVI, neuer Vorderrumpf, Länge 13,21 m
FB.40: Jagdbomber Mk VI australischer Herstellung mit Packard Merlin 31 oder 33 (178 Exemplare)
FB.41: 40 auf der Mk XVI und VI 40 basierende Luftbildaufklärungsflugzeuge mit Merlin 69 (eine umgerüstete FB.40)
FB.42: australische Mk VI mit Merlin 69 (eine umgerüstete FB.40)
T.43: australische T.III mit Packard Merlin 33

Bristol Blenheim

Wie mehrere andere Flugzeugtypen verdankte auch der leichte Blenheim-Bomber seine Existenz der Weitsicht, die ein kleiner Kreis von Privatpersonen in den Jahren vor dem Zweiten Weltkrieg bewies. Bedauerlicherweise konnte die Blenheim die hochgesteckten Erwartungen nicht erfüllen, und als der Krieg ausbrach, wurde sie eine leichte Beute für die deutschen Kampfjäger.

Wie die Supermarine Spitfire ihren Ursprung auf Lady Houstone zurückführen konnte, die Großbritanniens Teilnahme am Endrennen um die Schneider-Trophäe gesichert hatte, so verdankte die Bristol Blenheim ihre Annahme als Kriegsflugzeug der Großzügigkeit und dem Weitblick von Lord Rothermere, dem Eigentümer der britischen Zeitung „Daily Mail".

Rothermere fürchtete, daß so vielversprechende Verkehrsflugzeuge wie die Douglas DC-2 Großbritannien möglicherweise aus der kommerziellen Luftfahrt verdrängten und erteilte der Bristol Aeroplane Company 1934 den Auftrag, eine zweimotorige Passagiermaschine zu konstruieren, die sechs Flugreisende mit einer Geschwindigkeit von rund 240 Meilen pro Stunde (386 km/h) befördern können sollte. Der daraus resultierende Entwurf von Frank Barnwell war die Bristol Typ 142 mit zwei Bristol-Sternmotoren Mercury VIS2 je 485 kW (660 PS) als Antrieb. Einen gewissen Einfluß hatte dabei eine Anforderung der finnischen Regierung nach einem Muster ausgeübt, das sich zum leichten Bomber umrüsten ließ. Anfang 1935 begann sich das britische Air Ministry für den neuen Prototyp zu interessieren, der sich bei Tests in der RAF-Einrichtung Martlesham Heath um 80 km/h schneller als der Gladiator-Versuchsjäger zeigte. Die RAF war von diesem neuen zweimotorigen Eindecker als potentiellem Bomber so begeistert, daß Lord Rothermere die Maschine, die er „Britain First" getauft hatte, dem Air Council schenkte. Im September 1935 nahm Bristol einen Auftrag über 150 leichte Bomber entgegen, die auf dem zivilen Musterflugzeug basierten und nach Spezifikation 28/35 unter der Bezeichnung Bristol Typ 142M gefertigt werden sollten.

Damit der Rumpf eine Bombenlast von vier intern mitgeführten 113-kg-Sprengkörpern aufnehmen konnte, änderte man die Auslegung vom Tief- zum Mitteldecker, so daß sich der Bombenschacht unter den Flügelholmen einrichten ließ. Ein einzelnes vorwärtsfeuerndes Browning-MG und ein teilweise einziehbarer Waffenturm B.I. Mark I mit einem einzelnen Lewis-MG auf dem Rücken des Mittelrumpfes waren als Abwehrbewaffnung vorgesehen. Um militärischen Lastfaktoren zu genügen, wurde die Zelle verstärkt und die Maschine für eine dreiköpfige Besatzung ausgelegt.

Der Air Council plante zwar, das neue Muster (im April 1936 Blenheim genannt) als Ersatz für die weitverbreiteten Hawker-Leichtbomber Hind einzuführen, gestattete aber dem Hersteller Bristol, mit befreundeten Regierungen begrenzte Exportaufträge auszuhandeln unter der Auflage, diese erst nach Deckung des RAF-Bedarfs zu erfüllen. Der Blenheim-Versuchsbomber (K7033) flog ab 25. Juni 1936, und im Dezember jenes Jahres lief die Serienfertigung an, nachdem im Juli weitere 434 Bomber bestellt worden waren.

No. 139 Squadron gehörte zu den Blenheim-Mk-IV-Staffeln, die man mit dem britischen Expeditionskorps nach Frankreich geschickt hatte. Dieses Trio ist hier in der Nähe des Staffelliegeplatzes bei Betheniville zu sehen. Zuvor war die Einheit am 3. September 1939 in den deutschen Luftraum eingedrungen.

Bristol Blenheim

Diese Blenheim Mk IF verfügt über ein Abfangradar, dessen Antennen am Bug und an der Backbordfläche montiert sind. Die Maschine zeigt das Kodebuchstabenpaar „YX" der No. 54 OTU, einer Nachtjäger-Ausbildungseinheit für Beaufighter- und Mosquito-Besatzungen.

Diese Senkrechtaufnahme eines Aufklärers Blenheim Mk IV zeigt, wie effektiv der dunkelgrüne/erdbraune Tarnanstrich war.

Als erste Staffel erhielt No. 114 (Bomber) Squadron in Wyton am 10. März 1937 die Blenheim (die Lieferung der ersten Maschine fiel mit ihrer Abschreibung zusammen, da der Pilot bei der Landung so hart bremste, daß sich die Blenheim überschlug). Am Jahresende stand die Produktionsrate in Filton bei 24 Flugzeugen pro Monat, und No. 44, 90, 139 und 144 (Bomber) Squadron hatten ebenfalls ihre Hind, Hawker Audax und Avro Anson gegen den neuen Bomber ausgetauscht. Im Jahr darauf folgten No. 21, 30, 34, 57, 61, 62, 82, 101, 104, 107, 108 und 110 (Bomber) Squadron.

Bei den Verbänden erwies sich die Blenheim Mk I als recht populär. Die Maschine ließ sich angenehm fliegen, und der Pilot saß in einem geräumigen Cockpit, während der Navigator sich mit einer beengten und ungeschickt eingerichteten Station bescheiden mußte. Das Blickfeld aus der Kanzel war gut, doch was die Abwehr betraf, stellten sich manche Schwächen heraus. Da es keine fundierten Informationen über kontinentale Leichtbomber gab, meinte man, die Blenheim sei aller Welt voraus, was das ausgewogene Konzept von Bombenlast, Reichweite und Geschwindigkeit anging. Diese Auffassung wurde noch durch einige ausländische Regierungen untermauert, denn zu den exportierten Blenheim zählten 18 Maschinen für Finnland (das schließlich die Linzenzfertigung in Tampere übernahm), zwei für Jugoslawien, das dann 16 Exemplare in Lizenz produzierte, 30 für die Türkei und 13 für Rumänien.

Beim Kriegsausbruch in Europa war die Blenheim Mk IV die Stütze der leichten Bomberstaffeln und trug die Hauptlast der Luftoffensiven gegen deutsche Stellungen jenseits des Ärmelkanals.

1938 aber sollten diese Illusionen zerstört werden, insbesondere bei der RAF. Deutsche Muster stellten die relativ schwere Bombenlast und die Spitzengeschwindigkeit der Blenheim Mk I von 418 km/h rasch in

Auch unter unzureichenden Bedingungen erwies sich die Blenheim als leicht zu wartendes Flugzeug. Hier arbeiten Warte an einem der Mercury-Motoren und an der Bordwaffe in der Backbordfläche.

No. 40 Squadron der RAF erhielt die Blenheim Mk IV im Dezember 1939 als Ersatz für die Fairey Battle. Die Blenheim flogen bis November 1940 Kampfeinsätze jenseits des Kanals, die anschließend von Vickers Wellington übernommen wurden.

den Schatten, während Berichte über die neue Junkers Ju 88 befürchten ließen, daß die Blenheim innerhalb eines Jahres hoffnungslos deklassiert sein würde. Mehr noch, selbst in Großbritannien, wo Leistungsvergleiche mit Jägern durch das Erscheinen der Hawker Hurricane und Spitfire seit langem überholt waren, erwiesen Luftübungen im Jahre 1938 diesen Bomber als verhängnisvoll langsam, verwundbar und unterbewaffnet. In Verbindung mit diversen Aufrüstungsprogrammen der Vorkriegsjahre war die britische Luftfahrtindustrie so in Schwung gekommen, daß man die Produktion einer verbesserten Blenheim-Version vorzog, anstatt in aller Eile einen neuen Entwurf zu entwickeln. Die nachfolgenden Ereignisse sollten die Richtigkeit dieser Entscheidung, bei aller Kritik an der Blenheim, bestätigen.

Unterdessen wurden im Rahmen des neuen „Schattenfabrikplans" Blenheim-Bomber auch von Rootes Securities Ltd. in Speke und von A.V. Roe and Co. Ltd in Chadderton gebaut, so daß die Produktionsziffer 1939 bei 1552 stand. Und während RAF-Bomberstaffeln weiterhin auf die Blenheim Mk I umrüsteten, hatte man beim Fighter Command (Jägerkommando) eine neue Variante der Mk I eingeführt, den Nachtjäger Mk IF mit vier vorwärtsfeuernden Browning-MGs. 1938 wurden No. 23, 25, 29 und 64 (Fighter) Squadron mit diesem Nachtjäger ausgerüstet, und im Monat darauf folgten No. 600, 601 und 604 Squadron der Auxiliary Air Force (Hilfsluftwaffe).

Zweifelhafte Verbesserungen

Anfängliche Versuche, die Blenheim zu verbessern, beschränkten sich auf eine Steigerung von Bombenlast und Reichweite. Die Mk II war mit zusätzlichen Tanks in den Außenflächen und Vorrichtungen zur Beladung mit zwei weiteren 113-kg-Bomben unter den Innenflächen ausgerüstet. Um das auf 6350 kg gestiegene Gesamtgewicht aufzufangen, hatte man das Fahrwerk ebenfalls verstärkt. Die 627 kW (853 PS) starken Mercury-VIII-Motoren der Mk I aber blieben erhalten, so daß die Höchstgeschwindigkeit auf 380 km/h sank und die Kritik der Gegner an diesem Muster sich verstärkte. Es kann daher nicht verwundern, daß man diese Version nach dem versuchsweisen Umbau einer einzigen Blenheim wieder fallen ließ.

Eine Entwicklung der Blenheim, Typ 149, war an der Spezifikation 11/36 ausgerichtet und Bolingbroke genannt worden. Um die Station des Navigators günstiger zu gestalten, hatte man die Nase der Blen-

Bristol Blenheim

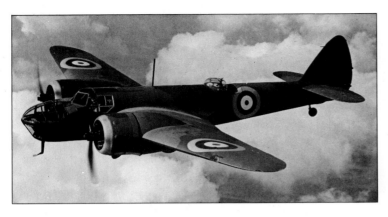

Ein früher Bomber der Serie Blenheim Mk IV vor seiner Auslieferung an die RAF. Bei dieser Aufnahme kommt die charakteristische Bugform gut zur Geltung, und bei genauem Hinsehen ist das archaische Ringvisier mit dem Korn auf dem Bugrücken zu erkennen.

Die Indienststellung der Blenheim Mk V im Jahre 1942 war ein Anachronismus, den die RAF mit schweren Verlusten bezahlen mußte. In Europa wurde die Maschine wegen mangelnder Leistung rasch wieder aus dem Einsatz genommen, nicht aber in Fernost.

heim um 91 cm verlängert, doch als dieser Prototyp (eine umgebaute Mk I) geflogen wurde, bemängelte man den Abstand der Windschutzscheibe zum Flugzeugführer. Daraufhin griff man auf eine Bugkonfiguration mit herkömmlich abgestufter Frontverglasung in V-Form und linksseitig eingedelltem Glasnasenrücken zurück. Um die laufende Fertigung nicht zu unterbrechen, verzichtete man auf weitere Änderungen am Entwurf, abgesehen vom Einbau der Mercury-XV-Motoren mit je 686 kW (933 PS). Anfang 1939 trat die „Langnasen"-Blenheim Mk IV in Produktion. Im Januar 1939 traf die 428 km/h schnelle und auf eine Reichweite von 3138 km gesteigerte Blenheim Mk IV bei No. 53 (Bomber) Squadron in Odiham ein und innerhalb der nächsten drei Monate bei No. 90, 101, 113 und 114 Squadron.

Beim Ausbruch des Zweiten Weltkriegs im September 1939 verfügte die RAF über 13 Blenheim-Mk-IV-Staffeln, von denen eine (No. 25) die Jagdvariante Mk IVF mit einer Kanonenwanne unter dem Bauch, ähnlich wie bei der Mk IF, flog. Seit einigen Monaten hatte diese Staffel das erste Bordradar der Welt zur Abfangjagd ausprobiert, wenngleich mit geringem Erfolg.

Die Blenheim im Einsatz

Während der ersten Monate des sogenannten „Scheinkriegs" war die Blenheim hart gefordert. Sie fügte dem Gegner zwar kaum Schaden zu, sammelte aber angesichts der überlegenen Luftwaffe bitter errungene Erfahrungen. Eine von Flying Officer A. Macpherson geflogene Blenheim Mk IV der No. 139 (Bomber) Squadron drang (zur Aufklä-

Blenheim Mk IV starten in Frankreich zu einem Kampfeinsatz. Die Luftwaffe fügte diesem Typ, der vor allem für die Messerschmitt Bf 109 eine leichte Beute war, in Frankreich schwere Verluste zu.

Aufriß-Erläuterung zur Bristol Blenheim Mk IV

1 Steuerbord-Positionsleuchte
2 Steuerbord-Formationsleuchte
3 Rippenaufbau der Tragfläche
4 Querrudergestänge
5 Querruder (steuerbord)
6 Hilfsruder
7 äußere Landeklappe (steuerbord)
8 äußerer Langstreckentank (Kapazität 427 Liter)
9 Tankdeckel
10 Motorgondelheck
11 innerer Hauptkraftstofftank (Kapazität 636 Liter)
12 Schmierölbehälter (52 Liter)
13 Motorträger
14 Ölkühler-Luftauslaß
15 Kühlklappen
16 Zylindernoppen
17 9-Zylinder-Sternmotor Bristol Mercury XV
18 Ölkühler-Staulufftfänger
19 Propellernabenmechanik
20 de-Havilland-Dreiblatt-Propeller
21 Bugverglasung
22 Kabinenlufteinlauf
23 Instrumentenbrett des Navigators/Bombenschützen
24 Bombardierungsscheiben
25 Staurohr
26 nach hinten feuernde MG-Kuppel unter dem Kinn
27 Browning-7,7-mm-MG
28 Feuerlöscher
29 Bugnotausstieg
30 Feuerwehraxt
31 Kartentisch
32 Korn
33 Rücken des Instrumentenbretts
34 Fußrasten

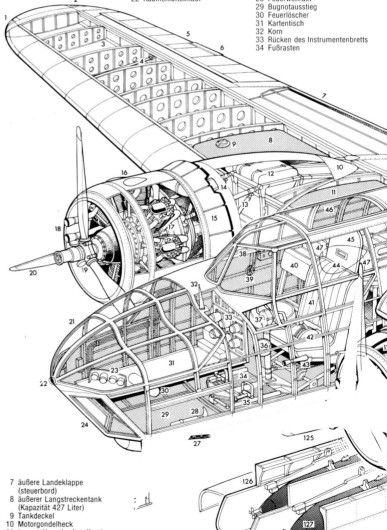

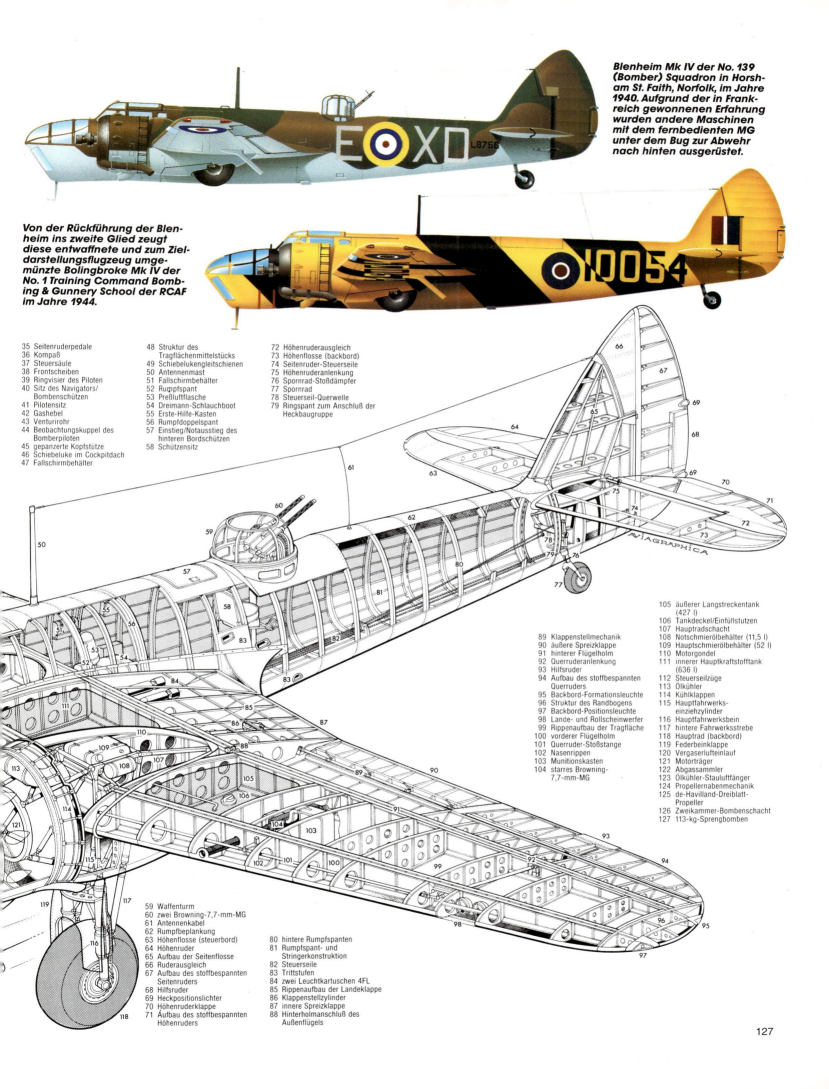

Bristol Blenheim

Eine frühe Blenheim Mk I der No. 90 (Bomber) Squadron, No. 1 Group, Bomber Command, mit Standort in Bicester, Oxon, im Dezember 1938. Zur Zeit des Münchener Abkommens hatte man bei vielen RAF-Flugzeugen den gelben Ring des Hoheitsabzeichens übermalt und die roten und blauen Ringe so erweitert, daß der weiße Kreis verschwunden war.

Eine von Valmet 1941 in Lizenz gebaute Blenheim Mk I der Ilmavoimat (finnische Luftwaffe). Trotz seiner überholten Leistung blieb dieser Typ auch nach 1942 noch gegen die Sowjetunion im Einsatz.

rung) am 3. September als erste RAF-Maschine in deutschen Luftraum ein. Am nächsten Tag flogen zehn Blenheim sowie acht Vickers Wellington einen Angriff gegen die deutsche Kriegsmarine vor Schillinghörn, bei dem vier Blenheim und zwei Wellington verlorengingen. Ein durch Minenlegen des Gegners herausgeforderter Angriff mit zwölf Blenheim Mk IF der No. 25 und 601 Squadron gegen den deutschen Seefliegerhorst auf Borkum am 25. November scheiterte ebenfalls aufgrund eines Navigationsfehlers.

Unterdessen hatten sechs Blenheim Mk-IV-Staffeln (No. 18, 53, 57, 59, 114 und 139 Squadron) das britische Expeditionskorps in Frankreich begleitet. Ihr Einsatz beschränkte sich zunächst auf Aufklärungseinsätze über Deutschland, da die britische Regierung die direkte Konfrontation noch scheute. Als Deutschland am 10. Mai 1940 den Westfeldzug startete, war die Zahl der Blenheim Mk-IV-Staffeln auf 22 (einschließlich zweier Jagdstaffeln) gestiegen. Während die Blenheim-Bomber Mk I in der Heimat als veraltet galten, rüsteten sie nun No. 8, 30, 39, 45, 55, 84, 113 und 211 Squadron in Nahost und No. 11, 34, 60 und 62 Squadron in Fernost sowie No. 203 Squadron in Aden aus.

Als die Schlacht um Frankreich unweigerlich auf eine Niederlage der britischen und französischen Heere hinauslief, befanden sich die Blenheim-Staffeln der Air Component und der Advanced Air Striking Force pausenlos im Kampfeinsatz und erlitten schwere Verluste durch deutsche Flugabwehr und Jagdflieger. Ähnlich erging es den in England stationierten Blenheim-Jägern der No. 600 Squadron bei offensiven Luftoperationen über den Niederlanden. Vom Feindflug mit sechs Maschinen gegen den Flugplatz Waalhaven kehrte nur eine zurück.

Bei der Luftschlacht um England setzte das RAF Fighter Command sechs Blenheim-Mk-IF-Staffeln zur Nachtjagd ein, obgleich sie ihre begrenzten Erfolge eher bei Tage als in der Nacht erzielten. Eine bemerkenswerte Ausnahme war der weltweit erste Luftsieg, der mit Hilfe eines Bordradars errungen wurde: Eine Blenheim der Fighter Interception Unit hatte in der Nacht vom 2. auf den 3. Juli 1940 eine Dornier Do 17 abgeschossen.

Die Erfolgsbilanz der Blenheim-Nachtjäger stieg, als Deutschland den Nachtblitzkrieg im Winter 1940/41 intensivierte, wenn auch der neue Beaufighter, dem die Blenheim damals ihren Platz einräumte, ungleich besser abschnitt.

Großserienfertigung

Während die Blenheim Mk I in Großbritannien nun aus dem Fronteinsatz ausschied, befand sich die Blenheim Mk IV doch weiterhin in der Großserienfertigung. Im August 1941 waren nicht weniger als 30 Einsatzstaffeln weltweit mit diesem Bomber ausgerüstet. Diese Flotte, größtenteils in No. 2 Group des Bomber Command konzentriert, hatte seit dem Fall Frankreichs stetige Attacken gegen „Invasionshäfen" des Gegners an der Kanalküste unternommen. Später dehnten sich ihre Operationen auf die norwegische, dänische, holländische und belgische Küstenlinie aus, häufig unter schwerem RAF-Jagdschutz. In einem Zeitraum von drei Monaten versenkten die Blenheim-Kampfbomber über 300.000 Tonnen gegnerischen Schiffsraums bei 68 eigenen Verlusten. Ende 1941 begann auch die Blenheim Mk IV aus dem Fronteinsatz zu weichen, und es folgten die Douglas Boston, die Lockheed Ventura und danach die de Havilland Mosquito. Zu den denkwürdigen und historisch dokumentierten Luftangriffen der Blenheim zäh-

Die Paradeaufstellung früher Blenheim-Bomber Mk I einer unbekannten Staffel des RAF-Bomberkommandos, vermutlich Mitte 1938. Die Blenheim war den zeitgleichen Mustern Deutschlands weit unterlegen, und als die RAF diese Bomber 1939/40 nach Frankreich entsandte, wurden sie förmlich dezimiert.

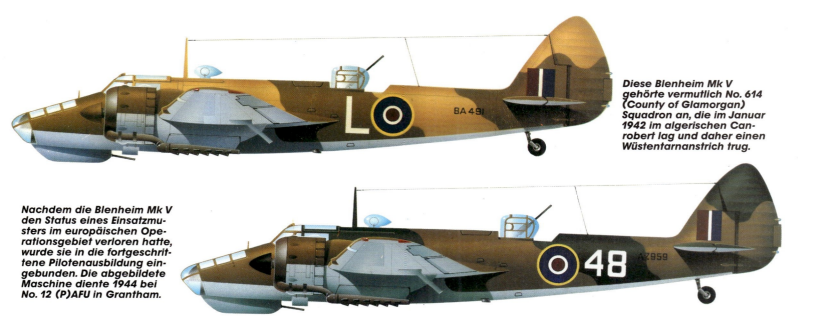

Diese Blenheim Mk V gehörte vermutlich No. 614 (County of Glamorgan) Squadron an, die im Januar 1942 im algerischen Canrobert lag und daher einen Wüstentarnanstrich trug.

Nachdem die Blenheim Mk V den Status eines Einsatzmusters im europäischen Operationsgebiet verloren hatte, wurde sie in die fortgeschrittene Pilotenausbildung eingebunden. Die abgebildete Maschine diente 1944 bei No. 12 (P)AFU in Grantham.

len der Tiefflug-Tageseinsatz der No. 105 Squadron am 4. Juli 1941 gegen Bremen (für den der Verbandsführer Oberst H. I. Edwards mit dem Victoria Cross ausgezeichnet wurde) und der Angriff mit 54 Blenheim gegen Kraftwerke im Raum Köln am 12. August.

Einen Eindruck vom Kriegsbeitrag, den die Blenheim des Bomber Command in den ersten 34 Monaten dieses Krieges geleistet haben, mögen Zahlen vermitteln wie 11.332 geflogene Bombeneinsätze (im Vergleich zu 11.074 der Short Sterling im gesamten Krieg) und 3028 Tonnen abgeworfener Bomben (gegenüber 1826 Tonnen des schweren Bombers Avro Manchester). Solche Werte wurden allerdings später im Krieg, als 5000 Tonnen bei einem einzigen Luftangriff auf einzelne Ziele niedergingen, völlig in den Schatten gestellt.

Operationen im Mittleren Osten

Mit No. 30 Squadron auf dem RAF-Stützpunkt bei Habbanijah, Irak, tauchte die Blenheim Mk I im Januar 1938 erstmals in Nahost auf. Beim Kriegseintritt Italiens im Juni 1940 verlegten diese Flugzeuge nach Ägypten und übernahmen die Jagdrolle zum Geleitschutz und zur Sicherung der Kanalzone. Während des Griechenland-Feldzugs wurden zwei Blenheim-Bomberstaffeln und eine Blenheim-Jagdstaffel von Ägypten nach Griechenland entsandt, um die zwölf Blenheim Mk IV der hellenischen Luftwaffe zu verstärken.

Ein steter Strom von Verstärkungskräften erreichte Ägypten von England aus. Blenheim Mk IV flogen direkt nach Malta (wobei sie auf dem Hinflug häufig Mailand oder Turin bombardierten) und von da aus weiter nach Mersa Matruh. Als die Treibstoffvorräte auf Malta zur Neige gingen, wurden die Blenheim nach Takoradi verschifft und flogen von dort über Afrika nach Ägypten.

Die deutschen Siege in Jugoslawien und in Griechenland führten zum Verlust von rund 70 Blenheim-Jagdflugzeugen der No. 30 und 203 Squadron, die zur Sicherung der Evakuierung von Kreta angefordert worden waren.

Wie in Nordeuropa hatte man die Blenheim Mk I in den Jahren 1941/42 fast vollständig durch die Blenheim Mk IV ersetzt, aber in der Zwischenzeit war bei Bristol nach Spezifikation B.6/40 die neue Version Mk V entwickelt worden, gedacht als Höhenbomber mit Mercury XXX à 619 kW (842 PS). Parallel dazu entstand die zweisitzige Ausführung für Luftnahunterstützung, genannt Bisley, die vier Maschinengewehre im Bug und einen erweiterten Panzerschutz aufwies. Der Höhenbomber (Typ 149HA) wurde nicht weiter verfolgt und die Bisley zum Typ 160 Blenheim Mk VA, Typ 160CS Blenheim Mk VB sowie Typ 160D Blenheim Mk VD fortentwickelt. (Die Blenheim Mk VC war ein Ausbildungsflugzeug mit Doppelsteuer.)

Die Hauptvariante in Form der tropentauglichen Blenheim Mk VD (von der 940 Exemplare gebaut wurden) griff erstmals bei den Landungen der Alliierten in Nordafrika im November 1942 in das Kampfgeschehen ein, drei Monate nach dem Abzug der Blenheim Mk IV aus dem Fronteinsatz in Europa. Diese neue Version war durch den Gewichtszuwachs der verstärkten Panzerung und der Tropenausstattung beeinträchtigt und deutlich untermotorisiert. Sie erwies sich daher im Truppendienst als unbeliebt, zumal ihr schwaches Leistungsvermögen (Höchstgeschwindigkeit 386 km/h) schwere Verluste verursachte. Bei einem Angriff über Tunis am 4. Dezember des Jahres 1942 wurden alle zehn Blenheim Mk V der No. 18 (Bomber) Squadron von Feindjägern abgeschossen.

Erfolg in Fernost

Eine dritte Auszeichnung mit dem Victoria Cross verdiente sich ein Blenheim-Pilot, Squadron Leader (Major) A. S. K. Scarf der No. 62 Squadron, in den ersten Stunden der japanischen Invasion. Er war einer von mehreren Piloten, die man von Butterworth aus zu einem Luftangriff auf die Feindbasis in Singora eingeteilt hatte. Bei einer Gegenattacke der Japaner wurden jedoch alle Maschinen bis auf seine beim Start zerstört. Dennoch hob Scarf ab, führte den Angriff im

Die militärische Eignungsprüfung des Bristol-Typs 142 erfolgte mit der „Britain First". Die hier abgebildete erste Serienmaschine (K7033) startete am 25. Juni 1936 zum Jungfernflug und diente als Test- und Erprobungsbomber.

Finnland übernahm 1937/38 insgesamt 18 von Bristol gebaute Blenheim Mk I, und die abgebildete BL-104 war das erste ausgelieferte Exemplar. Die finnischen Blenheim-Bomber zeichneten sich durch größere Bombenschächte aus.

Bristol Blenheim

Varianten der Bristol Blenheim

Typ 142: kommerzieller Prototyp „Britain First"; Zulassung G-ADCZ, später K557; Mercury-Motoren
Typ 143: Prototyp einer in Eigeninitiative entwickelten Passagierversion für acht Personen; Aquila-Motoren, Zulassung G-ADEK
Blenheim Mk 1 (Typ 142M): Mercury-VIII-Motoren; 700 von Bristol gebaute Bomber (einschließlich 18 für Finnland und 30 für die Türkei), 250 von Avro (einschließlich zehn für Finnland, 13 für Rumänien und 20 für Jugoslawien), 422 von Rootes, 16 von Ikarus in Jugoslawien und 45 von Valtion Lentokonetehdas in Finnland gefertigte Exemplare
Blenheim Mk IF: rund 200 zu Jagdflugzeugen umgerüstete Mk 1
Blenheim PR.Mk I: eine zum unbewaffneten Schnellaufklärer (L1348) umgerüstete Mk I
Blenheim Mk II: eine Maschine (L1222) mit Langstreckentanks und Gehängen für externe Bomben durch Umrüstung einer Mk I; Mercury-VIII-Motoren
Bolingbroke Mk I: erstes Bristol-Projekt eines Langnasen-Prototyps (K7072) durch Umbau einer Mk I
Blenheim Mk IV (Typ 142L): Mercury-Motoren der Bauart XV (100 Oktan); 312 von Bristol gebaute Bomber (einschließlich zwölf für Griechenland), 750 von Avro, 2060 von Rootes und zehn von Valtion Lentokotehdas in Finnland produzierte Exemplare
Blenheim Mk IVF: rund 60 zu Jägern umgerüstete Mk IV
Blenheim Mk V: zwei Prototypen, AD657 (Bisley, Typ 149CS) und AD661 (Typ 149HA); Mercury XXX
Blenheim Mk VA, VB, VC, VD: von Rootes gebaute Flugzeuge
Bolingbroke Mk I (kanadische Produktion): 18 von Fairchild gebaute Maschinen; Mercury VIII; ein Umrüstflugzeug mit amerikanischer Ausrüstung ergab die Bolingbroke II und ein anderes mit Schwimmwerk die Bolingbroke Mk III
Bolingbroke Mk IV: 185 von Fairchild gebaute Maschinen mit Mercury-XV-Motoren
Bolingbroke Mk IV-W: 15 von Fairchild gebaute Maschinen mit Pratt & Whitney Twin-Wasp-Junior-Motoren
Bolingbroke Mk IV-C: Einzelexemplar von Fairchild; Wright Cyclone-Motoren
Bolingbroke Mk IV-T: 457 von Fairchild gebaute Besatzungsschulflugzeuge mit Mercury-XX-Motoren

TECHNISCHE DATEN

Bristol Blenheim IF
Typ: dreisitziger Nachtjäger
Triebwerke: zwei luftgekühlte 9-Zylinder-Sternmotoren Bristol Mercury VIII je 627 kW (853 PS)
Leistung: Höchstgeschwindigkeit 459 km/h in 4570 m Höhe; Steigzeit auf 4570 m elf Minuten, 30 Sekunden; Dienstgipfelhöhe 8315 m; Reichweite mit kompletter Zuladung 1810 km
Gewicht: Leermasse 3674 kg; max. Startmasse 5670 kg
Abmessungen: Spannweite 17,17 m; Länge 12,12 m; Höhe 3 m; Tragflügelfläche 43,57 m^2
Bewaffnung: ein vorwärtsfeuerndes Browning-7,7-mm-Maschinengewehr in der Backbordfläche und vier Browning-MGs in einer Anbauwanne unter dem Rumpf sowie ein 7,7-mm-MG (Gasdrucklader) im halb einziehbaren Bristol-Rückenturm

Eine Blenheim Mk IF der in Hawkinge, Kent, beheimateten No. 25 (Fighter) Squadron unmittelbar vor dem Ausbruch des Zweiten Weltkriegs. Interessante Punkte sind die schwarzweiß gehaltenen Unterseiten, die Staffel-Kennbuchstaben „RX" (ab September 1939 „ZK") und das Staffelwappen am Leitwerk (nach dem Beginn der Kampfhandlungen abgeschafft). Mit dem MG-Quartett unter dem Bauch waren die meisten Blenheim-Jäger (einschließlich der Mk IVF) bewaffnet, aber das Gasdrucklader-Lewis-MG im halbeinziehbaren Rückenturm stellte ein Überbleibsel aus der Zeit dar, als man ein Einzel-MG auf dem Rücken noch als angemessene Bewaffnung eines schnellen Flugzeugs zum Schutz nach hinten erachtete.

In Kanada produzierte Fairchild Aircraft Ltd die Blenheim Mk IV als Bolingbroke Mk IV. Die Mehrzahl der Maschinen wurde im Ausbildungsdienst genutzt, wie beispielsweise dieses gestreifte Exemplar zur Zieldarstellung beim Übungsschießen.

Alleingang aus und kehrte tödlich verwundet mit einer Bauchlandung zum Heimatflugplatz zurück. Blenheim Mk I und Mk IV der No. 22, 27, 45, 89, 176, 177, 211 und 217 Squadron nahmen an allen Gefechten der RAF im Zeitraum von 1941 bis 1943 gegen die Japaner teil. Im letzten Jahr stießen Blenheim Mk V der No. 11, 42, 113 und 211 Squadron dazu,

Vor ihrer korrekten Eingliederung als No. 342 Squadron mit der Douglas Boston in die RAF-Struktur flog die frei-französische Staffel „Lorraine" ab September 1941 die Blenheim Mk IV in Syrien. Diese Aufnahme entstand während der erfolgreichen Kampagne gegen die deutsche Kaserne in Halfaja.

doch wegen ihrer schwachen Kampfleistung mußten sie nach nur neun Monaten wieder aus dem Einsatz herausgelöst werden.

Außerhalb der Royal Air Force war die Royal Canadian Air Force der Hauptnutzer dieses Musters. Ihre Spezialvariante behielt den Namen Bolingbroke, nachdem die RAF die Blenheim Mk IV eingeführt hatte. Mit der Produktion von insgesamt 676 Exemplaren (bis auf 18 Mk I mit Mercury VIII alles Mk IV) war Fairchild Aircraft Ltd in Kanada betraut. Die Mehrzahl der kanadischen Flugzeuge diente der Navigations- und Waffenausbildung.

Finnland flog schließlich 83 Blenheim, aufgeschlüsselt in die zehn von Bristol exportierten Mk I, zehn ehemalige RAF Mk I, die dem Land im Winterkrieg 1939/40 zugeführt wurden, 45 lizenzgefertigte Mk I und zehn lizenzgefertigte Mk IV. Die finnische Produktion unternahm Valtion Lentokonetehdas in Tampere.

Die Türkei erhielt insgesamt 30 Blenheim Mk I und Griechenland die bereits erwähnten zwölf Blenheim Mk IV. Zu den 18 nach Jugoslawien exportierten Blenheim Mk I kamen 16 unter Lizenz von Ikarus AD in Zemun/Belgrad gebaute Flugzeuge hinzu. 24 andere Maschinen, die zum Zeitpunkt der deutschen Invasion erst teilgefertigt waren, wurden bewußt zerstört, damit sie nicht dem Feind in die Hände fielen. Rumäniens 13 Blenheim Mk I entsprangen einem Plan, diese Nation zum Schulterschluß mit den Alliierten zu gewinnen, doch er ging nicht auf, und die Blenheim kämpften bald gegen die Alliierten.

Die Gesamtproduktion der Blenheim, nicht eingerechnet die Prototypen des Typ 142 und Typ 143, ergab die stolze Zahl von 6185, einschließlich der 24 vor der Fertigstellung in Jugoslawien zerstörten Mk I und der fünf 1944 in Finnland noch nicht fertiggestellten Mk IV.

Dies ist eine Blenheim Mk VA, die vermutlich No. 11 Squadron angehörte. Der Typ wurde 1943 zur Bekämpfung japanischer Stützpunkte in Birma eingesetzt. Seit Juli 1938 hatte die Staffel verschiedene Blenheim-Versionen geflogen und war beim Nahost-Feldzug hart gefordert.

Petljakow Pe-2

Petljakows Pe-2 war die Mosquito der Sowjetunion, allerdings vollständig aus Metall konstruiert. Dieses außerhalb der Heimat kaum bekannte Muster wurde in weitaus größerer Stückzahl als ihr britisches Gegenstück gebaut und erfüllte ebenso viele verschiedene Rollen. Die Pe-2 flog ab 1940, unterstützte bald darauf die sowjetischen Gegenoffensiven und trug so in hohem Maße zum Sieg an der Ostfront bei.

Am 22. Juni 1941 rückten die blitzkriegerfahrene Wehrmacht und die Luftwaffe gegen die Sowjetunion vor. In der ersten Woche des deutschen Überfalls wurden große Teile der sowjetischen Luftstreitkräfte vernichtet. Dennoch leistete die rote Luftwaffe erbittert Widerstand, und im Herbst entsandte England zwei zu No. 151 Wing organisierte Hawker-Hurricane-Staffeln der RAF nach Murmansk, um die Sowjets zu unterstützen und sie in die Hurricane einzuweisen.

Beim ersten Kampfeinsatz war No. 151 Wing mit Jagdschutz für ein Bomberregiment beauftragt, das die Pe-2 flog. Die RAF kannte dieses Muster nicht, zeigte sich aber sehr beeindruckt, denn die Hurricane hatte größte Mühe, mit ihm Schritt zu halten. Man wußte damals noch nicht, daß sowjetische Piloten Kampfeinsätze die ganze Zeit über praktisch mit Vollgas flogen. Sowohl im Steig- als auch im Marschflug waren diese Bomber schneller als ihre Begleitjäger, so daß die Piloten des Wing Commander (Oberst) Ramsbottom-Isherwood die qualvolle Entscheidung treffen mußten, entweder ebenfalls Vollgas zu geben und so einen Motorschaden wie auch vorzeitig leere Tanks zu riskieren oder hinter den Pulk zurückzufallen.

Die Pe-2 war eines der Glanzprodukte Wladimir M. Petljakows, der ab 1921 (damals 30 Jahre alt) beim ZAGI arbeitete, dem zentralen Forschungsinstitut für Aero- und Hydrodynamik. Er wurde der führende Experte für Metallflügel und entwarf die Tragflächen aller schweren Tupolew-Bomber der Frühzeit. Ferner zeichnete er für die Konstruktion der größten Muster von allen verantwortlich – der ANT-16, ANT-20 und ANT-26. 1936 wurde er zum Leiter der ZOK-Versuchsbrigade ernannt, um einen neuen Großbomber zu schaffen, der als ANT-42 entstand und als TB-7 in Dienst ging. Im Zweiten Weltkrieg schließlich reifte dieser Typ zur Pe-8 heran, die ihrem Konstrukteur alle Ehre machte. Für dieses Programm blieben Petljakow allerdings nur 18 Monate, denn im stalinistischen Terror von 1937 wurde er wie tausend andere unter falscher Anklage inhaftiert. Im Sondergefängnis ZKB-29 beim GAZ Nr. 156 (Flugzeugwerk) wies man ihn an, ein KB-100 genanntes Konstruktionsbüro zu organisieren und die VI-100 (VI – Kürzel für Höhenjäger) zu bauen.

Zu einer Zeit, als alle Welt meinte, die Sowjets könnten nur kopieren, wurde die VI-100 buchstäblich auf einem weißen Blatt Zeichenpapier nach einem höheren Standard (in bezug auf die Aerodynamik, die Zelle sowie Teile der Bordsysteme und Ausrüstung) als alles bisher Dagewesene geschaffen. Der ausgezeichneten Struktur in Schalenbauweise konnte man allenfalls ein zu hohes Maß an Komplexität anlasten. Das Tragwerk, das aus einem horizontalen Mittelstück und

Diese Pe-2 einer frühen Serie operierte im Sommer 1942 mit ziemlicher Sicherheit von einem der VVS-Frontflugfelder aus. Sie läßt sich von neueren Modellen durch ihre Motorgehäuse, den seitlich verglasten Bug, das von Hand zu richtende Rücken-MG und den hinteren Antennenmast unterscheiden. Blasse Farbbänder an den Außenflächen und Seitenflossen dienen Erkennungszwecken. Man beachte das rauhe russische Flugfeld.

Petljakow Pe-2

zugespitzten Außenflächen mit leichter V-Stellung bestand, war in die Wanne eines Rumpfes mit minimalem Querschnitt eingebunden. Sämtliche Kontrollflächen hatten eine Stoffbespannung. Die beiden flüssigkeitsgekühlten Motoren waren sauber verkleidet, und wie bei vielen zweimotorigen Flugzeugtypen sowjetischen Ursprungs befanden sich die Kühler in den Tragflügeln zwischen den Fachwerksholmen. Sie wurden von Öffnungen an der Nasenkante über Kanäle gespeist, während die Abluft durch bündig mit der Saugseite abschließende, regelbare Jalousieklappen austrat, um so den Vortrieb noch ein wenig zu erhöhen. Die Motoren wiesen Turbolader zur Steigerung der Leistung in großer Höhe auf und trieben auf gleiche Drehzahl und in Segelstellung regelbare Propeller an, wie es sie in England damals noch gar nicht gab. Vorgesehen war eine druckbelüftete Kabine, doch sie ließ sich nicht mehr zeitgerecht produzieren. Der Pilot und der Bordfunker (der zugleich als Beobachter und Heckschütze fungierte) saßen daher in Standard-Cockpits, die durch Hauptkraftstofftanks voneinander getrennt waren. Die Bewaffnung umfaßte vier SchVAK-20-mm-Kanonen im Bug mit 150 Schuß pro Rohr, und dem Mann auf dem hinteren Sitz stand ein SchKAS-Maschinengewehr zur Verfügung, das 1800 Schuß pro Minute verfeuern konnte. Die kraftbetriebenen Bordsysteme arbeiteten im amerikanischen Stil alle elektrisch.

Holprige Landungen

Pjotr Stefanowski und Ingenieur Iwan Markow flogen den ersten von zwei VI-100-Prototypen vermutlich am 7. Mai 1939 und nahmen an der Flugparade über dem Roten Platz am Maifeiertag des Jahres 1940 teil. Der Hauptmangel dieses Jagdflugzeugs bestand in seiner Neigung zu heftigen Sprüngen bei der Landung, was sich aus etlichen Gründen nur schwer beheben ließ. Einem Bericht zufolge wurde der Bombenzielwurf aus großer Höhe als schwierig empfunden, doch dies steht im Widerspruch zur vorhandenen sowjetischen Dokumentation, die keinerlei Forderung zum Bombeneinsatz jeglicher Art enthält. Alles in allem hätte die VI-100 mit Sicherheit einen vorzüglichen Tag- und Nachtjäger sowie Aufklärer abgegeben, da sie in 10.000 m Höhe auf 630 km/h beschleunigen konnte. Der Sowjetstaat beschloß jedoch, das KB-100-Büro zur Übernahme einer großmaßstäblichen Serienproduktion auszuweiten, allerdings nicht für die VI-100, sondern für einen von ihr abgeleiteten dreisitzigen Bomber. Einige Artikel datieren diese Entscheidung auf Mai 1940, doch die erste PB-100 (PB gleich Kürzel für Sturzkampfbomber) flog zweifelsfrei nicht später als am 3. Juni 1940 und dürfte wohl kaum innerhalb eines Monats konzipiert und konstruiert worden sein.

Man weiß nur von einem einzigen PB-100-Prototyp, und dieser hob sich von der VI-100 in vielerlei Hinsicht ab. Die Außenflügel wiesen Sturzflugbremsen auf, und ihre Verjüngung war an der neuen Position des Schwerpunktbereichs ausgerichtet. Den Rumpf hatte man neu konstruiert, die V-Stellung des Höhenleitwerks stärker betont sowie die

Varianten der Petljakow Pe-2

VI-100: erste Musterhöhenjäger
PB-100: Prototyp(en) eines dreisitzigen Bombers
Pe-2: erster Serienbomber mit drei Sitzen, Sturzflugbremsen und VK-105RA-Motoren
Pe-2M: das erste von zwei recht verschiedenen Flugzeugen mit dieser Bezeichnung flog im Oktober 1941 mit Turboladermotoren, Vorflügeln und einem Bombenschacht, der mit bis zu vier FAB-500 beladen werden konnte (keine weiteren Sprengkörper)
Pe-2Sch: Schturmowik (Schlachtflugzeug); flog erstmals im Oktober 1941; Versuche mit unterschiedlichem Einbau schwerkalibriger Rohrwaffen, darunter SchVAK-Zwillingskanonen und UBT-Zwillingsmaschinengewehre im Anbaubehälter unter dem Rumpf mit bis auf -40° nach unten schwenkbaren Rohren
Pe-3: erster Jagdprototyp von Anfang 1941; Kanonenbewaffnungen, schließlich auf zwei SchVAK-Kanonen und zwei UB-Maschinengewehre, alle nach vorn feuernd, sowie einen MV-3-Rückenturm genormt; Produktion von 23 Flugzeuge
Pe-3bis: im Sommer 1941 eilig vorgenommene Modifikation zur Verwendung als Nachtjägern; identisch mit der Pe-2, aber nur mit je einer SchVAK-Kanone und einem UB-Maschinengewehr sowie drei SchKAS-Maschinengewehren bewaffnet, alle vorwärtsfeuernd; von GAZ-22 schätzungsweise 300 Exemplare geliefert
Pe-3R: Fortsetzung der Reihe alternativer Flugzeuge durch Marineaufklärer mit der Kanonenbewaffnung der Pe-3 und Luftbildkameras für die Nordmeerflotte; mindestens ein Exemplar mit Turbolader TK-2
Pe-2L: möglicherweise auch als Pe-3L bezeichnet; Versuchsträger verschiedener einziehbarer Schneekufenfahrgestelle vom Januar 1942
Pe-2MV: vom MV-Waffenkonstruktionsbüro genutzte Testflugzeuge, ausgerüstet mit MV-Rückenturm und gewöhnlich mit Bauchbehälter für je ein Paar SchVAK-Kanonen und UB-Maschinengewehre
Pe-2FT: ab Mai 1942 Standardbomber mit zurückgenommener Bugverglasung, MV-3-Rückenturm, zusätzlichen rückwärtsfeuernden Bauch-Maschinengewehren und angehängten Sturzflugbremsen; ab Anfang 1943 mit PF- oder PF-2-Motoren
Pe-2FZ: kleine Serien von Frontflugzeugen (FZ) mit unverglastem Bug, ohne Einstieg hinter dem Flugzeugführer im modifizierten Cockpit und mit vom Navigator moussel zu bedienenden UBT-Zwillings-MG
Pe-2/M-82: mindestens ein Flugzeug, angetrieben vom Sternmotortyp M-82 (ASch-82); nach V. B. Schawrow mit anderem Flügelprofil, das eine geringere Geschwindigkeit beim Landeanflug ermöglichte
Pe-2VI: Höhenjäger vom Sommer 1943 mit vollständig neu konstruiertem Rumpf, VK-107-Motoren, Ölkühlern neben den Motorkühlern in den Tragflächen und Einzelsitz im druckbelüfteten Cockpit; anschließend zur VM-16 und DB-108 sowie später noch zu anderen Typen fortentwickelt
Pe-3M: Nachtjäger vom Sommer 1943; konnte Bombenlast von 700 kg mitführen, doch die Kernbewaffnung bestand aus zwei SchVAK-Kanonen, zwei UB-Maschinengewehren und DAG-10
Pe-2UT: auch bekannt als Pe-2S, Pe-2T und UPe-2; diente nach dem Krieg als CB-32 bei der tschechoslowakischen Luftwaffe; Trainer mit Doppelsteuer und Lehrercockpit; häufig mit kompletter Bombenkapazität; ab Juli 1943 in großer Menge gefertigt
Pe-2 Paravan: Testflugzeug mit langer Nasensonde und Sperrballon-Kabelschneidern an den Flügelenden gespannten Führungsdrähten
Pe-2B: im Herbst 1943 getestetes Flugzeug mit Änderungen der Zelle und verbesserten Bordsystemen; wurde 1944 zum Standardbomber; eine SchKAS-Bordkanone und drei UBT-Maschinengewehre
Pe-2R: in begrenzter Zahl produzierte Aufklärungsflugzeuge mit PF-2-Motoren, erweitertem Tankvolumen, UB- oder BS-Maschinengewehren zur Abwehr, drei oder vier Luftbildkameras und einer Geschwindigkeit von 580 km/h
Pe-2R: unter dieselbe Bezeichnung fiel 1944 der Prototyp eines Schnellaufklärers mit VK-107A-Motoren je 1214 kW (1650 PS); Tankraum für 2000 km und Bewaffnung von drei SchVAK-Kanonen; Geschwindigkeit 630 km/h
Pe-2I: neuer Standardbomber mit nach NACA 23012 profiliertem Mitteldecker-Tragwerk, längerer und stromlinienförmig gestalteter Flügelkörper mit Motorgondeln für VK-107A; je ein UB-Maschinengewehr in Bug und Heck, Bombenlast von 1000 kg intern und extern; Geschwindigkeit bei der Erprobung im Mai 1944 656 km/h trotz des Gewichts von 8983 kg; die Serienfertigung unterblieb
Pe-2K: Kompromißvariante mit regulären VK-107PF-Motoren im Pe-2I-Flugwerk
Pe-2D: dreisitziger Bomber vom September 1944 mit VK-107A-Motoren, drei BT-20-mm-Kanonen und DAG-10; Geschwindigkeit 600 km/h mit einer Bombenlast von 4000 kg
Pe-2M: zweites Flugzeug mit dieser Bezeichnung; Zelle der Pe-2I, VK-107-Motoren, 2000-kg-Bombenlast intern und drei SchVAK-Maschinenkanonen; bei 9400 kg Gewicht 630 km/h schnell
Pe-2RD: erreichte mit Raketenmotor Koroljew/Gluschko RD-1 im Heck die Spitzengeschwindigkeit von 785 km/h; sollte zum Jäger Pe-3RD führen
Pe-2K: zweite Verwendung dieser Bezeichnung für ein Schleudersitz-Testflugzeug von 1946; Standard-Pe-2 mit verschiedenen experimentellen im Funkerabteil eingebauten Katapultsitzen
B-32: Dienstbezeichnung der Pe-2 bei den tschechoslowakischen Luftstreitkräften nach dem Krieg

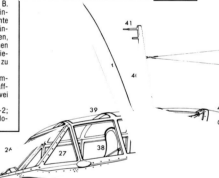

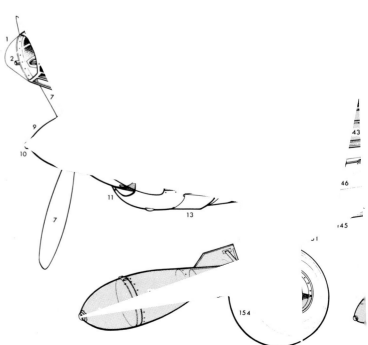

Am Beginn einer Pe-2-Anschlußgeneration stand diese Pe-2VI mit Druckkabine, ein vom VK-107 angetriebener und 710 km/h schneller Höhenjäger. Ihr Konstrukteur war hauptsächlich Mjassichtschew, der anschließend die Pe-21 mit VK-108-Motoren je 1325 kW (1800 PS), die Bomber DB-108 und VB-16 sowie den noch antriebsstärkeren Typ VB-109 von 1945 schuf.

Soweit bekannt, diente keine Pe-2 vor Anfang 1946 in polnischen Farben, als der neuen kommunistischen Polskie Wojska Lotnicze (die ehemalige RAF- und andere „verwestlichte" polnische Maschinen nahezu ausschloß) viele solcher Flugzeuge zuflossen. Diese Pe-2FT zeigt sich Ende der vierziger Jahre mit eingezogener Waffenwanne unter dem Bauch.

Aufriß-Erläuterung zur Petljakow Pe-2

1 Glaskuppel
2 Mündung des rechten SchKAS-Maschinengewehrs, Kaliber 7,62 mm
3 Mündung des linken SchKAS-Maschinengewehrs, Kaliber 7,62 mm
4 Bugraum
5 untere, seitliche Verglasung
6 Planscheiben des Bombenschützen
7 metallener Dreiblatt-Verstellpropeller VISh-61
8 Propellernabe
9 Propellerhaube
10 Anlasserklaue
11 Ölkühlerlufteinlauf
12 Ölkühler
13 regelbare Ölkühler-Abluftklappe
14 unterer Motorträger-Querspant
15 Motorträgerverband
16 Zwölfzylinder-V-Motor Klimow M-105RA
17 Motorkühllüft
18 Vergaser
19 Funkpeilantenne unter dem Kinn
20 Seitenruderpedal-Baugruppe
21 Hülsensammelschacht
22 starre Bugbewaffnung (Backbord-MG wahlweise)
23 Munitionsmagazin (500 Schuß)
24 Bugbeplankung
25 Hauptinstrumentenbrett
26 unterteilte Stirnverglasung
27 starres Seitenfenster
28 seitliches Instrumentenbrett
29 Anlasserklaue
30 Steuersäule
31 Pilotensitz mit 9-mm-Rückenpanzer
32 Steuergestänge
33 Traggerüst des Navigatorsitzes (steuerbord)
34 Dreiblatt-Verstellpropeller VISh-61
35 Einstiegsluke
36 Ölkühlerlufteinlauf
37 Propellernabe
38 verstellbare Panzerkopfstütze des Piloten
39 Kabinendach
40 Antennenmast
41 Staurohr
42 Antennen
43 schwenkbares SchKAS-Rükken-MG, Kaliber 7,62 mm
44 angelenktes Heckteil des Kabinendachs
45 Verkleidung des Auspuffsammlers
46 Motorkühlluftnutze
47 Munitionsmagazin (750 Schuß) des Rücken-Maschinengewehrs
48 Sitz des Rückenschützen
49 Motorhaubenverschlüsse
50 Rumpfhaupttank (518 Liter)
51 Backbord-Sattelltank (53 Liter)
52 Motorträger-Baugruppe
53 Kühlluftschlauch
54 Ölkühler
55 regelbare Abluftklappe
56 Klappen-Servomotor
57 Vergaser-Lufthutze
58 Anschluß des Backbord-Fahrwerks am Flügelholm
59 Schmierölbehälter des Backbordmotors
60 Profil der Endrippe
61 Lufteinlauf des äußeren Kühlerblocks
62 Kühlluftkanal
63 Befestigung Nasenholm/Motorzelle
64 Flügelwurzeltank (backbord, 180 Liter)
65 Fahrwerksquerträger/Flügelholmlagerung
66 äußerer Kühlerblock
67 unteres Luftbremsgatter (ausgefahren)
68 Sturzflugbremsen-Gelenkgehäuse
69 Landescheinwerfer
70 innerer Außenflügel-Kraftstofftank (backbord, 143 Liter)
71 äußerer Außenflügel-Kraftstofftank (107 Liter)
72 Aufbau der Flügelnase
73 Längsversteifungen
74 Nasenrippenstationen
75 vorderer Flügelholm
76 Flügelrippen
77 Hinterholm
78 Flügelhaut
79 Backbord-Positionslicht
80 Randbogen
81 Querruderlager
82 äußeres Querruderteil
83 Querruderantriebsmechanik
84 inneres Querruderteil
85 Querruderlager
86 Querruderstoßstange
87 Aussteifungsfeld
88 äußere Landeklappe (backbord)
89 Steuerbord-Seitenruder
90 Verkleidungsrippe der Innenklappe
91 Befestigung Hinterholm/Motorzelle
92 seitliches Rumpffenster
93 Leitwerk-Steuergestänge
94 Kühlluftjalousie
95 Munitionsmagazin (750 Schuß) der Bauchwaffe
96 Waffenwannen-Aufhängungs-/Fahrspant
97 Periskopvisier
98 Kontrollgriffe
99 Fahrwerk-Führungsgabel
100 Schützenliege
101 einziehbares SchKAS-Maschinengewehr, Kaliber 7,62 mm
102 Bombenschacht der Backbord-Motorgondel
103 Heckkonus der Motorgondel
104 Leitwerk-Steuergestänge
105 Aufbau des Hinterrumpfs
106 Heckrad-Baugruppe
107 Stoßdämpferstrebe
108 Heckrad-Einziehmechanik/-Arbeitszylinder
109 Höhenflossen-Querträger im Rumpfheck
110 Schub-/Zuggestänge des Seitenruders
111 Übergangsverkleidung Rumpf/Höhenleitwerk
112 Höhenflossenaufbau
113 Seitenruderanlenkung
114 Struktur der Seitenflosse
115 Antennenhalterung
116 oberes Seitenruderlager
117 Seitenruderrahmen
118 Trimmklappe
119 unteres Seitenruderlager
120 Rahmen des Höhenruders (backbord)
121 Trimmklappe
122 Hechpositionslicht
123 Höhenruderlagerung/Gelenkarm
124 Höhenruder-Betätigungsstange und internes Gegengewicht
125 hinterer Rumpfspant zur Aufnahme des vorderen Höhenflossenholms
126 Spornrad-Schachtklappen
127 einziehbares Spornrad
128 Seitenflosse/Seitenruder (steuerbord)
129 Bauch-Maschinengewehr (ausgefahren)
130 50-kg-Bombe aus der Bucht im Motorgondelheck
131 Windabweiser der Waffenwanne
132 Fahrwerksschachtklappen (backbord)
133 untere Fahrwerksstützstreben
134 Einziehzylinder
135 Schachtklappenbetätigungsstrebe
136 Federbeingabel-Kreuzstück
137 Bremsleitung
138 Ölfederbeine
139 Radnabenscheibe
140 Hauptrad (backbord)
141 Bombenschachtklappen der rechten Motorgondel (geöffnet)
142 Motorgondel-Bombenbucht
143 Bombenschachtklappen des Rumpfes
144 Radschacht der Motorgondel (steuerbord)
145 Fahrwerksschachtklappen
146 herausziehbare Einstiegsstufe
147 Einstiegsluke mit Einbautritt
148 Vergaserlufthutze
149 Federbeingabel-Kreuzstück (steuerbord)
150 Bremsleitung
151 untere Fahrwerksstützstreben
152 Ölfederbeine
153 Radnabenbaugruppe
154 Hauptrad (steuerbord)
155 250-kg-Bombe vom Unterflügelpylon
156 interne 200-kg-Bombenlast (4 x 50-kg-Sprengkörper)
157 externe 400-kg-Bombenlast (4 x 100-kg-Sprengkörper) unter den Tragflächen

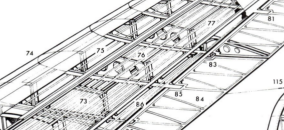

© Pilot Press Limited

Petljakow Pe-2

TECHNISCHE DATEN

Petljakow Pe-2FT
Typ: dreisitziger taktischer Bomber
Triebwerke: zwei Zwölfzylinder-V-Motoren Klimow VK-105PF je 927 kW (1260 PS)
Leistung: Höchstgeschwindigkeit 449 km/h in Meereshöhe und 580 km/h in 4000 m Höhe; Dienstgipfelhöhe 8800 m; Reichweite mit 1000-kg-Bombenlast 1315 km
Gewicht: Leermasse 6200 kg; max. Startmasse 8520 kg
Abmessungen: Spannweite 17,11 m; Länge 12,78 m; Höhe 3,42 m; Tragflügelfläche 40,50 m²
Bewaffnung: vier Bomben FAB-100 im internen Schacht, zwei FAB-100 im Heckschacht der Motorgondeln und vier FAB-250 an externen Pylonen unter dem Mittelflügel; zwei vom Piloten nach vorn zu feuernde SchKAS-7,62-mm-Maschinengewehre, MV-3-Rückenturm mit UBT-Einzel-MG, Kaliber 12,7 mm, ein von Hand zu richtendes SchKAS-Maschinengewehr (in der Zeichnung ein recht ungebräuchliches UBS) in der Bauchwanne des Hinterrumpfs und ein weiteres SchKAS-MG im Hinterrumpf zur seitlichen Abwehr

Diese Pe-2FT gehörte 1944 zu einem unbekannten Bomberregiment an der Ostfront. Nach 1942 war das Tarnmuster im „britischen Stil" höchst ungewöhnlich. Dargestellt ist auch die Originalinstallation des VK-105-Motors mit separatem Laderlufteinlauf direkt hinter der Propellerhaube und dem kleineren, weiter hinten angeordneten Ölkühlerlufteinlaß des VK-105PF, den die Pe-2FT verwendete. Bei allen Flugzeugen dieser Serie waren die hauptsächlichen Flüssigkeitskühler in den Tragflächen untergebracht. Sie wurden von Öffnungen in der Nasenkante gespeist und stießen die Abluft an der Flügeloberseite aus. Man beachte die kleine Windfahne des MV-3-Turms (vom Konstruktionsbüro Moscharowsky-Wenjewidow), die den Schützen bei der Feuertätigkeit mit raschen Richtungswechseln unterstützte. Die quadratische Dachluke der Funkerzelle bestand im Regelfall aus einer linken und rechten Scharnierklappe.

PE-211 war eine von drei frühen Pe-2-Serienmaschinen, die Finnland erbeutet und PLeLv 48 zugeteilt hatte. Wie alle mit den Deutschen verbündeten Kriegsflugzeuge trug auch das finnische Pe-2-Trio das für die Ostfront befohlene Farbband. Nr. 211 trug eine Funkpeilantenne unter dem Bauch (nicht zu sehen) und flog strategische Aufklärungseinsätze von Onttola aus.

Diese frühe Pe-2 ist durch die Motorgehäuse für den M-105RA gekennzeichnet, die sich von der Schlußausführung unterscheiden. Die Maschine ist im Winterkleid abgebildet, in dem sie 1941/42 beim 46. BAP (Bomberregiment) des Moskauer Militärbezirks diente. Weitere Merkmale sind der Funk-/Pitot-Mast und der verglaste Bug.

Seitenflossen erweitert und sie als Endplatten an die Höhenflossen gerückt, während die Turbolader zunächst zum schmächtigeren Typ TK-2 wechselten und später gänzlich entfielen. Der neue Rumpf enthielt Rücken-an-Rücken-Kanzeln für den Piloten und den Navigator/Bombenschützen, der sich in Zielnähe in den neuen Glasbug mit Bombenschützenliege vorzwängen konnte. Eine große, vielfach unterteilte Einzelhaube deckte beide Cockpits ab. Hinter dem Rumpftank befand sich die über eine Luke im Rumpfrücken erreichbare Station für das dritte Besatzungsmitglied, das zuständig für die Funkausrüstung und das Bauch-Maschinengewehr zur Abwehr nach hinten war. Seitliche Fenster dienten lediglich als Lichtquelle, denn der Schütze richtete die Waffe mit einem Periskopvisier unter dem Bauch.

Eine wichtige technische Änderung bestand im Einbau einer Hydraulikanlage, die aber ebenfalls ihre Energie von Elektropumpen bezog. Mit diesem System wurden die Doppelstreben-Baugruppen des Hauptfahrwerks und das lenkbare Heckrad, die Fahrwerksschachtklappen, die Spaltklappen, die Sturzflugbremsgatter und bei einigen Flugzeugen die Bombenschachtklappen betätigt. Alle anderen Bordsysteme blieben stromversorgt. Die Standardbombenlast bestand aus vier FAB-250 (250-kg-Bomben) oder sechs FAB-100 im Hauptwaffenschacht. Bei der letztgenannten Zuladung ließen sich zusätzlich zwei FAB-100 in kleinen mit Klappen verschlossenen Buchten der Motorgondelhecks mitführen. Als Überlast mit sechs FAB-100 intern konnten vier weitere FAB-100 extern unter den Flügelwurzeln getragen werden. Später im Krieg operierten einige Maschinen mit vier externen FAB-250, was eine Gesamtlast von 1800 kg ergab. Die Bewaffnung mit Rohrwaffen umfaßte normalerweise zwei SchKAS-7,62-mm-Maschinengewehre, vom Piloten voraus zu feuern, und je ein SchKAS-Einzel-MG für den Navigator/Bombenschützen und für den Funker, von Hand richtbar zur Abwehr nach hinten oben und unten.

Bis heute fehlen einige Mosaiksteinchen im Bild der PB-100. Auf einem Foto sind eine große Waffenwanne unter dem Bauch mit zwei SchVAK-20-mm-Kanonen auf der rechten Seite und zwei SchKAS-7,62-mm-Maschinengewehren auf der linken Seite zu erkennen, deren Rohre alle zum Beschuß von Erdzielen im leichten Winkel nach unten weisen. Ferner gibt es eine Zeichnung, auf der die Standardbewaffnung verdoppelt ist, also vier nach vorn feuernde SchKAS-Kanonen und zwei MG-Paare im Heck. Ungewiß bleibt auch der Zeitpunkt, wann genau die Turbolader entfielen. Jedes bekannte Bild der PB-100 zeigt die langen Auspuffrohre, die auch ein Merkmal der ersten Serienversion waren. Sie wurde 1941 wieder in Pe-2 zu Ehren des Chefkonstrukteurs umgetauft, den man mit seiner Gruppe im Januar jenes Jahres aus der Haft entlassen hatte und später mit einem Stalin-Orden auszeichnete. Die Verwendung von Abgasrohren bedeutet nicht notwendigerweise den Einbau von Turboladern, doch erst weit im Jahr 1942 wechselte die Pe-2 zu separaten Ejektorauspuffstutzen.

Zügige Fortschritte

Es ist belegt, daß die Vorbereitungen für die Serienproduktion der PB-100 lange vor Abschluß der (staatlichen) NII-Erprobung begannen, und die ersten Produktionszeichnungen (immer noch unter dem Titel PB-100) wurden GAZ-22 in Fili, nördlich von Moskau, bereits am 7. Juli 1940 zugestellt. Die PB-100-Flugerprobung zog diverse Modifikatio-

Wie fast alle sowjetischen Kampfflugzeugtypen (selbst heute noch) war die Pe-2 viel besser als die Muster des Westens für den rauhen Felddienst ausgelegt. Schneeflächen und schlammigen Untergrund überwand das breitspurige Fahrwerk mühelos, und Gras- oder gar Betonpisten dürften die Frontfliegerpiloten als luxuriös empfunden haben.

Am Bug dieser Pe-2FT prangt das Wappen der Gardefliegertruppe. Sie gehörte dem 12. Sturzkampfbomber-Garderegiment an, das im Sommer 1944 mit den Marinefliegern der Ostseeflotte zusammenarbeitete. Es gab mindestens fünf Variationen des Hoheitsabzeichens, diese hier war eine der aufwendigsten. Fronteinheiten variierten das Nationalemblem häufig.

Diese Pe-2FT mit dem Schlachtruf „Leningrad-Königsberg" am Rumpf flog N. D. Panasow als Angehöriger eines Regiments, das, wie man annimmt, in den letzten Kriegswochen und während der anschließenden Besatzungszeit der 1. Luftarmee unterstand. Die Maschine operierte von Polen aus gegen auf dem Rückzug befindliche Truppen der Wehrmacht in Ostpreußen.

Diese Petljakow Pe-2FT zeigt den an der Front üblichen Winteranstrich. Sie ist mit dem abgeflachten Kabinendach und dem Wetterhahn für das UBT-Maschinengewehr ausgerüstet, nicht aber mit der Waffe selbst.

nen nach sich, wie etwa die Einführung eines simplen Handreglers zum Öffnen und Schließen der Sturzflugbremsen statt der komplexen AP-1-Automatik. Ferner verbesserte man den Panzerschutz durchgehend auf die höhere Normstärke von 9 mm, der Navigator/Bombenschütze erhielt einen drehbaren Sitz, und alle fünf Kraftstofftanks wurden selbstversiegelnd gestaltet sowie fortwährend mit Schutzgas vor Entzündung gesichert.

Erste Serienflugzeuge

Der erste Sturzkampfbomber, inzwischen wahrscheinlich als Pe-2 bekannt, rollte im November 1940 von der Montagestrecke und flog am 18. November. Die VI-100 war mit Schneekufen geflogen, und auch die Pe-2 wurde für Skier freigegeben. Man baute sie im Winter aber nicht an, obwohl es offenkundig schwierig war, solch ein schweres und mit hoher Geschwindigkeit landendes (200 km/h) Flugzeug im russischen Winter auf Rädern zu beherrschen.

Sehr früh im Verlauf der Serienproduktion wurden die Ölkühler in verbesserten, widerstandsarmen Gehäusen unter den Motorgondeln installiert. Die restliche Kriegszeit über flossen fortwährend kleinere Änderungen zur Verringerung des Luftwiderstands ein, und auch die interne Kraftstoffkapazität erhöhte sich ein wenig. Die Produktion im GAZ-22 kam rasch in Schwung, und als Hitler am 22. Juni 1941 zuschlug, hatte man rund 458 Exemplare fertiggestellt und davon mindestens 290 an Einsatzregimenter überstellt. Die Pe-2 verlangte den Piloten zwar einiges ab, doch das Muster war sofort beliebt und wurde allgemein „Peschka" genannt, was außer „kleine Pe" auch die Schachfigur des Bauern bedeuten kann.

Der erste PB-100-Serienmotor war der VK-105RA mit einer Nennleistung von 810 kW (1100 PS), die vom VISh-61-Propeller umgesetzt wurde. 1943 standen dann die 927 kW (1260 PS) starken Motortypen VK-105PF und PF-2 zur Verfügung, die man bis dahin den Jak-Jägern vorbehalten hatte. Sie trieben praktisch alle regulären Pe-2-Serienflugzeuge bis zum Ende des Krieges an.

Alle Varianten sind gesondert im Kasten aufgeführt. Die Standardversionen, Bomber Pe-2 und Pe-2FT, Aufklärer Pe-2R, Schulflugzeuge Pe-2UT und Jäger Pe-3bis, machten zusammen 11.427 Flugzeuge aus, als die Herstellung Anfang 1945, kurz vor dem Ende des Krieges in Europa, endete. Diese Produktionsziffer wurde erreicht, obwohl man GAZ-22 im Oktober 1941 nach Povoloschje (Kazan) in eine Fabrikationsstätte auslagern mußte, die damals noch gar nicht existierte. Das 1942 dort fertiggestellte GAZ-125 verdoppelte den Ausstoß auf 13 Flugzeuge pro Tag.

Bedeutende Nebenlinien

Die beiden einzigen Varianten, die ausführlicher angesprochen werden sollten, sind die Pe-2FT und die Pe-2UT. Erstere, deren nachgestellte Buchstaben soviel wie „Frontflieger-Forderung" bedeuten, erhielt statt des vom Navigator/Bombenschützen handbedienten SchKAS-Maschinengewehrs ein durchschlagskräftigeres 12,7-mm-UBT in einer MV-3-Gefechtskuppel. Es gab allerdings viele örtliche Variationen in der Bewaffnung. Eine weitere Modifikation, vermutlich vom Sommer 1942, bestand darin, die Seitenfenster im hinteren Rumpfabschnitt aufklappbar zu gestalten, so daß der Funker zusätzliche Maschinengewehre einsetzen konnte.

Die Pe-2UT war das Standardschulflugzeug dieses Typs mit Doppelsteuer. Der Fluglehrer saß in einer zusätzlichen hinteren Kanzel, für die der mittlere Rumpfkraftstofftank entfallen mußte. Die Sicht nach vorn

Flugzeug (Samoljet) Nr. 100 lautete die Erstbezeichnung des Petljakow-Originalprototyps. Später hieß der Typ VI-100, wobei VI Höhenjäger bedeutete. Die geplante Druckkabine wurde nie verwirklicht, und es erforderte sehr viel Arbeit, diesen Tandem-Doppelsitzer zum Kampfbomber Pe-2 zu entwickeln.

Petljakow Pe-2

Ein Pulk später Pe-2FT kurz vor dem Auslösen der Bomben im Horizontalflug. Die Bombenschachtklappen am Motorgondelheck sind bereits geöffnet, und die Wirkungsstrecke läßt sich in etwa an dem Reihenwurf der Maschine in der linken oberen Ecke des Bildes ablesen. Jagdschutz gab es nach 1942 nur noch selten.

war dürftig. Das erste Exemplar flog im Juli 1943 – nachdem bereits zahlreiche Einsatzmaschinen an die Truppe ausgeliefert worden waren! Die Pe-3bis wurde als einziges Modell der Jägernebenlinie dieses Typs in großer Stückzahl produziert. Bei einigen Maschinen war der Bombenschacht erhalten geblieben, und einige hatten sogar Roste unter den Tragflügeln für RS-82- oder RS-132-Raketen zur Bekämpfung von Erdzielen und Panzern aus dem Tiefflug heraus. Bei der Mehrzahl aber war die Bombenausrüstung und die Station des dritten Besatzungsmitglieds entfallen zugunsten von zusätzlichen schweren Bordwaffen wie einem SchVAK, einem UB und drei SchKAS-Maschinengewehren oder zwei SchVAK-Kanonen und einem UB-Maschinengewehrpaar. Es hieß immer wieder in Berichten, die Pe-3 sei mit Vorflügeln ausgestattet, doch einwandfrei bestätigt wurde dies nie. Die Bezeichnung Pe-3 war darauf zurückzuführen, daß Jagdflugzeuge unter ungerade Nummern fielen.

Petljakows Konstruktionsbüro hielt mehrere Pe-2 als Entwicklungsflugzeuge zurück und auch die zweite Serienmaschine, die zum Hin- und Herpendeln zwischen Kazan und Moskau diente. Am 12. Januar 1942 entzündete sich ein Brand im Flug, und alle Insassen, darunter auch Petljakow, starben. Stalin persönlich veranlaßte eine Welle von Verhaftungen, um den Verantwortlichen für den Tod „dieses großen Patrioten" zu ermitteln (den er erst vor kurzem aus dem Gefängnis entlassen hatte). A. M. Izakson wurde Nachfolger, doch wenig später löste ihn A. I. Putilow und diesen schließlich W. M. Mjassischtschew ab. Das OKB wurde 1946 geschlossen, und Mjassischtschew führte sein eigenes Konstruktionsbüro weiter. Unterdessen hatte die Pe-2 fast alle osteuropäischen Luftstreitkräfte erreicht, und drei Beutemaschinen flogen noch lange bei der PLeLv 48 der finnischen Luftwaffe. Die Pe-2 erhielt sogar noch den NATO-Decknamen „Buck".

Diese Pe-2 einer Spätserie gehört zu den zahlreichen Exponaten des polnischen Heeresmuseums in Warschau. Die im Freien abgestellte Maschine ist gut erhalten, doch unter anderem wurde die MV-3-MG-Kuppel durch eine starre Verkleidung ersetzt. Wie viele vom Hispano abgeleitete Motortypen hatte auch der VK-105 vier Auspuffrohre auf jeder Seite, von denen das mittlere Paar je zwei Zylinder bediente.

Dieses tschechische Exemplar, eines von drei bekannten Pe-2 jeglicher Art, wurde bei der tschechoslowakischen Luftwaffe unmittelbar nach dem Krieg als CB-32 geführt. Zu den sowjetischen Bezeichnungen zählten Pe-UT, UPe-2 und Pe-2S. Die Bombenkapazität war komplett erhalten, doch sämtliche Rohrwaffen zur Abwehr nach hinten fehlten.

Junkers Ju 87 Stuka

Kein Flugzeug war so effektiv wie der legendäre Stuka, aber auch nicht so verwundbar gegenüber einer guten Luftverteidigung. Im Einsatz gegen Polen, Belgien, Holland und Frankreich erwies sich die Ju 87 als durchschlagende Waffe, gegen die Royal Air Force über England aber als tödliche Falle.

Kaum ein Flugzeug dürfte so viel Schrecken bei der Zivilbevölkerung wie auch bei kampferfahrenen Truppen ausgelöst haben wie der Sturzkampfbomber Junkers Ju 87. Die Stukas zerstörten mehr Schiffe und wahrscheinlich mehr Panzer als jedes andere Kriegsflugzeug mit Ausnahme der sowjetischen Iljuschin Il-2. Ihr Alltagsgeschäft war der präzise Abwurf schwerer Bomben auf Punktziele, und dies beherrschten sie vollkommen. Im ersten Kriegsjahr schufen sich die Stukas daher einen fast schon legendären Ruf. Den Mythos ihrer Unverwundbarkeit zerstörte jedoch die Schlacht um England, in der sie auf eine starke und effektive Gegenwehr stießen. Folglich entband die Luftwaffe die Ju 87 von Operationen gegen Großbritannien, um sie in Nordafrika und auf dem Balkan einzusetzen. Sie bewährte sich in den großen Panzerschlachten an der Ostfront und kämpfte bis zum endgültigen Zusammenbruch Deutschlands.

Das Verfahren, Bomben aus dem steilen Sturzflug abzusetzen, wurde schon im Ersten Weltkrieg praktiziert, doch bis in die zwanziger Jahre gab es kein eigens dafür entworfenes Flugzeug. Zu den ersten Vertretern dieser Gattung gehörte die Junkers K 47, von der ein Paar mit Jupiter-Motor flog und ein Dutzend, das an China verkauft wurde, mit Pratt & Whitney-Hornet-Motor. Diese Maschinen hatten den Nachweis erbracht, daß der senkrechte Sturzflug am genauesten war. Er erfordert ein äußerst starkes Flugzeug und einen entschlossenen Piloten sowie eine Sturzwinkelanzeige (denn 60° kommen einem wie 90° vor). Zahlreiche Stabsoffiziere der Hitler-Luftwaffe kamen später zu der Überzeugung, daß Sturzkampfflugzeuge ein wesentliches Element aller Luftstreitkräfte sein müßten, die mit der Unterstützung von Bodentruppen beauftragt waren. Als die Luftwaffe 1933 wieder aufrüsten konnte, deckte sie den Erstbedarf an Kampfflugzeugen durch den Doppeldecker Hs 123 von Henschel, während Junkers an dem definitiven Sturzkampfflugzeug arbeitete.

Die Konstruktionsabteilung unter Hermann Pohlmann entschied sich für die gleiche Auslegung wie die der K 47: einen einmotorigen Tiefdecker mit starrem Fahrgestell und Zwillingsseitenruder außen am Ende des Höhenleitwerks. Der Unterschied bestand in der Ganzmetallzelle in Schalenbauweise ohne die Riffelung bisheriger Junkers-Ganzmetallkonstruktionen und in den umgekehrten Knickflügeln. Wie bei der K 47 nahmen Junkers „Doppelflügel" und Querruder die gesamte Hinterkante der Flächen ein, und die zweiköpfige Besatzung war Rücken an Rücken unter einer Kabinenhaube untergebracht. Der Prototyp flog im Frühling 1935, angetrieben von einem Rolls-Royce-Kestrel mit 477 kW (640 PS). Sturzflugbremsen wurden unter den Außenflächen installiert, doch bei einem der ersten Abfangvorgänge aus dem Sturzflug zerbarst das Heck, und die Maschine stürzte ab.

Serienproduktion

Eine Weiterentwicklung brachte den vorgesehenen deutschen Motor, den 477 kW (640 PS) starken Junkers Jumo 210Ca, als Antrieb für einen Dreiblatt-Verstellpropeller und ein neues einteiliges Seitenleitwerk, und Anfang 1937 ging die Ju 78A-1 in Serie. Rund 200 Flugzeuge der Baureihen A-0, A-1 und A-2 rollten vom Band, alle mit „Hosenverkleidung" an den Fahrwerksbeinen und die A-2 mit dem Jumo 210Da, der 507 kW (680 PS) auf einen verbesserten VDM-Propeller abgab. Diese Maschinen rüsteten vier Gruppen aus, von denen StG 163 drei Exemplare zur Legion Condor in Spanien abstellte. 1939 wurden sämtliche Flugzeuge der A-Serien zu Ausbildungseinheiten versetzt und die wachsende Zahl der Stukageschwader mit der erheblich leistungsstärkeren Version Ju 87B ausgerüstet. Abgesehen von schnittigeren Radverkleidungen lag der Hauptunterschied in der verdoppelten Antriebsleistung durch den neuen Motor Jumo 211A in Verbindung mit einem breitblättrigen, auf gleiche Drehzahl geregelten Propeller. Die erste Unterbaureihe B-1 erhielt den 895 kW (1200 PS) starken Jumo 211Da mit Einspritzanlage zur Verhütung von Vereisung und Motoraussetzern beim Rückenflug und bei Manövern mit negativer g-Belastung (die Ju 87 war voll kunstflugtauglich). Eine weitere wichtige Einrichtung bestand in der Sturzflugautomatik, die der Pilot auf eine bestimmte Abfanghöhe einstellen konnte. Nach zehn vorgeschriebenen Einzelmaßnahmen fuhr der Pilot die Bremsklappen aus, die

Dieses Foto, eine der wenigen existierenden Farbaufnahmen aus dem Zweiten Weltkrieg, entstand vom hinteren Sitz einer Ju 87B-2 beim Flug der StG 77 über dem Balkan – vermutlich nach einem Stuka-Einsatz gegen britische Schiffe während der Schlacht um Kreta.

Junkers Ju 87 Stuka

Die Verwendung der Ju 87 durch die italienische Regia Aeronautica führte zu der irrigen Annahme, das Muster werde als Breda 201 in Italien gebaut. Diese Ju 87B-2 war im September 1941 in Gars el Arid stationiert und gehörte zur 209. Squadriglia, 101. Gruppo Autonomo (selbständige Gruppe).

Diese Ju 87B-2 zeigt das weiße Tarnkleid für den Winter 1941/42, aber auch das gelbe Rumpfband, das zu dem Zeitpunkt an der Ostfront gültig war. Die Maschine unterstand Stab II/StG 1 (vormals III/StG 51), dessen Wappen an der Motorverkleidung zu sehen ist. Die Nase am Hauptfahrwerk birgt die Heulsirene.

automatisch den Sturzflug einleiten. Den Winkel bestimmte er, indem er den Sichthorizont mit roten Strichmarkierungen für bestimmte Sturzwinkel an der Fronthaube in Übereinstimmung brachte. Anschließend visierte der Pilot das Ziel wie im Jagdflugzeug an und benutzte die Querruder, um die korrekte Bombenlinie zu erwischen. Häufig wurde der Sturzflug im Winkel von 90° ausgeführt, eingeleitet durch ein Abkippen über die Fläche direkt über dem Ziel. Kurioserweise war die Ju 87 eines der Flugzeuge, bei denen man im senkrechten Sturzflug nie das Gefühl hatte, die Vertikale überschossen zu haben. Tatsächlich schien sie im harten Sturz eher zu Hause als im normalen Marschflug, bei dem sich ihre Verwundbarkeit, hervorgehoben durch das transparente Kabinendach bis in Ellbogenhöhe, nur allzu deutlich zeigte. Wenn das Warnlicht am Einstellhöhenmesser aufleuchtete, drückte der Stukaflieger einen Knopf am oberen Ende des Steuerknüppels, um die Maschine mit 6 g automatisch aus dem Sturzmanöver auszuleiten, gewöhnlich in 450 m über Grund. Klappte dies nicht, mußte der Pilot seine ganze Körperkraft aufbieten und den Knüppel, unter behutsamer Zuhilfenahme der Höhentrimmung, nach hinten ziehen.

Die übliche Bombenlast der Ju 87B war eine SC500 (500-kg-Bombe) an Armen, die aus dem Bauch hervortraten, um die Waffe in gebührendem Abstand zum Propeller freizugeben. Die Geschwindigkeit steigerte sich auf rund 550 km/h, und es wurde zur Gewohnheit, die Stukas zusätzlich mit Sirenen am Fahrwerk, den sogenannten „Posaunen von Jericho", auszustatten. Für Einsätze über kurze Entfernungen ließen sich auch vier SC50 (50-kg-Bomben) unter die Flächen hängen. Der Pilot konnte ein Maschinengewehrpaar MG 17, Kaliber 7,92 mm, betätigen, das in den Flächen außerhalb des Knicks lafettiert war, und der Bordfunker ein MG 15 gleichen Kalibers zur Abwehr nach oben und hinten. Die Fertigung wurde von Dessau zu Weser Flugzeugbau in das große ovale Gebäude auf dem Flughafen Berlin-Tempelhof verlagert. Drei B-1 flogen den ersten Kampfeinsatz des Zweiten Weltkriegs, als sie um 4.26 Uhr am 1. September 1939 in Elbau starteten und um 4.34 Uhr, elf Minuten nach der Kriegserklärung Deutschlands gegen Polen, die Zufahrten zur Dirschauer Brücke über die Wisla zerstörten. Im weiteren Feldzug gegen Polen vernichteten die Ju 87B-1 alle polnischen Schiffe bis auf zwei und bombardierten die polnischen Truppen nicht selten nur 100 Meter vor den deutschen Angriffsspitzen. Am Bahnhof Piotrkow löschten sie eine ganze polnische Infanteriedivision aus.

Flugzeugträgervariante

Neben der verbesserten Version Ju 87B-2, die als Einsitzer eine SC1000 (1000-kg-Bombe) mitführen konnte, fertigte Weser eine Nullserie Ju 87C-0 mit faltbaren Flächen, Katapultbeschlägen, Schwimmern und absprengbarem Fahrwerk, um sie für den Einsatz an Bord

Aufriß-Erläuterung zur Junkers Ju 87D-3

1 Propellerhaube
2 Propellerregler
3 Blattnabe
4 Junkers VS 11 Verstellpropeller
5 Vibrationsdämpfer der Motoraufhängung
6 Öleinfüllstutzen/Meßstab
7 Hilfsschmierölbehälter, Kapazität 26,8 Liter
8 Junkers Jumo 211J-1, flüssigkeitsgekühlter 12-Zylinder-Reihenmotor
9 Motorträger-Schmiedestück aus Magnesiumlegierung
10 Kühlmittelbehälter (Glysantin-Flüssigkeit)
11 Auspuffstutzen
12 Einspritzanlage
13 Ansaugöffnung
14 gepanzerter Luftkühler
15 Anschluß für Kurbelanlasser
16 Kugelgelenkbefestigung Motorträger/Spant (unten)
17 Stahlrohrstützstrebe der Motoraufhängung
18 Panzerboden (8 mm)
19 Hauptschmierölbehälter, Kapazität 45 Liter
20 Öleinfüllstutzen
21 Querschott
22 Seitenruderpedale
23 Steuerknüppel
24 Vorwärmung
25 Luftstutzen
26 Kugelgelenkbefestigung Motorträger/Spant (oben)
27 Frontschott
28 Schmierölbehälter, Kapazität 31 Liter
29 Öleinfüllstutzen/Meßstab
30 Tankdeckel
31 selbstdichtender äußerer Treibstofftank (steuerbord), Fassungsvermögen 150 Liter
32 Unterflügelbombe mit Dienartstab (Abstandszünder)
33 Staurohr
34 Sauerstoffkugelbehälter
35 Tragflächenbeplankung
36 Positionsleuchte (steuerbord)
37 Querruder-Massenausgleich
38 Querruder/Junkers „Doppelflügel", Außenteil (steuerbord)
39 Querrudergelenk
40 gewellte Flügelrippe
41 Panzerglas-Frontscheibe
42 Reflex-Visier
43 Aufprallschutz

142

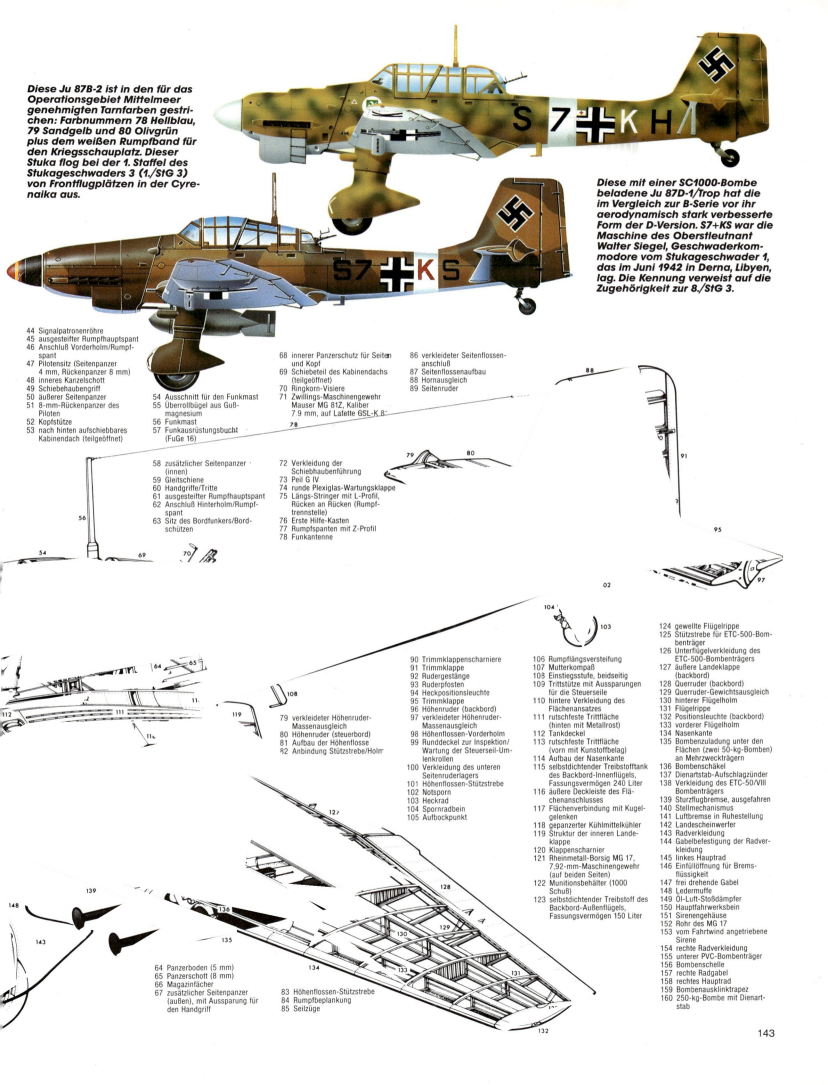

Diese Ju 87B-2 ist in den für das Operationsgebiet Mittelmeer genehmigten Tarnfarben gestrichen: Farbnummern 78 Hellblau, 79 Sandgelb und 80 Olivgrün plus dem weißen Rumpfband für den Kriegsschauplatz. Dieser Stuka flog bei der 1. Staffel des Stukageschwaders 3 (1./StG 3) von Frontflugplätzen in der Cyrenaika aus.

Diese mit einer SC1000-Bombe beladene Ju 87D-1/Trop hat die im Vergleich zur B-Serie vor ihr aerodynamisch stark verbesserte Form der D-Version. S7+KS war die Maschine des Oberstleutnant Walter Siegel, Geschwaderkommodore vom Stukageschwader 1, das im Juni 1942 in Derna, Libyen, lag. Die Kennung verweist auf die Zugehörigkeit zur 8./StG 3.

44 Signalpatronenröhre
45 ausgesteifter Rumpfhauptspant
46 Anschluß Vorderholm/Rumpfspant
47 Pilotensitz (Seitenpanzer 4 mm, Rückenpanzer 8 mm)
48 inneres Kanzelschott
49 Schiebehaubengriff
50 äußerer Seitenpanzer
51 8-mm-Rückenpanzer des Piloten
52 Kopfstütze
53 nach hinten aufschiebbares Kabinendach (teilgeöffnet)
54 Ausschnitt für den Funkmast
55 Überrollbügel aus Gußmagnesium
56 Funkmast
57 Funkausrüstungsbucht (FuGe 16)
58 zusätzlicher Seitenpanzer (innen)
59 Gleitschiene
60 Handgriffe/Tritte
61 ausgesteifter Rumpfhauptspant
62 Anschluß Hinterholm/Rumpfspant
63 Sitz des Bordfunkers/Bordschützen
64 Panzerboden (5 mm)
65 Panzerschott (8 mm)
66 Magazinfächer
67 zusätzlicher Seitenpanzer (außen), mit Aussparung für den Handgriff
68 innerer Panzerschutz für Seiten und Kopf
69 Schiebeteil des Kabinendachs (teilgeöffnet)
70 Ringkorn-Visiere
71 Zwillings-Maschinengewehr Mauser MG 81Z, Kaliber 7,9 mm, auf Lafette GSL-K 81
72 Verkleidung der Schiebhaubenführung
73 Peil G IV
74 runde Plexiglas-Wartungsklappe
75 Längs-Stringer mit L-Profil, Rücken an Rücken (Rumpftrennstelle)
76 Erste Hilfe-Kasten
77 Rumpfspanten mit Z-Profil
78 Funkantenne
79 verkleideter Höhenruder-Massenausgleich
80 Höhenruder (steuerbord)
81 Aufbau der Höhenflosse
82 Anbindung Stützstrebe/Holm
83 Höhenflossen-Stützstrebe
84 Rumpfbeplankung
85 Seilzüge
86 verkleideter Seitenflossenanschluß
87 Seitenflossenaufbau
88 Hornausgleich
89 Seitenruder
90 Trimmklappenscharniere
91 Trimmklappe
92 Rudergestänge
93 Ruderpfosten
94 Heckpositionsleuchte
95 Trimmklappe
96 Höhenruder (backbord)
97 verkleideter Höhenruder-Massenausgleich
98 Höhenflossen-Vorderholm
99 Runddeckel zur Inspektion/Wartung der Steuerseil-Umlenkrollen
100 Verkleidung des unteren Seitenruderlagers
101 Höhenflossen-Stützstrebe
102 Notsporn
103 Heckrad
104 Spornradbein
105 Aufbockpunkt
106 Rumpflängsversteifung
107 Mutterkompaß
108 Einstiegsstufe, beidseitig
109 Trittstütze mit Aussparungen für die Steuerseile
110 hintere Verkleidung des Flächenansatzes
111 rutschfeste Trittfläche (hinten mit Metallrost)
112 Tankdeckel
113 rutschfeste Trittfläche (vorn mit Kunststoffbelag)
114 Aufbau der Nasenkante
115 selbstdichtender Treibstofftank des Backbord-Innenflügels, Fassungsvermögen 240 Liter
116 äußere Deckleiste des Flächenanschlusses
117 Flächenverbindung mit Kugelgelenken
118 gepanzerter Kühlmittelkühler
119 Struktur der inneren Landeklappe
120 Klappenscharnier
121 Rheinmetall-Borsig MG 17, 7,92-mm-Maschinengewehr (auf beiden Seiten)
122 Munitionsbehälter (1000 Schuß)
123 selbstdichtender Treibstoff des Backbord-Außenflügels, Fassungsvermögen 150 Liter
124 gewellte Flügelrippe
125 Stützstrebe für ETC-500-Bombenträger
126 Unterflügelverkleidung des ETC-500-Bombenträgers
127 äußere Landeklappe (backbord)
128 Querruder (backbord)
129 Querruder-Gewichtsausgleich
130 hinterer Flügelholm
131 Flügelrippe
132 Positionsleuchte (backbord)
133 vorderer Flügelholm
134 Nasenkante
135 Bombenzuladung unter den Flächen (zwei 50-kg-Bomben) an Mehrzweckträgern
136 Bombenschäkel
137 Dienartstab-Aufschlagzünder
138 Verkleidung des ETC-50/VIII Bombenträgers
139 Sturzflugbremse, ausgefahren
140 Stellmechanismus
141 Luftbremse in Ruhestellung
142 Landescheinwerfer
143 Radverkleidung
144 Gabelbefestigung der Radverkleidung
145 linkes Hauptrad
146 Einfüllöffnung für Bremsflüssigkeit
147 frei drehende Gabel
148 Ledermuffe
149 Öl-Luft-Stoßdämpfer
150 Hauptfahrwerksbein
151 Sirenengehäuse
152 Rohr des MG 17
153 vom Fahrtwind angetriebene Sirene
154 rechte Radverkleidung
155 unterer PVC-Bombenträger
156 Bombenschelle
157 rechte Radgabel
158 rechtes Hauptrad
159 Bombenausklinktrapez
160 250-kg-Bombe mit Dienartstab

Junkers Ju 87 Stuka

des Flugzeugträgers Graf Zeppelin tauglich zu machen. Dieser wurde allerdings nie fertiggestellt. Ein anderer Verwandter der B-Serie war die Ju 87R mit größerer Reichweite und leichterer Bombenzuladung zugunsten zusätzlichen Treibstoffs für Langstreckenangriffe gegen Schiffskonvois. Sie wurden rechtzeitig für den Norwegen-Feldzug und den anschließenden Einsatz auf den Kriegsschauplätzen des Balkans, in Griechenland und im Mittelmeerraum in Dienst gestellt. Mit einer Ju 87R wurde ein großer Behälter im Hauptbombengeschirr zum Transport von Ersatzteilen und anderer Fracht erprobt.

Während der ersten zwei Kriegsjahre richteten die Ju 87B und ihre Abkömmlinge in ganz Europa schwere Zerstörungen an. Nur über England mußten sie hohe Verluste hinnehmen. So wurden zwischen dem 13. und 18. August 1940 41 Stukas abgeschossen. Ab 19. August flogen sie daher keine Einsätze mehr gegen britische Ziele. Die Ju 87 hatte bereits nachgewiesen, daß sie bei deutscher Luftüberlegenheit die britischen Radarstationen an der Küste ausschalten konnte. Dieselben Radargeräte versetzten aber auch die RAF-Jäger in die Lage, sie mit tödlicher Sicherheit abzufangen und auf einen Schlag ihre Verwundbarkeit zu offenbaren. Das Muster war auf der Grundlage eines wirkungsvollen Jagdschutzes entwickelt worden, und unter solchen Voraussetzungen hatte es einen Wirkungsgrad erreicht, der in Großbritannien zu einem Aufschrei bei Soldaten, Journalisten und Politikern

TECHNISCHE DATEN

Junkers Ju 87G-1
Typ: Panzerjäger
Triebwerk: ein Junkers-Jumo-211J-1-Reihenmotor mit 1044 kW (1400 PS)
Leistung: Höchstgeschwindigkeit etwa 314 km/h; Marschgeschwindigkeit rund 190 km/h; Steigleistung und Dienstgipfelhöhe nicht bekannt; Einsatzradius rund 320 km
Gewicht: Leermasse rund 4400 kg; max. Startmasse rund 6600 kg
Abmessungen: Spannweite 15,00 m; Länge 11,50 m; Höhe 3,90 m; Tragflügelfläche 33,69 m²
Bewaffnung: zwei BK 3,7-cm-Kanonen und ein 7,92-mm-Maschinengewehr MG 81 auf Schwenklafette plus Bombenlast, wenn die Kanonen unter den Flächen nicht mitgeführt wurden

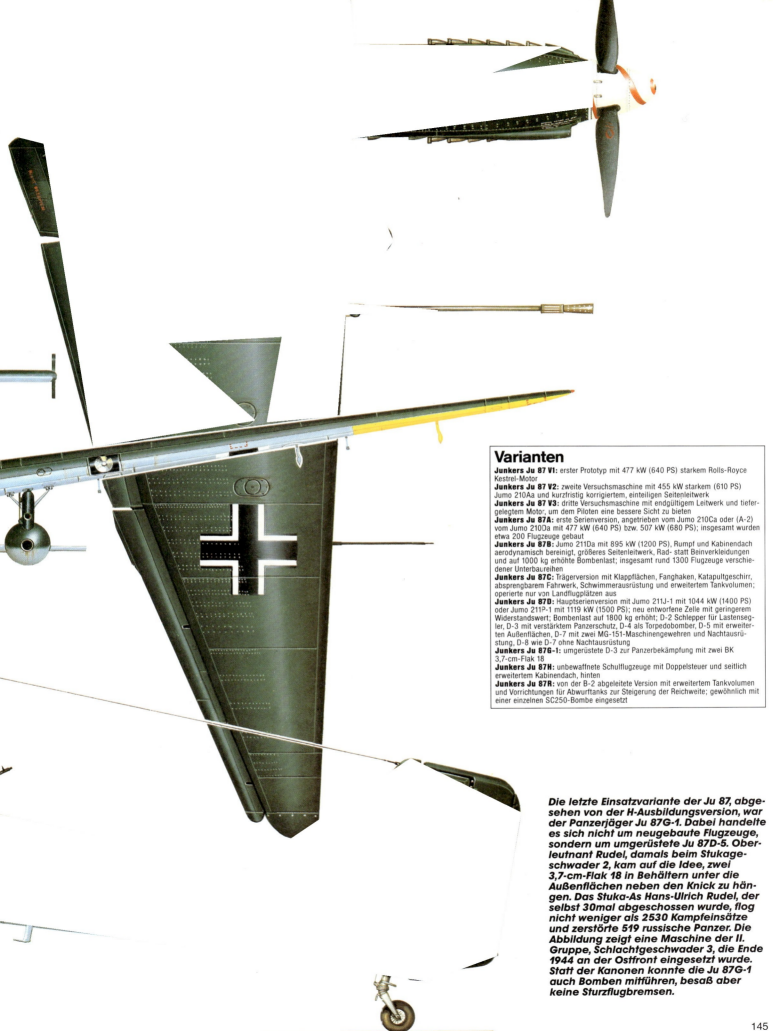

Varianten

Junkers Ju 87 V1: erster Prototyp mit 477 kW (640 PS) starkem Rolls-Royce Kestrel-Motor
Junkers Ju 87 V2: zweite Versuchsmaschine mit 455 kW starkem (610 PS) Jumo 210Aa und kurzfristig korrigiertem, einteiligen Seitenleitwerk
Junkers Ju 87 V3: dritte Versuchsmaschine mit endgültigem Leitwerk und tiefergelegtem Motor, um dem Piloten eine bessere Sicht zu bieten
Junkers Ju 87A: erste Serienversion, angetrieben vom Jumo 210Ca oder (A-2) vom Jumo 210Da mit 477 kW (640 PS) bzw. 507 kW (680 PS); insgesamt wurden etwa 200 Flugzeuge gebaut
Junkers Ju 87B: Jumo 211Da mit 895 kW (1200 PS), Rumpf und Kabinendach aerodynamisch bereinigt, größeres Seitenleitwerk, Rad- statt Beinverkleidungen und auf 1000 kg erhöhte Bombenlast; insgesamt rund 1300 Flugzeuge verschiedener Unterbaureihen
Junkers Ju 87C: Trägerversion mit Klappflächen, Fanghaken, Katapultgeschirr, absprengbarem Fahrwerk, Schwimmerausrüstung und erweitertem Tankvolumen; operierte nur von Landflugplätzen aus
Junkers Ju 87D: Hauptserienversion mit Jumo 211J-1 mit 1044 kW (1400 PS) oder Jumo 211P-1 mit 1119 kW (1500 PS); neu entworfene Zelle mit geringerem Widerstandswert; Bombenlast auf 1800 kg erhöht; D-2 Schlepper für Lastensegler, D-3 mit verstärktem Panzerschutz, D-4 als Torpedobomber, D-5 mit erweiterten Außenflächen, D-7 mit zwei MG-151-Maschinengewehren und Nachtausrüstung, D-8 wie D-7 ohne Nachtausrüstung
Junkers Ju 87G-1: umgerüstete D-3 zur Panzerbekämpfung mit zwei BK 3,7-cm-Flak 18
Junkers Ju 87H: unbewaffnete Schulflugzeuge mit Doppelsteuer und seitlich erweitertem Kabinendach, hinten
Junkers Ju 87R: von der B-2 abgeleitete Version mit erweitertem Tankvolumen und Vorrichtungen für Abwurftanks zur Steigerung der Reichweite; gewöhnlich mit einer einzelnen SC250-Bombe eingesetzt

Die letzte Einsatzvariante der Ju 87, abgesehen von der H-Ausbildungsversion, war der Panzerjäger Ju 87G-1. Dabei handelte es sich nicht um neugebaute Flugzeuge, sondern um umgerüstete Ju 87D-5. Oberleutnant Rudel, damals beim Stukageschwader 2, kam auf die Idee, zwei 3,7-cm-Flak 18 in Behältern unter die Außenflächen neben den Knick zu hängen. Das Stuka-As Hans-Ulrich Rudel, der selbst 30mal abgeschossen wurde, flog nicht weniger als 2530 Kampfeinsätze und zerstörte 519 russische Panzer. Die Abbildung zeigt eine Maschine der II. Gruppe, Schlachtgeschwader 3, die Ende 1944 an der Ostfront eingesetzt wurde. Statt der Kanonen konnte die Ju 87G-1 auch Bomben mitführen, besaß aber keine Sturzflugbremsen.

Kein Bild könnte die umgekehrten Knickflügel des Stukas besser zur Geltung bringen als diese Aufnahme, die der Pilot eines Begleitflugzeugs durch die Frontscheibe schoß. Diese Ju 87B von 1940 zeigt noch die aus vier Buchstaben bestehende Werkskennung und befand sich möglicherweise auf einem von Tempelhof aus durchgeführten Werksflug. Aus diesem Blickwinkel sind die Sturzflugbremsen klar zu erkennen, nicht aber die Junkers „Doppelflügel".

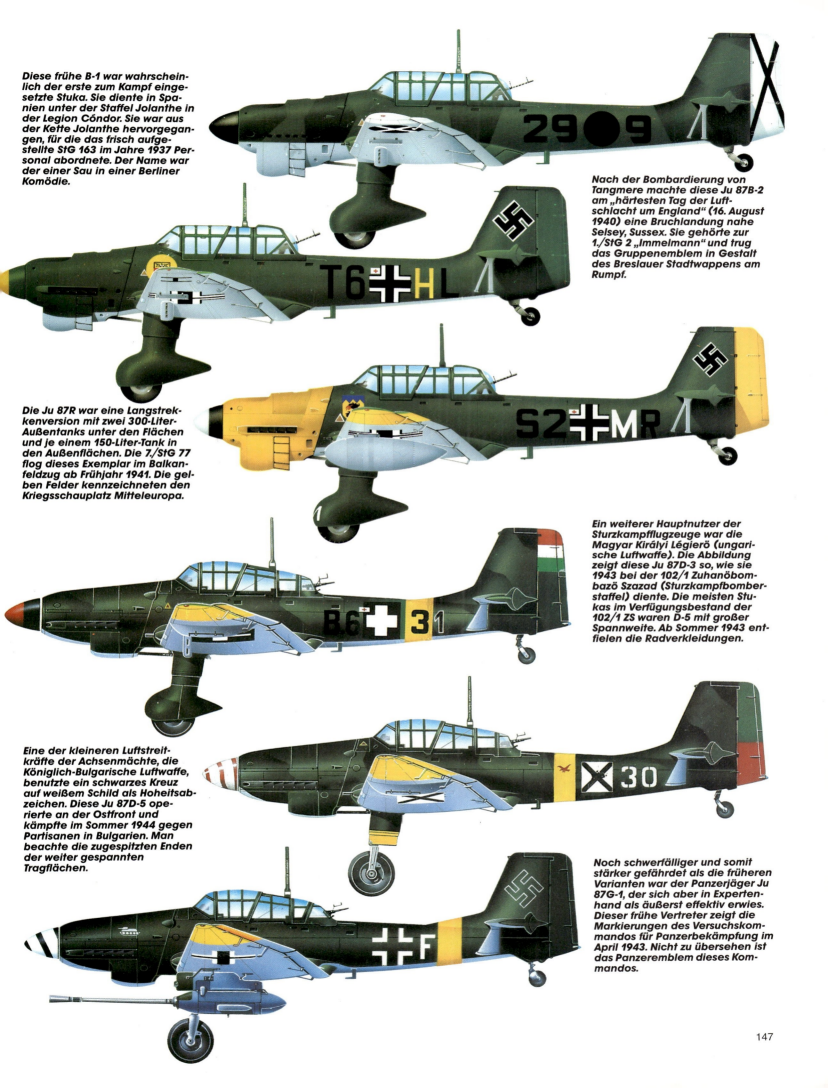

Diese frühe B-1 war wahrscheinlich der erste zum Kampf eingesetzte Stuka. Sie diente in Spanien unter der Staffel Jolanthe in der Legion Cóndor. Sie war aus der Kette Jolanthe hervorgegangen, für die das frisch aufgestellte StG 163 im Jahre 1937 Personal abordnete. Der Name war der einer Sau in einer Berliner Komödie.

Nach der Bombardierung von Tangmere machte diese Ju 87B-2 am „härtesten Tag der Luftschlacht um England" (16. August 1940) eine Bruchlandung nahe Selsey, Sussex. Sie gehörte zur 1./StG 2 „Immelmann" und trug das Gruppenemblem in Gestalt des Breslauer Stadtwappens am Rumpf.

Die Ju 87R war eine Langstreckenversion mit zwei 300-Liter-Außentanks unter den Flächen und je einem 150-Liter-Tank in den Außenflächen. Die 7./StG 77 flog dieses Exemplar im Balkanfeldzug ab Frühjahr 1941. Die gelben Felder kennzeichneten den Kriegsschauplatz Mitteleuropa.

Ein weiterer Hauptnutzer der Sturzkampfflugzeuge war die Magyar Királyi Légierö (ungarische Luftwaffe). Die Abbildung zeigt diese Ju 87D-3 so, wie sie 1943 bei der 102/1 Zuhanóbombazó Szazad (Sturzkampfbomberstaffel) diente. Die meisten Stukas im Verfügungsbestand der 102/1 ZS waren D-5 mit großer Spannweite. Ab Sommer 1943 entfielen die Radverkleidungen.

Eine der kleineren Luftstreitkräfte der Achsenmächte, die Königlich-Bulgarische Luftwaffe, benutzte ein schwarzes Kreuz auf weißem Schild als Hoheitsabzeichen. Diese Ju 87D-5 operierte an der Ostfront und kämpfte im Sommer 1944 gegen Partisanen in Bulgarien. Man beachte die zugespitzten Enden der weiter gespannten Tragflächen.

Noch schwerfälliger und somit stärker gefährdet als die früheren Varianten war der Panzerjäger Ju 87G-1, der sich aber in Expertenhand als äußerst effektiv erwies. Dieser frühe Vertreter zeigt die Markierungen des Versuchskommandos für Panzerbekämpfung im April 1943. Nicht zu übersehen ist das Panzeremblem dieses Kommandos.

147

Junkers Ju 87 Stuka

führte: „Wo bleiben unsere Sturzkampfflugzeuge?" In Wirklichkeit besaß das Land Sturzkampfbomber, zum Beispiel die Blackburn Skua und die Hawker Henley, doch sie spielten in diesem Krieg kaum eine Rolle. So entbrannte im Vereinigten Königreich ein heftiger Streit über das Sturzkampfbomberkonzept.

Die Ju 87 galt im Grunde schon zu Kriegsbeginn vom Entwurf her als überholt. Wie bei zahlreichen anderen Mustern der Luftwaffe wurde das geplante Produktionsende mangels Ersatz immer weiter aufgeschoben. Wie im Falle der Messerschmitt Bf 110 und He 111 stieg der Ausstoß der Ju 87 von 1941 bis 1944 noch an. Der Standardgrundtyp während dieser Zeit war die Ju 87D, 1940 entworfen, Anfang 1941 erstmals geflogen und Ende 1941 an den Fronten im Osten und in Nordafrika eingesetzt. Diese Version wurde vom Jumo 211J-1 mit 1044 kW (1400 PS) in Verbindung mit einem VS-11-Propeller angetrieben, der sehr breite Blätter hatte. Beide zusammen ergaben eine ordentliche Leistungssteigerung, die man für eine schwerere Bombenzuladung nutzte. Die Höchstlast stieg auf 1800 kg, und das Hauptbombengeschirr konnte eine panzerbrechende PC1400 aufnehmen. Die Schlösser unter den Flächen ließen sich mit SC500 oder einer Vielzahl anderer Lasten, darunter Waffenbehälter mit 20-mm-Zwillingskanonen oder sechs MG-81-Maschinengewehren, Kaliber 7,92 mm, beladen. Die defensive Heckwaffe war einem Paar MG 81 gewichen, sehr leichten, aber schnell feuernden Waffen mit Gurtzuführung statt der Magazine mit 75 Schuß Munition. Zudem hatte man das Flugzeug in bezug auf Widerstand bereinigt, und die wirkungsvollste Verbesserung ergaben Neuerungen an Motorverkleidung und Kabinendach. Auch das Fahrwerk wurde überholt, doch ab 1942 verzichtete man zunehmend auf die Verkleidungen der Haupträder.

Die am stärksten vertretene Variante war die Ju 87D-3, deren verbesserter Panzerschutz die zunehmende Verwendung des Musters als Schlachtflugzeug widerspiegelte. Ab 1942 mußten sämtliche Versionen häufig andere Aufgaben, wie das Schleppen von Lastenseglern, Partisanenbekämpfung und Transportflüge mit vielfältiger Ladung, übernehmen. Eine kleine Zahl Ju 87D-4 wurde noch als Torpedobomber ausgerüstet, doch die nächste Hauptvariante war die Ju 87D-5 mit erweiterten Außenflächen, um dem beträchtlichen Gewichtszuwachs der Ju 87D-Version zu begegnen. Die wachsende Gefahr der Tagoperationen führte zur Nachtvariante Ju 87D-7 mit dem stärkeren Jumo 211P und langen, über die Flächen nach hinten geführten Auspuffrohren. Wie bei der Ju 87D-8 für Tageinsätze hatte man anstelle von Maschinengewehren 20-mm-MG 151 in die Flächen eingebaut und die Sturzflugbremsen abgeschafft. Die Ju 87D-8 war die letzte Serienversion; bis Ende September 1944 wurden insgesamt 5709 Junkers Ju 87 gefertigt.

Panzerjagd

Es waren noch mehrere Anschlußversionen geplant, darunter die Ju 87F und die Ju 187, aber neue Stuka-Varianten entstanden nur noch durch Umrüstungen der Ju 87D. Von der wichtigsten Unterbaureihe, der Ju 87G, kam allerdings nur die Ju 78G-1 zum Einsatz. Die Ju 87G war auf die Panzerabwehr spezialisiert und mit zwei BK 3,7-cm-Flak 18 unter den Flächen bewaffnet. Diese 3,7-cm-Bordkanone stellte eine mörderische Waffe dar, über 363 kg schwer und gewöhnlich bei der Flugabwehrtruppe am Boden eingesetzt. 1942 hatte man diese Rohrwaffe versuchsweise in eine umgerüstete Ju 87D-5 eingebaut, und diese Maschine zeigte sich effektiver als manch anderer Panzerabwehrtyp der Luftwaffe. Mit panzerbrechender Munition besaß die BK 3,7-Flak-18 eine Mündungsgeschwindigkeit von 850 m/sek. Hans-Ulrich Rudel soll mit der Ju 87G-1 allein 519 sowjetische Panzer abgeschossen haben. Er flog 2530 Kampfeinsätze und führte noch Stuka-Verbände bei Tageslicht zu Feindflügen, als andere Stukagruppen ihr verletzliches Muster längst gegen die Focke-Wulf Fw 190 eingetauscht hatten. Eine andere Umrüstvariante der Baureihe Ju 87D war die Schulmaschine Ju 87H mit Doppelsteuer. Anfangs hielt man eine Ausbildungsversion für nicht erforderlich, doch 1943 erforderte das Überleben in einer Ju 87 ein so hohes Maß an Geschicklichkeit, daß selbst erfahrene Bomber- und Jagdpiloten vor ihrer Verwendung in den dezimierten Stukagruppen an der Ostfront eine gründliche Einweisung erhalten mußten. Von nahezu allen Unterbaureihen der Ju 87D gab es umgerüstete H-Schulmaschinen, die die jeweilige Endziffer beibehielten. Rein äußerlich unterschieden sie sich durch die fehlende Bewaffnung und das seitlich erweiterte hintere Kabinendach, das dem Fluglehrer eine gewisse Sicht nach vorn bieten sollte.

Sand und Schnee

Alle Versionen ließen sich mit Tropenausrüstung einschließlich Sand-/Staubfilter versehen. An der Ostfront operierten im Winter viele Stukas mit Schneekufen. Daneben gab es etliche Versuchsvarianten, vor allem zur Waffenerprobung für neue Muster. Eines der erstaunlichsten Testprogramme betraf eine Ju 87D-3, die mit großen stromlinienförmigen Passagiergondeln auf den Flächen ausgerüstet war. Dahinter stand die Idee, die Ju 87 als Einsatzmuster an der Ostfront zum Absetzen von Agenten hinter den feindlichen Linien zu nutzen. Das Experiment lief Anfang 1944 beim Forschungsinstitut Graf Zeppelin in Ruit an. Der endgültige Kabinenentwurf sah Tandemsitze vor, deren Insassen in Flugrichtung blickten, und die Gondeln waren weitgehend verglast, um dem Piloten eine gewisse Sicht zu den Seiten zu ermöglichen. Im flachen Sinkflug würde der Entfaltungsstoß großer Bremsschirme beide Behälter von den Flächen ziehen. Es gibt allerdings keinen Beleg dafür, daß dies jemals geschah, obwohl die Gondeln bei Flügen mit Personen besetzt waren. Die Ju 87 diente bei allen Luftwaffen der Achsenmächte. Als die Briten Ju 87 mit italienischen Markierungen beobachteten, hegten sie die völlig falsche Annahme, dieses Muster werde in Italien gefertigt, und man verbreitete sogar die erfundene Typenbezeichnung Breda 201 Picchiatelli. In Wirklichkeit war jede Ju 87 ab 1939 bei Weser in Tempelhof entstanden.

Von der Witterung gezeichnet sind diese Ju 87B-2 der II./StG 1 an der Ostfront, vermutlich im Herbst 1941. Weitere neun Ju 87 fliegen weiter entfernt, steuerbord, in geringerer Höhe. Die Maschinen befinden sich vermutlich auf dem Rückflug nach einem Kampfeinsatz, da die Bombenträger leer sind. Noch gab es die Radverkleidungen.

Bei der Ju 87D-5 führte man ein Tragwerk größerer Spannweite für schwere Waffenzuladungen ein. Diese D-5 wurde beim Endanflug zur Landung mit voll ausgefahrenen Klappen nach der Rückkehr von einem Einsatz der 8./StG 2 im Raum Kursk im Sommer 1943 fotografiert. Ihre Kodegruppe lautete T6+AS, wobei T6 für StG 2 selbst stand.

Handley Page Halifax

Die Halifax war einer der drei schweren Bomber Großbritanniens im Zweiten Weltkrieg. Wie die Lancaster entstand sie als zweimotoriges Muster, mußte aber einem Neuentwurf unterzogen werden. Der Kriegsausbruch in Europa sorgte dafür, daß der Typ bereits Anfang 1941 zum Einsatz kam. Die Halifax blieben den Einsatzgeschwadern erhalten, bis das Bomberkommando seinen Auftrag erfüllt hatte.

Die Geschichte der Halifax begann mit der Spezifikation B.1/35 für einen größeren Bomber als Nachfolger der Vickers Wellington. Das Konstruktionsteam bei Handley Page in Cricklewood, geleitet von George Volkert, reichte einen Entwurf mit zwei Hercules-Motoren ein, und im Oktober 1935 erging ein Serienauftrag. 1936 kam die Spezifikation P.13/36 für einen schnelleren taktischen Bomber heraus, und die Firma wies darauf hin, daß sich ihr Entwurf B.1/35 ohne weiteres durch eine aktualisierte Konstruktion, die den höheren Anforderungen genüge, ersetzen lasse. Die Spannweite von 28,96 m wurde auf 27,43 m zurückgenommen, und obwohl Volkert auf zwei Entwicklungsphasen drängte – die erste mit Bristol Hercules und die zweite mit Rolls-Royce-Vulture-Antrieb –, gab das Air Ministry im April 1937 zwei Prototypen der H.P.56 mit Vulture-Motoren in Auftrag. Das Muster sollte ein Tragflächenmittelstück in Rechteckform, Außenflügel, die sich an der Vorderkante nach außen hin verjüngten, und doppelte Seitenflossen erhalten. Als Bewaffnung waren Boulton-Paul-Türme in Bug (zwei Browning-7,7-mm-MGs) und Heck (vier Browning-7,7-mm-MGs) sowie zwei handbediente Vickers „K" (7,7-mm-MGs) zur Abwehr von seitlich angreifenden Jägern vorgesehen.

Handley Page kamen zunehmend stärkere Bedenken in bezug auf das Vulture-Triebwerk, und am 3. September 1937 erhielt das Unternehmen die Genehmigung zur Konstruktion der weitgehend geänderten H.P.57. Die bisherigen Prototyp-Seriennummern L7244 und L7245 blieben jedoch erhalten. Die H.P.57 sollte von vier Rolls-Royce Merlin der Bauart Mk X mit zweistufigem Lader angetrieben werden, wie man sie bereits für die Armstrong Whitworth Whitley und Wellington bestimmt hatte. Als Avro sich drei Jahre später vom Vulture verabschieden und auf vier Merlin-Motoren umstellen mußte, erwies es sich als überaus vorteilhaft, daß man für die Bristol Beaufighter ein ausgezeichnetes „Merlin-Kraftei" entwickelt hatte. Das Ergebnis war, daß sich die Lancaster mit wenigen Änderungen zur Manchester umwandeln ließ – mit einem weitaus besser gelungenen neuen Gefüge von Propellern, Motorgehäusen und Tragflügeln als von Chefingenieur Roy Chadwick vorausgesagt. Im Gegensatz dazu mußte Volkerts Abteilung 1937 mit der H.P.57 fast von vorn beginnen, und ihre Propeller-, Motorgehäuse- und Flügelanordnung hätte kaum schlechter ausfallen können. Der Rumpf des neuen Bombers war etwas größer, und die nunmehr 20,12 m weit gespannten Tragflächen spitzten sich fast gleichmäßig an Vorder- und Hinterkante zu. Wie bei der H.P.56 hatte man große Vorflügel in die Nasenkante der Außenflächen eingearbeitet.

Um die beträchtlich verzögerte Entwicklung voranzutreiben, entschied man sich, die L7244 zügig fertigzustellen und die Waffentürme sowie andere Ausrüstungskomponenten erst in die L7245 einzubauen. Ende 1938 traf ein vorläufiger Auftrag über 100 Serienbomber ein, der Anfang 1939 bestätigt wurde. Inzwischen hatte das Muster den Namen Halifax erhalten. Die Firma English Electric Co. in Preston wurde angewiesen, auf die Serienproduktion der Handley Page Hampden die Fertigung des neuen Bombers in unbegrenzter Zahl folgen zu lassen. Wegen der Länge und Beschaffenheit der Piste in Preston und aus Sicherheitsgründen wurde die L7244 per Lastkraftwagen bei Nacht zum RAF-Fliegerhorst transportiert, wo die Endmontage stattfinden sollte. Am 25. Oktober 1939 startete Cheftestpilot Major Jim Cordes mit dieser Halifax zum Jungfernflug – unter den Augen Hunderter von Zuschauern, die offensichtlich von weit her angereist waren, um den neuen Bomber zu sehen. Es gab keine gravierenden Mängel, und am 17. August 1940 folgte in Radlett die zweite Halifax mit kompletter Bewaffnung und Einsatzausrüstung. Abgesehen von Rotol-Propel-

Farbfilmmaterial war während des Zweiten Weltkriegs in England ausgesprochen knapp, und Luft-Luft-Fotos in Farbe sind daher echte Raritäten. Diese beiden Halifax Mk II von No. 35 Squadron, der ersten Einheit, die mit diesem Typ ausgerüstet wurde, befinden sich hier auf einem Testflug in der Nähe von Linton-on-Ouse.

Handley Page Halifax

HX227 war die zweite Halifax Mk III. Sie übernahm die Zelle der neuesten Mk-II-Serie 1A mit großen Seitenflossen, Defiant-Waffenturm auf dem mittleren Rumpfrücken und einem Maschinengewehr oder einem H_2S-Radargerät unter dem Bauch. Den Antrieb lieferten schiebergesteuerte Sternmotoren vom Typ Bristol Hercules XVI.

BB324 war eine H.P.59 Mk II Series 1 (Special), bei der man auf einen Teil der Abwehrbewaffnung zugunsten besserer Flugleistungen verzichtete. Diese 1942 von der LAPG (London Aircraft Production Group) gefertigte Halifax wurde der 1941 aufgestellten No. 10 Squadron in Melbourne, East Yorkshire, zugeteilt.

lern aus vergütetem Holz glich der zweite Versuchsbomber dem ersten Prototyp. Wenig später, am 11. Oktober 1940, flog der erste Serienbomber Halifax Mk I (L9485).

Fortschritte in der Produktion

Der Grundentwurf eignete sich hervorragend zur Serienproduktion, auch wenn er nicht ganz so einfach war wie im Falle des Avro-Rivalen. Alle Bauteile waren in mäßiger Größe zugeschnitten, so daß sie den Straßentransport erlaubten. Dies erleichterte auch die Reparatur beschädigter Flugzeuge, die in einem nicht überdachten Hangar in Rawcliffe bei York begann und sich zu einem Großbetrieb mit einer Belegschaft von mehr als 2700 Personen entwickelte. Ein weiterer großer Vorteil bestand in der erstmaligen Verwendung von Anreißkopien durch Handley Page. So konnte das Stammwerk genaue Zeichnungen verschicken, die photographisch auf Aluminiumblech reproduziert wurden. Die Fertigungsorganisation dehnte sich sehr schnell aus. In Cricklewood und in Radlett nahm die Werksfläche, die der Firma Handley Page zur Verfügung stand, um 360 Prozent zu, während die Zahl der Beschäftigten um 550 Prozent stieg. English Electric baute in Strand Road, Samlesbury und in anderen Teilen von Preston riesige Werke. Hinzu kamen ebenso große Werksanlagen der Rootes Group in Speke (Liverpool) und der Firma Fairey in Errwood Park (Stockport). Im Jahr 1942 wurde der Ausstoß nochmals durch die LAPG (London Aircraft Production Group) gesteigert. Kernelement dieser Organisation war das London Passenger Transport Board, dessen Hauptwerke in Chiswick und Aldenham durch Kraftfahrzeugfirmen wie Chrysler, Duple Bodies, Park Royal Coachworks und Express Motor and Body of Enfield unterstützt wurden. Alle Teile kamen schließlich in einer großflächigen Schattenfabrik in Leavesden, nordwestlich von London, zusammen.

1942 begann die Verstärkung der RAF-Wellington-Bomber im Nahen Osten durch Halifax-Kommandos, die später in No. 462 Squadron mit RAF-Personal zusammengeführt wurden.

Aufriß-Erläuterung zur Handley Page Halifax B.Mk III

1 Positionslampe (steuerbord)
2 Verbandsflugleuchte
3 Querruder-Ausgleichsgewicht
4 Flügelhaut
5 Querruder (steuerbord)
6 Hilfsruder
7 Trimmklappe
8 Flügelstringer
9 Lande- und Rollscheinwerfer
10 Vergaserlufteinlauf
11 Abgassammelring
12 Propellernabe/Propellerregler
13 DH-Dreiblattpropeller
14 Sternmotor Bristol Hercules XVI
15 Ölkühlerlufteinlauf
16 Kühlluftauslaßklappen
17 Kraftstofftank Nr. 6 (559 Liter)
18 Kraftstofftank Nr. 5 (555 Liter)
19 Flügelnasen-Schmierölbehälter
20 Kraftstofftank Nr. 4 (732 Liter)
21 Kraftstofftank Nr. 3 (855 Liter)
22 Tankbelüftung
23 Kraftstofftank Nr. 1 (1123 Liter)
24 Hinterkantenrippen
25 Aufbau der Landeklappe (steuerbord)
26 Kraftstoffschnellablaßrohre
27 Hauptfahrwerksschacht (steuerbord)
28 Innenflügel-Bombenzellen
29 innere Motorgondel (steuerbord)
30 asymmetrische Cockpitscheiben
31 Bugbeplankung
32 Enteisungsflüssigkeitsbehälter
33 Spantstruktur des Bugs
34 Reserve-Trommelmagazine
35 Steuergerät des Bombenschützen
36 Bugverglasung
37 7,7-mm-Maschinengewehr Vickers „K"
38 Planscheiben vor Bombenvisier
39 Bombenvisier
40 Bombenschützenliege
41 Pitotsonde
42 Stauraum für Fallschirm
43 Klappsitz des Navigators
44 Kartentisch
45 Notausstieg in der Bodenwanne
46 Kamera
47 Handtuchhalter-Antenne
48 Funksender/-empfänger
49 Kontroll-/Bediengerät des Bordfunkers
50 Seitenruderpedale
51 Instrumentenbrett
52 Klappsitze des Kopiloten und des Bordingenieurs
53 Steuersäule
54 Sitz des Piloten
55 Cockpitboden
56 seitliche Kabinenfenster
57 Sitz des Bordfunkers
58 Schleppantennenwinde
59 Bombenschachtklappen (offen)
60 Schachtklappenzylinder
61 Hauptboden/Bombenschacht-Stützgurt
62 Sauerstoffflaschen
63 Stauraum für Fallschirm
64 Diagonalstrebe zur Aussteifung des Vorderrumpfs
65 Kontrollpult des Bordingenieurs
66 Astrokuppel
67 Rumpfbeplankung

Die schnellste aller Halifax-Versionen, die B.Mk VI (nach dem Krieg B.Mk 6), wurde von Hercules 100 je 1342 kW (1825 PS) angetrieben und war eine ausgezeichnete Maschine. 1944 waren die Einsatzstaffeln des Bomber Command mit dieser Variante ausgerüstet, deren Spannweite 31,70 m maß. Dieses Exemplar gehörte zu No. 158 Squadron in Lissett, East Yorkshire.

68 Hydraulik-Akkumulator
69 Batterien
70 Schleifenantenne der Funkpeilanlage
71 Verbindungsspant Bug/Mittelrumpf
72 Notausstieg im Kabinendach
73 Heizkanal
74 Ruhekojen (back- und steuerbord)
75 Hydrospeicher
76 Notausstiegsleiter
77 Verbindungsspant Mittelrumpf/Hinterrumpf
78 hinterer Notausstieg
79 oberer Rumpflängsgurt
80 Waffenturmstiege
81 Leuchtkörpergestell
82 Seezeichengestell
83 Drehturm-Montagering
84 Mittelrumpf-Rückenturm, Boulton Paul A Mk III
85 vier Browning-Maschinengewehre, Kaliber 7,7 mm
86 Munitionskästen des Heckwaffenturms
87 Spantstruktur des Hinterrumpfs
88 Munitionszuführung
89 Verbindungsspant Hinterrumpf/Rumpfheck
90 Heckschützentür
91 Einbindung des Höhenleitwerks
92 Aufbau der Höhenflosse (steuerbord)
93 Seitenrudergelenk/-antrieb
94 Antennenkabel
95 Seitenflosse (steuerbord)
96 oberes Seitenruderteil (steuerbord)
97 Trimmklappe
98 Seitenruderholm
99 Aufbau des Höhenruders (steuerbord)
100 Trimmklappe
101 Heckgeschützturm, Boulton Paul Typ E
102 vier Browning-Maschinengewehre, Kaliber 7,7 mm
103 Waffenturm-Schiebetüren
104 Höhenruder (backbord)
105 Aufbau der Backbord-Seitenflosse
106 obere und untere Seitenruderteile
107 Trimmklappe
108 aerodynamischer Seitenruderausgleich
109 Trimmklappen-Stellzylinder
110 verstärkte Struktur der Nasenkante
111 Höhenflosse (backbord)
112 Seiten- und Höhenrudersteuerung
113 Heckradstrebe
114 halbwegs einziehbares Heckrad
115 Rumpfheckschott
116 ARI 5122, Steuergeräte zur radargeführten Bombardierung
117 Leitwerkssteuergestänge
118 Mutterkompaß
119 Toilette
120 Einstiegstür für die Besatzung (an der Innenwand aufschiebbar)
121 Leuchtkörper-Startröhren
122 Haupttrumpfboden
123 Antennengehäuse des H2S-Radargerätes
124 innere Landeklappe (backbord)
125 Klappenstellzylinder
126 Stauraum für Schlauchboot
127 Klappengestänge
128 Anschlüsse des Hinterholms am Innenflügel
129 äußere Landeklappe (backbord)
130 Kraftstoffschnellablaßrohre
131 Hinterholmanschluß des Außenflügels
132 Trimmklappensteuerung
133 Querruderanlenkung
134 Trimmklappe
135 Hilfsruder
136 Querruder (backbord)
137 Querruder-Ausgleichsgewicht
138 Verbandsflugleuchte
139 Backbord-Positionslampe
140 Flügelrippen
141 Vorderholm
142 Nasenrippen
143 gepanzerte Vorderkante
144 Kabelschneider
145 einziehbare Lande- und Rollscheinwerfer
146 Lampenfahrzylinder
147 Rippen zur Aufnahme des äußeren Motorgehäuses
148 Motorträgergerüst
149 Motoraufhängungsring
150 Auspuffrohr mit Flammendämpfer
151 Abgassammelring
152 Vergaserlufteinlauf
153 Anschluß des Außenflügels
154 Kraftstofftanks der Backbordfläche
155 Hauptfahrwerkszylinder
156 Hauptfahrwerksschacht (backbord)
157 Anschluß des Vorderholms am Innenflügel
158 Langstrecken-Kraftstofftank in der Flügelbombenbucht (436 Liter)
159 Fachwerkstruktur des Vorderholms
160 Flügelnasen-Kraftstofftank Nr. 2 (282 Liter)
161 Motorregelung
162 innerer Bristol Hercules XVI (backbord)
163 Ölkühlerlufteinlauf
164 Motorträgergerüst
165 Hauptfahrwerksdrehlager
166 Messier-Hauptfahrwerksbein
167 Hauptrad (backbord)
168 Reifenschutz
169 faltbare Einziehstrebe
170 Hauptfahrwerksschachtklappe

© Pilot Press Limited

Handley Page Halifax

TECHNISCHE DATEN

Halifax B.Mk I Series 1
Typ: siebensitziger schwerer Bomber
Triebwerke: vier V-12-Motoren Rolls-Royce Merlin X je 954 kW (1297 PS)
Leistung: Höchstgeschwindigkeit 426 km/h; Dienstgipfelhöhe 6950 m; Anfangssteiggeschwindigkeit 3,82 m/sek; Reichweite mit einer Bombenlast von 2631 kg 3000 km
Gewicht: leer 15.359 kg; beladen 26.308 kg
Abmessungen: Spannweite 30,12 m; Länge 21,36 m; Höhe 6,32 m; Tragflügelfläche 116 m²
Bewaffnung: Standard-Bombenlast 5897 kg, einschließlich Minen oder zweier Torpedos; zur Abwehr zwei Browning-Maschinengewehre im Boulton-Paul-Bugturm, vier im Heckturm gleicher Bauart und zwei Vickers-„K"-Maschinengewehre, die von Hand durch seitliche Rumpfluken gerichtet wurden, alle 7,7-mm-kalibrig

L9530 gehörte dem ersten Halifax-Serienbaulos (L9485-9534) an, das im Winter 1940/41 mit der Bezeichnung B.Mk I Series 1 ausgeliefert wurde. Das Bild zeigt den Bomber nach der Übergabe an No. 76 Squadron der No. 4 Group des Bomber Command in Middleton St. George (dem heutigen Tees-side Airport) der RAF. Das Wappen stammt von seinem Piloten Christopher Cheshire, dem Bruder des berühmteren Leonard Cheshire, der bei der ersten Halifax-Bomberstaffel (No. 35 Sqn) diente und später No. 76 Squadron führte. Alle Bombenschachtklappen sind geöffnet, und bei den an der Hinterkante des Tragflächenmittelstücks hervortretenden Stummeln handelte es sich um Kraftstoffschnellablaßrohre. Die „Eichel" auf dem Rumpfrücken hinter der Astrokuppel beherbergte die drehbare Antenne der Funkpeilanlage.

Handley Page Halifax

Diverse Halifax-Maschinen im grau-weißen Sichtschutz des RAF Coastal Command erzielten Großerfolge gegen U-Boote. Diese GR.Mk II Series 1 (Special) ist durch einfache Auspuffstutzen, H2S-Radargerät, Trag- und Leitwerk in der ursprünglichen Ausführung sowie einen Defiant-Rückenturm gekennzeichnet. Bei den nachfolgenden Versionen entfiel dieser Drehturm.

No. 76 Squadron führte die Halifax als zweiter Verband zu Kampfeinsätzen. Die Maschine mit dem Buchstaben „L" am Hinterrumpf diente bei dieser Staffel, bis sie 1941 vom Feindflug nicht zurückkehrte.

Nicht viele Flugzeuge dieser Größenordnung wurden jemals so rasch in Dienst gestellt und in großem Maßstab mit so wenigen Verzögerungen seriengefertigt. Im November 1940 wurde No. 35 Squadron in Boscombe Down aufgestellt und anschließend als erste von 36 Halifax-Staffeln des Bomber Command nach Linton-on-Ouse verlegt. Die Staffeln waren hauptsächlich unter No. 4 Group im Nordosten Englands konzentriert. Der erste Nachteinsatz fand am 11./12. März 1941 über Le Havre statt, und ein Tagangriff auf die Scharnhorst leitete eine Reihe von Kampfeinsätzen gegen Schiffe der Kriegsmarine ein. Dabei ging nur der fünfte Serienbomber verloren, den ein RAF-Nachtjäger versehentlich abschoß.

Schwingungsprobleme

Wie so häufig, stellten sich die Hauptprobleme erst ein, nachdem man bereits eine große Zahl von Halifax in Dienst gestellt hatte. Ende 1941 verfügte No. 4 Group über elf Halifax-Staffeln, doch der ansonsten hervorragende und geachtete Bomber litt unter Problemen mit dem Fahrwerk und dem Untersetzungsgetriebe. In einem Zeitraum von sechs Monaten versagte das Getriebe 95mal, was vielfach dazu führte, daß der Bomber einen Propeller verlor. In mehr als 75 Prozent dieser Vorfälle war Motor Nr. 1 (backbord, außen) betroffen. Die genaue Ursache ließ sich nur schwer herausfinden; fest stand jedoch, daß das Versagen auf aerodynamisch verursachte Schwingungen zurückzuführen war. Mit Vierblatt-Propellern konnte das Problem gelindert, aber nicht beseitigt werden. Die Besatzungen mußten sich daran gewöhnen, entweder mit Vierblatt-Propellern an allen Motoren oder an den Außenmotoren oder nur an Motor Nr. 1 zu fliegen (da solche Propeller nicht ausreichend zur Verfügung standen). Noch schwerwiegender waren die Hydraulikschwierigkeiten des Hauptfahrwerks und des Heckrads, die sich hauptsächlich dadurch bemerkbar machten, daß ersteres im Flug nicht eingezogen blieb und letzteres zur Landung nicht ausfuhr. Das Hauptfahrwerk hatte ein geschweißtes Brückenelement zur Aufnahme der Doppelbeinstreben. Diese Konstruktion vermittelte einen Eindruck von Stärke, der den hohen Beinen der Short Stirling ganz und gar fehlte. Sobald die Einfahrverriegelung und das betreffende Hydrauliksystem nachgebessert waren, blieben die Hauptbaugruppen auch eingefahren. Die Lösung für das Spornrad bestand darin, es einfach in ausgefahrener Stellung zu verriegeln.

Die sieben Mann Besatzung stiegen durch eine Klappe auf der linken Seite in der Rumpfwanne hinter dem Flügel ein, die sich auf der Innenseite nach oben schieben ließ. Man konnte sich ungehindert zwischen Bug und Heck über die beiden massiven Flügelholme hinweg auf dem Duraluminboden über dem 6,70 m langen Bombenschacht bewegen. Letzterer war mit nicht weniger als acht Klappen abgedeckt, die sich beim Öffnen seitlich überlappten. Es gab noch 24 weitere Klappen, die sechs Bombenzellen in den Innenflügeln verschlossen. Alle diese Klappen und auch die großen Spaltklappen an der Hinterkante wurden hydraulisch, die beiden Boulton-Paul-Waffentürme aber elektrohydraulisch betätigt. Ein auffallendes Merkmal stellten die drei Kraftstoff-Schnellablaßrohre unter jedem Flügel dar, die flexibel unter den Klappenscharnieren angebunden waren. Trotz des zunehmend höheren Gewichts wurden die Vorflügel weggelassen, zum einen wegen der Enteisungsprobleme, zum anderen aufgrund der Ausrüstung mit Sperrballon-Kabelschneidern. Die Motorinstallation mit zylin-

Der zweite Prototyp, L7245, war die erste bewaffnete Halifax (zwei Browning-7,7-mm-MGs im Bug, vier im Heck und zwei seitlich durch Rumpfluken feuernde Vickers „K"). Ab der Maschine L7244 unterschied sie sich zudem auch durch den Wegfall der Vorflügel. Der Versuchsbomber trägt den Tarnanstrich des Tagbombers.

L9601 ist hier auf dem Flugplatz Radlett direkt vor dem Überführungsflug im August 1941 zu sehen. Auf dieses Exemplar folgten nur sieben weitere Halifax Mk I, da ab L9609 der Hudson-Waffenturm auf dem Rumpfrücken standardmäßig eingebaut wurde, was die neue Bezeichnung Mk II nach sich zog.

Die beiden hohen Masten geben diese B.Mk III mit großer Spannweite als eine der Sonder-Halifax zu erkennen, mit denen No. 462 Squadron der RAAF deutsche Funk- und Funkmeßstationen mit Störsendungen durch Airborne Cigar belegte. No. 462 Sqn operierte in den Jahren 1944/45 von Foulsham, Norfolk, aus und war die meiste Zeit über No. 100 (Bomber Support) Group unterstellt.

Die RAF spielte im Zweiten Weltkrieg eine Pionierrolle für die elektronische Kampfführung. Selbst auf dem indischen Kriegsschauplatz machten sich fortschrittliche Lausch- und Aufzeichnungsplattformen wie diese Halifax B.Mk III (Special) nützlich. Einige der zusätzlich angebrachten HF- und VHF-Peitschenantennen treten deutlich sichtbar unter dem Bauch hervor.

derförmigen Zwillingskühlern und einem kleineren Zylinder an der Unterseite zur Kühlung des Schmieröls sowie Vergaserlufteinläufen an beiden Unterflanken wirkte recht plump. Auf den Hauben der inneren Motoren befanden sich Lufthutzen für das Kabinenheizgerät. Die Abgase wurden an der Stirn gesammelt und über ein einziges Auspuffrohr nach hinten ausgestoßen, das ab Ende 1941 unter einer Kühlerverkleidung verborgen war.

Merlin für die Mk II

Nach der Produktion von 100 Halifax-Bombern Mk I der Serie 1 wurden nacheinander die in der Variantenliste aufgeführten Versionen gefertigt. Die Halifax Mk II der Serie 1 führte den Merlin XX ein, der dank „Doc" Hookers brillantem Lader viel mehr Antriebskraft bereitstellte und somit den Gewichtszuwachs ausglich. Der neue Waffenturm auf dem Rücken des Mittelrumpfes verursachte allerdings einen Geschwindigkeitsverlust, ganz gleich, welche Motoreinstellung man wählte. Die Halifax Mk II der Serie 1 Special verzichtete daher auf alle Waffentürme, ausgenommen den einzig wichtigen im Heck. Bei den meisten Halifax-Bombern entfielen auch die Flammendämpfer an den Auspuffrohren, da man Geschwindigkeit und Höhe für wichtiger hielt als ein paar Flammen, die nur aus Entfernungen von wenigen hundert Metern gesichtet werden konnten. Die Halifax Mk II der Serie 1A erhielt einen viel eleganter geformten Perspex-Bug mit einem von Hand gerichteten MG vom Typ Vickers „K" oder Browning beziehungsweise einem 12,7-mm-MG Browning bei der Halifax GR.Mk II für das Küstenkommando. Eine Halifax Mk II der Serie 1A hatte erweiterte Gehäuse der Innenmotoren, und etliche andere Modifikationen wurden ausprobiert.

Die wichtigsten Änderungen aber bestanden in großen, rechteckigen Seitenflossen zur Verbesserung der Richtungsstabilität und in dem kompakten, widerstandsarmen Vierlings-Waffenturm vom Typ Boulton Paul Defiant auf dem mittleren Rumpfrücken. Auch die Motorgehäuse wurden durch Kühler in Form eines einzigen Morris-Blocks verbessert. Als Ergebnis erhöhte sich die Marschgeschwindigkeit um 32 km/h.

Einer der bekanntesten Halifax-Bomber war V9977, die zweite in Preston gebaute Halifax Mk II und das weltweit erste Luftfahrzeug mit funktionstüchtigem Bordradar zur Bodendarstellung. Dieses neue Gerät mit dem Decknamen H$_2$S lieferte ein Bild des überflogenen Geländes. Grundlage war die neuerfundene Magnetron-Röhre, die der Feind nicht kannte. Leider prallte V9977 bei einem Erprobungsflug im Juni 1942 gegen einen Bergrücken in Wales, und das gesamte Radarteam kam ums Leben. Hunderte von Halifax- und anderen schweren Bombern flogen später mit dem H$_2$S, aber viele andere Halifax-Maschinen wiesen an gleicher Stelle eine kleinere und symmetrischer geformte Kuppel auf. Unter der Riesenarmada des Bomber Command waren einzig diese Halifax-Vertreter in der Lage, deutsche Nachtjäger, die sich mit schräg hochfeuernden Geschützen von unten zum Gefecht anschickten, sowohl zu orten wie auch mit einem von Hand gerichteten 12,7-mm-Maschinengewehr abzuwehren.

Engpässe an Messier-Fahrwerken und Hydraulikbausteinen führten zur Halifax Mk V mit komplettem Dowty-Hydrauliksystem und einem nicht ganz so wuchtigen Dowty-Fahrgestell. Die höchstzulässige Landemasse wurde auf 18.144 kg begrenzt, und die meisten Maschinen waren mit Vierblatt-Propellern ausgerüstet. Sie dienten hauptsächlich als Lastenseglerschlepp-, Seepatrouillen- und Transportflugzeuge. Alle wurden von Rootes und Fairey gebaut.

Fast 100 der von vier Hercules-Sternmotoren XVI angetriebenen Halifax C.Mk III wurden gebaut. Sie dienten im Krieg als Transportflugzeuge, doch nach 1945 wurde das Gros dieser Baureihe (wie diese Halifax C.Mk 8 und viele andere schwere Bomber Großbritanniens) für die zivile Luftfahrt hergerichtet.

Eine der letzten Serienversionen war das Halifax-Frachtflugzeug C.Mk VIII (nach dem Krieg C.Mk 8), hier mit seinem 3629-kg-Fracht-Anbaubehälter unter dem Bauch. Die Zelle entsprach derjenigen der B.Mk VI, allerdings ohne Bewaffnung, und die elfsitzige Kabine wies Bullaugen auf.

Handley Page Halifax

Halifax-Bomber der in Burn stationierten No. 578 Squadron unterstützten die Landung der Alliierten am 6. Juni 1944 (D-Day). Diese Maschine befindet sich über ihrem Tagesziel Hazebrouck.

Die größte Verbesserung aber brachte der Wechsel zum luftgekühlten Sternmotor Bristol Hercules mit Schiebersteuerung, den im Oktober 1942 zuerst die Halifax-Verbindungsmaschine (R9534) in Radlett erhielt. Zwar verbrannte dieser 38-Liter-Sternmotor mehr Kraftstoff als der Merlin mit einem Hubraum von 27 Litern, aber seine höhere Ausgangsleistung beseitigte endlich die lähmenden Beschränkungen hinsichtlich Höhe und Geschwindigkeit. Dieser Motor machte die Halifax zu einem wirklich respektablen Kriegsflugzeug. Die erste sternmotorisierte Halifax B.Mk III flog im Juli 1943 und verdrängte rasch alle Merlin-Versionen. DH-Hydromatic-Propeller ohne Spinner und lange Auspuffrohre mit Flammendämpfern kamen hinzu. Auch das Heckrad ließ sich nunmehr sicher ein- und ausfahren, und die Erhöhung der Spannweite auf 31,75 m in Verbindung mit rundlichen Flächenenden ergab eine Verbesserung der Dienstgipfelhöhe. Ab Februar 1944 war die Leistung der Halifax B.Mk III so gefestigt, daß man alle Einschränkungen zur Bombardierung gefährlicher Ziele aufheben konnte.

Unter dem Bomber Command befand sich die Halifax bei australischen, kanadischen, neuseeländischen, freifranzösischen und polnischen Staffeln sowie nach Aufstellung der Pathfinder Force auch bei dieser im Einsatz. Die Halifax war auch das hauptsächliche schwere Muster der No. 100 Group zur elektronischen Kampfführung und der einzige Langstrecken-Transportflugzeugtyp der Sonderstaffeln (No. 138 und No. 161), die zahlreiche atemberaubende Flüge zu eng definierten Absetzzonen in Norwegen, Ostpolen und dem Süden der Tschechoslowakei durchführten. Unter den schweren Bombern stellte die Halifax den mit Abstand wichtigsten Typ auf dem nordafrikanischen Kriegsschauplatz dar, angefangen mit Palästina im Jahre 1942 über Tunesien bis nach Norditalien im Jahre 1945. Viele Halifax-Maschinen schleppten Lastensegler der Marke Airspeed Horsa für die Invasion Siziliens nonstop von England nach Nordafrika, und über 1000 Halifax Mk III und Mk V brachten Lastensegler nach Norwegen für den Angriff auf ein Werk zur Herstellung von schwerem Wasser. Sie waren die einzigen Luftfahrzeuge, die den mit Panzerfahrzeugen beladenen Großraumsegler Hamilcar von General Aircraft ziehen konnten.

Nur eine einzige Halifax Mk IV wurde gebaut, um eine modifizierte Form der Motoraufhängung zu testen. Am 10. Oktober 1944 startete die erste Halifax B.Mk VI zum Jungfernflug, die den Hercules 100 mit 1342 kW (1825 PS), ein erweitertes Kraftstoff-Drucksystem und Einspritzvergaser für Fernflüge gegen die Japaner in tropischen Regionen einführte. Der Mangel an Hercules Mk 100 führte zur Halifax B.Mk VII, einer Mk VI mit dem alten Hercules XVI, die vor allem von kanadischen und polnischen Staffeln geflogen wurde. Die Halifax C.Mk VIII diente bei No. 301 und No. 304 (Polish) Squadron, in beiden Fällen bis auf das 12,7-mm-Zwillings-MG im Heck unbewaffnet. Die Halifax A.Mk IX wurde erst nach dem Krieg als Ersatz für umgerüstete Halifax A.Mk III, A.Mk V und A.Mk VII gefertigt.

Die letzte außer Haus gebaute „Halibag" war eine Halifax A.Mk VII, von Fairey am 5. Oktober 1945 ausgeliefert, und das letzte Exemplar des Stammwerks eine Halifax A.Mk IX, die am 11. November 1946 übergeben wurde (und später zur ägyptischen Luftwaffe stieß). Die Produktion nach Varianten ist extra aufgelistet. Handley Page fertigte 1590 Halifax-Flugzeuge, English Electric 2145, die LAPG 710, Rootes 1070 und Fairey 661 Exemplare. Soweit bekannt, flogen mindestens vier Halifax-Bomber mehr als 100 Kampfeinsätze über Deutschland, und der Bugschmuck von „Friday the 13th" (128 Einsätze unter No. 158 Squadron in Lissett) ist im britischen RAF-Museum zu bewundern. Nach dem Krieg ging der Bestand an Halifax A.Mk 9 und GR.Mk 6 (Nachkriegsbezeichnungen) rapide zurück, und den letzten Einsatz flog eine GR.Mk 6 am 17. März 1952 von Gibraltar aus.

Halifax B.Mk III der No. 462 Squadron (RAAF) überqueren hier im September 1944 den Ärmelkanal auf ihrem Wege zur Bombardierung von Raffinerien im Ruhrgebiet.

Varianten der Handley Page Halifax

H.P.57: Nr. 1 ohne Bewaffnung und mit Vorflügeln
Halifax B.Mk I: Merlin-X-Motoren; Halifax Mk I Series 2 verstärkt für eine Betriebsmasse von 27.216 kg (84 Bomber)
Halifax B.Mk II: Merlin-XX-Motoren, Waffenturm auf dem Rumpfrücken; Halifax Mk II Srs 1 (Special) ohne Bug- und Rückenturm; Halifax Mk II Srs 1A mit neugeformter Flugzeugnase, Vierlings-MG-Rückenturm, Merlin-XXII-Motoren und größeren, nach und nach eingeführten Seitenflossen (insgesamt 1966 Flugzeuge; Umrüstung zur Halifax GR.Mk II Srs 1 und Halifax GR.Mk II Srs 1A)
Halifax B.Mk III (H.P.61): Hercules-XVI-Motoren und alle Verbesserungen der B.Mk II sowie H$_2$S-Radar oder Bauch-Maschinengewehr; später mit größerer Spannweite (insgesamt 2081 Exemplare; Umrüstung zu Halifax GT.Mk III und Halifax R.Mk III
Halifax Mk IV: Einzelexemplar zur Erprobung verschiedener Motoraufhängungen
Halifax Mk V (H.P.57): Merlin-XXII-Motoren, Hydrauliksystem und Hauptfahrwerk von Dowty anstelle von British Messier; als Halifax B.Mk V Srs 1 und Halifax B.Mk V Srs 1A, Halifax GR.Mk V, Halifax A.Mk V, Halifax Met.Mk V und (unbestätigte Bezeichnung) Halifax GT.Mk V gebaut (insgesamt 916 Flugzeuge)
Halifax B.Mk VI: besser eingebaute Hercules-100-Motoren und Langstrecken-Kraftstofftanks für den Tropeneinsatz (insgesamt 557 Flugzeuge; Umrüstung zu Halifax GR.Mk VI [später GR.Mk 6] und Halifax Met.Mk VI [später Met.Mk 6] und zu mindestens 41 Zivilmaschinen nach dem Krieg)
Halifax B.MK VII: wie B.Mk VI, aber mit Hercules XVI (insgesamt 193 Exemplare)
Halifax A.Mk VII: Variante für Luftlandetruppen, abgesehen von zwei 12,7-mm-MGs im Heckturm unbewaffnet; Ausrüstung zum Absetzen von Fallschirmjägern/Schirmlasten (insgesamt 234 Flugzeuge)
Halifax C.Mk VIII (H.P.70): Hercules XVI; unbewaffnete Transportversion, gewöhnlich mit elf Passagiersitzen und Anbaubehältern (vorher beladen) für 3628 kg Fracht (wahrscheinlich 96 neugebaute Maschinen, davon über 81 nach dem Krieg als zivile Halifax C.Mk 8 registriert)
Halifax A.Mk IX (H.P.71A): Hercules XVI; definitives Luftlandetruppen-Mehrzweckflugzeug mit 16 Sitzen für Fallschirmjäger und der Möglichkeit zur Beladung mit 3628-kg-Nachschubcontainern oder anderen Lasten und Lastensegler-Schleppgeschirr; von Boulton Paul entwickelt, aber seriengefertigt (140) von H.P.; nach dem Krieg 68 Exemplare zur zivilen Halifax A.Mk 9 umgebaut, einschließlich 38 Maschinen für England; dienten bei der RAF und bei der ägyptischen Luftwaffe
H.P.70 Halton: 1946 von H.P. in Verkehrsflugzeuge für die BOAC umgebaute Halifax C.Mk 8 mit einer Kabine für zehn Passagiere und Anbaubehältern für 3628 kg Fracht (insgesamt 13 Exemplare)

Avro Anson

A. V. Roe & Co. Ltd hatte 1928 eine Lizenz zum Bau des dreimotorigen Fokker-Verkehrsflugzeugs F.VII erworben. Diese Version, genannt Avro Ten, veranlaßte das britische Unternehmen, seine Produktionsverfahren und Konstruktionsweisen zu überdenken. Die neuen Erkenntnisse führten zu einer modifizierten Version, der Avro Eighteen (Avro 642), und zur nachfolgenden Avro 652, die als Anson berühmt wurde. Dieses Muster diente im Zweiten Weltkrieg als Patrouillen- und Schulungsflugzeug, wurde in den Commonwealth exportiert und in Kanada nachgebaut.

Imperial Airways gab 1934 das Leistungsheft für einen leichten Eindecker heraus, der als schneller Chartertyp vier Fluggäste befördern können sollte. Avro gestaltete daraufhin die Eighteen zu einem kleineren Tiefdecker um, der zwei Kolbenmotoren Armstrong Siddeley Cheetah V je 216,3 kW (294 PS) und ein Einziehfahrwerk erhielt. Der Prototyp Avro 652 (G-ACRM) startete am 7. Januar 1935 zum Jungfernflug und wurde zwei Monate später zusammen mit G-ACRN an Imperial Airways geliefert. Diese beiden Maschinen erreichten aufgrund ihrer recht guten Stromlinienform eine Reisefluggeschwindigkeit von 266 km/h, die im Vergleich zu anderen leichten Verkehrsmustern damaliger Zeit beachtlich war.

Etwa zu dieser Zeit veröffentlichte das Air Ministry die Spezifikation G.18/35 für ein neues Küstenaufklärungs- und Patrouillenflugzeug für die Royal Air Force. Die beiden Hauptanbieter waren de Havilland mit einer modifizierten Version der D.H.89A Dragon Rapide und Avro mit dem Modell 652A, das praktisch mit dem zuvor an Imperial Airways gelieferten Duo identisch war. Der Prototyp Avro 652A (K4771) flog erstmals am 24. März 1935 in Woodford. Die Hauptunterschiede zur Avro 652 bestanden in Cheetah-Motoren der Bauart VI und einem schwer gerahmten Waffenturm von Armstrong Whitworth auf dem Rumpfrücken hinter den Tragflächen. Hinzu kamen ein Beobachtungsfenster in der Bugunterseite und drei viereckige Kabinenfenster pro Seite, die die ovalen Bullaugen bei den Zivilflugzeugen ersetzten.

Erprobung des Prototyps

Im April 1935 ging der Prototyp zur Ersterprobung nach Martlesham Heath, die einige Änderungen am Höhenleitwerk nach sich zog. Danach stellte man K4771 der für die Entwicklung der Küstensicherung (Coastal Defence Development) zuständigen Einheit in Gosport zu, wo

Zu Beginn des Zweiten Weltkriegs waren elf RAF-Staffeln mit der Avro Anson ausgerüstet. Sie sollte eine wichtige Rolle bei der Ausbildung des fliegenden Personals spielen, während ihre Einsatzdauer als Küstenaufklärer des RAF Coastal Command relativ kurz ausfiel. Das Foto zeigt eine Anson Mk I mit dem MG-Turm Armstrong Whitworth auf dem Rumpfrücken.

sie zusammen mit der Rapide Vergleichsflüge absolvierte. Da K4771 in bezug auf Geschwindigkeit und Reichweite besser abschnitt, erteilte das Air Ministry im Juli einen Erstauftrag zur Beschaffung von 174 Exemplaren dieses Typs, der den Beinamen Anson erhalten hatte. Für die Serienversion der Maschine wurden in der gleichzeitig erlassenen Fertigungsunterlage etliche kleinere Änderungen vorgegeben, die größtenteils die Innenauslegung, die Bordsysteme und die Flugsteuerung betrafen.

Serienfertigung

Die Anson wurde mit einer Rumpfzelle aus geschweißtem Stahlrohr (im hinteren Abschnitt mit interner Drahtverspannung) und Stoffbespannung gebaut. Die Serienversion bot der Besatzung eine ausgezeichnete Sicht durch die ununterbrochene Fensterreihe, die sich über die gesamte Länge der Kabine vom Cockpit bis zu einem parallel zur Flügelhinterkante verlaufenden Punkt erstreckte. Die mächtige Waffenkuppel barg ein Lewis-Maschinengewehr zur manuellen Feuertätigkeit durch den Schützen, der seinen Gefechtsstand von der hinteren Kabine aus erreichte. Anson-Küstenaufklärer ließen sich überdies mit einem starren, vom Pilot zu feuernden Maschinengewehr backbord im Bug bewaffnen. Die Tragflächen waren aus Fichten- und Schichtholz mit einer Beplankung aus vorgeformtem Sperrholz konstruiert. Die ersten seriengefertigten Anson (ausgeliefert 1936, 1937 und 1938) hatten einen silbernen Anstrich mit Kokarden in der vor dem Krieg üblichen Ausführung „A" und schwarzen Seriennummern. Anfang 1939 erhielten aber alle Flugzeuge den Standardsichtschutz der RAF für gemäßigte Klimazonen in Dunkelgrün und Hellbraun. Hinzu kamen neue Kriegskokarden sowie die Kennung der Einheit in Grau oder Weiß an den Rumpfseiten. Die in den Ausbildungsdienst eingebundenen Maschinen wiesen eine gelbe und die der Küstenwachflugzeuge eine hellgraue Unterseite auf. Diese ersten Anson-Flugzeuge zeichneten sich zudem durch die den sieben Zylinderköpfen angepaßte Form der Motorgehäuse aus. An manche Kontrollorgane der Anson mußte man sich erst gewöhnen. So wurden die Schrenck-Spreizklappen mittels einer hydraulischen Handpumpe betätigt, und das Fahrwerk muß-

Die Anson Mk I diente anfangs dem Küstenkommando zur Überwachung von Seegebieten. Das Exemplar flog 1940/41 bei No. 48 Squadron in Hooton Park. In jener Zeit war die Staffel hauptsächlich mit der Sicherung der Irischen See und dem Schutz von Schiffskonvois beauftragt, die Liverpool und den Firth of Clyde anliefen.

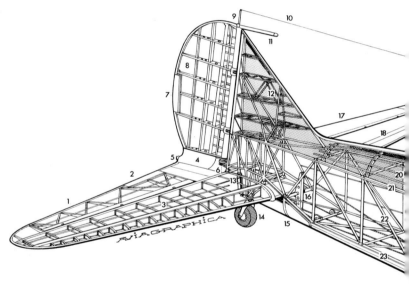

Nach dem Krieg erfüllte die Anson vielerlei Aufgaben, und etliche tauschten ihre militärische Kennung gegen einen zivilen Buchstaben-Kode ein. G-ALIH mit der Radombirne für Radar- und Avionikgeräte im Bug gehörte Ekco Electronics Ltd. Diese Maschine wurde erst 1967 außer Dienst gestellt.

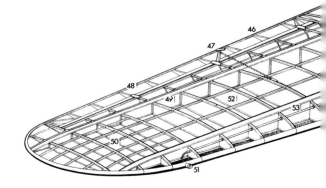

Avro Anson

Diese Maschine ist ein typischer Vertreter der vielen Avro Nineteen, die in den fünfziger und sechziger Jahren in der zivilen Luftfahrzeugrolle eingetragen waren. Das Exemplar zeigt einige der Verbesserungen, die die Anson im Laufe ihrer Produktionszeit erfahren hat. Ins Auge fallen der vertikal erweiterte Rumpf und die geänderten Kabinenfenster, während das geglättete Motorgehäuse eher zu den weniger hervorstechenden Verfeinerungen gehört.

Aufriß-Erläuterung zur Avro Anson Mk I

1 Aufbau des stoffbespannten Höhenruders
2 Trimmklappe
3 Struktur der Höhenflosse
4 Heckkonus
5 Positionslicht
6 Seitenruderlager
7 Trimmklappe
8 Aufbau des stoffbespannten Seitenruders
9 Antennenmast
10 Antennenkabel
11 Ausgleichsgewicht des Seitenruders
12 Struktur der Seitenflosse
13 Heckrad-Stoßdämpfer
14 starres Spornrad
15 Steuerseil-Zugangsklappe
16 Höhenruder-Seilquadrant
17 Höhenruder (backbord)
18 Höhenflosse (backbord)
19 Stoffbespannung des Rumpfes
20 Rückenstringer
21 oberer Längsgurt
22 Stahlrohrgerüst des Rumpfes
23 unterer Längsgurt
24 Steuerseilzüge
25 hintere Ausrundung der Flügelwurzel
26 Erste-Hilfe-Kasten
27 Bodenplatte des Schützenstands
28 Reservemunitionsmagazine
29 MG-Richtlafette
30 7,7-mm-Maschinengewehr Lewis Mk IIIA
31 MG-Kuppel
32 Drehring der MG-Kuppel
33 Beplankung des Rumpfrückens
34 Notausstieg
35 Backbord-Ausguck
36 Fallschirm-Stauraum
37 schwimmendes Signalfeuer
38 Kabineneinstiegstür
39 Bombenträger/-auslöser
40 45-kg-Bombe
41 Klappenstellzylinder
42 Schlauchbootbucht
43 Heckverkleidung der Motorzelle
44 Klappenantriebswelle
45 Struktur des Spreizklappenkastens
46 Querruder (steuerbord)
47 Querruder-Massenausgleich
48 Aufbau des aus Metall konstruierten und stoffbespannten Querruders
49 Hinterholm aus laminiertem Fichtenholz
50 Struktur des Randbogenstücks
51 Steuerbord-Positionslicht
52 Flügelrippen aus Fichtenholz
53 Vorderholm aus laminiertem Fichtenholz
54 Nasenrippen
55 Tankdeckel
56 Flügelkraftstofftanks (steuerbord, je 136 Liter, später 159 Liter)
57 hintere Hauptfahrwerksstrebe
58 Federbein
59 Hauptrad (steuerbord)
60 Hauptrad in eingefahrener Stellung, zur Hälfte aus der Gondel hervorragend
61 Anlasserkurbel
62 Auspuffsammelrohr
63 Siebenzylinder-Sternmotor Armstrong Siddeley Cheetah IX
64 Ringgehäuse mit Zylinderkopfbeulen
65 Fairey-Reed-Zweiblatt-Metallpropeller
66 Nabenplatte
67 Gehäuse des Untersetzungsgetriebes
68 Motorträger
69 Brandschott
70 Schmierölbehälter (32 Liter)
71 Fahrwerkskettentrieb
72 Anschlüsse der Motorgondelträger
73 Schlauchboot-Druckluftflasche
74 Flügelwurzel-Bombenschacht (steuerbord)
75 9,1-kg-Leichtbomben (vier pro Seite)
76 Befestigung Rumpf/Hinterholm
77 Sitz des Bordfunkers
78 Antenneneinführung
79 Peilantenne
80 Notausstieg im Kabinendach
81 Funkausrüstungsgestell
82 Sitz des Navigators
83 Batterie
84 Befestigung Rumpf/Vorderholm
85 Kartentisch
86 Instrumententafel des Navigators
87 Cockpit-Dachfenster
88 Antennenmast
89 Spreizklappe (backbord)
90 Klappengestänge
91 Querruder (backbord)
92 Querruder-Massenausgleich
93 Sperrholz-Flügelschale
94 Backbord-Positionslicht
95 Querruder-Steuerseil
96 Flügelkraftstofftanks
97 Backbord-Motorgondel
98 Cockpitfenster
99 Abdeckung der Instrumentenkonsole
100 Handrad der Steuersäule
101 Pilotensitz
102 seitliche Cockpit-Schiebefenster
103 Klappsitz des Beobachters
104 Brandhahnblock
105 Gashebel und Gemischregler
106 Bombenschärfhebel
107 Rückseite des Instrumentenbretts
108 Seitenruderpedale
109 Fußstützen des Flugzeugführers
110 Bremsen-Preßluftflasche
111 starres, vorwärtsfeuerndes Vickers-Maschinengewehr, Kaliber 7,7 mm
112 Ringvisier des Piloten
113 Aufbau des blechbeplankten Bugraums
114 Beobachtungsfenster
115 Bombenschützenliege
116 Pitotsonden
117 Kontrollpult des Bombenschützen
118 Abtriftmesser
119 Bombenzielfenster
120 Suchscheinwerfer
121 Backbord-Motorgehäuse
122 Fairey-Metallpropeller (backbord)

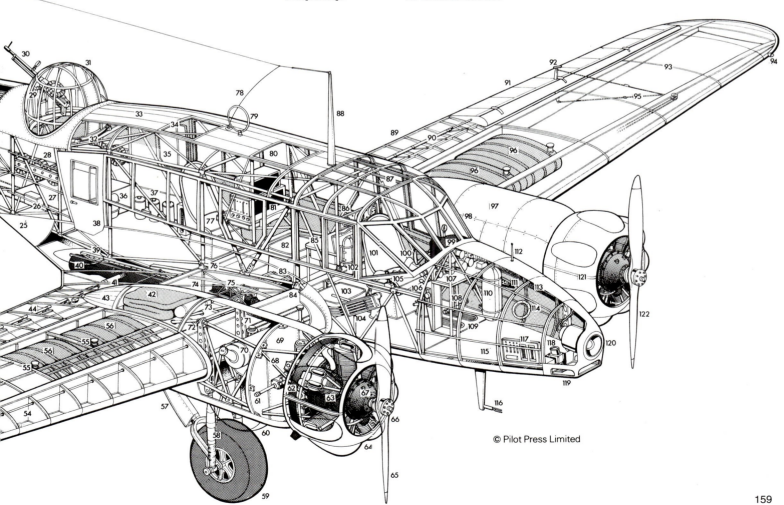

© Pilot Press Limited

Avro Anson

Anders als viele Schulflugzeugtypen, die während des Zweiten Weltkriegs weitverbreitet zum Einsatz kamen, geriet die Avro Anson danach nicht so schnell in Vergessenheit. Es wurden sogar noch neue Modelle gebaut, sowohl für den zivilen als auch für den militärischen Bereich. Diese Anson C.Mk 19 Serie 2 trägt die nach dem Krieg übliche Bemalung und Tagesleuchtfarben an gut sichtbaren Stellen. Die C.Mk 19, eine Variante der Verkehrsmaschine Avro Nineteen, hatte eine verbesserte Innenausstattung, eine schallgedämpfte Kabine und ovale Fenster. Bei den Flugzeugen der Serie 2 bestanden Trag- und Leitwerk aus Metall. Bis zur endgültigen Einstellung der Produktion Ende 1947 wurden insgesamt 264 C.Mk 19 gefertigt.

TECHNISCHE DATEN

Avro Anson Mk I
Typ: drei-/fünfsitziges Schulflugzeug für Navigatoren, Bomben- und Bordschützen sowie Funker
Triebwerke: zwei Sternmotoren Armstrong Siddeley Cheetah IX je 261 kW (355 PS)
Leistung: Höchstgeschwindigkeit 303 km/h in 2135 m Höhe; Marschgeschwindigkeit 254 km/h; Dienstgipfelhöhe 5790 m; Reichweite 1271 km
Gewicht: Leermasse 2438 kg; max. Startmasse 3629 kg
Abmessungen: Spannweite 17,20 m; Länge 12,88 m; Höhe 3,99 m; Tragflügelfläche 38,09 m²
Bewaffnung: ein vorwärtsfeuerndes 7,7-mm-Maschinengewehr, starr linksseitig in den Bug eingebaut, und ein 7,7-mm-Maschinengewehr im Rückenturm sowie eine Bombenlast von maximal 163 kg

Avro Anson

Eine frühe Anson Mk I, die den Sichtschutz für gemäßigte Klimazonen an der Oberseite mit dem Trainergelb an der Unterseite verbindet. Die umfassende Verglasung der Kabine gewährte eine ausgezeichnete Sicht, was bei der Navigationsausbildung besonders vorteilhaft war. Auch die Originalmotorverkleidung mit Beulen für die einzelnen Zylinderköpfe ist gut erkennbar.

te man mit einer Handkurbel einziehen, was diesen Vorgang zu einer langwierigen Übung machte. Dessenungeachtet war die Anson eine robuste und zuverlässige Maschine, so daß die Besatzungen ihr diese kleinen Mängel bald verziehen.

Einsatz als Schulungsflugzeug

Die ersten Anson wurden im März 1936 No. 48 Squadron in Manston zugewiesen, dienten aber statt in ihrer primären Aufklärungsrolle der Schulung von Navigatoren im Rahmen des forcierten Ausbaus der Royal Air Force. Angesichts der bevorstehenden Kampfhandlungen sollten rasch Tausende von Fliegern ausgebildet werden, und Mitte 1938 verfügte die Staffel dazu über 80 Anson. Noch vor dem eigentlichen Beginn des Zweiten Weltkriegs wurde No. 48 Squadron über Eastchurch nach Thorney Island verlegt, wo sie Küstenpatrouillen entlang dem Ärmelkanal flog. Außer ihren starren Rohrwaffen konnten diese Anson Leucht- und Rauchbojen, acht 9,1-kg-Bomben und zwei bis zu 113 kg schwere Sprengkörper mitführen; letztere dienten zur Bekämpfung von Unterseebooten und Überwasserschiffen. Den ersten dokumentierten Angriff auf ein U-Boot führte eine Anson der No. 500 Squadron am 5. September 1939 durch, die von Detling in der Grafschaft Kent aus operierte.

Mit dem Aufkommen modernerer Patrouillenflugzeuge wie der Lockheed Hudson wurden die Anson 1940 nach und nach vom Kriegseinsatz unter dem Küstenkommando entbunden und Ausbildungseinheiten für Funker, Bordschützen und Navigatoren zugeführt. Avro produzierte auch die reine Schulversion Anson Mk I mit Schrenck-Flügelklappen (die den ersten Baulosen noch fehlten) und zweiteiliger Frontverglasung in V-Form. Bei den ehemaligen Küstensicherungsflugzeugen, die jetzt zur Ausbildung im Luftzielschießen bestimmt waren, hatte man den AW.38-Waffenturm ausgebaut und durch den Bristol Typ I (Mk VI) ersetzt, wie ihn die Bristol Blenheim verwendete. In dieser Form kamen sie zu neuen Air Gunnery Schools, und viele Anson befanden sich 1945 bei Kriegsende noch immer im Einsatz.

Exporte in den Commonwealth

In den Monaten unmittelbar vor dem Krieg wurde die Anson auch in andere Länder des Commonwealth exportiert, vor allem an die Royal Australian Air Force (RAAF), die bis August 1939 80 Anson erhielt. Diese Maschinen waren größtenteils aus RAF-Baulosen abgezweigt. Die enorme Last der Ausbildung verteilte sich gemäß dem British Commonwealth Air Training Plan vom Dezember 1939 auf die Commonwealth-Länder. Ein Hauptbestandteil dieses Programms war die Schulung von Navigatoren, Bombardieren und Bordschützen durch Kanada. Da die Anson als der geeignetste Flugzeugtyp für den Betrieb bei der RCAF galt, wurden insgesamt 223 Anson Mk I für dieses Programm nach Kanada verschifft. Einige dieser Maschinen behielten ihre Cheetah-Motoren, aber viele rüstete man mit 246 kW (335 PS) starken Jacobs-Motoren L6MB aus und teilte ihnen die Dienstbezeichnung Anson Mk III zu. Die vom Wright-Sternmotor R-975-E3 Whirlwind angetriebenen Exemplare fielen unter die Kategorie Anson Mk IV. Die Anson Mk III bewährten sich gut, während die Whirlwind-Anson eindeutig untermotorisiert und bei den Besatzungen folglich unbeliebt waren.

Kanadische Produktion

Im Juli 1940 gründete die kanadische Regierung die Firma Federal Aircraft Limited, um die Anson im eigenen Land zu bauen. Es war abzusehen, daß die britischen Rohstoffvorräte und die Transportkapazität für umfassende Lieferungen nach Kanada bald nicht mehr ausreichen würden. Die erste Anson Mk II von Federal Aircraft startete im August 1941 zum Jungfernflug. Sie unterschied sich kaum von der Anson Mk III mit Jacobs-Triebwerken, abgesehen von der pummeligeren Flugzeugnase, die aus dem Werkstoff Vidal, einem kunststoffverklebten Sperrholzmaterial, konstruiert war und in eine kleine Plastikkuppel für das Bombenzielgerät mündete. Diese Art der Bugkonstruktion war insofern bedeutsam, als der elastische Werkstoff Vidal der bitteren Kälte des kanadischen Winters trotzte. Man beschloß daher, eine neue Version der Anson mit einem kleineren Anteil an dem strategisch knappen Stahlrohr und mehr Teilen aus geformtem Sperrholzmaterial zu bauen. Dies führte zur Anson Mk V und Mk VI mit den Standardtragflügeln der Anson Mk II, zwei Motoren Pratt & Whitney R-985-AN14B Wasp Junior und einem neuen Rumpf aus Vidal, der nur im vorderen Kabinenteil mit Stahlrohr verstärkt und mit drei Bullaugen pro Seite versehen war. Bei der Anson Mk V handelte es sich um einen Navigationstrainer ohne den üblichen MG-Rückenturm, aber die Anson Mk VI zur Ausbildung im Luftzielschießen hatte einen Bristol-Waffenturm Typ 1 wie die

Hier ist die zweite Avro 652 Anfang 1935 mit dem Schriftzug Imperial Airways unter den Kabinenfenstern zu sehen. Die für den zivilen Luftverkehr mit vier Passagieren ausgelegte Maschine zeigt das dem Armstrong Siddeley Cheetah Mk V stramm angepaßte Motorgehäuse.

Avro Anson der No. 1 Navigation School in Rivers, Manitoba, ihrer Basis während des Krieges. Das zweite Exemplar von links zeigt nicht nur am Rücken, sondern auch an den Oberseiten von Trag- und Höhenleitwerk den gelben Sicherheitsanstrich, der das Risiko eines Zusammenstoßes nach einer Notlandung minimieren sollte.

Im Zeitraum 1937/38 beschaffte das Irish Air Corps vier Avro Anson für seine Coastal Patrol Flight. Eine dieser Maschinen stürzte 1941 ab, und das verbliebene Trio wurde zwischen 1943 und 1946 verschrottet. Weitere fünf Exemplare gingen mit RAF-Seriennummern in Dienst, und nach dem Krieg erworbene Avro Nineteen blieben noch lange im Einsatz.

Dieses Farbmuster wirkt gegenüber anderen Tarnanstrichen ein wenig grell, aber es diente auch dem Zweck, die Anson am Himmel Kanadas während der Ausbildungsperiode gut sichtbar zu machen. Innerhalb des British Commonwealth Air Training Plan stellte Kanada wesentliche Ausbildungseinrichtungen für RAF-Besatzungen bereit.

englische Mk I. Insgesamt 1050 Exemplare dieser beiden Varianten wurden in Montreal und in Brantford gefertigt. Einen Großteil der Endmontage führten die Canadian Car & Foundry Co. in Winnipeg und MacDonald Bros Aircraft Ltd durch.

Die Bezeichnungen Anson Mk VII, VIII und IX wurden für verschiedene Versionen der kanadischen Anson reserviert (aber nicht verwendet), und als nächste Anson-Ausführung erschien die Anson Mk X, ein in Großbritannien gebautes Modell. Sie ähnelte stark der Anson Mk I, war aber für den allgemeinen Verbindungsdienst vorgesehen. Die Mk X erhielt einen verstärkten Kabinenboden und Motorgehäuse ohne die gewohnten Zylinderkopfbeulen am Stirnring. An dieses Modell schlossen sich die Anson Mk XI und XII an, angetrieben vom Cheetah XIX beziehungsweise Cheetah XV. Die Hauptänderung bestand jedoch im höheren Rumpfrücken, so daß sich in der Kabine eine größere Kopffreiheit ergab. Diese Neuerung floß auch in die gesamte restliche Fertigung ein. Etliche Anson Mk XII entstanden durch Umrüstung vorhandener Mk I, und gegen Produktionsende führte Avro neue, etwas stärker zugespitzte Ganzmetallflügel ein. Diese Maschinen erhielten die Bezeichnung Anson Mk XII Serie 2. Viele Anson Mk XII wurden als Sanitätsflugzeuge ausgerüstet, doch die meisten gingen an Transportstaffeln und an die Air Transport Auxiliary zur Beförderung von Überführungsbesatzungen.

Zivilversion Avro Nineteen

Nach dem Ende des Krieges schlug die Anson eine neue Laufbahn in der zivilen Luftfahrt ein, als Avro die Avro Nineteen produzierte, ein neunsitziges Passagierflugzeug für den Regionalverkehr. Das Musterexemplar (G-AGNI) entstand durch den Umbau einer Standard-

Diese interessante Formation von Anson Mk I flog die Royal Australian Air Force im Rahmen des Empire Air Training Scheme im Zweiten Weltkrieg. Die Maschinen tragen zum Teil noch den vor dem Krieg üblichen silbernen Anstrich und zum Teil den Anfang des Krieges verwendeten Sichtschutz. Die Seriennummern stammen sowohl von der RAF als auch von der RAAF. Zu Beginn des Zweiten Weltkriegs verfügte die RAAF über 82 Anson-Flugzeuge.

163

Anson Mk XI der RAF und diente im silbernen Anstrich mit schwarzer Kennung jahrelang als Vorführmaschine des Herstellers, bis sie im Juni 1948 nahe der Isle of Man ins Meer stürzte. Die wichtigsten Neuerungen der Avro Nineteen bestanden in viereckigen Kabinenfenstern statt der fünf ovalen Bullaugen auf jeder Seite, einer unverglasten Flugzeugnase, einer größeren Hauptkabinentür, einem besser vor Lärm geschützten Innenraum (Kabine und Cockpit), einer eleganteren Innenausstattung und Bestuhlung sowie einer Bordstromversorgung mit 24 Volt. Den Antrieb dieses Verkehrsflugzeugs besorgten zwei Sternmotoren Cheetah 15 mit je 313 kW (426 PS), die durch enorme Propellerhauben gekennzeichnet waren.

Einer der ersten Aufträge für die Avro Nineteen kam von Railway Air Services, einer Gesellschaft, die seit 1934 mit einer großen Flotte D.H.89 Dragon Rapide im innerbritischen Luftverkehr aktiv war. Sie hatte schließlich 14 Avro Nineteen im Bestand und setzte sie auf Verbindungen wie London – Manchester – Belfast, Liverpool – Belfast und für Nonstop-Direktflüge von London nach Belfast ein. Scottish Airways verwendete ebenfalls diesen Typ zwischen dem Flughafen Renfrew in Glasgow und Stornaway. Diese Verkehrsmaschinen waren normalerweise mit neun Sitzen ausgerüstet und erheblich bequemer (sowie wesentlich schneller) als die Rapide, die einige der Routen beflogen. Die meisten Avro Nineteen, die sich bei diesen Fluggesellschaften im Einsatz befanden, gingen bei der Verstaatlichung des britischen Luftverkehrs am 1. Februar 1947 auf die British European Airways Corporation über, wurden aber, sobald es mehr Douglas Dakota gab, an private Nutzer verkauft. Wegen des zunehmenden Luftverkehrs auf allen internationalen Strecken entsprach die Avro Nineteen mit ihrer begrenzten Kapazität nicht mehr dem Bedarf der BEA, doch Unternehmen wie die Decca Navigator Company und die Ekco Electronics Ltd nutzten ausgemusterte Exemplare als Testträger für Radar- und Avionikanlagen. Andere Firmen, darunter die Smith's Instruments Ltd und die Hawker Aircraft Ltd setzten die Zivilversion Avro Nineteen auch für die Geschäftsreisen ihrer Manager ein.

Dienstältestes Muster der RAF

Die Royal Air Force beschaffte ebenfalls viele Avro Nineteen unter der Dienstbezeichnung Anson C.Mk 19, die zusammen mit der de Havilland D.H.104 Devon bis zu ihrer Ausmusterung im Juni 1968 als leichte Verbindungsflugzeuge dienten. Inzwischen konnte die Anson den Titel des am längsten (32 Jahre) bei der RAF im Dienst stehenden Musters für sich in Anspruch nehmen. Gegen Ende der Produktion kamen zur Standardtransportversion C.Mk 19 noch drei Anson-Ausbildungsversionen hinzu, alle mit metallenem Trag- und Leitwerk. Dies waren die Anson T.Mk 20 mit verglastem Bug zur Ausbildung von Bombenschützen, die Anson T.Mk 21 zur Schulung von RAF-Navigatoren und die Anson T.Mk 22 mit Ausbildungsplätzen für Bordfunker. Avro verkaufte auch mehrere Avro 19 an ausländische Regierungen für staatliche Betreiber wie das Irish Air Corps (drei) und die afghanische Polizei (zwölf). Letztere erhielten die Bezeichnung Anson Mk 18. Die Maschinen unterschieden sich allerdings nur in einigen Details von der Standard-Avro-Nineteen.

Die T.Mk 20 wurde nach Air Ministry Specification T.24/46 als Mehrzwecktrainer für Südrhodesien gebaut. Diese Version hob sich durch mehrere Erkennungsmerkmale vom Grundmuster ab wie eine Astrokuppel für Navigationszwecke, eine Perspex-Formnase zur praktischen Übung des Bombenabwurfs und Bombengehänge unter den Tragflügeln. Die Peilantenne der Avro 19 war bis auf die Höhe des vierten Kabinenfensters nach hinten gerückt.

Unvergessene „Faithful Annie"

Als die Anson schließlich bei der RAF ausschied, kamen mehrere Maschinen auf dem zivilen Marktsektor unter. Wie andere Flugzeugtypen aus Kriegsbeständen erhielten auch viele Anson nicht das zivile Lufttüchtigkeitszeugnis, doch einige dienten als leichte Frachtmaschinen für Obst, Gemüse und ähnliche Produkte. Sechs Anson wurden mit dem roten Kreuz versehen und im Biafrakrieg zum Ausfliegen von Flüchtlingen verwendet. Mindestens ein Exemplar stürzte bei diesen Operationen ab, und andere ließ man auf der Piste von Fernando Po zurück, da sie Kampfschäden erlitten hatten und keine Ersatzteile vorhanden waren. Von den 11.020 Serienflugzeugen, die insgesamt produziert wurden, sind heute nur noch wenige in Museen und in amerikanischem Privatbesitz erhalten. Viele britische und Commonwealth-Kriegsflieger werden jedoch stets liebevolle Erinnerung an ihre „Faithful Annie" bewahren.

Varianten der Avro Anson

Avro 652: sechssitziger Kabinen-Tiefdecker mit einziehbarem Spornrad-Fahrwerk und zwei Sternmotoren Armstrong Siddeley Cheetah V je 216 kW (294 PS)
Avro 652 Mk II: Typ 652 mit auf den Zylinderköpfen angepaßten Motorhauben, Fenstern über die volle Kabinenlänge und anderen Detailverbesserungen
Avro 652A: fortentwickelte Variante des Typs 652 Mk II zur Prüfung durch das Air Ministry; Cheetah-VI-Motoren, Kabinentür steuerbord und Waffenturm AW.38 mit einem Lewis-MG auf dem Rücken des Mittelrumpfes
Anson Mk I: Serienversion des Typs 652A mit größeren Kabinenfenstern und Cheetah-IX-Motoren sowie anderen militärischen Ausrüstungsteilen
Anson Mk II: von Federal Aircraft gebaute Anson Mk I mit Neunzylinder-Sternmotoren Jacobs L6MB je 246 kW (335 PS)
Anson Mk III: in England gebaute und in Kanada auf Jacobs-Motoren umgerüstete Anson Mk I
Anson Mk IV: in England gebaute und in Kanada auf Wright R-975-E-3 Whirlwind umgestellte Anson Mk I
Anson Mk V: Anson Mk I mit neuem Vorderrumpf aus Vidal und drei runden Bullaugen pro Kabinenseite; Pratt & Whitney Wasp Junior R-985-AN12B je 335 kW (456 PSD); kein MG-Rückenturm
Anson Mk VI: Schulversion der Anson Mk V für Bomben- und Bordschützen mit Bristol-Waffenturm Typ I Mk VI
Anson Mk VII: geplante kanadische Version; nicht gebaut
Anson Mk VIII: geplante kanadische Version; nicht gebaut
Anson Mk IX: geplante kanadische Version; nicht gebaut
Anson Mk X: Anson Mk I mit geglätteten Motorgehäusen und verstärktem Kabinenboden für schwerere Lasten
Anson Mk XI: Anson Mk X mit erhöhtem Kabinendach, hydraulischen Arbeitsanlagen für Fahrwerk und Klappen sowie Cheetah-XIX-Motoren, die Fairey-Festpropeller antrieben
Anson Mk XII: Anson Mk XI mit Cheetah-XV-Motoren, die Rotol-Verstellpropeller antrieben
Avro Nineteen: Anson Mk XII mit ovalen Fenstern, verbesserter Schalldämpfung und verfeinerter Innenausstattung; RAF-Dienstbezeichnung Anson C.Mk 19; neun Sitze in der Kabine
Avro Nineteen Serie 2: Avro Nineteen mit weiterspannten und stärker zugespitzten Tragflügeln einem Höhenleitwerk aus Metall; Mk 18 war eine Sonderausführung für luftpolizeiliche Dienste in Afghanistan
Anson T.Mk 20: Anson C.Mk 19 mit transparenter Flugzeugnase für die praktische Ausbildung im Bombenabwurf
Anson T.Mk 21: auf der Anson C.Mk 19 basierendes Navigatorenschulflugzeug für die RAF in Südrhodesien
Anson T.Mk 22: auf der Anson C.Mk 19 basierendes Funkschulflugzeug; Abschlußlieferung 1952

Focke-Wulf Condor

Die wenigen Focke-Wulf Condor der Luftwaffe hatten Auswirkungen auf die Kriegführung der Alliierten, die in keinem Verhältnis zu ihrer Zahl standen. Nicht umsonst hieß dieses Muster die „Geißel des Atlantiks". Kamen diese störanfälligen Maschinen tatsächlich in die Luft, gingen sie auf die Pirsch nach feindlichen Schiffskonvois auf dem Atlantik und schlossen sich zu ihrer Bekämpfung mit Wolfsrudeln der deutschen U-Boot-Waffe zusammen. Gegen Ende des Krieges spielten sie zudem eine wichtige Rolle bei der Entwicklung neuer Luft-Boden-Flugkörper.

Entgegen der landläufigen Vorstellung, die Deutschen seien peinlich methodisch, planten die Nazis den Zweiten Weltkrieg zwar sorgfältig als „Blitzkrieg", zogen aber die Möglichkeit, daß er sich jahrelang hinziehen könnte, gar nicht in Betracht. So hatte man es vor dem Kriege bewußt unterlassen, die Luftwaffe mit schweren Fernbombern oder mit weitreichenden Seeaufklärern auszustatten. Die deutsche Luftwaffe zeigte daher nur beiläufiges Interesse, als die Focke-Wulf Fw 200 V1 (erste Versuchsmaschine) am 27. Juli 1937 zum Erstflug startete.

Tatsächlich war die Fw 200 das beste Langstrecken-Verkehrsflugzeug Europas, wenn nicht gar der Welt. Den Anstoß zu ihrer Konstruktion gaben Diskussionen zwischen Dipl.-Ing. Kurt Tank, dem technischen Leiter der Focke-Wulf Flugzeugbau in Bremen, und dem Vorstand der DLH (Deutsche Lufthansa), die im Frühling 1936 stattfanden. Tank hatte bereits seit einiger Zeit eine moderne Langstrecken-Verkehrsmaschine konstruieren wollen, die die Douglas DC-3 überbieten und die Junkers Ju 52/3m als Hauptmuster der DLH im Langstreckenverkehr ersetzen sollte. Er rang sich schließlich dazu durch, ein viermotoriges Flugzeug mit einem bis dahin unerreichten Reichweitenvermögen zu bauen, das ohne Zwischenlandung den Atlantik überqueren konnte.

Als Grundforderung stand an, Raum für 26 Passagiere und eine vierköpfige Besatzung zu schaffen. Auf europäischen Strecken hätte dazu ein Flugzeug in der Größenordnung der DC-3 gereicht, doch die Fw 200 wurde viel größer ausgelegt und von vier Motoren angetrieben, zunächst von importierten Hornet-Sternmotoren des amerikanischen Herstellers Pratt & Whitney, deren Leistung von je 652,5 kW (887 PS) zweiblättrige VDM-Hamilton-Propeller umsetzten. Aerodynamisch gesehen, war das Muster hervorragend gelungen. Nichts störte die klaren Linien, und die Streckung von 9,15 versprach eine hohe Effizienz der Tragflächen in bezug auf die Reichweite. Das Kerntragwerk bestand in einem großen, horizontal angeordneten Tragflächenmittelstück, das die Motoren aufnahm, während die daran angebundenen Außenflächen eine positive V-Stellung und eine deutliche Verjüngung in Richtung Spannweite aufwiesen. Wesentlich für die Struktur war die glatte, senkvernietete und mittragende Außenhaut, die bis zum hinteren Flügelholm reichte, wo sie aus Gewichtsgründen in eine Stoffbespannung überging, die auch die Kontrollflächen einschloß. Tank hatte darauf gedrängt, daß alle drei Fahrwerksbaugruppen nach vorn einzogen, damit sie frei aus den Schächten fallen und vom Druck des Fahrtwinds verriegelt werden konnten. Die Haupträder waren mit beträchtlichem Abstand vor den Fahrwerksbeinen an Schwenkgliedern mit diagonalen Stoßdämpferstreben montiert.

Tank absolvierte persönlich den äußerst erfolgreichen Erstflug. Die Fw 200 V1 hatte neun breite Plexiglasfenster auf jeder Seite der Kabine, doch die Inneneinrichtung und Bemalung fehlten noch. Später erhielt die Maschine in den Farben der DLH die Kennung D-AERE und den Namen Saarland (das Deutschland kurz zuvor besetzt hatte). Gleich zu Beginn des Programms hatte Tank die Zustimmung des Vorstands zum Bau von drei Prototypen und neun Serienmaschinen der Nullreihe Fw 200A-0 eingeholt. Die Fertigung kam zügig voran, da kaum

Die Deutsche Lufthansa erhielt zwar mindestens neun Condor-Maschinen, setzte aber zu keiner Zeit mehr als vier Exemplare im Liniendienst ein. Die abgebildete D-AMHC Nordmark war der fünfte Prototyp (auch Fw 200A-03 bezeichnet). Sie flog auf DLH-Strecken wie beispielsweise nach Barcelona, bis sie 1943 abgeschrieben wurde.

Focke-Wulf Condor

Die Fw 200 V1 (erste Versuchsmaschine) flog anfangs mit der Zulassung D-AERE und dem Namen Saarland. Für den Rekordflug nach New York wurde sie mit Langstreckentanks ausgerüstet und in Fw 200S umbezeichnet. Diesen Flug am 10./11. August 1938 hätte seinerzeit keine andere Linienmaschine der Welt durchführen können.

Änderungen anfielen. Man pfeilte lediglich die Außenflügel etwas stärker zurück, modifizierte das Leitwerk und baute die deutsche Lizenzversion des Hornet-Sternmotors in Gestalt des BMW 132 (132G-1 mit 530 kW/720 PS) ein. Die Fw 200 V2 ging an die DLH, während die Fw 200 V3 als D-2600 Immelmann III lange Zeit Hitlers persönliches Flugzeug (die sogenannte „Führermaschine") war. Von den neun Fw 200 der A-Reihe wurden zwei an Det Danske Luftfahrtselskab (DDL) in Dänemark und zwei an Syndicato Condor Ltda. in Rio de Janeiro verkauft.

Anfang 1938 erhielt die Fw 200 V1 zusätzliche Kraftstofftanks und als D-ACON Brandenburg einen neuen Anstrich. Für Propagandazwecke hatte sich Tank vom Reichsluftfahrtministerium die Nummer 200 reservieren lassen, und so wurde aus der V1 die Fw 200S (Spezialausführung). Am 10. August 1938 startete die Maschine in Berlin-Tempelhof unter Führung der Flugkapitäne Henke und von Moreau zu einem aufsehenerregenden Nonstop-Flug gegen den Wind nach New York, wo sie auf dem Flughafen Floyd Bennett landete. Die schätzungsweise 6558 km lange Strecke legte sie in 24 Stunden und 55 Minuten zurück, und für den Rückflug brauchte sie sogar nur 19 Stunden und 47 Minuten. Am 28. November 1938 flogen die beiden Piloten mit derselben Maschine über Basra, Karatschi und Hanoi nach Tokio. Vom Abflug bis zur Ankunft verstrichen insgesamt nur 46 Stunden, 18 Minuten. Auf dem Rückflug ging der D-ACON auf der ersten Etappe aus unerklärlichen Gründen der Treibstoff aus, so daß die Maschine nahe von Manila auf dem Wasser niedergehen mußte.

In Japan stieß die Fw 200 auf großes Interesse. Im Bremer Werk wurde inzwischen die Fw 200B mit BMW 132Dc oder 132H je 626 kW beziehungsweise 611 kW (850 PS/830 PS) und beträchtlich höheren Betriebsmassen gefertigt. Dies hätte die Standardversion werden sollen, doch die erwarteten Aufträge blieben aus, weil der Condor für das größtenteils aus Kurzstrecken bestehende Verkehrsnetz der DLH einfach zu groß war. Man setzte daher alles daran, das Muster im Ausland zu verkaufen. Die japanische Gesellschaft Dai Nippon KK bestellte fünf Maschinen, und kurze Zeit später folgte Aero O/Y in Finnland mit einem Auftrag über zwei Exemplare. Der Ausbruch des Zweiten Weltkriegs verhinderte jedoch die Auslieferung dieser Maschinen, und lediglich eine oder zwei Fw 200B kamen jeweils bei der DLH und KGrpzbV 105 (Kampfgruppe zur besonderen Verwendung) der Luftwaffe zum Einsatz. Nur eine einzige Maschine, die Fw 200B-2 Pommern, überstand den Krieg. Die allerletzte DLH-Condor, die Fw 200B-2 Hessen, stürzte, überladen mit den letzten Naziführern, die aus Berlin zu flüchten versuchten, am 21. April 1945 über hohem Gelände ab.

Japan hatte aber zudem einen Geheimauftrag über die Lieferung einer Fernaufklärerversion für die Kaiserlich Japanische Marine erteilt. Tank wählte die Fw 200 V10, den Prototyp der B-Reihe, zur Umrüstung und versah sie mit Kabinentanks, die die Standard-Kraftstoffmenge um 60 Prozent erhöhten, und den technischen Voraussetzungen zur Beladung mit Kameras, Leuchtfackeln, Seezeichen, Schlauchbooten

Aufriß-Erläuterung zur Focke-Wulf Fw 200C-4/U3

1 Positionsleuchte (steuerbord)
2 Flügelbeplankung
3 Querruder
4 Trimmklappen
5 Hauptholm der Außenfläche
6 Querruder-Seilzug
7 Flügelrippen (zwischen den Holmen)
8 Flügelrippen (Nasenkasten)
9 Trennstelle am V-Flügelansatz
10 Spreizklappe (äußeres Teil)
11 Spreizklappe (mittleres Teil)
12 Spreizklappe (inneres Teil)
13 Abdeckung der Flügeltanks
14 Hauptholmstruktur des Tragflächenmittelstücks
15 äußerer Schmierölbehälter (steuerbord)
16 Auspuffstutzen
17 Kühlklappen
18 äußere Motorgondel (angewinkelt)
19 Dreiblatt-VDM-Verstell-Luftschraube aus Metall
20 Propellernabe
21 Vergaserlufteinlauf
22 300-Liter-Zusatztank
23 innere Motorgondel (steuerbord)
24 Antennengruppen des Suchradars FuG 200 Hohentwiel (Backbordantenne aus Gründen der Übersichtlichkeit nicht dargestellt)
25 Funkpeilantenne
26 Bugschott
27 Seitenruderpedale
28 handbedientes 13-mm-Maschinengewehr (MG 131, D-Stand)
29 Gehäuse des Bombenvisiers Lotfe 7D
30 Seitenfenster der (nach steuerbord versetzten) Bodenwanne
31 Startsitz für den Heckschützen
32 seitliches Bullauge für den Flugzeugführer
33 Sitz des Flugzeugkommandanten
34 Schiebefenster
35 Sitz des Kopiloten (zugleich Bombenschütze)
36 Führerraumtür
37 Schußfeldbegrenzer
38 Kabinenlufteinlauf (nur steuerbord)
39 hydraulisch angetriebene Waffenkuppel Fw 19 mit einzelnem MG 15 (A-Stand)
40 Schützensitz
41 Munitionskästen (A-Stand)

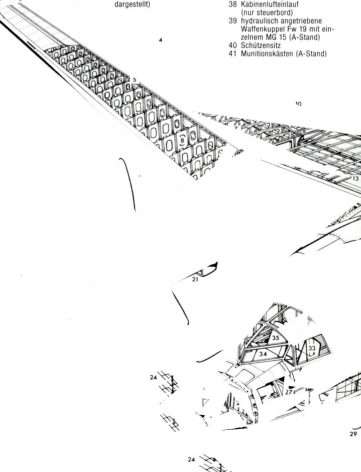

Dies ist vermutlich das erste Foto einer Condor im Flug. Es zeigt die noch ungestrichene Fw 200 V1 am 27. Juli 1937 in Bremen nach ihrem Start zum Erstflug. Das einrädrige Hauptfahrwerk wiesen alle Condor-Flugzeuge bis zur C-Reihe auf.

F8+BB war eine der ersten Fw 200C-1 Condor mit Bodenwanne und vollständiger Seepatrouillen- und Bombenausrüstung. Die Maschine, die zum Gruppenstab 1./KG 40 gehörte, erhielt das Verbandswappen rechtzeitig, um Truppen und Wehrmaterial zu Beginn der Invasion Norwegens am 9. April 1940 nach Oslo/Gardermoen schaffen zu können.

Varianten der Focke-Wulf Fw 200

Fw 200 V1: erste Versuchsmaschine mit Hornet-Sternmotoren S1E-G; später zur Fw 200S-1 umgebaut
Fw 200 V2 und V3: Musterflugzeuge mit BMW 132G-1; V3 war Hitlers „Führermaschine"
Fw 200A-0: Null-Serie in Form der Versuchsflugzeuge V4 bis V9, die meisten für die DLH und OY-DAM sowie -DEM für DDL und PP-CBI/CBJ für die brasilianische SCL
Fw 200B: seriengefertigte Verkehrsflugzeuge mit BMW 132DC je 626 kW (805 PS) als Fw 200B-1 und mit 132H je 611 kW (830 PS) als Fw 200B-2; japanische und finnische Flugzeuge für die DLH/Luftwaffe als Fw 200B-2 fertiggestellt
Fw 200 V10: Einzelexemplar für die japanische Marine zur bewaffneten Aufklärung über See; verblieb in Deutschland
Fw 200C-0: Nullserie der Baureihe C mit punktuell verstärkter Zelle, doppelrädrigem Hautfahrwerk, langsehnigen Motorgehäusen und Dreiblatt-Verstellpropellern; vier unbewaffnete Transportmaschinen und sechs Fernkampfflugzeuge mit vier Bombengehängen und drei MG 15
Fw 200C-1: zusätzliche Bauwanne mit 20-mm-Kanone MG FF und Heck-Maschinengewehr statt der bisherigen durch eine Bodenluke zu feuernden Waffe
Fw 200C-2: widerstandsärmere Bombenaufhängungen unter den Tragflächen und Motorgondeln
Fw 200C-3: verstärkte Zelle, Bramo 323R-1 mit je 883 kW (1200 PS), schwerere Bombenlast, Rückenturm Fw 19 und zwei MG 15 an den Rumpfseiten
Fw 200C-3/U1: Drehturm HDL151 und MG 151/20 als Ersatz für die Bordkanone MG FF
Fw 200C-3/U2: Bombenzielgerät Lotte 7D, Fw 19 und MG 131 anstelle der Maschinenkanone 151/20
Fw 200C-3/U3: beide Rückenwaffen MG 131, vorn im EDL 131
Fw 200C-3/U4: erhöhte Kraftstoffkapazität, MG 131 an den Rumpfseiten, aber wieder Fw 19 auf dem Rücken
Fw 200C-4: Version mit Funkmeßgerät, zuerst Rostock, dann Hohentwiel; HDL 151
Fw 200C-4/U1 und U2: zwei Umrüstversionen für VIP-Transportflüge; kurze Bauchwanne, vier MG 15, aber keinerlei Vorkehrungen zum Einbau von Radargerät und zur Beladung mit Bomben
Fw 200C-4/U3: Version mit Hohentwiel-Radargerät und Fw 19
Fw 200C-6: umgerüstete C-3/U1 und C-4 zur Aufnahme von ferngesteuerten Gleitbomben Hs 293A
Fw 200C-8 und C-8/U10: Schlußserie, für den Einsatz der Hs 293A bestimmt und mit Hohentwiel ausgerüstet

42 Schott
43 Rechteckfenster des Bordfunkers
44 Bodenwannenluke
45 Bordfunkerabteil (Station des A-Stand-Schützen)
46 Munitionsgestell (D-Stand)
47 Munitionsgestell (D-Stand)
48 Mittelteil der Bodenwanne (für gepanzerten 900-Liter-Tank oder zwölf SC50-Bomben)
49 Unterflur-Steuerverbindungen
50 Beobachtungsstationen (backbord zwei und steuerbord drei in versetzter Anordnung)
51 Unterflur-Struktur
52 Rumpfschmierölbehälter
53 Enteisungsflüssigkeitsbehälter
54 Antennenmast
55 fünf Haupttrumpftanks (längsgeneigt)
56 Struktur des durch den Rumpf geführten Hauptholms
57 Startsitz für den Bodenwannen-Heckschützen
58 oberer Rumpflängsgurt
59 Rumpfhauptspant
60 Kabinenventilator/Luftabzug
61 Aufbau der Seitenwand
62 Munitionsgestell (C-Stand)
63 Startsitz für zweiten Funker
64 verstärkter Rumpfspant
65 Rückenantenne der Funkpeilanlage
66 7,9-mm-Maschinengewehr MG 15 (F-Stand, steuerbord)
67 Schützenstartsitze
68 Schott
69 Gefechtsstand des Heckschützen (B-Stand)
70 Glaskuppel
71 Munitionsgestell (B-Stand)
72 Heckklappe der Kuppelhaube
73 MG 15 auf Drehringlafette
74 hintere Rumpfspanten
75 ...
76 ...
77 ... (steuerbord)
78 ...-Ruderausgleich
...enruder (steuerbord)
.6 Höhenrudergelenk
79 Hilfsruder
80 Struktur des Seitenflossen-Nasenholms
81 Seitenflossenaufbau
82 Seitenruderausgleich
83 Aufbau des Seitenruders
84 elektrisch angetriebene Trimmklappe (oberes Teil)
85 elektrisch angetriebene Trimmklappe (unteres Teil)
86 Seitenruderholm
87 Wartungsdeckel (Spornradmechanik)
88 Heckkonus
89 Heckpositionsleuchte
90 Hilfsruder
91 Höhenruder (backbord)
92 elektrisch angetriebene Trimmklappe (nur backbord)
93 Endplatte-Ruderausgleich
94 Höhenflosse (backbord)
95 Höhenrudergelenk
96 Höhenflossenholm
97 nach vorn einziehendes Spornrad
98 Spornrad-Einziehmechanik
99 Steuerseile
100 Sauerstoffflaschen
101 Heckschott
102 Schütte für Schwan-Peilbojen, Lux-Leuchtbojen und Leuchtfackeln
103 7,9-mm-Maschinengewehr MG 15 (F-Stand, backbord)
104 Munitionsgestell (F-Stand, steuerbord)
105 Einstiegstür
106 hinteres 7,9-mm-Maschinengewehr MG 15 in der Bodenwanne (C-Stand)
107 Seitenfenster der Bodenwanne
108 Hauptanschlüsse Rumpf/Tragfläche
109 unterer Waffenschacht/Überlastkraftstoffzelle
110 innere Motorgondel (backbord)
111 Auspuffstutzen
112 Kühlklappen
113 Motoraufhängung
114 luftgekühlter Neun-Zylinder-Sternmotor BMW-Bramo 323R-2
115 Propellerregler
116 Dreiblatt-VDM-Verstell-Luftschraube aus Metall
117 Vergaserlufteinlauf
118 Zwillingshaupträder
119 hydraulisch nach vorn einziehende Hauptfahrwerksbaugruppe
120 Einholzylinder
121 Radschacht
122 Fahrwerksschachtklappen
123 Flügelstruktur
124 Hauptflügelholm
125 Flügelkraftstofftanks
126 Struktur der Landeklappe
127 Spreizklappe (mittleres Teil, backbord)
128 Trennstelle am V-Flügelansatz
129 Schmierölbehälter des Außenmotors (backbord)
130 äußere Motorgondel (abgewinkelt)
131 Propellernabe
132 in die Unterseite des äußeren Motorgehäuses eingebettete 250-kg-Bombe
133 Position der 500-kg-Bombe am Gehänge der äußeren Motorgondel (extern)
134 Bombenwiege unter der Backbordfläche
135 250-kg-Sprengbombe
136 Staurohr
137 Beplankung
138 Querruder
139 Trimmklappen
140 elektrisch angetriebene Querruder-Trimmklappe (nur backbord)

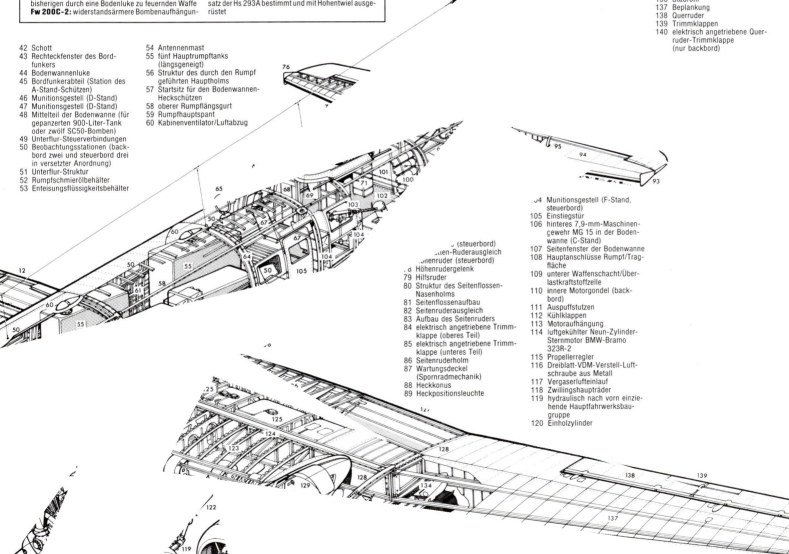

167

Focke-Wulf Condor

Die letzte Untervariante der Condor, die Fw 200C-8/U10, konnte viel schwerere Lasten als die ersten Versionen tragen, ohne daß ihre Zelle Schaden nahm. Dieses Exemplar, eines der wenigen, die Anfang 1944 noch gefertigt wurden, zeigt den vierstelligen Werkskode, den die Luftwaffe nach der Abnahme durch eine aus Buchstaben und Zahlen bestehende Kennung ersetzte. Die auffälligsten Merkmale dieser Spätserie sind der mächtige Rückenturm HDL 151, zwei ferngelenkte Gleitbomben Hs 293A zur Bekämpfung von Schiffszielen und das Suchradar FuG 200 Hohentwiel.

TECHNISCHE DATEN

Focke-Wulf Fw 200C-3/U4 Condor
Typ: Fernaufklärer/Fernbomber
Triebwerke: vier Neun-Zylinder-Sternmotoren BMW-Bramo 323R-2 Fafnir je 883 kW (1200 PS)
Leistung: Höchstgeschwindigkeit 360 km/h; Marschgeschwindigkeit 335 km/h; Dienstgipfelhöhe 6000 m; Reichweite 3560 km; Flugdauer 14 Stunden
Gewicht: Leermasse 17.005 kg; max. Startmasse 24.520 kg
Abmessungen: Spannweite 32,85 m; Länge 23,45 m; Höhe 6,30 m; Tragflügelfläche 119,85 m²
Bewaffnung: vier 13-mm-Maschinengewehre MG 131 auf dem Rumpfrücken und an den Rumpfseiten sowie ein MG 131 oder eine 20-mm-Kanone MG 151 vorn in der Bodenwanne; max. Bombenlast 2100 kg, bestehend aus zwei 500-kg-, zwei 250-kg- und zwölf 50-kg-Bomben

Focke-Wulf Condor

Diese Condor-Besatzung des KG 40 wirft einen letzten Blick auf die Karte, bevor sie erneut zum Fernflug von Bordeaux-Mérignac aufbricht. Die Motoren ihrer Condor laufen bereits.

und anderen Einsatzausrüstungskomponenten bis zu einer Masse von 2000 kg. Ferner wurden drei 7,92-mm-MGs eingerichtet.

Im Frühjahr 1939, als sich der Kriegsausbruch abzeichnete, beauftragte der Chef des Generalstabs der Luftwaffe, Jeschonnek, den sehr erfahrenen Flugzeugführer Edgar Petersen im Rang eines Oberstleutnants mit der Bildung eines Verbands, der Schiffe weit draußen im Atlantik versenken konnte, da die potentiellen Feindmächte England und Frankreich im Kriegsfall auf diese Nachschubrouten angewiesen wären. Es gab keinen Flugzeugtyp, der sich für diesen Zweck eignete. Die ursprünglich dafür vorgesehene Heinkel He 177 war noch Jahre von der Einsatzreife entfernt; die einzige Lösung schien in der „japanischen" Fw 200 V10 zu bestehen.

Die Fw 200 war grundsätzlich ungeeignet für die neue Rolle, da man sie für den Betrieb mit leichteren Gewichten und zivilen Lastfaktoren konstruiert hatte. Nun sollte sie von groben Feldflugplätzen aus mit schwerer Treibstoff- und Waffenlast operieren, wäre im Kampf bei engen Kurven und Abfangmanövern aus dem Sturzflug unweigerlich hohen g-Belastungen ausgesetzt, und das alles in geringer Höhe und dichten Luftschichten. Die Bremer Fachkräfte gaben ihr Bestes, um die Zelle zu verstärken, doch am Ende blieb das Ganze auf einige örtliche Eingriffe beschränkt, die die Zelle nur um 29 kg schwerer machten. Unmittelbar nach Kriegsbeginn wurden zehn Vorserienmaschinen Fw 200C-0 bestellt, bei denen man vereinbarungsgemäß auf möglichst viele Verkehrsmaschinen der B-Reihe zurückgriff, die sich in der Fertigung befanden. Die ersten vier Fw 200C-0 waren zum Truppentransport bestimmt. Ihre Modifikationen umfaßten daher nur ein doppelrädriges Hauptfahrwerk, langsehnige Motorgehäuse mit Kühlklappen und diverse interne Ausrüstungsteile. Dieses Quartett wurde gerade noch rechtzeitig zur Invasion Norwegens im April 1940 geliefert.

Die übrigen sechs Fw 200C-0 erhielten die punktuell verstärkte Zelle und eine simple Bewaffnung in Form dreier MG 15, eines davon in einer (fast halbkugelförmigen) Rückenkuppel direkt hinter dem Führerraum, das zweite in einem Gefechtsstand auf dem Rücken des Hinterrumpfs mit faltbarem Heckkonusteil und das dritte im Mittelrumpf, durch eine Bodenluke nach hinten feuernd. Als offensive Last konnten sie vier 250-kg-Bomben mitführen, zwei unter den vergrößerten äußeren Motorgondeln und das andere Paar an Gehängen unter den Flügeln direkt nach dem Anschlußfeld der Außenflächen. Die Produktion wurde unverzüglich mit der Fw 200C-1 fortgesetzt. Diese erste definitive Kriegsversion hatte noch immer ein schwaches Flugwerk, ein äußerst verletzliches Kraftstoffsystem (besonders von unten), mangelhaften Panzerschutz (nur der Sitz des Flugzeugkommandanten wies einen Rückenpanzer auf) und vielerlei andere Unzulänglichkeiten. Die bedeutendste Neuerung der Fw 200C-1 stellte eine Bauchgondel dar, wie bei der japanischen Fw 200 V10 versetzt angeordnet, aber länger ausgeführt, um Raum für einen Waffenschacht zu gewinnen (der in der Regel für einen Zementkörper genutzt wurde, dessen Ballistikwerte denen einer 250-kg-Bombe entsprachen, um bei dessen Abwurf das Bombenvisier justieren zu können). Im Gondelbug befand sich eine 20-mm-Kanone MG FF, die, über Lochkimme und Balkenkorn richtbar, in erster Linie gegen Kanoniere der Geschützbatterien auf Feindschiffen gedacht war. Im Gondelheck hatte man ein MG 15 als Ersatz für das bisherige durch die Bauchluke feuernde MG installiert.

Die fünfköpfige Normbesatzung setzte sich aus zwei Flugzeugführern und drei Bordschützen zusammen. Von den letztgenannten fungierte einer zugleich als Mechaniker und ein anderer als Funker/Navigator, der mit diesen drei Aufgaben allerdings überlastet war. Der Innenraum hatte eine großzügige Aufteilung, und sämtliche Besatzungsstationen waren beheizt und elektrisch beleuchtet. Dennoch bemängelten die Fw-200-Besatzungen des von OTL Petersen aufgestellten Kampfgeschwaders 40 von Anfang an die strukturelle Schwäche und unzureichende Bewaffnung der Condor, außerdem wurden sie nicht schnell genug ausgeliefert.

Focke-Wulf war sich dieser Sachlage sehr wohl bewußt und ließ die Maschinen in fünf verschiedenen Werken herstellen, während die Endmontage in Bremen und Cottbus sowie bei Blohm & Voss in Finkenwerder erfolgte. Der Mißerfolg dieses Programms läßt sich aus der Tatsache ablesen, daß bis zu seinem Ende im Februar 1944 nur insgesamt 252 Fw 200C Condor entstanden. Wegen der hohen Verlustrate hatte KG 40 zu keiner Zeit sein Flugzeugsoll, sondern selten mehr als zwölf Maschinen zur Verfügung.

Die ersten Kampfeinsätze flog 1./KG 40 ab dem 8. April 1940 von dänischen Stützpunkten aus gegen britische Schiffe. Ende Juni wurde das Geschwader nach Bordeaux-Mérignac verlegt, dem Hauptstützpunkt des Verbandes bis zu seiner Räumung im Herbst 1944. Ab Juli 1940 unterstützten die Condor die Luftwaffe beim Kampf gegen England. Meistens flogen sie in einem weiten Bogen um Cornwall und Irland herum aus Westen an, warfen ihre vier Bomben ab und zogen sich nach Norwegen zurück, um einen oder zwei Tage später den Rückflug zum Stammhorst anzutreten. Mindestens zwei Maschinen wurden dabei abgeschossen. Ein Pilot der No. 87 Squadron fing eine Condor auf dem ungewöhnlichen Direktflug nach Plymouth ab, doch

Diese Maschine flog als einzige Focke-Wulf Condor mit britischer Zulassung. Zuvor hatte sie bei Danish Air Lines als OY-DAM gedient, und 1941 folgte eine kurze Dienstperiode bei der RAF. Im Vergleich zum Prototyp waren das Seitenleitwerk und das Ruder beträchtlich vergrößert.

CE+IB, hier mit dem gelben Rumpfband der an der Ostfront eingesetzten Maschinen, war eines von zwei Condor-Transportflugzeugen, Fw 200C-4/U1 (Foto) und Fw 200C-4/U2, die 1942 gebaut wurden. Diese Maschinen wiesen sämtliche Verbesserungen der Baureihe C-4 auf, litten aber unter einer etwas schwachen Bewaffnung.

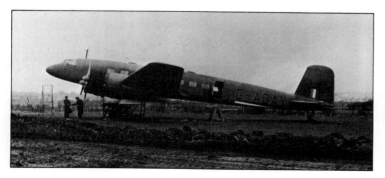

Focke-Wulf Condor

Die Focke-Wulf Fw 200C-3/U2 war leicht am Kinntropfen des Lotfe 7D im vorderen Teil der Bodenwanne zu erkennen. Der Einbau dieses genauen Bombenzielgerätes zwang zur Neuorganisation der Bauchbewaffnung.

lieferten nunmehr BMW-Bramo Fafnir 323R-2 mit einer Nennleistung von 883 kW (1200 PS) bei Wasser-Methanol-Einspritzung. Die Bombenlast wurde durch Zulassung der Motorgondeln für je 500 kg und zusätzlich zwölf SC50 (50-kg-Bomben) in der Bauchwanne erhöht. Die Stelle des vorderen Waffenstands auf dem Rumpfrücken nahm ein Fw 19-Drehturm (mit einem MG 15) ein, und zwei weitere, aus Schiebefenstern feuernde MG 15 waren beidseitig am Hinterrumpf montiert. Die Stärke der Besatzung stieg auf sechs Mann. Die Fw 200C-3/U1 bot endlich eine echte Abwehrbewaffnung mit einem MG 151/15 im vorderen Drehturm HDL151 und einem MG 151/20 anstelle des MG FF. Wegen des mächtigen Waffenturms sank die Höchstgeschwindigkeit von 305 km/h in Meereshöhe allerdings auf 275 km/h.

Im Jahr 1941 wurden nur 58 Condor gebaut, einschließlich der Fw 200C-3/U2 mit dem komplexen, aber außerordentlich präzisen Bombenvisier Lotfe 7D. Dieses Lotfernrohr verursachte eine markante Ausbuchtung unter der Bauchgondelstirn und zwang zum Ersatz der Kanone durch ein MG 131 (Kaliber 13 mm). Die meisten Fw 200C-3/U2 kehrten wieder zum kleinen Waffenstand Fw 19 zurück. Als nächstes erschien die Fw 200C-3/U3, deren Rückbewaffnung zwei MG 131 umfaßte, eines im vorderen Drehturm EDL131 und das andere im manuell richtbaren Heckstand. Die Fw 200C-3/U4 hatte eine erhöhte interne Kraftstoffkapazität, die das Gesamtgewicht auf für die verstärkte Zelle gerade noch tragbare 22.700 kg steigen ließ. Die seitlichen Kanonen zur Abwehr nach hinten waren MG 131 gewichen, die eine wesentlich höhere Feuerkraft boten, doch den vorderen Rückenturm bildete wiederum der kleine Fw 19.

Wenn irgendeiner der Untertypen als Standardversion gelten kann, so war dies ab Februar 1942 die Fw 200C-4. Sie brachte der Condor ein Suchradar, zunächst das Vorserienmodell Rostock und dann das für den Bombenabwurf im Blindverfahren taugliche Standardgerät FuG 200 Hohentwiel. Merkwürdigerweise griff man bei der Fw 200C-4 wieder auf die HDL151-Waffenturm und ansonsten auf MG 15 zurück, doch die Buggondel wies je nachdem, ob mit oder ohne Lotfe 7D, ein MG 131 oder MG 151/20 auf. Zwei Sonderausführungen erschienen 1942 mit der Fw 200C-4/U1 und U2, beides Transportflugzeuge mit VIP-Inneneinrichtung und nur vier MG 15. Die (1945 in Farnborough geflogene) U1 war Himmlers persönliche Maschine. Der Gestapochef hatte sich einen riesigen Ledersessel mit schwerer Panzerung und einen Extranotausstieg einbauen lassen. Anfang 1943 modifizierte man einige Fw 200C-3 für den Start und die Fernlenkung von Gleitflugbomben Hs 293A, die zur Bekämpfung von Schiffszielen unter die äußeren Motorgehäuse gehängt wurden. Die dazugehörige Funksteuerungsanlage Kehl/Straßburg befand sich in Bug- und Heckteil der Bodenwanne. Diese Flugkörperträger hießen Fw 200C-6, und die letzten wenigen Condor, die im Winter 1943/44 entstanden, waren speziell zum Einsatz der Hs 293 ausgelegte Fw 200C-8, deren äußere Motorgehäuse man nach unten erweitert und deren Bodenwanne man an der Stirn verlängert hatte.

da ihm die Munition ausgegangen war, konnte er alles weitere nur auf den Schießfilm bannen. Ab August widmeten sich die Condor ihrer eigentlichen Aufgabe, und im Laufe von zwei Monaten versenkten sie eine britische Schiffstonnage von 90.000 BRT. Am 26. Oktober machten sie zum ersten Mal Schlagzeilen, als Oberleutnant Bernhard Jope und seine Besatzung die 42.348 Tonnen große Empress of Britain entdeckten. Ihre Bomben legten das Schiff lahm, das anschließend von einem Unterseeboot torpediert wurde. Bis zum 9. Februar 1941 hatte es 1./KG 40 auf eine versenkte Schiffstonnage von 363.000 BRT gebracht. Inzwischen waren zwei weitere Staffeln hinzugestoßen, so daß das Geschwader nominell über 36 Flugzeuge verfügte.

Im Winter 1940/41 lieferte Cottbus einige Fw 200C-2 Condor, eine Zwischenversion, deren Hauptverbesserungen in vertieften Bombenlagern an den äußeren Motorgehäusen und widerstandsarmen Bombengehängen unter den Flügeln bestanden. Erstere waren überdies für 300-Liter-Außentanks verrohrt. Der eigentliche Durchbruch kam mit der Fw 200C-3, die ab Februar 1941 flog. Bei dieser weitgehend neu entworfenen Version hatte man sich erstmals wirklich bemüht, die strukturellen Schwächen zu beheben, und sogar ein höheres Gewicht in Kauf genommen. Der Erfolg blieb allerdings begrenzt. Den Antrieb

Die erste Condor-Seeaufklärerserie für die Luftwaffe war die Fw 200C-1. Diese Aufnahme zeigt deutlich die Bodenwanne und den A- und B-Stand mit MG 15 vorn und hinten auf dem Rumpfrücken. Bomben konnten unter die erweiterten Gehäuse der Außenmotoren gehängt werden.

Diese Condor, F8+GH, befand sich 1942, zumindest vorübergehend, bei der 1./KG 40 in Griechenland im Einsatz. Es handelt sich offenbar um eine Fw 200C-3, wie die großen Bombengehänge unter den Tragflächen, das MG 151/20 im Bug der Bauchwanne und der vordere Rückenturm Fw 19 zeigen.

Focke-Wulf Condor

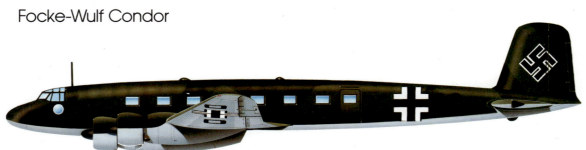

Von der Fw 200 V1 unterschied sich die Fw 200 V3 durch ihre BMW-Motoren (praktisch eine Lizenzversion des US-Hornet) und ein größeres Seitenleitwerk. Sie diente bei der Luftwaffe als „Führermaschine" D2600 zur Beförderung Hitlers und anderer Nazigrößen. Die Maschine wechselte ihr Farbkleid dreimal, bis auch sie schließlich einen Tarnanstrich erhielt. Ihr Standort war Berlin-Tempelhof.

Im Jahr 1940 lieferte das Bremer Werk vier Transportflugzeuge Fw 200C-0. Dies war nicht nur das erste Condor-Serienbaulos für die Luftwaffe, sondern auch das erste mit langen Motorgehäusen, Dreiblatt-Propellern und doppelrädrigem Hauptfahrwerk. X8+BH ist hier so abgebildet, wie KGrzbV 200 sie für Versorgungsflüge nach Stalingrad einsetzte.

Wären solche Flugzeuge bereits 1940 verfügbar gewesen, hätte die „Geißel des Atlantiks" noch viel stärker als ohnehin gewütet. Während die schwachen frühen Condor auf fast keinerlei Widerstand stießen, mußten sich die verbesserten Modelle im späteren Verlauf des Krieges gegen die Schiffsartillerie, auf Geleitschiffen stationierte Grumman Martlet (Wildcat) und nicht zuletzt auch gegen Hawker Hurricane behaupten, die per Katapult von Handelsschiffen aus gestartet wurden und ihren ersten Abschuß am 3. August 1941 erzielten. Sogar einer Short Sunderland gelang es, eine Condor zu stellen und abzuschießen. Ab dem Jahr 1942 hüteten sich die Condor-Piloten daher tunlichst, in den Wirkungsbereich der Bristol Beaufighter und der de Havilland Mosquito des britischen Küstenkommandos einzufliegen. Im Herbst 1944 wurde das Kampfgeschwader 40 schließlich aufgelöst, nachdem man die Basen an der Biskaya hatte aufgeben müssen. Einige der verbliebenen Focke-Wulf Condor beendeten den Krieg als selten genutzte Transportflugzeuge.

Die Fw 200C-4 wurde erneut mit der Waffenkuppel HDL 151 (handbetätigte Drehlafette) ausgerüstet. Die 20-mm-Kanone MG 151 im Bug der Bodenwanne zeigt, daß diese Condor nicht das Bombenzielgerät Lotfe 7D aufwies.

B-24 Liberator

So wie die Handley Page Halifax in England stets im Schatten der Avro Lancaster stand, erreichte auch die B-24 innerhalb der USAAF nie den Ruhm der Boeing B-17. Tatsächlich aber war die B-24 das modernere und effizientere Muster, wurde in weitaus größerer Stückzahl gebaut und kämpfte im Gegensatz zur B-17 an allen Fronten des Zweiten Weltkriegs.

Kein Flugzeug hat jemals so viele Arbeitsstunden, Werkstoffe und Besatzungen erfordert wie die Liberator. Nichts verdeutlicht die Stärke der amerikanischen Luftfahrzeugindustrie besser als die Tatsache, daß der Liberator-Prototyp nach Ausbruch des Zweiten Weltkriegs noch nicht einmal flugbereit war und die letzte Maschine (ausgenommen die PB4Y-2) vor Kriegsende vom Band rollte. In der Zwischenzeit aber wurden 18.188 Einsatzflugzeuge oder, einschließlich der Reservebestände, 19.203 Exemplare ausgeliefert. Diesen Zahlen stehen 12.731 B-17 und 7366 Lancaster gegenüber.

Die Leistungsbilanz der Liberator entspricht diesen astronomischen Produktionszahlen. Vor allem ihre Reichweite, die teilweise auf außerordentlich effektive Tragflächen zurückzuführen war, ermöglichte den Alliierten ungewöhnliche Luftoperationen. Zu Beginn des Krieges überquerten die ersten RAF-Liberator den Nordatlantik routinemäßig, eine Neuerung in der Luftfahrtgeschichte. 1942 schloß eine weiterentwickelte Version dieses Musters endlich die Lücke im westlichen Nordatlantik, wo deutsche U-Boote außerhalb der Reichweite aller britischen Kriegsflugzeuge bislang unbehelligt hatten operieren können. Liberator-Formationen flogen zahllose Angriffe gegen Ziele, die bis zur Verfügbarkeit der B-29 kein anderer Bomber der Alliierten zu bekämpfen vermochte. Die Liberator war zwar in erster Linie ein schwerer Bomber, aber auch, wie 2600 abgeschossene Feindflugzeuge belegen, ein höchst effektives Jagdflugzeug, der führende Seepatrouillen- und U-Bootabwehrtyp sowie die erstrangige Langstrecken-Frachtmaschine der Alliierten.

Gleichzeitig erwies sich diese Maschine als äußerst kompliziert und höchst anspruchsvoll, so daß man die Ausbildung des fliegenden Personals verlängern und dennoch eine hohe Verlustrate hinnehmen mußte. Die Liberator war selbst für die Piloten ein Problem, die eine komplette Typeneinweisung erhalten hatten, und zudem für so hohe Betriebsmassen zugelassen, daß sie sogar unter Vollast aller Triebwerke knapp in die Luft kam. Auch die Stabilität im Flug lag im Grenzbereich. Das Muster war zwar moderner und vielfach effektiver als die B-17, aber die übergewichtigen Spätversionen der B-24 stellten kaum eine Verbesserung gegenüber ihren einfacheren Versionen dar.

Tatsächlich wären die B-24 beinahe B-17 geworden, denn im Oktober 1938 bat man die Consolidated Corporation, eine zweite Fertigungslinie für den Boeing-Bomber einzurichten. Consolidated war erst drei Jahre zuvor von Buffalo im Staat New York nach San Diego in Kalifornien umgezogen und besaß genügend Areal, um das große neue Werk erweitern zu können. Chefkonstrukteur Isaac M. „Mac" Laddon hatte aber bereits Unterlagen für einen Langstreckenbomber ausgearbeitet, den er für einen ganz hervorragenden Entwurf hielt. Diese Überzeugung beruhte zum Teil auf der von David R. Davis patentierten Tragfläche, die ein besonders tiefes Profil mit starker Wölbung an der Saugseite und eine reflex geformte Druckseite hatte und fast so schlank wie die eines Segelflugzeugs war. Windkanaltests bestätigten Davis' Behauptung, sie erzeuge 10–25 Prozent weniger Widerstand als gewöhnliche Flügel, aber es war noch kein Luftfahrzeug mit solch einem Tragwerk in natürlicher Größe geflogen. Laddon hatte ein riesiges Flugboot, Modell 31, konstruiert, das im Frühling 1939 mit Davis-Tragflächen abheben sollte. Bis zur Ermittlung der Widerstandswerte brachte er rasch einen schweren Bomber mit dem gleichen Trag- und Leitwerk zu Papier, aber mit neuem Rumpf, modernem Glattbug und einziehbarem

Die berühmtesten Einsätze der B-24 waren Angriffe auf den Ölraffineriekomplex in Ploesti, Rumänien. Diese B-24J der US 15. Air Force stoßen zur Bombardierung der Raffinerie Concrida Vega am 31. Mai 1944 durch schweres Flakfeuer vor.

B-24 Liberator

Bei diesem Flugzeug soll es sich um die 40-2369 des Army Air Corps handeln, aber die Maschine wurde auch als LB-30B beschrieben, die, von Großbritannien bestellt, mit übermalten britischen Kokarden (eine ist noch erkennbar) an die USA ging. Merkwürdig ist, daß die 40-2369 von Anfang an eine von den USA bestellte B-24A war.

Die ersten Liberator an der Front waren im Juni 1941 die GR.Mk I des RAF Coastal Command mit kurzem Rumpf, vier Kanonen im Bauch und Suchradar ASV.Mk Ia. Bei dieser GR.Mk V handelte es sich um eine Hochleistungsvariante der B-24D für das Küstenkommando, mit Tanks in den erweiterten Außenflächen, Kinnradar und Leigh-Scheinwerfer.

Bugrad-Fahrwerk. Unterhalb des Schulterdeckertragwerks waren zwei Bombenschächte, jeder so groß wie der B-17-Einzelschacht.

Der Befehlshaber des USAAC, H.H. „Hap" Arnold, prüfte im Januar 1939 die Pläne für die Modell 32 und wies Laddon an, „einen Bomber zu bauen, der jedem Rivalen die Außenhaut vom Gerüst zieht". Consolidated erhielt am 30. März 1939 einen Auftrag zum Bau der Modell 32 als XB-24. Von der Maschine wurde eine Geschwindigkeit von 483 km/h, eine Einsatzhöhe von 10.670 m und eine Reichweite von 4828 km erwartet. Bei seinem Erstflug am 5. Mai 1939 konnte das Flugboot (Modell 31) die vorausgesagten Widerstandswerte nachweisen. Die Konstruktion der Modell 32 kam trotz Änderungen rasch voran. So gestaltete man den Bug zur Unterbringung des Navigators und des Bombenschützen wieder konventionell und richtete weiter hinten ein Cockpit mit nebeneinander angeordneten Sitzen und hochgezogener Frontverglasung ein. Die erste XB-32 (Seriennummer 39-680 der US Army) startete am 29. Dezember 1939 auf Lindbergh Field zum erfolgreichen Jungfernflug.

Dieser Prototyp war zwar nicht schön, aber modern und eindrucksvoll. Der voluminöse Rumpf und die sehr großen, ovalen Seitenflossen/Ruder standen in scharfem Kontrast zu den stilvollen Tragflächen. Für den Antrieb sorgten Pratt & Whitney R-1830-33 Twin Wasp mit Getriebelader und einer Nennleistung von je 821 kW (1116 PS). Um die erreichte Geschwindigkeit von 439 km/h über den festgeschriebenen Wert hinaus zu steigern, war die Ausrüstung mit Turboladern vorgesehen. Jeder Bombenschacht konnte mit 1814 kg beladen werden, und in der Mitte befand sich ein Laufsteg zur Stärkung der Zelle, der aber zugleich der Besatzung Zugang zum hinteren Rumpfabschnitt bot. Um den Bombenschacht zu öffnen, mußte man einen kleinen Hydraulikhebel auf der rechten Schachtseite betätigen, und seine Klappen rollten an der Außenseite des Rumpfes hoch. Der Antrieb für die Rollklappen erfolgte über große Kettenräder, die in direktem Kontakt zu der gewellten inneren Aussteifungshaut standen. Die siebenköpfige Besatzung stieg über den Laufsteg ein: Pilot, Navigator, Bombenschütze und Funker gingen nach vorn, die drei Bordschützen nach hinten. Die Bewaffnung bestand aus fünf handbedienten Maschinengewehren. Zu den besonderen Merkmalen dieses Bombers zählten, abgesehen von der allgemeinen Komplexität der Bordsysteme und dem fortschrittlichen Autopiloten (Minneapolis-Honeywell), zwölf Treibstoffzellen aus flexiblem Material in den Tragflächen, Fowler-Klappen und ein ungewöhnliches Hauptfahrwerk mit einzelnen Federbeinen, die nach außen um sehr große Räder gekrümmt waren. Das Fahrwerk zog hydraulisch nach außen ein, so daß es flach in den Tragflächen lag. Da aber das Rad immer noch leicht an der Unterseite hervorstand, mußte es verkleidet werden.

Im März 1939 hatte das US Army Air Corps sieben YB-24 bestellt, die 1940 mit zusätzlichen Treibstofftanks, weiteren Ausrüstungskomponenten und pneumatisch-mechanischen Enteisungsmatten, aber ohne starre Schlitze am Außenflügel geliefert wurden. Schon einen Monat später, im April 1939, bestellte Frankreich 175 Flugzeuge der Modell 32 in einer Ausführung mit der Bezeichnung 32B7. Noch vor der Auslieferung kam es zum Zusammenbruch Frankreichs, so daß Großbritannien dieses Los übernahm und selbst weitere 165 Exemplare orderte. Von letzteren behielt die US Army 25 Maschinen ein, und 139 wurden schließlich als LB-30 (Liberator britischer Typ 30) der RAF übergeben, die ihnen die Dienstbezeichnung Liberator Mk II zuwies. Sie entsprachen britischen Spezifikationen und besaßen selbstversiegelnde Kraftstofftanks, umfangreiche Panzerung, R-1830-S3C4G-Triebwerke, die Curtiss- statt Hamilton-Propeller antrieben, einen verlängerten Bug und eine völlig andere Bordausstattung, darunter elf Browning 7,7-mm-Maschinengewehre, von denen acht in Boulton Paul-Türmen mit E-Motor auf dem Rücken des Mittelrumpfs und im Heck lafettiert waren. Die Seriennumerierung begann mit AL503. Die zweite LB-30 war das Flugzeug von Churchill mit VIP-Ausrüstung. Die Maschine (mit der Bezeichnung Liberator C.Mk IX) trug den Namen „Commando" und hatte eine glänzende, ungestrichene Außenhaut sowie (1943) eine hohe Einzelseitenflosse wie die der RY-3-Transportflugzeuge und der PB4Y-2 der US Navy.

Gleichzeitig führte Consolidated den französischen Auftrag aus, für den man die metrische Instrumentierung und Bereifung auf britische Norm umstellte. Die RAF-Serienkennung dieser LB-30MF begann mit AM258, und die Grundtypkennung lautete Liberator Mk I. Im März 1941 begann die Lieferung, und diese Maschinen wurden in mehreren Rollen eingesetzt, angefangen von der Besatzungsausbildung über militärische Transportflüge und Atfero-Dienst (Atlantic Ferry Organisation = Organisation für atlantische Überführungsflüge) zwischen Prestwick und Montreal sowie BOAC-Unterstützung (mit RAF- und Zivilkennung), hauptsächlich auf der Strecke um den Kontinent nach Ägypten, bis hin zu Fernpatrouillen unter dem Coastal Command, denn zusätzlich zu den üblichen U-Bootabwehrwaffen und dem Suchradar ASV Mk I waren einige Exemplare mit vier nach vorn feuernden 20-mm-Kanonen in der Rumpfwanne bewaffnet. Die stark verbesserte Liberator

Der Prototyp der Consolidated Modell 32 (XB-24), aufgenommen am 29. Januar 1940, einen Monat nach dem Erstflug, aus dem Cockpit eines Geleitjägers heraus. Die USAAC-Maschine 39-680 wurde von Twin Wasp-Motoren ohne Turbolader angetrieben, und ihre Bewaffnung bestand aus sechs 7,62-mm-Maschinengewehren.

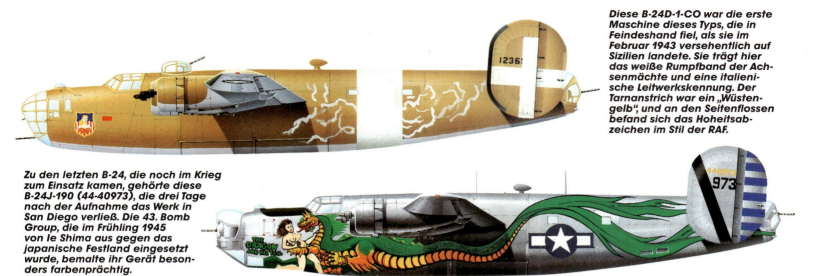

Diese B-24D-1-CO war die erste Maschine dieses Typs, die in Feindeshand fiel, als sie im Februar 1943 versehentlich auf Sizilien landete. Sie trägt hier das weiße Rumpfband der Achsenmächte und eine italienische Leitwerkskennung. Der Tarnanstrich war ein „Wüstengelb", und an den Seitenflossen befand sich das Hoheitsabzeichen im Stil der RAF.

Zu den letzten B-24, die noch im Krieg zum Einsatz kamen, gehörte diese B-24J-190 (44-40973), die drei Tage nach der Aufnahme das Werk in San Diego verließ. Die 43. Bomb Group, die im Frühling 1945 von Ie Shima aus gegen das japanische Festland eingesetzt wurde, bemalte ihr Gerät besonders farbenprächtig.

Mk II diente zwar auch beim Coastal Command, flog aber in erster Linie als Bomber in Nahost und Indien.

So gelangten die ersten Flugzeuge zwar alle nach England, aber das US Army Air Corps (ab Juni 1941 US Army Air Force) übernahm neun (von 36 bestellten) B-24A, die drei handbediente 12,7-mm-Maschinengewehre einführten, aber den Dash-33-Antrieb beibehielten. Dash-41-Motoren mit Turbolader erprobte Ende 1940 der Originalprototyp. Für dieses Triebwerk war die gestauchte Ovalform der Motorgehäuse charakteristisch, mit seitlichen Luft- und Ölkühlerschächten und dem Abgaskanal zum Turbolader an der Gondelunterseite unter der Tragfläche. Zur Umsetzung der Motorleistung in großer Höhe wurden Paddelblatt-Propeller (unweigerlich Hamilton-Produkte ohne Spinner mit einem Durchmesser von 3,53 m) montiert. So modifiziert, erhielt der Prototyp die Bezeichnung XB-24B. Weitere Änderungen bestanden in selbstdichtenden Kraftstofftanks und Panzerschutz. Alle diese Modifikationen flossen in neun B-24C ein, die (als B-24A bestellt) 1941 ausgeliefert wurden. Diese Bomber besaßen zur Abwehr zwei motorisierte US-Waffentürme, eine Consolidated-Kuppel im Heck und eine Martin-Kuppel direkt hinter dem Cockpit, beide mit zwei 12,7-mm-Zwillingsmaschinengewehren. Hinzu kamen drei handbediente 12,7-mm-Waffen im Buggefechtsstand und in den seitlichen Schützenstellungen.

Großmaßstäbliche Produktion

Die B-24C bildete die Grundlage für die erste Großserienversion B-24D. Diese Bomber hatten Dash-43-Motoren, zwei weitere Rohrwaffen im Bug und eine im unteren Rumpftunnel (insgesamt zehn 12,7-mm-MG), erweiterte Kraftstofftanks in den Außenflächen und einen mit 3992 kg beladbaren Bombenschacht. Gleich zu Beginn wurde die B-24D für 25.402 kg zugelassen, doch Mitte 1942 operierte sie mit einer Gesamtmasse von 27.216 kg, die sie zum schwersten in den USA hergestellten Flugzeug machte. Pläne zur Produktion in einem Maßstab, wie es die Welt noch nicht erlebt hatte, wurden zügig vorangetrieben. Das Werk in San Diego hattte man bereits um das Dreifache vergrößert, und 1941 entstand in Fort Worth, Texas, eine riesige neue Fabrik mit einer Haupthalle von 1219 m Länge und 97,5 m Breite. Nur wenige Meilen entfernt, in Dallas, errichtete man eine ähnliche Fertigungsstätte für North American Aviation, die neben anderen Typen die B-24G produzierte. Im Juli 1942 lief die Massenproduktion bei Douglas in Tulsa auf vollen Touren, und bereits 1941 war die größte Fabrik in den Vereinigten Staaten für die Ford Motor Co. in Willow Run bei Detroit, Michigan, gebaut worden. Consolidated mietete zwei Stockwerke des Spreckels Theater in San Diego, nur um die Ford-Ingenieure einzuweisen und bei der Umsetzung von mehr als 90.000 technischen Zeichnungen der B-24 im Stil und in der Terminologie der Kraftfahrzeugindustrie zu unterstützen. Im August 1942 strömten in Willow Run pro Monat 200 komplette B-24 vom Band, und 150 Baugruppensätze verließen das Werk zur Montage durch andere Firmen.

Die B-24D war auf allen Kriegsschauplätzen vertreten, und in den Jahren 1942/43 stellte sie den mit Abstand wichtigsten Fernbomber im pazifischen Operationsgebiet dar. Ende 1942 flogen 15 U-Bootabwehrstaffeln dieses Muster (nur Flugzeuge mit Bordradar), das den gesamten Nordatlantik abdeckte. Im Juli 1942 fiel die Entscheidung, der US Navy ebenfalls B-24 zuzuschleusen, und im August 1943 übernahmen sie U-Jagdstaffeln der US Army. So setzte die US Navy schließlich 977 PB4Y-1 Liberator neben einer beachtlichen Zahl RY-1 und RY-2 ein. Die-

Die Liberator Mk III mit britischem Boulton Paul-Heckwaffenturm, hier ein Exemplar der No. 59 Squadron des RAF Coastal Command, schlossen die Lücke im westlichen Atlantik, in der sich deutsche U-Boote bislang außerhalb der Reichweite alliierter Kriegsflugzeuge hatten bewegen können.

Die Produktionszahlen der B-24 übertrafen die aller anderen Bomber in der Geschichte. Hier sieht man Maschinen des Blocks B-24J-145-CO auf der Fertigungsstrecke in San Diego. Dieses Werk erschien im Vergleich zu dem in Fort Worth und dem riesigen Ford-Komplex in Willow Run eher bescheiden.

B-24 Liberator

se Transportmaschinen entsprachen den C-87A und C-87 beim Heer, die man aufgrund des Sofortbedarfs an Langstrecken-Transportern zur Evakuierung der Bevölkerung in Holländisch-Ostindien praktisch über Nacht entworfen und ab April 1942 im neuen Werk Fort Worth serienmäßig gefertigt hatte. Die Gattung C-87/RY, Liberator Express genannt, wies 20 mühelos ausbaubare Sitze und Zurrbeschläge für bis zu 4536 kg Fracht auf, die durch eine quadratische Klappe mit 1,83 m Seitenlänge backbord am Hinterrumpf ein- und ausgeladen werden konnte. Eine Zeitlang hielt man an einem Heckgeschütz zur Abwehr fest, aber ab Ende 1942 waren die Transportflugzeuge unbewaffnet. Die RAF führte diese Maschinen als Liberator C.Mk VII. Bei den C-87A/RY-1 handelte es sich um VIP-Modelle mit luxuriöser Inneneinrichtung für normalerweise 16 Personen. Die C-87B war eine bewaffnete Transportversion, während sich die C-87C/RY-3/Liberator C.Mk IX von 1943 durch ein großes, ungeteiltes Seitenleitwerk, einen längeren Rumpf und in senkrechter Ebene oval geformte Motorgondeln auszeichnete.

Insgesamt 2738 B-24D, Transportmaschinen nicht eingerechnet, wurden produziert, davon 2409 in San Diego. Die meistgerühmte Leistung vollbrachte dieses Modell beim ersten von mehreren Langstrecken-Luftangriffen gegen die Ölraffinerien in Ploesti, Rumänien, am 11./12. Juni 1942. Diesen Einsatz flogen zwölf Bomber eines von Colonel H. A. Halverson geführten Truppenteils, das den Kern der 9. Air Force bildete. Viele weitere B-24D wurden den in England stationierten Bombergruppen der 8. Air Force zugeführt und führten ihren ersten Schlag gegen Lille am 9. Oktober 1942 aus. Nicht weniger als 37 RAF-Staffeln setzten entsprechende Bomber in Gestalt der Liberator Mk III (von Großbritannien gekauft) und Mk IIIA (Lend-Lease-Gerät) unter dem Küsten-, Bomber- und Fernostkommando ein. Die meisten waren mit dem Martin-Turm auf dem Rumpfrücken, aber dem Boulton Paul mit vier 7,7-mm-Maschinengewehren im Heck bewaffnet. Das Coastal Command verwendete auch die Mk V mit Kinn- und Bauchradar zur Ortung von Seezielen, Leigh-Suchscheinwerfer, zusätzlichen Kraftstofftanks und zahlreichen Sonderausrüstungen. Dazu gehörten manchmal acht Raketen, die an Stummelflügeln beidseitig am Vorderrumpf mitgeführt wurden.

Die B-24D, die man bis zur Blocknummer 170 fortentwickelte, führte beispielsweise den Dash-65-Motor und den fahrbaren Briggs-Sperry-Kugelturm ein, beides Standardmerkmale nachfolgender Bomberversionen. Die auf 32.296 kg gestiegene Betriebsmasse übertraf die aller anderen Bombertypen der Alliierten beträchtlich, mit Ausnahme der B-29. Da sie beim Entwurf der B-24 noch nicht vorgesehen war, überließ man selbst sanftes Kurven am besten dem Autopiloten. Die Flug-

Aufriß-Erläuterung zur Consolidated B-24J Liberator

1 Trimmklappe
2 stoffbespanntes Seitenruder
3 Ruderscharniere (Metallkante)
4 Seitenflosse (steuerbord)
5 Enteisungsmatte
6 Ruderhorn (steuerbord)
7 Seitenruder-Steuergestänge
8 Heckpositionslampe
9 Stringer des Höhenleitwerks
10 elektrischer Heckdrehturm (Consolidated oder Motor Products) mit 12,7-mm-Zwillings-MG
11 Höhenruderdrehwelle
12 Trimmklappe
13 Höhenruderrahmen (stoffbespannt)
14 Trimmklappe
15 Trimmklappenansteuerung
16 Seitenruderholm
17 Aluminiumrahmen
18 Kurzwellenantenne
19 Aufbau der Seitenflosse
20 starrer Teil mit Metallbeplankung
21 Nasenholm des Höhenleitwerks
22 Höhenruder-Steuergestänge (backbord)
23 Seilquadrant der Höhensteuerung
24 Höhenruder-Servomotor
25 Seitenruder-Servomotor
26 Gurtlauf/Heckwaffenturm
27 Hinterrumpf-Hauptsicherung
28 Laufsteg
29 Signalpatronen
30 Längsstringer mit Z-Profil
31 Steuerseile
32 Rumpfzwischenspanten (Sekundärstruktur)
33 Munitionskästen
34 Kameras im hinteren Rumpfabschnitt
35 Fenster in der Rumpfwanne
36 MG-Stütze der seitlichen Gefechtsposition
37 handbedientes 12,7-mm-MG im Steuerbord-Schützenstand
38 seitliche Feuerstellung (geöffnet)
39 Windabweiser
40 Scharnierklappe der seitlichen MG-Stellung (backbord)
41 handbedientes 12,7-mm-MG im Backbord-Schützenstand
42 Antenne auf dem Rumpfrücken
43 Waffenkuppel-Stützträger
44 Munitionskasten
45 Waffenkuppelaufhängung
46 Beobachtungsfenster im Mittelrumpf
47 Waffenkuppelschacht
48 Kabinenboden
49 Heckstoßfänger-Arbeitszylinder
50 Heckstoßfängergehäuse
51 elektrisch angetriebene Bauchkuppel (Briggs-Sperry) mit 12,7-mm-Zwillings-MG
52 Antriebsmechanismus des Drehturms
53 Zahnrad zum Öffnen der Bombenschachtklappe (hydraulisch)
54 gewellte Innenhaut der Bombenschachtklappe
55 Laufsteg im Bombenschacht (Kastenkiel)
56 senkrechte Laufsteg-Stützstreben (Magnetschalter für Bombenabwurf)
57 Antriebsrollen für die Bombenschachtklappen
58 hinterer Flügelholm
59 Bombenschacht-Zugangstunnel
60 Rumpfhauptspant/Schott
61 D/F-Antennengehäuse
62 Peitschenantenne
63 Sauerstoffzylinder
64 Querruderseiltrommel
65 Seilzug der Steuerbord-Landeklappe
66 Aussparungen der Flügelrippen
67 durchgehendes Tragflächenmittelstück
68 zwei aufblasbare Schlauchboote für je 5 Personen
69 Klappenstellzylinder
70 Klappen/Seilbefestigung
71 hydraulisch betätigte Fowler-Klappe
72 hinterer Flügelholm
73 Hauptradschacht/Verkleidung (steuerbord)
74 Auspuff des Abgas-Turboladers
75 drei selbstversiegelnde Zusatztanks (back- und steuerbord)
76 Außenfläche
77 Querrudergetriebe
78 Metallflügelhaut mit Senknietung
79 statisch ausgeglichenes Querruder mit Stoffbespannung
80 Randbogen
81 Backbord-Positionslampe
82 Enteisungsmatte

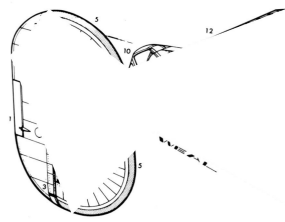

Während des Marschflugs zum Zielgebiet waren die seitlichen Gefechtspositionen gewöhnlich besetzt, damit das Abwehrfeuer möglichst rasch eröffnet werden konnte. Bei der B-24H im Vordergrund sind die Rohre des Heckwaffenturms senkrecht auf die Erde gerichtet. Der Verband scheint die 451. Bomb Group, 49. Bomb Wing, 15. Air Force, zu sein, der 1944 an der italienischen Front operierte.

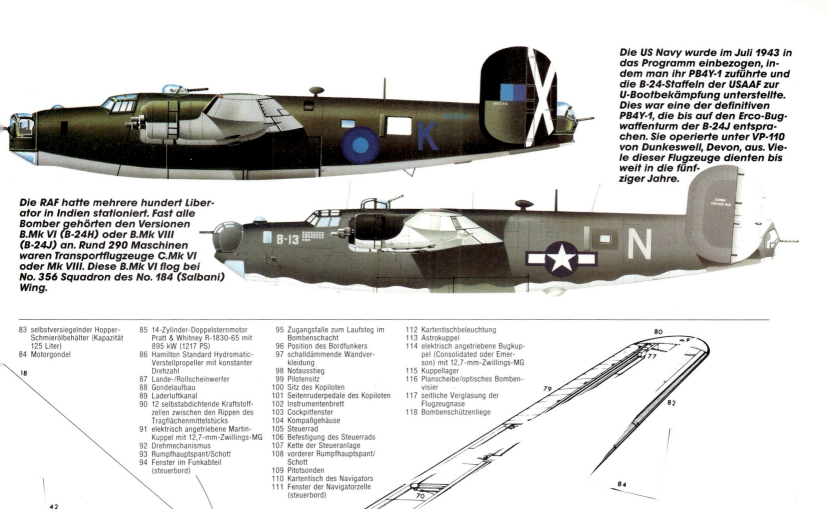

Die US Navy wurde im Juli 1943 in das Programm einbezogen, indem man ihr PB4Y-1 zuführte und die B-24-Staffeln der USAAF zur U-Bootbekämpfung unterstellte. Dies war eine der definitiven PB4Y-1, die bis auf den Erco-Bugwaffenturm der B-24J entsprachen. Sie operierte unter VP-110 von Dunkeswell, Devon, aus. Viele dieser Flugzeuge dienten bis weit in die fünfziger Jahre.

Die RAF hatte mehrere hundert Liberator in Indien stationiert. Fast alle Bomber gehörten den Versionen B.Mk VI (B-24H) oder B.Mk VIII (B-24J) an. Rund 290 Maschinen waren Transportflugzeuge C.Mk VI oder Mk VIII. Diese B.Mk VI flog bei No. 356 Squadron des No. 184 (Salbani) Wing.

83 selbstversiegelnder Hopper-Schmierölbehälter (Kapazität 125 Liter)
84 Motorgondel
85 14-Zylinder-Doppelsternmotor Pratt & Whitney R-1830-65 mit 895 kW (1217 PS)
86 Hamilton Standard Hydromatic-Verstellpropeller mit konstanter Drehzahl
87 Lande-/Rollscheinwerfer
88 Gondelaufbau
89 Laderluftkanal
90 12 selbstabdichtende Kraftstoffzellen zwischen den Rippen des Tragflächenmittelstücks
91 elektrisch angetriebene Martin-Kuppel mit 12,7-mm-Zwillings-MG
92 Drehmechanismus
93 Rumpfhauptspant/Schott
94 Fenster im Funkabteil (steuerbord)
95 Zugangsfalle zum Laufsteg im Bombenschacht
96 Position des Bordfunkers
97 schalldämmende Wandverkleidung
98 Notausstieg
99 Pilotensitz
100 Sitz des Kopiloten
101 Seitenruderpedale des Kopiloten
102 Instrumentenbrett
103 Cockpitfenster
104 Kompaßgehäuse
105 Steuerrad
106 Befestigung des Steuerrads
107 Kette der Steueranlage
108 vorderer Rumpfhauptspant/Schott
109 Pitotsonden
110 Kartentisch des Navigators
111 Fenster der Navigatorzelle (steuerbord)
112 Kartentischbeleuchtung
113 Astrokuppel
114 elektrisch angetriebene Bugkuppel (Consolidated oder Emerson) mit 12,7-mm-Zwillings-MG
115 Kuppellager
116 Planscheibe/optisches Bombenvisier
117 seitliche Verglasung der Flugzeugnase
118 Bombenschützenliege

145 Schmierölbehälter (Monocoque-Bauweise)
146 Hauptfahrwerks-Ölfederbein (Bendix-„Pneudraulikstrebe")
147 Gelenkstützstrebe
148 Fahrzylinder

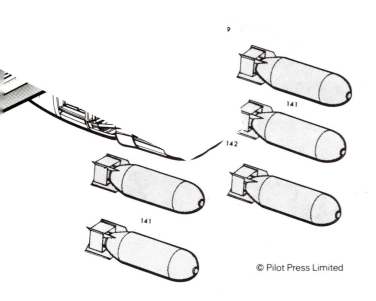

119 Munitionskästen
120 Drehsitz des Navigators
121 Einstieg in die Navigatorzelle (über den Bugfahrwerksschacht)
122 Bugradschacht
123 Bugradschachtklappe
124 nach vorn einziehendes, frei beweglich aufgehängtes und selbstzentrierendes Bugrad
125 Schmutzblech
126 Fahrwerksschere
127 Bugrad-Ölstoßdämpfer
128 Schrägspant
129 Struktur des Cockpitbodens
130 Bugfahrwerk-Einziehzylinder
131 glatte Alclad-Rumpfhaut
132 Unterflur-Bordelektrik
133 vier Bombenschacht-Rollklappen
134 Laderluft-Backentaschen
135 untere Rumpfantenne (unter dem Bombenschacht-Laufsteg)
136 Aussparung zur Befestigung von Motorgondel/Tragfläche
137 Gondelaufhängung am vorderen Flügelholm
138 vordere Fahrwerksdrehwelle
139 Zugstrebe
140 Bendix-Fahrwerksschere
141 interne Bombenlast (max. 3630 kg)
142 rechtes Hauptrad
143 Ringspant zur Motoraufhängung
144 Brandschott
149 Hauptradschacht und hintere Verkleidung
150 Struktur der Fowler-Klappe
151 vorderer Flügelholm
152 Enteisungsmatte
153 Struktur der Ganzmetallfläche
154 Flügelstringer
155 Querruder-Trimmklappe (nur steuerbord)
156 hinterer Flügelholm
157 Flügelrippen
158 statisch ausgeglichenes Querruder
159 Positionslampe (steuerbord)
160 Aufbau des Randbogens

© Pilot Press Limited

B-24 Liberator

TECHNISCHE DATEN

Consolidated-Vultee B-24D-85-CO
Typ: schwerer Bomber mit zehn Mann Besatzung
Triebwerke: vier Doppelsternmotoren Pratt & Whitney R-1830-43 Twin Wasp je 895 kW (1217 PS)
Leistung: Höchstgeschwindigkeit 488 km/h; Anfangssteiggeschwindigkeit 5,58 m/sek; Einsatzradius mit einer Bombenlast von 2268 kg 1730 km
Gewicht: Leermasse 15.413 kg; max. Startmasse 27.216 kg
Abmessungen: Spannweite 33,52 m; Länge 20,22 m; Höhe 5,46 m; Tragflügelfläche 97,36 m²
Bewaffnung: ein (gewöhnlich drei) 12,7-mm-Bugmaschinengewehr, je zwei 12,7-mm-MG im Rücken-, Heck- und einziehbaren Bauchturm plus zwei Maschinengewehre in seitlichen Gefechtsständen sowie eine interne Bombenlast von 3629 kg

Diese Liberator war eine B-24D-85-CO, die 1942 in San Diego gebaut wurde und als Group Lead Ship der 376. Bomb Group, 47. Bomb Wing, 15. Air Force, fungierte. Die „Liberandos" (376. BG) flogen auf dem Weg zu ihrem ersten Einsatz über den Ölfeldern von Ploesti am 1. August 1943 in die falsche Richtung und gelangten direkt nach Bukarest, wo sie auf intensive Flakabwehr, aber kaum auf Ziele stießen. Die Bomber waren wüstengelb gestrichen und hatten, wie alle in Nordafrika stationierten Flugzeuge, gelbumringte Kokarden und Hoheitsabzeichen im RAF-Stil am Leitwerk. „Teggie Ann" hieß zufällig auch die gleichermaßen berühmte B-24D (41-23754), die unter der 93. Bomb Group der 8. Air Force als erste Liberator in das besetzte Frankreich eindrang, als sie am 9. Oktober 1942 die Stahlwerke in Fives-Lille anflog.

179

B-24 Liberator

Diese B-24J war mit der plattnasigen Emerson-Bugkuppel anstelle des üblichen Consolidated-Waffenturms ausgerüstet. Nach dem Dienst als Lend-Lease-Bomber der RAF in Indien wurde sie von den indischen Luftstreitkräften übernommen. Die Hecknummer ist indischen Ursprungs, aber viele Exemplare behielten die RAF-Nummern.

steuerung zeigte sich sowohl schwergängig als auch träge, und bei einem Startgewicht von weit über 27.216 kg war jedes abrupte Manöver unmöglich.

Spätere Varianten

Die B-24E (RAF Liberator Mk IV) mit Curtiss-Propellern war das erste in Willow Run gebaute Modell. Später wurden auch in Fort Worth und Tulsa einige B-24E produziert. Durch Umrüstung von B-24E (später auch B-24D) entstanden Lufttanker C-109, die in metallenen Rumpftanks 10.978 Liter Kraftstoff aufnehmen konnten. Diese Tanks waren an einen einzigen Stutzen seitlich im Rumpf angeschlossen und durch Inertgas technisch gesichert. Spätere Modelle wurden mit Mareng-Gummitanks ausgerüstet und dienten hauptsächlich dazu, Betriebsstoffe von Birma über den Himalaja nach China zu überführen, vor allem zur Unterstützung der B-29-Einsätze. Die XF-7, von der sich der spätere Aufklärer F-7 ableitete, war eine umgebaute B-24D mit erweitertem Tankvolumen und einer ganzen Batterie von Luftbildkameras. Die XB-24F und XB-41 stellten experimentelle Einzelexemplare dar. Die XB-24F hatte Warmluftenteisung, und es ist eigentlich erstaunlich, daß diese Version nicht angenommen wurde. Die Enteisungsmatten aus Gummi waren absolut nutzlos, wenn Geschoßsplitter sie durchlöchert hatten, und es kostete Tausende von Arbeitsstunden, um sie nach jedem Kampfeinsatz sorgfältig zu überprüfen. Die XB-41 war ein „Zerstörer" (Begleitjäger) mit 14 MG in je zwei Waffenkuppeln auf dem Rumpfrücken, am Bug und im Heck sowie doppelten Gefechtsständen an den Rumpfseiten und einem entsprechenden Munitionsvorrat.

Ein entscheidender Nachteil der B-24 im Kampf war ihre Empfindlichkeit gegenüber Frontalangriffen. Im Bug gab es höchstens drei handbediente MG, und trotz ständiger Modifikation der Panzerung blieb der Schutz dürftig. Da häufig auch die Piloten außer Gefecht gesetzt wurden, gingen einige Flugzeugführer dazu über, Panzerplatten mitzuführen, die sie in kritischen Kampfphasen als Schild vor den Körper hielten. Eine B-24E (42-7127) wurde mit einem Bugturm und motorgetriebenen Barbetten an den unteren Rumpfflanken ausgerüstet, und in dieser Form flog sie erstmals am 30. Juni 1943. Inzwischen hatte man jedoch bereits beschlossen, den Bugturm standardmäßig einzurüsten, und die zahlreichen Aufträge für die B-24D und B-24G wurden entsprechend geändert. Die B-24G auf der Fertigungsstrecke bei North American erhielten von Anfang an die Bugkuppel Emerson A-15. Insgesamt belief sich die Produktion der B-24G auf 430 Exemplare. Unterhalb des Bugturms wurde eine neue optische Bombenzielstation eingerichtet und der Bug um 25 cm verlängert, um genügend Raum für den Navigator und zur Bevorratung der Waffen mit 1200 Schuß Munition zu schaffen.

Die Einrüstung der Waffenkuppel im gestreckten Bug war die letzte Hauptmodifikation, und ab Mitte 1943 lief die Großproduktion der äußerlich fast identischen Flugzeuge an. Die 1941 und Anfang 1942 bestellten Maschinen erhielten die Bezeichnung B-24H. Die 738 in Fort Worth produzierten Exemplare hatten, wie die B-24G, immer noch die elektrische Emerson-Bugkuppel mit flacher Front. Die 1780 Flugzeuge aus Willow Run und die 582 Maschinen aus Tulsa besaßen den Consolidated-Waffenturm mit Hydraulikantrieb und schräger Vorderseite. Die erste Baureihe aus Tulsa ergab die letzten B-24 ohne Dash-65-Motoren. Die RAF- und Commonwealth-Version Liberator Mk VI wies gewöhnlich den Boulton Paul-Heckturm auf und damit vier Kuppeln von verschiedenen Herstellern. Die B-24J, die in größerer Stückzahl entstand als jede andere Variante, war zunächst lediglich eine rationalisierte B-24G oder B-24H mit dem neuen Autopiloten C-1, Bombenvisier M-9 und Bugturm A-6A (Consolidated) oder A-6B (Motor Products). Ab Frühjahr 1944 belieferten alle fünf Werke Service-Depots der USAAF, wo unterschiedliche Heckbewaffnungen und Ausrüstungskomponenten entsprechend dem Einsatzraum installiert wurden. Die für die US Navy bestimmten PB4Y-1, die ursprünglich einen Bug wie die B-24D hatten, erhielten jetzt den A-6A-Turm und anschließend für den größten Teil des Jahres 1944 die beinahe kugelförmige Erco-Bugkuppel. Ab April 1944 verzichtete die B-24 auf jeglichen Tarnanstrich, und die einzigen bedeutenden Änderungen nach April bestanden in der Einführung des verbesserten GE-Turboladers (wie bei der B-22), um die Motorleistung in großer Höhe zu steigern, und des Consolidated-Heckstachels M-6A in Leichtbauweise mit Zwillings-MG. Diese Ausrüstung ergab die Bezeichnung B-24L. Das Werk in San Diego produzierte 417 und das in Willow Run 1250 solcher Flugzeuge. Einige wurden einer weiteren Umrüstung unterzogen und mit dem komplexen fernbedienten Visier sowie den Barbetten der B-29 ausgestattet, um als RB-24L die Ausbildung von B-29-Bordschützen zu übernehmen. Nach dem Krieg erhielten sie als TB-24L zusätzlich ein Radargerät. Die britischen Varianten trugen die Bezeichnung Liberator Mk VI, und die Modelle des Coastal Command hießen GR.Mk VI und GR.Mk VIII (die C.Mk VII waren Transportmaschinen der Kategorie Liberator Express, und die C.Mk IX ähnelten den RY-3 der US-Navy mit dem einteiligen Seitenleitwerk.

Im März 1943 schlossen sich Consolidated und Vultee zu Convair zusammen. Die letzte Hauptserie der Kriegszeit war die B-24M mit einem Heckwaffenturm von Motor Products in Leichtbauweise. Convair fertigte 916 und Willow Run 1677 solcher Maschinen. Zu den Versuchsexemplaren zählten die XB-24P sowie die von Ford gebaute XB-24Q mit Feuerleitradar und Fernvisier für den Heck-Stinger, wie er später in die B-47 eingebaut wurde. Dies waren die letzten Modelle mit dem Original-Seitenleitwerk.

Schon 1942 hatte man erkannt, daß eine einzelne Seitenflosse günstiger war, und am 6. März 1943 flog erstmals eine mit dem Seitenleitwerk/Ruder einer Douglas B-23 ausgerüstete B-24D. Nach einer Verfeinerung montierte man das komplette Heck dieser Maschine an ein anderes Flugzeug (42-40234, ursprünglich eine B-24D, jedoch mit Bugwaffenturm), das damit zur XB-24K wurde. Ford rüstete zudem Dash-75-Motoren mit einer Nennleistung von 1007 kW (1370 PS) ein. Dieser Bomber war erheblich schneller, konnte voll beladen mehr als doppelt so schnell steigen und ließ sich viel besser manövrieren.

Das Flugzeug mit der Seriennummer 42-107263 war eine C-87-CF, einer von vielen unbewaffneten Ferntransportern, die aus der B-24 hervorgingen. Grundsätzlich entsprach die Zelle der der B-24D, aber der Rumpf konnte 25 Passagiere aufnehmen, und in der Backbordseite befand sich eine Frachtklappe.

AL504 „Commando" war das persönliche Transportflugzeug des britischen Premierministers Winston Churchill. Die Maschine wurde Anfang 1941 als zweite Mk II gebaut und anschließend für den VIP-Dienst umgerüstet. Ende 1943 ging das Flugzeug zurück an Convair zur Modifikation ähnlich dem USN-Standard RY-3 (längerer Rumpf, hohes Seitenleitwerk und runde Form der Motorgehäuse ohne Turbolader).

Convair sah weitere umfassende Verbesserungen vor, darunter längere Motorgondeln zur Unterbringung größerer Schmierölbehälter, eine Emerson-Bugkuppel und eine kugelförmige Leichtkuppel im Heck, eine komplett neukonzipierte Cockpitverglasung, die den Flugzeugführern eine bessere Sicht bot, und ein nochmals überarbeitetes Leitwerk. Dies wurde die nächste Standardversion B-24N nach der B-24J. Tausende solcher Maschinen wurden bestellt, und im November 1944 absolvierte die XB-24N ihren Erstflug. Bei Produktionsende am 31. Mai 1945 waren aber erst sieben YB-24N in die Luft gekommen und 5168 Flugzeuge wieder gestrichen.

Die US Navy selbst hatte eine optimale Patrouillenversion mit der noch höheren Seitenflosse der RY-3, leistungsschwächeren Motoren ohne Turbolader und einem nochmals verlängerten und vollständig neu ausgelegten Rumpf entwickelt. Die Arbeiten begannen am 3. Mai 1943, und der erste Prototyp der PB4Y-2 Privateer flog erstmals am 20. September desselben Jahres. Ohne Turbolader wechselte die Ovalform der Motorgehäuse von der senkrechten zur waagerechten Ebene. Die Hauptunterschiede lagen jedoch in dem geräumigen, 22,73 m langen Rumpf, der Platz für elf Mann Besatzung bot. Die Bewaffnung umfaßte zwölf MG in einer Consolidated-Heckkuppel, vorderen und hinteren Martin-Türmen auf dem Rumpfrücken, einer Erco-Bugkuppel und Erco-Zwillings-MG-Kanzeln an den Rumpfseiten. Der interne Bombenschacht entsprach grundsätzlich dem der B-24, aber an Stationen unter den Tragflächen ließen sich radargelenkte Schiffsbekämpfungsraketen vom Typ ASM-N-2 Bat mitführen. Außerdem waren die Maschinen mit einer Vielzahl maritimer Sensoren bestückt. Bis Oktober 1945 wurden insgesamt 736 Privateer-Serienflugzeuge geliefert und einige von ihnen zu Untervarianten umgerüstet. Dazu gehörte die PB4Y-1G für die Coast Guard, die keine Maschinengewehre, aber dafür mehr Fenster und zahlreiche spezielle Avionikausrüstungen besaß. Die Luftzielvariante P4Y-2K überdauerte sogar die Einführung des vereinheitlichten US-Typenbezeichnungssystems von 1962 und erhielt die neue Kennung QP-4B.

Die Liberator-Schlußversion PB4Y-2 Privateer war ein weitgehend neuentworfenes Muster für Langstrecken-Seepatrouillen der US Navy. Sie hatte eine umgekehrte Ellipsenform der Motorzellen, ein einteiliges Seitenleitwerk, eine Erco-Bugkuppel, MG-Vorbauten an den Rumpfseiten und einen 2,10 m längeren Rumpf.

Varianten der Consolidated B-24 Liberator

(Alle Versionen mit vier 14-Zylinder-Doppelsternmotoren Pratt & Whitney R-1830 Twin Wasp)

XB-24: Prototyp der Modell 32
YB-24: sieben Vorserienbomber mit einer Reihe kleinerer Änderungen
LB-30A: britische Transportversion ähnlich der YB-24, aber unbewaffnet
Liberator Mk I: diverse RAF-Flugzeuge, die hauptsächlich in Großbritannien für das Coastal Command mit ASV-Radar und Kanonen in der Rumpfwanne ausgerüstet wurden
Liberator Mk II: verbesserter RAF-Bomber mit längerem Bug und zwei Boulton Paul-Kuppeln mit insgesamt vier Maschinengewehren; erste einsatzbereite Variante
LB-30: Transportversion der Liberator Mk II
B-24A: erste Version für die US Army ähnlich der Liberator I, aber mit sechs 12,7-mm-MG; hauptsächlich im Transportdienst verwendet
XB-24B: ummotorisierte Modell 32; Turboladermotoren ergaben waagerechte Ovalform der Motorgehäuse, die auch die nachfolgenden Versionen kennzeichnete
B-24C: Serienversion der XB-24B mit neuen 12,7-mm-Zwillings-MG-Kuppeln hinter dem Cockpit und im Heck
B-24D Liberator Mk III: erste Großserienversion mit zunehmend schwererer Bombenlast und Abwehrbewaffnung; die letzten Blöcke mit drei Bug-MG, zwei (selten vier) MG in der Rumpfmitte und Zwillings-MG in einer fahrbaren Kuppel an der Rumpfunterseite zusätzlich zu den Waffentürmen auf dem Rumpfrücken und im Heck
C-87 Liberator Express: größere Umrüstung der B-24D zum Transportflugzeug; bei der RAF Liberator C.Mk VII, bei der US Navy RY-2
XF-7: zum Aufklärungsflugzeug umgebaute B-24D
B-24E: von Ford gebaute Variante mit geringfügigen Änderungen
XB-24F: Prototyp mit Warmluft- statt Pneumatikenteisern
B-24G: verlängerter Rumpf mit Bugwaffenturm
B-24H: in Großserien produzierte Variante der B-24G mit geringfügigen Änderungen; RAF-Bezeichnung Liberator IV
Liberator GR.Mk V: RAF-Modifikation der Liberator Mk III mit erweitertem Tankvolumen, Radar, Leigh-Scheinwerfer, ASW-Raketen und anderer zusätzlichen Ausrüstungskomponenten
C-109: etliche zu Lufttankern umgebaute Liberator (hauptsächlich B-24D und E)
B-24J: in Großserien produzierter Bomber; Standardfertigung in den Jahren 1943/44; RAF-Maschinen Liberator Mk VI; RAF-Umrüstungen zu Transportflugzeugen C.Mk VI und C.Mk VIII sowie GR.Mk VIII für das Küstenkommando
PB4Y-1: große Modellreihe für die US Navy, zuerst entsprechend B-24D und später auf Basis der B-25J, aber mit Erco-Bugkuppel und wesentlich geänderter Ausrüstung
AT-22: Trainer für die Fortgeschrittenenausbildung, zumeist umgebaute C-87; spätere Bezeichnung TB-24
C-87A: VIP-Passagierflugzeug mit Schlafliegen; bei der US Navy RY-1
F-7: serienmäßig für strategische Aufklärung umgerüstete B-24H; F-7A durch Umrüstung der B-24J mit Kameras im Bug und im Bombenschacht; F-7B durch Umrüstung der B-24J mit sämtlichen Kameras im Bombenschacht
XB-24K: Versuchsträger eines einteiligen Seitenleitwerks
B-24L: B-24J-Serienbomber mit manuell bedienten Zwillings-MG im Heck
B-24M: B-24J-Serienbomber mit Heckwaffenturm in Leichtbauweise
B-24N: neue Standardbomberserie mit einteiligem Seitenleitwerk, neuem Bug und Cockpit sowie zahlreichen anderen Verbesserungen
PB4Y-2 Privateer: Seepatrouillenversion der US Navy mit längerem Rumpf, sehr hoher Seitenflosse, senkrecht-ovalen Motorgondeln und neuer Bewaffnung; Transportvarianten waren die C-87, RY-3 und Liberator C.Mk IX

Heinkel He 177 Greif

Die deutsche Luftwaffe verkannte lange Zeit die Bedeutung strategischer Bombardierungen und verzögerte daher die Entwicklung geeigneter Flugzeuge. Einer der wenigen Typen, die überhaupt in die Luft kamen, war die bemerkenswerte Greif von Heinkel. Ihre Zuverlässigkeit hielt sich zwar in Grenzen, dennoch vollbrachte sie einige bemerkenswerte Leistungen, darunter vor allem die Pionierarbeit für die Luft-Boden-Rakete.

In den letzten drei Jahren des Zweiten Weltkriegs wurde Deutschland von den größten Bomberflotten, die die Welt je gesehen hatte, in Schutt und Asche gelegt. Die deutsche Luftwaffe hatte nur einen schweren Bomber dagegenzusetzen, der jedoch wenig ausrichtete.

Während die britische RAF und die US Air Force sich intensiv um ihre strategische Luftmacht kümmerten, verstand sich die Luftwaffe vor allem als taktische Waffe zur Unterstützung der Bodentruppen der Wehrmacht. Obendrein hatte Göring, als man ihn 1936 aufforderte, einen schweren Bomber bauen zu lassen, erklärt, er interessiere sich allein für die Zahl der Bomber und nicht dafür, wie schwer sie seien. Zu jener Zeit förderte das Berliner Luftfahrtministerium gerade die Entwicklung eines „Ural-Bombers", für den zwei Konkurrenzmuster, die Dornier Do 19 und die Junkers Ju 89, zur Diskussion standen. Hätte man dieses Programm fortgeführt, wären die Bomber schon zu Beginn des Zweiten Weltkriegs veraltet gewesen. Es wurde jedoch bereits 1937 gestoppt und statt dessen ein „Bomber A" ausgeschrieben, der, so hoffte man, ein besseres Flugzeug ergäbe. Gefordert waren eine Höchstgeschwindigkeit von 540 km/h und die Fähigkeit, eine Bombenlast von 2000 kg innerhalb eines Radius von 1600 km bei einer Marschgeschwindigkeit von 500 km/h mitzuführen. Über diese Ziele hinaus sollte der Typ zudem Angriffe im mittleren Sturzwinkelbereich ausführen können.

Der einzige Bewerber

Den Auftrag erhielt als einziger Bewerber die Ernst Heinkel AG, die Ende 1936 mit der Konstruktion als Projekt 1041 begann. Unter dem technischen Direktor Hertel entwarfen die Zwillingsbrüder Günter einen Bomber mit einigen neuen Merkmalen für bestmögliche Flugleistungen. Der neue Bomber, der später He 177 bezeichnet wurde, hatte eine aerodynamisch hervorragende Form. Der Rumpf entsprach einer Röhre mit verglaster Nase und verglastem Heckkonus. Die Mitteldeckertragflächen wiesen eine hohe Flügelstreckung auf, und unter ihnen bestand Raum für einen großen Bombenschacht. Für den Antrieb waren vier Motoren mit 895,2 kW (1218 PS) oder zwei mit 1790,4 kW (2434 PS) erforderlich, doch es gab kein Aggregat, das diese Leistung bot. Heinkel hatte jedoch in Zusammenarbeit mit Daimler-Benz einen Sturzbomber, die He 119, mit dem Doppelmotor DB 606 als Antrieb entworfen. Dieser Motor bestand aus zwei nebeneinander angeordneten und durch ein gemeinsames Getriebe mit einem einzelnen Propeller verbundenen V12-Motoren DB 601. Der neue schwere Bomber sollte zwei dieser Doppelmotoren erhalten, die eindeutig weniger Luftwiderstand boten und für eine bessere Manövrierfähigkeit sorgten als vier Einzelmotoren. Zur weiteren Reduzierung des Luftwiderstands wollte man die Motorkühlung verstärken, indem man die Oberflächendampfkondensation nutzte, die in Lagen über der Flügelbespannung entstand. Vier Hauptfahrwerksbeine waren vorgesehen, von denen eines nach innen und das andere außen unter den Motoren in die Tragfläche vor dem Hauptholm einzog. Abwehr-MGs wurden in ferngesteuerten Geschützkanzeln oben auf dem vorderen Rumpf sowie vorne und hinten in der Bauchgondel sowie im bemannten Heck installiert. Insgesamt versprach die He 177 weniger Luftwiderstand als jedes bisherige Flugzeug dieser Größe.

Das Programm schlug jedoch von Anfang an fehl. Zu Beginn des Jahres 1939, als der erste Prototyp V1 Gestalt annahm, kam man zu der Einsicht, daß die Dampfkondensationskühlung unpraktisch war, da sie größere Radiatoren (kreisförmig um jeden Doppelmotor herumgelegt)

Die He 177 hatte eine recht wechselhafte Geschichte. Ihre Vorzüge wurden durch Probleme überschattet, die der Antrieb aufwarf. So fingen die Motoren oft ohne Vorwarnung Feuer, was der Maschine schließlich den wenig schmeichelhaften Spitznamen „Luftwaffenfeuerzeug" eintrug.

Heinkel He 177 Greif

Die He 177 V1 flog erstmals am 19. November 1939, blieb allerdings nur zwölf Minuten in der Luft, da die Motortemperatur gefährlich hoch gestiegen war. Hinzu kamen Schwierigkeiten mit dem Leitwerk, das dann bei den Serienmaschinen vergrößert wurde.

Außer den Motorproblemen entwickelte die He 177 auch unangenehme Schwingungen beim Start, die mehrere Unfälle verursachten. Die Version A-1 führte ein größeres Leitwerk und eine bessere Stoßdämpfung des Heckrads ein. Abgebildet ist die Maschine A-03 der Vorserie mit der unverwechselbaren Anordnung des Fahrwerks.

erforderte. Dies wiederum bedeutete mehr Luftwiderstand und damit einen größeren Treibstoffbedarf, der das Gewicht erhöhte – ein wahrer Teufelskreis. Die Ministerialbeamten verfügten obendrein, der große Bomber müsse Sturzflüge von 60° ausführen können, so daß man die Struktur beträchtlich verstärken mußte. Auch dies ging auf Kosten der Flugleistung und erforderte zudem große Luftbremsen unter den Tragflächen. Zur Verlangsamung der Landegeschwindigkeit des Flugzeugs baute man über die gesamte Spannweite Fowler-Klappen ein, die im Außenbereich unter den Querrudern hervortraten.

Start zum Erstflug

Die V1 absolvierte ihren Jungfernflug am 19. November 1939. Nicht einmal unbewaffnet erfüllte sie die Anforderungen, da ihre Höchstgeschwindigkeit nur 460 km/h betrug und auch die Reichweite nicht ausreichte. Andererseits flog sie sich recht leicht und die wenigen Schwierigkeiten, die auftraten, ließen kaum auf die jahrelangen Pannen und Probleme schließen, die sich ergeben sollten.

Es folgten weitere sieben Prototypen, jeder schwerer als der vorhergehende. Man vergrößerte das Leitwerk, baute drei Bombenschächte ein, installierte Defensivwaffen und unternahm endlose Bemühungen, um das Hauptproblem, die häufigen Motorbrände, zu beheben. V2 brach infolge Flatterns auseinander, V4 stürzte ins Meer und V5 fing in niedriger Höhe Feuer, bohrte sich in den Boden und explodierte.

Noch 1939 wurden 30 Vorserienmaschinen He 177A-0 sowie fünf Exemplare von Arado geordert. Sie führten viele Änderungen ein, darunter eine Bugnase aus Plexiglasplatten, in der fünf Insassen und ein 7,92-mm-MG 81 Platz fanden, ein 20-mm-MG FF vorne in der Gondel, ein Zwillings-MG 81Z hinten in der Gondel, ein 13-mm-MG 131 in der oberen Geschützkanzel und ein handbedientes MG 131 im Heck. Während der A-0-Produktion entfielen die Sturzflugbremsen, weil sich die

Diese He 177A-5 fiel britischen Truppen in die Hände. Sie erhielt die Kennung TS439 sowie einen Anstrich in breiten schwarz-weißen Streifen und wurde zur Untersuchung nach England gebracht. Ein weiteres Beutestück war eine He 177A-7 für große Höhen.

Um die Motorprobleme der He 177 zu beheben, baute Heinkel den Bomber mit vier separaten Motoren unter der Scheinkennung He 177B um. In Wirklichkeit lautete die Numerierung 277, da die Veränderungen ganz erheblich waren. Abgebildet ist der Prototyp.

Die ersten Maschinen der Serie A-5 wiesen noch die drei Bombenschächte der A-3 auf, von denen der vordere abgedeckt war. Bei der für maritime Einsätze gedachten A-5/R6 entfielen zwei der Bombenschächte. Dies sind Maschinen der II./KG 40.

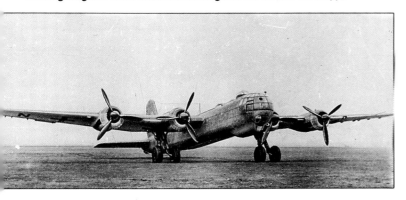

177 in struktureller Hinsicht nicht für Sturzflüge eignete, aber auch, weil sich der Sturzbomber als verwundbar erwiesen hatte. Es gab noch eine Reihe weiterer Änderungen, aber das nach wie vor dringendste Problem blieben die Motoren.

Motorprobleme

Liest man nur einige der detaillierten Berichte über die vielen Fälle, in denen die Motoren der He 177 Feuer fingen, dann fragt man sich, warum es bei diesem Flugzeug an der bekannten deutschen Gründlichkeit fehlte. So waren die Ölrückförderpumpen viel zu groß, so daß das Öl bei Höhen über 6000 m Blasen warf und schäumte, was zu Schmierversagen führte. Fast immer tropfte das Öl auf die weißglühenden Auspufftöpfe der inneren Zylinder, und die Strahlungshitze entzündete den Treibstoff, der sich am Boden der Motorverkleidung sammelte. Viele andere Brände wurden aber auch durch Treibstofflecks der Hochdruckeinspritzpumpen und der starren Leitungen verursacht. Zudem lag der Motor so eng am Hauptholm, daß kein Platz mehr für ein Brandschott übrigblieb, und die Rohrleitungen, die elektrischen Kabel und die sonstigen Zuleitungen waren so zusammengedrängt, daß sie ein Brandrisiko darstellten. Ferner gab es Probleme mit der Gegenläufigkeit der 4,52 m großen Vierblattpropeller. Von hinten gesehen, rotierte der linke Propeller entgegen und der rechte mit dem Uhrzeigersinn, so daß die Leerlaufgetriebe für die Rotationsumkehr häufig Drehmomentvibrationen erzeugten, die die Kurbelwelle versagen ließen. Mindestens sieben A-0-Maschinen wurden bei Startunfällen schwer beschädigt, deren Ursache ein unkontrollierbarer starker Links- oder Rechtsdrall war. Die Piloten versuchten daher beim Start, das Heckrad so lange wie möglich am Boden zu halten.

Wechselvolle Produktionsgeschichte

Mehr als 25 der 35 A-0 gingen verloren, und die übrigen wurden nur noch für Schulungszwecke in Ludwigslust verwendet. Heinkel hätte die Einsatzbereitschaft der He 177 für 1940 angekündigt, doch am Ende jenes Jahres war die Produktion noch nicht einmal angelaufen. Aus verschiedenen Gründen baute das Heinkel-Werk Oranienburg das ursprüngliche Serienmodell gar nicht, unter anderem deshalb, weil trotz des zunehmenden Drucks, die 177 endlich zum Einsatz zu bringen, die Unausgereiftheit der Version A-1 nicht zu übersehen war. Alle 130 Exemplare der He 177A-1 wurden von März 1942 bis Juni 1943 von Arado gebaut und die Leitwerke sowie Rumpfteile von einem Werk in Mielec, Polen, zugeliefert. Die A-1 behielt die 2014 kW (2738 PS) starken DB-606-Motoren und wies nur wenige der zahlreichen geplanten Verbesserungen auf, konnte dafür aber eine Bombenlast von bis zu 6000 kg mitführen – allerdings nicht die ferngelenkten Bomben FX 1400 oder Hs 293. Hitler drängte auf den Einsatz des Flugzeugs für Nachtflüge an der Ostfront weit hinter die gegnerischen Linien, zum U-Boot-Geleitschutz und zur Blockadesicherung im Atlantik.

Verbesserungen

Im Oktober 1942 begann bei Heinkel die Auslieferung der verbesserten Version He 177A-3, doch statt der erwarteten Produktionsrate von 70 Exemplaren pro Monat konnten im Werk Oranienburg nur mit Mühe mehr als fünf Maschinen pro Monat fertiggestellt werden. Als Antrieb blieb der DB 606 bestehen, obwohl man auf die Verfügbarkeit des 2312,4 kW (3143 PS) starken DB 610 (aus zwei verbundenen DB 603) gehofft hatte. Man versetzte die Motoren allerdings 20 cm weiter nach vorne und überarbeitete das Auspuffsystem. Für den Massenausgleich wurde der Rumpf um 1,60 m verlängert und ein zweiter oberer Geschützstand eingebaut. Wie die A-1 entstand auch die Version A-3 mit verschiedenen Rüstsätzen für unterschiedliche Bewaffnung. Fast alle Maschinen verfügten aber über ein schweres MG 151/20 vorne in

Die Staffel 6 des Kampfgeschwaders 100 war 1944 in Toulouse-Blagnac stationiert und nutzte ihre He 177A-5 für Bombermissionen. Die meisten Maschinen waren für den maritimen Einsatz vorgesehen und flogen im Mittelmeer und im Golf von Biskaya.

Heinkel He 177 Greif

der Gondel und ein zweites im Heck, bedient von einem Bordschützen, der dort nicht mehr liegen mußte, sondern bequem unter einer Plexiglaskuppel unterhalb des Seitenruders saß. Zur weiteren Bewaffnung gehörte das funkgesteuerte Raketengeschoß Hs 293 und, bei der Version R-7 und allen A-5-Versionen, ein Sortiment Torpedos zur Schiffsbekämpfung.

Heinkel lieferte 170 A-3 aus und von Februar bis Dezember 1943, gemeinsam mit Arado, 261 Exemplare der He 177A-5, des Haupteinsatzmusters der letzten Kriegsjahre. Der Hauptvorteil der A-5 war ihr stärkerer Motor DB 610, der nur unerheblich mehr wog und die Flugleistung in einer erzielbaren Höhe von 7000 m auf knapp über 8000 m verbesserte. Der A-5-Standard umfaßte auch eine verstärkte Flugzelle, kürzere Hauptfahrwerksbeine, normale Querruder ohne über die Flügelenden hinausragende Fowler-Klappen und Träger unter den Flügeln für drei Flugbomben Hs 293 oder zwei Hs 294 oder zwei FX1400. Wie die A-3/R7 konnte auch die A-5 den Torpedo LT 50 mitführen, der einen kleinen Gleiterrumpf besaß, so daß es möglich war, ihn mehrere Kilometer vor dem Ziel aus einer Höhe von 250 m auszulösen.

Bomben auf London

Bis Oktober 1944, als praktisch nur noch Jäger produziert wurden, lieferten Heinkel und Arado gemeinsam nicht weniger als 565 He 177A-5 aus. Ihre Einsatzstatistik fiel sehr viel besser aus als bei allen vorausgegangenen Versionen. Die mit Abstand intensivsten Nutzer des Typs waren die KG 40 und 100 der Luftwaffe, erstere vor allem bei der Luftschlacht um England mit der Hs 293 und beide bei der Operation Steinbock, als in den ersten Wochen des Jahres 1944 die Vergeltungsflüge gegen London stattfanden. Die daran beteiligten Besatzungen merkten, daß sie beim Anflug auf England sogar bis auf Höhen von 9000 m steigen konnten, um dann in einer relativ flachen Sturzflugkurve und mit einer Geschwindigkeit von 700 km/h den Abfangjägern zu entgehen. Die Wirkung dieser Angriffe war allerdings überaus gering. Am 13. Februar 1944 beobachtete Göring in Rheine den Start der 2. und 3./KG 100 nach England: 14 Maschinen rollten zum Start, 13 hoben tatsächlich vom Boden ab, acht kamen bald mit überhitzten oder brennenden Motoren zurück und nur drei kehrten wieder heim.

Untervarianten

In kleinen Stückzahlen entstanden zahlreiche Untervarianten. Vor Stalingrad (das unter verlustreichem Einsatz von einer Handvoll He 177 mit Nachschub versorgt wurde) installierten Waffentechniker Panzerfäuste

Die Einsatzschulung erfolgte bei der Flugzeugführerschule (B) 16 in Burg bei Magdeburg, anfangs mit dem He 177-A1 der früheren KG 40, später mit verbesserten Modellen wie dieser He 177A-3/R2. Die A-3 hatte einen längeren Rumpf und eine andere Motoraufhängung.

Aufriß-Erläuterung der Heinkel He 177A-5

1 Positionsleuchte (steuerbord)
2 abnehmbare Flügelenden
3 Höhenmesser FuG 101 (MW)
4 Querrudersteuerrollen
5 Querruder (steuerbord)
6 Querrudertrimmklappe
7 gefedertes Hilfsruder
8 Querrudermassenausgleich
9 Höhenmesser FuG 102
10 Hilfsrudermechanismus
11 Außenbord-Fowler-Klappe
12 Fowler-Klappenposition (verlängert)
13 Querruderhilfsklappenverbindung
14 Hilfsruderbedienungszylinder
15 Steuerkabel
16 Hauptholm
17 Flügelrippen
18 vorderer Zusatzholm
19 geheizte Vorderkante
20 Ölkühlungszufuhr
21 ferngelenkte Gleitbombe Hs 293
22 Fahrwerksluke
23 Fahrwerksschacht
24 Ballonkabelzerschneider in der Vorderkante
25 Raketenträger
26 Zwillingsölkühler
27 Kühlerablaßklappe
28 Heißluftleitung
29 Fahrwerkslukenbetätigungszylinder
30 Treibstofftank 8 (1120 l)
31 Tankeinfüllstutzen
32 Fowler-Klappe außen
33 hinterer Zusatzholm
34 Flügel-V-Stellungs-Punkt
35 Fowler-Klappenzug
36 Starttankstutzen (9 l)
37 Öltanks (steuerbord)
38 Haupthydrauliktank (32 l)
39 Tankeinfüllstutzen
40 Treibstofftank 3 (621 l)
41 Fowler-Klappe
42 Hauptholm
43 innerer Fahrwerksschacht (steuerbord)
44 Motorlader
45 Gondelverkleidung
46 Flügelholmansatz und -verkleidung
47 Motorenzugang
48 Daimler-Benz DB 610A-1, 24 Zylinder
49 seitlicher Vibrationsdämpfer
50 Luftzufuhr für Lader und Enteisung
51 Gondelformspant
52 Kühlmittelentlüftung
53 vordere Motorhalterung
54 Kühlluftklappen
55 Doppelgetriebekurbelgehäuse
56 Einzelpropellerwelle
57 Propellerenteisungstanklager
58 Gondelkühlungsprofil
59 Propellerverstellmechanismus
60 Propellernabenwulst
61 Propellerblattmanschetten
62 Propellerblätter
63 unterer Ansaugstutzen
64 Abluft Flammendämpfer
65 äußeres Fahrwerksbein (steuerbord)
66 inneres Fahrwerksbein (steuerbord)
67 äußeres Fahrwerksrad (steuerbord)
68 Richtungsfinderantenne in oberer Kuppel
69 Nothydrauliktank (25 l)
70 Rumpfrahmen 7
71 Munitionslager Stand C (1000 Schuß)
72 Fernlenkungsmotor für obere Geschützbank
73 Visier mit geschlitzter 10-mm-Panzerung
74 ferngelenkte Sichtkuppel
75 Geschützbankseitenbedienung
76 Geschützbankhöhenbedienung
77 Funkgeräte FuG 10P, FuG 17, und FuG BL 2F
78 Erste-Hilfe-Ausrüstung
79 Start-Lande-Station des Navigators
80 Fenster
81 Bordschützenplatz
82 Notabwurf (backbord und steuerbord)
83 Bombenschützenplatz (hochgeklappt)
84 Rückspiegel außen
85 Motorkontrolle (steuerbord)
86 Rückspiegel innen
87 Ring- und Kornvisier außen
88 MG 81, Kaliber 7,9 mm, Stand A-1
89 runde MG-Halterung
90 Ballonseilzerschneider
91 Munitionszuführung
92 Munitionslager Stand A-1 (1000 Schuß)
93 Fenster mit Öffnungsscharnier (back- und steuerbord)
94 Pilotensitz (Panzerung: Rücken 9 mm, Sitz 6 mm)
95 Seitenruderpedale
96 Cockpitwarmluft
97 untere Verglasung
98 Bombervisier Lotfe 7D
99 MG-Visier, verkleidet
100 Bordkanone 151, Stand A-2, 20 mm
101 kugelsichere "Bola"-Nasenverglasung
102 Enteisungsluftzufuhr
103 Einstiegsluke unten
104 einziehbare Treppe
105 Einzugsarm
106 Munitionszuführung Bordkanone 151, 20 mm
107 Enteisungsgebläse/-heizung
108 Munitionslager Stand A-2 (300 Schuß)
109 Toilette
110 Munitionszuführung Stand C
111 Thermosflaschen
112 Rundumsicht (backbord)
113 MG 131, Kaliber 13 mm, hinten im "Bola", Stand C
114 ferngelenkte Bombe "Fritz X" (Kramer X-1)
115 Stabilisierungsflossen, kreuzweise
116 Sprengkopf
117 Leitwerk
118 Luftbremsen
119 unterer Bombenträger (nur, wenn vorderer Bombenschacht abgedeckt)
120 vorderer Bombenschacht (oft abgedeckt)
121 Treibstofftankhaltegurtansatz
122 Bombenschäkel innen
123 Mittelteilung Bombenschacht
124 Treibstofftank 4 (1520 l, bei abgedecktem Bombenschacht 3450 l)
125 Treibstofftankeinfüllstutzen
126 Geschützbankfernsteuerungs- und -kühlerzug
127 Fernsteuerung obere Geschützbank, Stand B-1
128 Zwillings-MGs 131
129 Rumpfrahmen 13
130 Geschützbankstruktur
131 Munitionslager Stand B-1 (1000 Schuß pro MG)
132 Mittlerer Bombenschacht (oft abgedeckt)
133 Bombenschachtluke, äußerer Bereich
134 innerer Fahrwerksschacht (backbord)
135 Treibstofftank 5 (1520 l, bei abgedecktem Bombenschacht 3450 l)
136 Treibstofftankeinfüllstutzen
137 Rumpfrahmen 19
138 Hauptholmdurchgang
139 Hauptholm-Rumpfansatz
140 hinterer Bombenschacht
141 Zusatzholm-Rumpfansatz
142 Treibstofftank 1 (1140 l)
143 Treibstofftankeinfüllstutzen
144 Rumpfrahmen 23
145 Antennenmast
146 Maststützstrebe
147 Treibstofftankeinfüllstutzen
148 Treibstofftank 6 (1140 l)
149 Rumpfrahmen 27
150 Sitz des oberen Bordschützen
151 Sauerstoffbehälter (Zylinder oder Kugelflaschen)
152 drehbare Geschützkanzel, Stand B-2
153 MG 131, Kaliber 13 mm

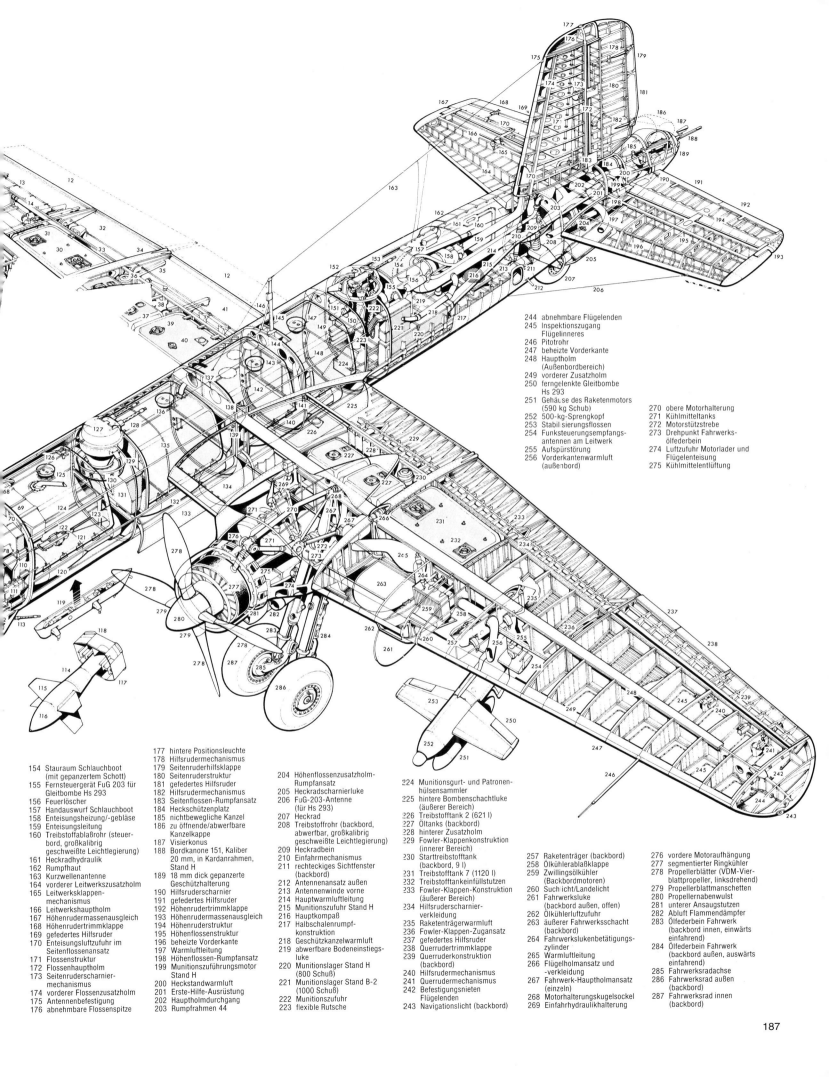

244 abnehmbare Flügelenden
245 Inspektionszugang Flügelinneres
246 Pitotrohr
247 beheizte Vorderkante
248 Hauptholm (Außenbordbereich)
249 vorderer Zusatzholm
250 ferngelenkte Gleitbombe Hs 293
251 Gehäuse des Raketenmotors (590 kg Schub)
252 500-kg-Sprengkopf
253 Stabilsierungsflossen
254 Funksteuerungsempfangs- antennen am Leitwerk
255 Aufspürstörung
256 Vorderkantenwarmluft (außenbord)

270 obere Motorhalterung
271 Kühlmitteltanks
272 Motorstützstrebe
273 Drehpunkt Fahrwerks- ölfederbein
274 Luftzufuhr Motorlader und Flügelenteisung
275 Kühlmittelentlüftung

154 Stauraum Schlauchboot (mit gepanzertem Schott)
155 Fernsteuergerät FuG 203 für Gleitbombe Hs 293
156 Feuerlöscher
157 Handauswurf Schlauchboot
158 Enteisungsheizung/-gebläse
159 Enteisungsleitung
160 Treibstoffablaßrohr (steuer- bord, großkalibrig geschweißte Leichtlegierung)
161 Heckradhydraulik
162 Rumpfhaut
163 Kurzwellenantenne
164 vorderer Leitwerkszusatzholm
165 Leitwerksklappen- mechanismus
166 Leitwerkshauptholm
167 Höhenrudermassenausgleich
168 Höhenrudertrimmklappe
169 gefedertes Hilfsruder
170 Enteisungsluftzufuhr im Seitenflossenansatz
171 Flossenstruktur
172 Flossenhauptholm
173 Seitenruderscharnier- mechanismus
174 vorderer Flossenzusatzholm
175 Antennenbefestigung
176 abnehmbare Flossenspitze

177 hintere Positionsleuchte
178 Hilfsrudermechanismus
179 Seitenruderhilfsklappe
180 Seitenruderstruktur
181 gefedertes Hilfsruder
182 Hilfsrudermechanismus
183 Seitenflossen-Rumpfansatz
184 Heckschützenplatz
185 nichtbewegliche Kanzel
186 zu öffnende/abwerfbare Kanzelkappe
187 Visierkonus
188 Bordkanone 151, Kaliber 20 mm, in Kardanrahmen, Stand H
189 18 mm dick gepanzerte Geschützhalterung
190 Hilfsruderscharnier
191 gefedertes Hilfsruder
192 Höhenrudertrimmklappe
193 Höhenrudermassenausgleich
194 Höhenruderstruktur
195 Höhenflossenstruktur
196 beheizte Vorderkante
197 Warmluftleitung
198 Höhenflossen-Rumpfansatz
199 Munitionszuführungsmotor Stand H
200 Heckstandwarmluft
201 Erste-Hilfe-Ausrüstung
202 Hauptholmdurchgang
203 Rumpfrahmen 44

204 Höhenflossenzusatzholm- Rumpfansatz
205 Heckradscharnierluke
206 FuG-203-Antenne (für Hs 293)
207 Heckrad
208 Treibstoffrohr (backbord, abwerfbar, großkalibrig geschweißte Leichtlegierung)
209 Heckradbein
210 Einfahrmechanismus
211 rechteckiges Sichtfenster (backbord)
212 Antennenansatz außen
213 Antennenwinde vorne
214 Hauptwarmluftleitung
215 Munitionszufuhr Stand H
216 Hauptkompaß
217 Halbschalenrumpf- konstruktion
218 Hauptholmwarmluft
219 abwerfbare Bodeneinstiegs- luke
220 Munitionslager Stand H (800 Schuß)
221 Munitionslager Stand B-2 (1000 Schuß)
222 Munitionszufuhr
223 flexible Rutsche

224 Munitionsgurt- und Patronen- hülsensammler
225 hintere Bombenschachtluke (äußerer Bereich)
226 Treibstofftank 2 (621 l)
227 Öltanks (backbord)
228 hinterer Zusatzholm
229 Fowler-Klappenkonstruktion (innerer Bereich)
230 Starttreibstofftank (backbord, 9 l)
231 Treibstofftank 7 (1120 l)
232 Treibstofftankeinfüllstutzen
233 Fowler-Klappen-Konstruktion (äußerer Bereich)
234 Hilfsruderscharnier- verkleidung
235 Raketenträgerwarmluft
236 Fowler-Klappen-Zugansatz
237 gefedertes Hilfsruder
238 Querrudertrimmklappe
239 Querruderkonstruktion (backbord)
240 Hilfsruderansatz
241 Querrudermechanismus
242 Befestigungsnieten Flügelenden
243 Navigationslicht (backbord)

257 Raketenträger (backbord)
258 Ölkühlerablaßklappe
259 Zwillingsölkühler (Backbordmotoren)
260 Suchlicht/Landelicht
261 Fahrwerksluke (backbord außen, offen)
262 Ölkühlerluftzufuhr
263 äußerer Fahrwerksschacht (backbord)
264 Fahrwerkslukenbetätigungs- zylinder
265 Warmluftleitung
266 Flügelholmansatz und -verkleidung
267 Fahrwerk-Hauptholmansatz (einzeln)
268 Motorhalterungskugelsockel
269 Einfahrhydraulikhalterung

276 vordere Motoraufhängung
277 segmentierter Ringkühler
278 Propellerblätter (VDM-Vier- blattpropeller, linksdrehend)
279 Propellerblattmanschetten
280 Propellernabenwulst
281 unterer Ansaugstutzen
282 Abluft Flammendämpfer
283 Ölfederbein Fahrwerk (backbord innen, einwärts einfahrend)
284 Ölfederbein Fahrwerk (backbord außen, auswärts einfahrend)
285 Fahrwerksradachse
286 Fahrwerksrad außen (backbord)
287 Fahrwerksrad innen (backbord)

187

Heinkel He 177 Greif

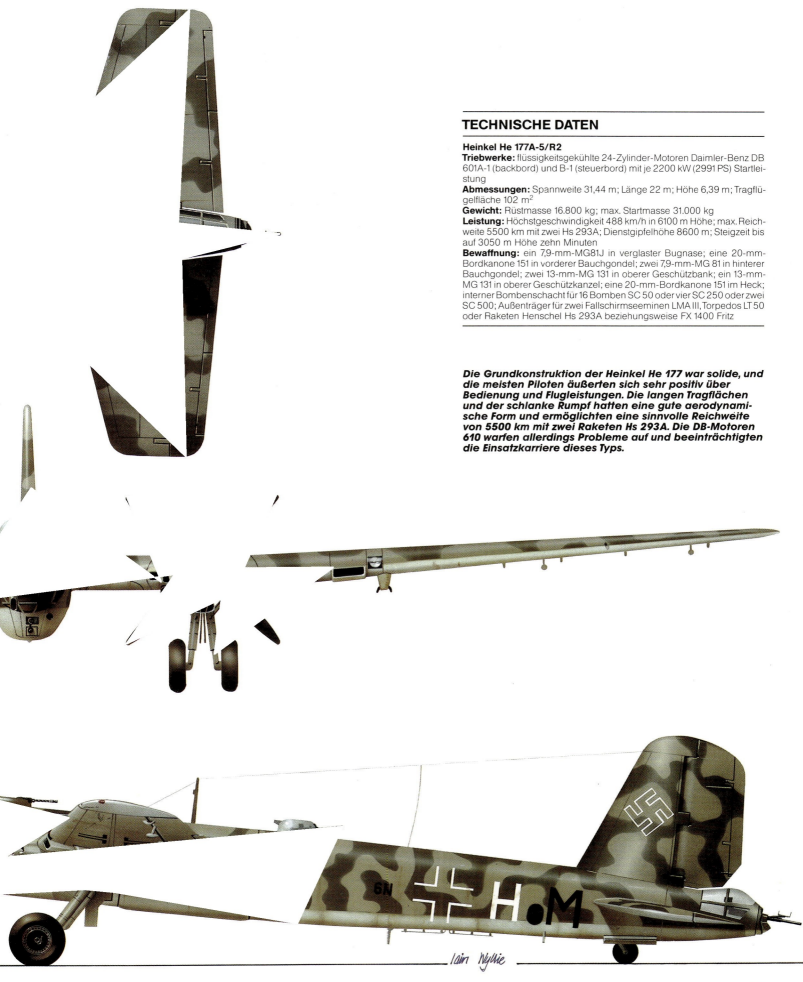

TECHNISCHE DATEN

Heinkel He 177A-5/R2
Triebwerke: flüssigkeitsgekühlte 24-Zylinder-Motoren Daimler-Benz DB 601A-1 (backbord) und B-1 (steuerbord) mit je 2200 kW (2991 PS) Startleistung
Abmessungen: Spannweite 31,44 m; Länge 22 m; Höhe 6,39 m; Tragflügelfläche 102 m²
Gewicht: Rüstmasse 16.800 kg; max. Startmasse 31.000 kg
Leistung: Höchstgeschwindigkeit 488 km/h in 6100 m Höhe; max. Reichweite 5500 km mit zwei Hs 293A; Dienstgipfelhöhe 8600 m; Steigzeit bis auf 3050 m Höhe zehn Minuten
Bewaffnung: ein 7,9-mm-MG81J in verglaster Bugnase; eine 20-mm-Bordkanone 151 in vorderer Bauchgondel; zwei 7,9-mm-MG 81 in hinterer Bauchgondel; zwei 13-mm-MG 131 in oberer Geschützbank; ein 13-mm-MG 131 in oberer Geschützkanzel; eine 20-mm-Bordkanone 151 im Heck; interner Bombenschacht für 16 Bomben SC 50 oder vier SC 250 oder zwei SC 500; Außenträger für zwei Fallschirmseeminen LMA III, Torpedos LT 50 oder Raketen Henschel Hs 293A beziehungsweise FX 1400 Fritz

Die Grundkonstruktion der Heinkel He 177 war solide, und die meisten Piloten äußerten sich sehr positiv über Bedienung und Flugleistungen. Die langen Tragflächen und der schlanke Rumpf hatten eine gute aerodynamische Form und ermöglichten eine sinnvolle Reichweite von 5500 km mit zwei Raketen Hs 293A. Die DB-Motoren 610 warfen allerdings Probleme auf und beeinträchtigten die Einsatzkarriere dieses Typs.

Heinkel He 177 Greif

Die I./KG 50 wurde eigens für die He 177A-1 an der Ostfront aufgestellt. In Stalingrad flog sie Versorgungseinsätze, bis man sie mit der Bordkanone MK 101 zum Ausschalten der Flak ausrüstete. Diese Maschine war im Januar 1943 in Stalino stationiert.

Eine große Anzahl He 177 wurde zum Angriff auf russische Nachrichten- und Militäreinrichtungen zusammengezogen und von der II./KG 1 „Hindenburg" in Prowehren, Ostpreußen, eingesetzt.

Die II./KG 100 verlegte ihre He 177A-5 Mitte 1944 nach Aalborg in Dänemark. Von dort aus flogen sie über der Ostsee Übungseinsätze für die Schiffsbekämpfung.

KG 40 erhielt als erste Einheit die He 177 Greif und flog sie bis 1944.

Diese He 177A-5 der II. Kampfgruppe in Bordeaux-Mérignac war mit dem Suchradar FuG 200 Hohentwiel zum Aufspüren von Bodenzielen ausgerüstet. Für die direkten Angriffe standen ihr Raketen Hs 293A zur Verfügung.

unter die Bugnase. Später versah man die He 177A-3/R5 mit einer 75-mm-Bordkanone, die allerdings die Struktur zu stark belastete und so stark war, so daß man nur fünf Stück einbaute. Einige andere Maschinen flogen mit zwei MG 151/20 in einer elektrisch gesteuerten Heckkanzel, und die geplante He 177A-6 sollte entweder diesen Waffenturm oder einen mit vier MG 81 erhalten. Die Variante A-6, von der sechs Maschinen gebaut wurden, verfügte über eine Druckkabine, ebenso wie die A-5/R8, ein Einzelexemplar mit ferngesteuerten Geschützbänken an Kinn- und Heckposition. Einer der letzten der zahlreichen Prototypen dieses Musters, die V38 (im Prinzip eine modifizierte A-5), wurde im Letov-Werk in Prag auseinandergenommen und zum Mitführen der vermeintlichen deutschen Atombomben vorbereitet. Diese Maschine erhielt im Gegensatz zu mehreren späteren Versionen, bei denen der mittlere und vordere Bombenschacht entfiel, einen einzigen Bombenschacht.

Eine weitere ungewöhnliche Version war zur Zerstörung schwerer Bomberformationen gedacht. Diese He 177, von der 1944 drei Exemplare durch Umrüstung von Bombern (wahrscheinlich der Version A-3) entstanden, war mit einem Satz von 33 großen, leicht nach oben vorne und rechts zielenden Raketenstartrohren ausgerüstet. Sie sollten sich auf niedriger Höhe hinter beziehungsweise links von den anfliegenden Bombern formieren, doch die alliierten Begleitjäger machten dieses Konzept im großen und ganzen undurchführbar.

Die letzte Version schließlich, die in begrenzter Zahl gebaut wurde, und auch das nur als Zwischenlösung, war die A-7. Sie hatte eine von 31,46 m auf 36,60 m erhöhte Spannweite und sollte als Antrieb den Motor DB613 mit 2685,6 kW (3651 PS) erhalten. Die Japaner zeigten sich stark interessiert, denn sie wollten das Modell in Lizenz bauen, es aber mit vier in Japan gefertigten Einzelmotoren bestücken. Heinkel selbst erhielt jedoch für die eigene He 277 keine offizielle Genehmigung und baute statt dessen lediglich eine Gruppe von Prototypen mit dem Motor DB603A.

Die Waffe, die man im Bereich der Schiffsbekämpfung mit der Heinkel He 177 verbindet, ist die Henschel-Rakete Hs 293A. Sie ließ sich unter den Tragflächen oder, wie hier, an einem speziellen Träger unter dem vorderen abgedeckten Bombenschacht mitführen und wurde in der Regel zehn bis 14 km vor dem Ziel ausgeklinkt.

Index

Anmerkung: Die kursiv gedruckten Seiten-zahlen beziehen sich auf Abbildungen

Afrika 86–88
Allen, Eddie 31
Alliierte 108, 110, 114
Arnold, General H.H. („Hap') 31
Atlantikschlacht 105
Atombomben *31, 36*, 190
Aufschiebbare Haube, Heinkel He 111, 79
Avro Anson 157–164
Avro Lancaster 68–75
Avro 679 Manchester 68

B-24 Liberator 173–181
Banshee *siehe* Douglas SBD Dauntless
Barnwell, Frank 123
Berlin, Don R. 25, 28
Bewaffnung
  Avro Anson 161
  Avro Lancaster 73, 75
  B-24 Liberator 174, 176, 179, 181
  BK 3,7 148
  Boeing B-29 Superfortress 32–34, *37*
  Bristol Blenheim 123, 131
  de Havilland Mosquito 114, 116, 119, 121
  Douglas SBD Dauntless 53, 56
  Fairey Swordfish 51
  Focke–Wulf Condor 169–71
  Granatwerfer 80
  Handley Page Halifax 149, 152, 155
  Heinkel He 111 80, 82
  Heinkel He 115 40, 44
  Heinkel He 177 Greif 185–86, 189
  Junkers Ju 87 Stuka 144–45
  Junkers Ju 88 9–10, 13–14
  Lockheed Hudson 66
  Mitsubishi G4M 'Betty' 109–10, 112
  Petljakow Pe–2 134, 136, 138–39
  Tupolew Tu-2 17, 20, 22
  Savoia–Marchetti S.M.79 85, 90
  Short Sunderland 92–94, 96–98
  Vickers Wellington *100*, 101, 104
Bishop, R.E. 114
Blackburn Aircraft Ltd. 46–48
Blaylock, Raymond C. 25
BOAC *siehe* British Overseas Airways
  Corporation
Boeing B-29 Superfortress 30, 31–37
Bombenschächte
  Avro Lancaster 74
  B-24 Liberator 174–75, 181
  Boeing B-29 Superfortress 32
  Handley Page Halifax 154
  Lockheed Hudson 66
  Savoia-Marchetti S.M.79 85
  Tupolew Tu-2 21
Bombenlasten
  Avro Anson 161
  B-24 Liberator 179
  Bristol Blenheim 125
  de Havilland Mosquito *118*, 119–21
  Focke–Wulf Condor 169
  Heinkel He 111 76, 78, 80
  Heinkel He 177 Greif 185
  Junkers Ju 87 Stuka 142, 148
  Mitsubishi G4M 'Betty' 109
  Petljakow Pe–2 136, 138
  Tupolew Tu-2 20
Bomben
  atomare *31, 36*
  Grand Slam 74
Bristol Blenheim 123–32

British Overseas Airways
  Corporation (BOAC) 96
Brown, Captain H.A. ('Sam') 68
Brown, Lieutenant Commander W.M.L. 46
Buck *siehe* Petljakow Pe–2

Carrier Air Groups 54
Chadwick, Roy 68–69
Cherry blossom missiles *siehe* MXY7 Okha
  Raketenflugzeug
Cheshire, Christopher *152*
Clarkson, R.M. 114
Cockpit
  Avro Anson 158
  B-24 Liberator 174, 181
  Junkers Ju 88 8
  Petljakow Pe–2 138
  Short Sunderland 93
Consolidated Aircraft Corporation 173–81
Consolidated–Vultee B-24 *siehe* B-24
  Liberator
Convair 180–81
Cordes, Major Jim 149
Curtiss SB2C Helldiver *24, 25*
Curtiss SO3C Seamew 25

Dammbrecher 74
de Havilland, Geoffrey, Jr. 115
de Havilland Mosquito 114–22
Deutschland
  Britische Angriffe 70, 100–01, 126, 128–29
  Focke–Wulf Condor 165–72
  Heinkel He 111 76–83
  Heinkel He 115 *39*, 40–45
  Junkers Ju 87 Stuka 141–48
  Junkers Ju 88 *6*, 7–14
  Sowjetische Angriffe 133
Die Dreifinger *siehe* Junkers Ju 88
Dixon, Lieutenant Commander Robert E. 53
Douglas SBD Dauntless 53–59

Earhart, Amelia 61
Echols, General Oliver 31
ECM *siehe* elektronische Gegenmaßnahmen
Edwards, Wing Commander H.I. 129
Elektronische Gegenmaßnahmen (ECM) 70
Elektronische Kampfführung (EW) 122, *155*
England, Luftschlacht um 78, 80
Esmonde, Lieutenant Commander Eugene
  47–48
EW *siehe* elektronische Kampfführung

Faggioni, Capitano 88–89
Fairey Swordfish 46–51
Ferner Osten 129, 132
Finnland *129*, 131
Fleet Air Arm, Angriff der 96
Das fliegende Stachelschwein *siehe* Short
  Sunderland
Flugkörper
  Mistel 10, 14
  MXY7 Okha 113
  unbemannter 10, 14
Flugtest
  Curtiss SB2C Helldiver 26–27
Flugzeugträgertauglichkeit 25
Focke–Wulf Condor 165–72
Frankreich
  Bristol Blenheim *123, 126*, 128
  Curtiss SB2C Helldiver 28
  Douglas SBD Dauntless 58
Freeman, Air Marshal Sir Wilfred 115

Geißel des Atlantik *siehe* Focke-Wulf Condor
Gibson, Wing Commander Guy 74
Göring, Hermann Wilhelm 183, 186
Gouge, Arthur 92
Grand Slam 74

Großbritannien
  Avro Anson 157–64
  Avro Lancaster 68–72
  Avro 679 Manchester 68
  Bristol Blenheim 123–32
  de Havilland Mosquito 114–22
  Deutsche Angriffe 10, 13, 81, 144, 172–73,
    186
  Douglas SBD Dauntless 58
  Gefechte in Afrika 86
  Handley Page Halifax 149–56
  Japan 108, 110
  Short Sunderland 92–97, *98*
  Vickers Wellington 100–06, *106–07*
Günter, Siegfried 76–77, 183
Günter, Walter 76–77, 183

Handley Page Halifax 149–56
Hawker Hurricane 133
Heinemann, Edward H. 53
Heinkel He 111 76–83
Heinkel He 115 39, 40–45
Heinkel He 177 Greif 183–90
Hennessey, Sir Patrick 114
Hives, Lord E.H. 68
Honjo, Kiro 108–09
Hulse, B.T. 27

Il Gobbo *siehe* Savoia–Marchetti S.M. 79
Italien 84–89, *90*

Japan
  Atombomben 36
  Focke–Wulf Condor 166–67, 170
  Mitsubishi G4M 'Betty' 108–13
Junkers Ju 87 Stuka 141–48
Junkers Ju 88 *6*, 7–14, 74

Kabine 8, 10
Kanada 132
Kanzel 17
KG *siehe* Luftwaffe,
  Kampfgeschwader
Kindermann 7
Korallensee, Schlacht in der 53–54
Koreakrieg 97

Laddon, Isaac M. „Mac' 173
Lancaster Production Group 69
LeMay, General Curtis 36
Leslie, Commander Max 53
Lockheed Hudson 60–67
Luftwaffe
  Focke–Wulf Condor 165, 170, 172
  Heinkel He 111 81
  Heinkel He 115 41
  Heinkel He 177 Greif 183
  Junkers Ju 87 Stuka 141
  Kampfgeschwader (KG) 40 170, 186

Malta 86
Marchetti, Alessandro 84
Markow, Iwan 134
McClusky, Lieutenant Commander C. Wade 53
Midway, Schlacht von 53–54
Minen 41, *45*, 104–05
Mittlerer Osten 129
Mitsubishi G4M 'Betty' 108–13
Motoren
  Alfa Romeo 84, 88, 90
  Armstrong–Siddeley Cheetah IX 161
  BMW 132K 39
  BMW 801 13, 14, 41
  Bristol Hercules 101–02, 156
  Bristol Pegasus 93, 98, 100
  Daimler–Benz 606 183, 185
  Daimler–Benz 610 185–86, 189
  Junkers Jumo 141, 144, 148

191

Klimow VK–105 136, 139, *140*
Mitsubishi Kasei 109–10, 112
Pratt & Whitney R–1830–33 Twin Wasps 97
Pratt & Whitney R–1830–90B Twin Wasps 97
Pratt & Whitney R–4360 Wasp–Major 37
Pratt & Whitney R–985–SB 60–61
Rolls–Royce Merlins 68–69, 73, 101, 149, 155
Schwezow Ash–82FN 22
Wright GR–1820–G3B Cyclones 61
Wright R–1820–60 Cyclones 53, 54, 58
Wright R–2600–20 Cyclones 27
Wright R–3350 Duplex Cyclones 32, 34
Wright XR–1830–32 53
MXY7 Okha, bemanntes Raketenflugzeug 113

Nacht-
  Avro Lancaster 73
  Boeing B–29 Superfortress *34*, 36
  Bristol Blenheim *125*, 128
  Junkers Ju 87 Stuka 148
  Junkers Ju 88 10, *11*, 13–14
Navigationsgerät 70, 121
Nettleton, Squadron Leader J.D. 75
Neu–Guinea, Rabaul *26*, 27
Nimitz, Admiral Chester 53
Northrop, Jack 53
Norwegen, Heinkel He 115 42, *43*

Oboe–Navigationsgerät 70, 121
Operation Steinbock 186

Petljakow Pe–2 133–40
Petljakow, Wladimir M. 133, 140
The Pig *siehe* Short Sunderland
Pohlmann, Hermann 141
Polen 77, 142
Posaunen von Jericho 142

Rabaul, Neu–Guinea *26*, 27
Radar
  ASV Mk II 94–96, 105
  Avro Lancaster 70
  Bodendarstellung 155
  Bristol Blenheim *124*
  de Havilland Mosquito 105, 122
  Focke–Wulf Condor 171
  Junkers Ju 88 10, 13–14
Radarwarngeräte 74
RAF *siehe* Royal Air Force
Raketenstartrohre 190
Ramsbottom–Isherwood, Wing Commander 133
Rumänien, Savoia–Marchetti S.M.79 84

Rumpfrücken *siehe* Savoia-Marchetti S.M.79
Rothermere, Lord 123
Royal Air Force (RAF)
  Avro Anson 158, 162, 164
  Avro Lancaster 70
  B–24 Liberator 173–74, *175*, 176, 180–81
  Bristol Blenheim 123–26, 128–29, 132
  de Havilland Mosquito 121
  Handley Page Halifax *152*, 154
  Lockheed Hudson *62*, 64
  Short Sunderland 93
  Vickers Wellington 100–01 151 Wing 133
Rudel, Hans–Ulrich 145, 148

Savoia–Marchetti S.M.79 84–90
Scarf, Squadron Leader A.S.K. 129
Scheinkrieg 126
Schlachtschiffe 86
Schwimmflugzeuge *siehe* Seeflugzeuge
Schwingung 154
Seeflugzeuge
  Curtiss SB2C Helldiver *27*
  Fairey Swordfish 46–51
  Heinkel He 115 39–45
  Short Sunderland 92–97
Seekrieg *siehe auch* Seeflugzeuge
  Douglas SBD Dauntless 53, 59
  Mitsubishi G4M 'Betty' 108
  Savoia–Marchetti S.M.79 86
  Vickers Wellington 104
Shima, Katsuzo 109
Short Sunderland 92–98
Sizilien, Invasion *90*
Skier 139
Sowjetunion
  Boeing B–29 Superfortress 39
  Tupolew Tu–2 16–18, 20
  Deutsche Angriffe 80–81
  Petljakow Pe–2 133–40
Spanien 85
Stalin 16, 20, 37, 140
Stefanowski, Piotr 134
Sturzflugautomatik 141–42
Sturzkampfbomber
  Curtiss SB2C Helldiver *24*, 25
  Douglas SBD Dauntless 53–59
  Junkers Ju 87 Stuka 141–48
  Junkers Ju 88 *6*, 7–14

Taranto, 46–47
Tank, Dipl. Ing. Kurt 165
Tokio 36

Torpedobomber
  Fairey Swordfish 46
  Heinkel He 115 39, 41
  Savoia–Marchetti S.M.79 86, 88
Torpedos 43–44, 46–48, 51, 80, 85, 88–89,
  105, 186
Trägergestütztes Flugzeug,
  Curtiss SB2C Helldiver 25–29
Transport
  Savoia–Marchetti S.M.79 89
  Vickers Wellington 105
Tückisches Biest *siehe* SB2C Helldiver
Tupolew, Andrej Nikolajewitsch 16–17, 20
Tupolew Tu–2 16–18, 20–23
Tupolew Tu–Serie 37

U–Boote 96
Unbemannte Bombe 10, 14
United States Army Air Force (USAAF) 54, 81
USA *siehe* Vereinigte Staaten von Amerika
USAAF *siehe* United States Army Air Force
US Navy
  Curtiss SB2C Helldiver 25, 27, 28
  Douglas SBD Dauntless 53–54
  Lockheed Hudson 65–66

Vaughan, Guy 28
Vereinigte Staaten von Amerika (USA)
  Boeing B–29 Superfortress *30*, 32–33, 36–37
  Curtiss SB2C Helldiver *24*, 25, 28
  Douglas SBD Dauntless 53–55, 59
  Lockheed Hudson 60–62, *64*, 65
Versuchsmaschine, Junkers Ju 87 Stuka 145
Vickers Wellington 100–107
Vietnam 37
Volkert, George 149

Wallis, Sir Barnes 74, 100
Ward, Sergeant J.A. 101
Westover, General Oscar 31
Wilkins, C.T. 114
Wimpey *siehe* Vickers Wellington

Yamamoto, Admiral Isoroku 110

Zerstörer 86
Zielfixierung 59
Zindel, Ernst 8
Zündkraut für die erste Salve *siehe* Mitsubishi
  G4M 'Betty'